"十三五"规划教材·"业财融合"实训系列

ERP 财务管理系统实训教程

（用友 U8V10.1 版）

韦兰英 / 主编

蔡锦钿 张乐 杨智慧 / 副主编

立信会计 出版社

LIXIN ACCOUNTING PUBLISHING HOUSE

图书在版编目(CIP)数据

ERP 财务管理系统实训教程：用友 U8V10.1 版 / 韦兰英主编. —上海：立信会计出版社，2020.4(2021.3 重印)
ISBN 978 - 7 - 5429 - 6405 - 2

Ⅰ. ①E… Ⅱ. ①韦… Ⅲ. ①财务软件—教材 Ⅳ. ①F232

中国版本图书馆 CIP 数据核字(2020)第 058136 号

责任编辑　　郭　光　冯　晶
封面设计　　南房间

ERP 财务管理系统实训教程(用友 U8V10.1 版)
ERP Caiwu Guanli Xitong Shixun Jiaocheng

出版发行	立信会计出版社	
地　　址	上海市中山西路 2230 号	邮政编码　　200235
电　　话	(021)64411389	传　　真　　(021)64411325
网　　址	www.lixinaph.com	电子邮箱　　lixinaph2019@126.com
网上书店	http://lixin.jd.com	http://lxkjcbs.tmall.com
经　　销	各地新华书店	

印　　刷	上海天地海设计印刷有限公司
开　　本	787 毫米×1092 毫米　　　　1/16
印　　张	19.25
字　　数	516 千字
版　　次	2020 年 4 月第 1 版
印　　次	2021 年 3 月第 2 次
印　　数	2 101—4 200
书　　号	ISBN 978 - 7 - 5429 - 6405 - 2/F
定　　价	43.00 元

如有印订差错，请与本社联系调换

前 言

在"互联网+信息化"高度发展的二十一世纪,随着各种业务平台和财务软件的不断开发和推广使用,企业加大了财务信息化应用的力度。在此背景下,国家倡导"业财税一体化",引发了新一轮企业对信息化人才的需求。企业资源计划系统(简称ERP管理系统)是一种精细化、专业化的管理系统,是大中型企业和财务共享中心数据管理的重要工具,也是新时代财务人员应该掌握的基本工作技能。

本书顺应时代的需要,以用友ERP-U8V10.1软件为操作示例,以企业实际常规业务为主线,突出企业在进销存过程中的各种特殊业务的操作。本书以一个企业的经济业务为例,重点介绍了在ERP管理系统下财务管理的处理方法和流程。

本书特点如下:

1. 紧跟实务

本书以2020年1月份的案例资料为中心,将新税制改革中的最新财务知识融入其中。本书的编写咨询了相关行业专家、院校教师和软件实施顾问,结合了企业市场的用人需求调研,以及编者多年在企业中操作ERP管理系统的工作经验和近十年高校电算化教学的积累。本书设置的培训课程,既有理念体系贯穿其中,体现ERP管理系统蕴含的先进管理思想,又有大量原始资料的实用技能案例展示。

2. 教学资源丰富

为了更好地服务广大师生,本书提供全方位立体化教学支持,主要包括四部分内容:实验账套、操作视频、微课视频和教学课件。每个实验环环相扣,又可以独立操作,并配套相应的操作视频和微课视频。学生在学习过程中如果遇到问题,可以直接打开对应视频学习。

3. 实用性强

本书从企业的实际业务出发,理论联系实践,收集了企业供应环节中涉及的典型业务案例,按照由浅入深、循序渐进的原则,精心策划、开发了用友ERP管理系统系列实验用书。本书既可以作为用友ERP认证培训教材,也可以作为普通高等院校开设的ERP管理系统相关课程的实验用书,还可以作为企业财务管理系统操作人员在实际工作中的操作指导工具书。

4. 条理性强

本书将涉及的企业常规核算业务和特殊核算业务、不常发生但又有难度的特别业务进行分类归集,且在每个业务下都设置相应的业务流程和岗位操作流程指导,通俗易懂,便于操作。学习者可通过业务分类,轻松入手,熟练掌握ERP管理系统应用技术,掌握利用ERP管理系统管理企业全盘业务的能力。

本书分为三大模块共12个项目,以用友ERP-U8V10.1为实验平台,以一个企业一个月的经济业务贯穿始终,分别介绍了ERP管理系统中企业建账及初始化处理、企业日常业务处理、企业期末业务处理三大模块,重点介绍企业日常财务链环节中总账、应收款管理、应付款管理、固定资产管理、薪资管理 5 个系统的应用方法和财务报表的设计和运用。每个实验项目的内容包括业务描述、操作说明、操作指引。

本书由企业资深财务人员和高校教师按企业需要和学生的学习需求集体讨论编写。模块一由蔡锦钿完成,模块二由韦兰英完成,模块三由张乐完成,最后由杨智慧统筹全书。此外,参加编写工作的还有刘捷萍、庄燕娜、史艳利、龚纯、陈金英、张思敏、杨保祥、徐伊妍、卢育玲、肖小云、黄华英、陈紫晴、周嘉惠等。本书在编写过程中得到了新道科技股份有限公司的大力支持和立信会计出版社编辑的专业指导,在此表示衷心的感谢。总之,一部经典实用的作品是读者、作者、出版方三方面合力的结果。希望该系列教材的出版和运用,能与广大师生互动、实现教学相长,为财务信息化普及贡献一份力量。

由于编者水平有限,书中如有不当之处,我们诚挚地希望读者批评指正,联系邮箱:531402190@qq.com。

编　者

2020 年 4 月

目 录

模块一

企业建账及初始化处理

项目一 企业建账及系统管理

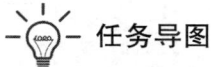 任务导图

```
                    企业建账及系统管理
                          │
                          ▼
┌──────────────────┐ ┌──────────────────┐ ┌──────────────────────────┐
│      任务一       │ │      任务二       │ │         任务三           │
│ 企业基本情况简介及 │ │  用户设置及授权    │ │     系统日常维护         │
│   建立企业账套     │ │                   │ │                          │
│                  │ │ ·新增企业角色设置  │ │ ·账套备份                 │
│ ·了解企业基本情况  │ │ ·新增企业操作用户设置│ │ ·账套引入                 │
│ ·建立企业账套及启用 │ │ ·角色及用户授权设置 │ │ ·账套修改                 │
│  软件工作模块      │ │                   │ │ ·设置自动备份计划         │
│                  │ │                   │ │ ·设置清除系统异常、清除单据│
│                  │ │                   │ │  锁定、刷新以及查看上机日志│
└──────────────────┘ └──────────────────┘ └──────────────────────────┘
```

本任务相关链接 用友在线学习网:http://learning.ufida.com.cn/

任务一 企业基本情况简介及建立企业账套

业务一 了解企业基本情况

企业基本情况简介及建立企业账套

〔企业背景资料〕

(一) 企业基本情况

珠海市美满机械有限公司(以下简称"公司")是一家工业企业,主要业务为生产加工齿轮。公司生产部门下设两个生产车间,其生产的产品有变速箱锥齿轮和传动齿轮,其中,一车间单步骤大量生产变速箱锥齿轮,二车间单步骤大量生产传动齿轮。

经税务部门认定,公司为增值税一般纳税人。公司相关信息如下:

(1) 单位地址:珠海市经济技术开发区港湾路 688 号。

(2) 法人代表:张建国。账务主管:蓝英。总账会计:李嘉文。应收、应付会计:张华。出纳:韦宝宝。

(3) 邮政编码:519000。联系电话:0756-7796088。

(4) 开户行:中国工商银行珠海金湾支行。账号:1307100026160024388。

(5) 纳税人识别号:914481019769312345。

(二) 企业采用的会计政策及核算方法

(1) 企业所得税采用应付税款法核算,其中企业所得税税率为 25%,增值税税率为 13%,运费增值税抵扣率为 9%,城市维护建设税税率为 7%,教育费附加费率为 3%,地方教育附加费率为 2%。

（2）企业对原材料采用实际成本法核算，其中发出原材料成本采用全月一次加权平均法核算。

（3）企业对库存商品采用实际成本法核算，本月发出商品成本计算采用全月一次加权平均法。

（4）月末生产费用在在产品与完工产品之间的成本分配采用约当产量法，其中分配率保留四位小数，尾差计入在产品成本。

（5）企业计提折旧采用平均年限法，其中制造费用按照产品比例各占50%分配。

（6）职工养老保险、医疗保险和失业保险以员工工资应发基本工资和岗位工资合计数为计提基数，其中由企业承担的比例依次为：20%、8%、2%，由个人承担的比例依次为：8%、2%、1%。每月分配工资时将应由个人负担的部分记入"其他应收款"科目，发放工资时再行扣除，同时按照当月应付工资的2.5%计提职工教育经费、2%计提工会经费。

（7）个人所得税按七级超额累进税率计算代扣代缴。工薪所得个人所得税的费用扣除标准是5 000元/月。

（8）差旅费相关规定：按实际出差天数每天补助80元，当无住宿票时，只补助出行和归来2天；住宿费标准为每天260元；市内交通补贴按实际出差天数每天补贴20元；长途客车、火车、轮船等票实报实销，但飞机票必须提前经公司总经理批准，方可实报实销。

（9）企业对应收账款计提坏账准备，采用应收账款余额百分比法，计提比例为0.5%。

（10）企业内部借款相关规定：根据有关文件填写借款单，并经部门领导签字。借款单经会计主管批准后，出纳方可借款。

（11）企业的长期借款400万元为购置固定资产借款，该借款在2016年9月借入，3年期，年利率为7.5%。固定资产已交付使用，会计核算保留两位小数。

业务二 建立企业账套及启用软件工作模块

〖业务描述〗 按照表1-1-1所示的内容建立账套，账套号为【666】。

表1-1-1 账套信息资料

项目	操作内容
账套号	666
账套号名称	珠海市美满机械有限公司
邮编	519000
地址	珠海市经济技术开发区港湾路688号
电话及传真	0756-7796088
开户银行	中国工商银行珠海金湾支行
账号	1307100026160024388
企业类型	工业企业
行业性质	2007年新会计制度科目
基础信息	存货有分类、客户有分类、供应商无分类、有外币核算
编码方案	科目编码为【4-2-2-2】，客户分类编码为【1-2-3】，部门编码为【1-2-2】
启用模块	总账、固定资产、薪资管理、应收款管理、应付款管理系统
数据精度	采用系统默认
启用日期	2020年1月1日

〖操作说明〗 系统管理员【admin】建立账套。

〖操作指引〗

（1）打开系统管理，登录到指定服务器 IP 地址，以操作员【admin】身份注册，密码为空，选用默认账套【（default）】，如图 1-1-1 所示，单击登录进入系统管理。

（2）执行【账套】|【建立】命令，打开【建账方式】对话框，选择【新建空白账套】，单击【下一步】，在【创建账套——账套信息】对话框中，输入账套号【666】，账套名称【珠海市美满机械有限公司】及启用会计期【2020 年 1 月】，如图 1-1-2 所示。

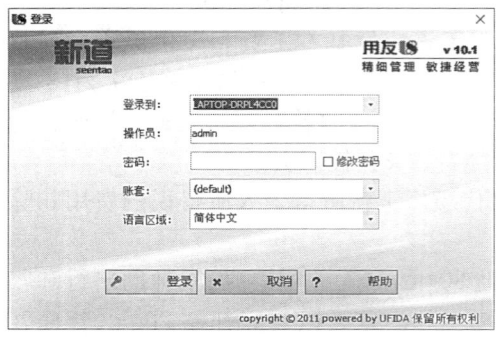

图 1-1-1　登录系统

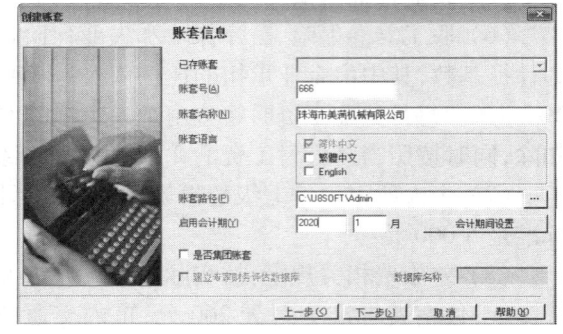

图 1-1-2　创建账套——账套信息

（3）单击【下一步】，打开【创建账套——单位信息】对话框，依次输入单位名称、单位简称、单位地址等信息，如图 1-1-3 所示。

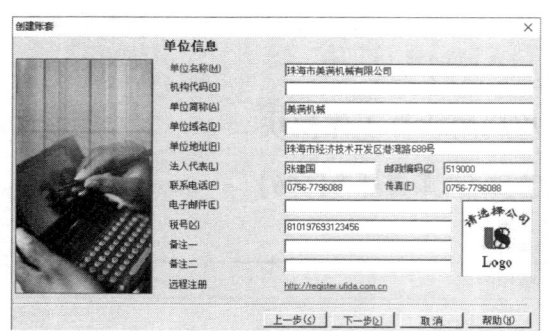

图 1-1-3　创建账套——单位信息

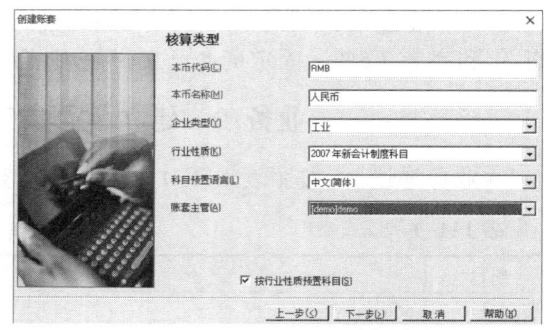

图 1-1-4　创建账套——核算类型

（4）单击【下一步】，打开【创建账套——核算类型】对话框，选择企业类型为【工业】、行业性质为【2007 年新会计制度科目】，在【账套主管】下拉列表中选择【［demo］demo】，勾选【按行业性质预置科目】复选框，如图 1-1-4 所示。

注意：因为行业性质将决定系统预置科目的内容，所以行业性质必须选择正确。如果选择了【按行业性质预置科目】，则系统根据所选择的行业类型自动添加国家规定的一级科目。

（5）单击【下一步】，打开【创建账套——基础信息】对话框，勾选【存货是否分类】|【客户是否分类】|【有无外币核算】，如图 1-1-5 所示。

（6）单击【下一步】，打开【创建账套开始】对话框，如图 1-1-6 所示。

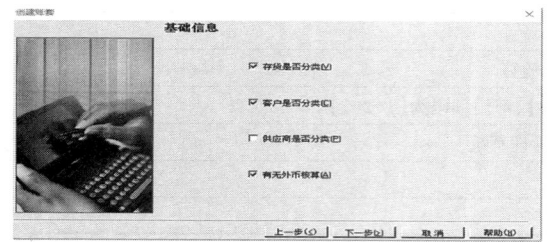

图 1-1-5　创建账套——基础信息

（7）单击【完成】，系统提示【可以创建账套了么？】，如图1-1-7所示。单击【是】，完成建账工作。

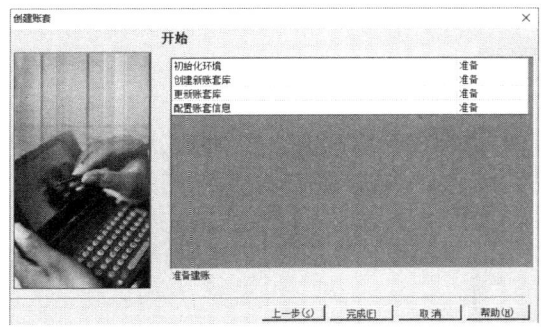

图1-1-6　创建账套——开始

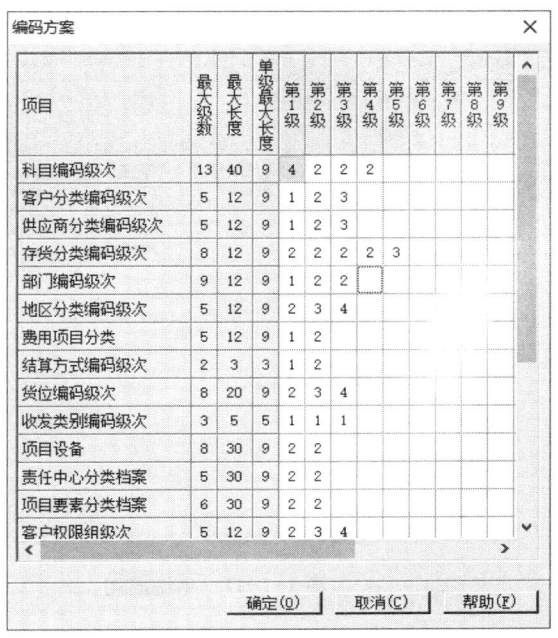

图1-1-8　编码方案

项目	最大级数	最大长度	单级最大长度	第1级	第2级	第3级	第4级	第5级	第6级	第7级	第8级	第9级
科目编码级次	13	40	9	4	2	2	2					
客户分类编码级次	5	12	9	1	2	3						
供应商分类编码级次	5	12	9	1	2	3						
存货分类编码级次	8	12	9	2	2	2	2	3				
部门编码级次	9	12	9	1	2	2						
地区分类编码级次	5	12	9	2	3	4						
费用项目分类	5	12	9	1	2							
结算方式编码级次	2	3	9	1	2							
货位编码级次	8	20	9	2	3	4						
收发类别编码级次	3	5	5	1	1	1						
项目设备	8	30	9	2	2							
责任中心分类档案	5	30	9	2	2							
项目要素分类档案	6	30	9	2	2							
客户权限组级次	5	30	9	1	2	3						

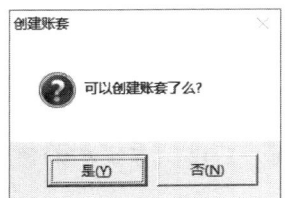

图1-1-7　【创建账套】提示框

（8）上述操作完成后，系统自动进行创建账套的工作。建账需要一段时间，请耐心等候。建账完成后，系统自动打开【编码方案】对话框，按上表的账套资料修改分类编码方案，科目编码为【4-2-2-2】，客户分类编码为【1-2-3】，部门编码为【1-2-2】，如图1-1-8所示。

（9）单击【确定】，进入【数据精度】对话框，如图1-1-9所示。

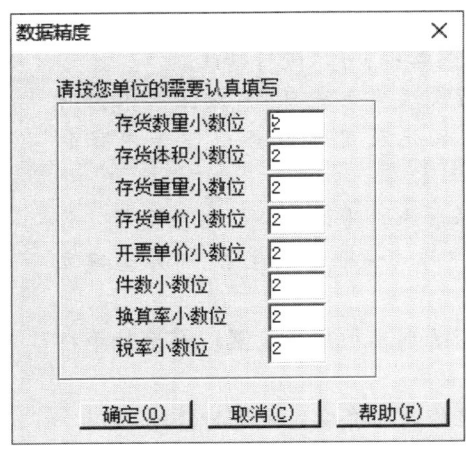

图1-1-9　数据精度

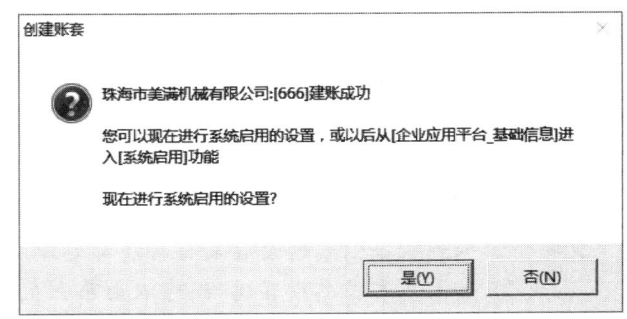

图1-1-10　【建账成功】提示框

（10）默认系统预置的数据精度的设置，单击【取消】，系统提示【[666]建账成功】和【现在进行系统启用的设置？】，如图1-1-10所示。

（11）单击【是】，打开【系统启用】对话框，依次勾选"总账""应收款管理""应付款管理""固定资产""薪资管理"，启用日期为 2020 年 1 月 1 日，如图 1-1-11 所示。注意：如果单击【否】，则先结束建账过程，之后再在企业应用平台的基础信息中进行系统启用。

图 1-1-11　系统启用

图 1-1-12　【系统管理】提示框

（12）结束建账过程，系统弹出【请进入企业应用平台进行业务操作！】提示框，如图 1-1-12 所示，单击【确定】返回。

🎯 **重难点提示**

（1）账套号是区别不同账套的唯一标识，可以自行设置 3 位数字，即 001~999，但不允许与已存账套的账套号重复，账套号设置后将不允许修改。

（2）账套名称是账套的另一种标识方法，它和账套号一起显示在系统正在运行的屏幕上。账套名称可以自行设置，并可以由账套号主管在修改账套功能中进行修改。

（3）系统默认的账套路径是用友 U8V10.1 的安装路径，可以进行修改。

（4）建立账套时，系统会将启用会计日期自动默认为系统日期，应注意根据所给资料进行修改，否则将会影响到企业的系统初始化及日常业务处理等内容的操作。

（5）如果事先增加了用户，则可以在建账时选择该账户为该账套的账套主管。如果建账前未设置用户，建账过程中可以先选一个用户作为该账套的主管，待账套建立完成后再到【权限】功能中进行账套主管的设置。

（6）是否对存货、客户及供应商进行分类将会影响到其档案的设置。有无外币核算将会影响到基础信息的设置及日常能否处理外币业务。

（7）如果基本信息设置错误，可以由账户主管在修改账套功能中进行修改。

（8）编码方案的设置，将会直接影响到基础信息设置中内容的编码级次及每级编码的位长。删除编码级次时，必须从最后一级向前依次删除。

操作视频

微课

用户设置及授权

任务二 用户设置及授权

业务一 新增企业角色设置

〖业务描述〗 2020年1月1日,珠海市美满机械有限公司账套用户信息如表1-1-2所示,请以系统管理员【admin】身份登录系统管理,增加用户信息并分配权限。

表1-1-2 软件应用操作员及操作权限分工表

人员编号	姓名	隶属部门	角色编码	所属角色	操作分工
C201	蓝英	财务部	系统默认	财务主管	账套主管
C202	李嘉文	财务部	001	总账会计	总账:凭证处理、查询凭证、常用凭证、账表、期末处理
			002	固定资产会计	固定资产管理权限
			003	薪酬会计	薪资管理权限
C203	张华	财务部	004	应收会计	应收款管理(不含收款单据处理卡片编辑、选择收款)
			005	应付会计	应付款管理(不含付款单据处理卡片编辑、选择付款)
C204	韦宝宝	财务部	006	出纳	总账:出纳签字、出纳日记账 应收款管理:票据管理,收据单据处理(卡片编辑、卡片查询)、选择收款 应付款管理:票据管理,付款单据处理(卡片编辑、卡片查询)、选择付款

〖操作说明〗 根据表1-1-2角色相关信息,给管理员【admin】进行新增角色录入操作。

〖操作指引〗

(1)以系统管理员身份登录系统管理,执行【权限】|【角色】命令,打开【角色管理】窗口。单击【增加】,打开【角色详细情况】对话框,录入编号【001】,如图1-1-13所示。

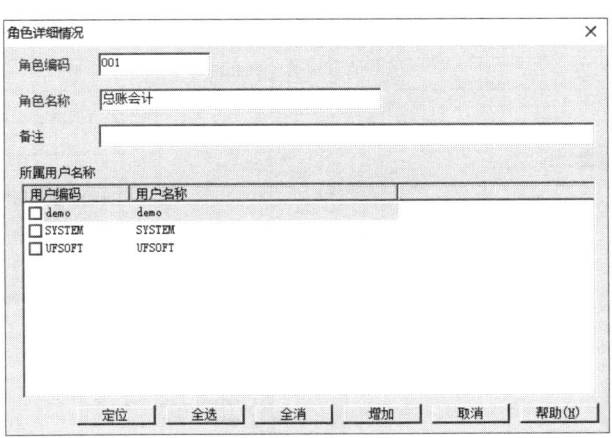

图1-1-13 角色详细情况

(2)单击【增加】,按表1-1-2的资料依次设置其他角色,如图1-1-14所示。设置完毕后,单击【取消】退出。

角色管理

角色编码	角色名称	备注
001	总账会计	
002	固定资产会计	
003	薪酬会计	
004	应收会计	
005	应付会计	
006	出纳	
DATA-MANAGER	账套主管	
MANAGER-BG01	预算主管	
OPER-HR20	普通员工	

图 1-1-14 【角色管理】对话框

业务二 新增企业操作用户设置

〖业务描述〗 根据表 1-1-2 所示内容新增企业用户,并给用户分配对应角色。

〖操作说明〗 系统管理员【admin】增加用户和指定角色。

〖操作指引〗

(1)以系统管理员身份登录系统管理,执行【权限】|【用户】命令,打开【用户管理】窗口,单击【增加】,打开【操作员详细情况】对话框,录入编号为【C201】、姓名为【蓝英】、所属部门为【财务部】,选择角色名称为【账套主管】,如图 1-1-15 所示。

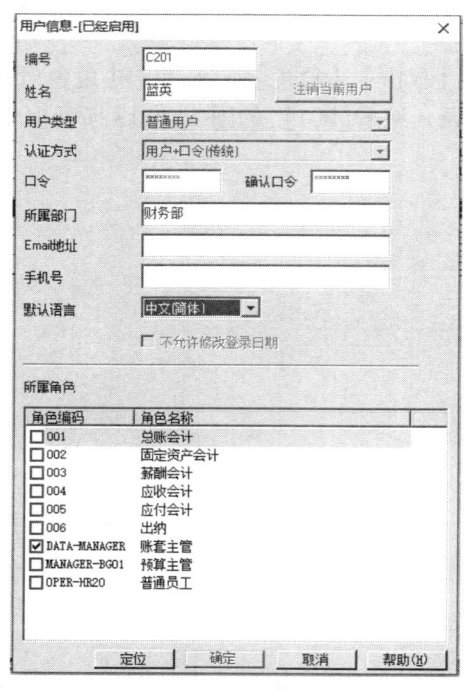

图 1-1-15 【C201 蓝英】对话框

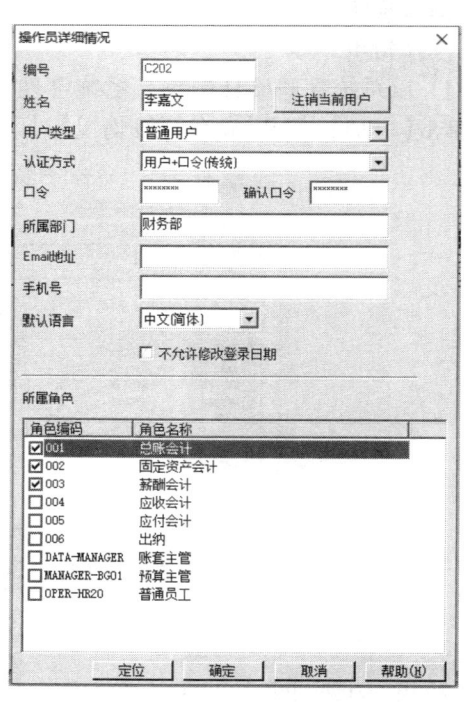

图 1-1-16 【C202 李嘉文】对话框

(2)按以上操作方法完成【C202 李嘉文】【C203 张华】的用户增加操作,如图 1-1-16、图 1-1-17 所示。

（3）按表1-1-2的资料依次设置所有用户,设置完毕后,单击【取消】退出。所有人员列表如图1-1-18所示。

图1-1-17 【C203 张华】对话框

图1-1-18 【用户管理】对话框

业务三 角色及用户授权设置

〖业务描述〗 根据表1-1-2的资料增加用户及角色操作权限,并取消所有记录及数据权限控制。

〖操作说明〗 系统管理员【admin】给予角色和用户授权。该操作有以下两种方法:方法一是通过先设置角色授权给用户【李嘉文】【张华】授权;方法二是直接给予用户【韦宝宝】授权。账套主管【C201 蓝英】取消记录及进行数据权限控制。

〖操作指引〗

一、增加用户及角色操作权限

（一）通过角色授权给用户授权

1. 按公司需求给【珠海市美满机械有限公司】各角色赋权

（1）给总账会计赋权,在系统管理中执行【权限】命令,打开【操作员权限】窗口。

（2）在左侧的用户列表中,选中【001 总账会计】角色,单击【修改】,在右侧选中【666 珠海市美满机械有限公司】账套,时间【2020—2020】,单击展开【财务会计】|【总账】,选中【总账】中的【凭证处理】【查询凭证】【常用凭证】【账表】【期末】等权限,如图1-1-19所示。

（3）以此类推,给予固定资产会计、薪酬会计、应收会计、应付会计赋权,如图1-1-20、图1-1-21、图1-1-22、图1-1-23所示。

2. 查询各已分配角色的用户权限

（1）查询用户【C201 蓝英】账套主管权限,在系统管理中执行【权限】命令,打开【操作员权限】窗口。

（2）在左侧的用户列表中,选中用户类型为【普通用户】的操作员【C201 蓝英】,在右侧选中【珠海市美满机械有限公司】账套,时间为【2020—2020】,显示该用户拥有本账套所有权限,如图1-1-24所示。

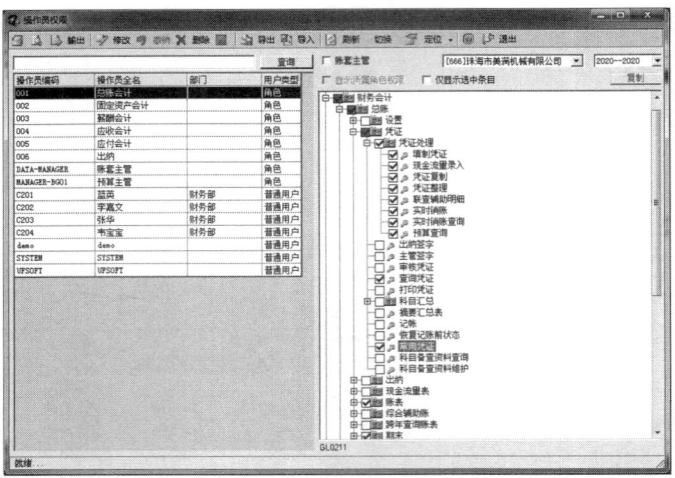

图 1-1-19　001 总账会计操作员权限

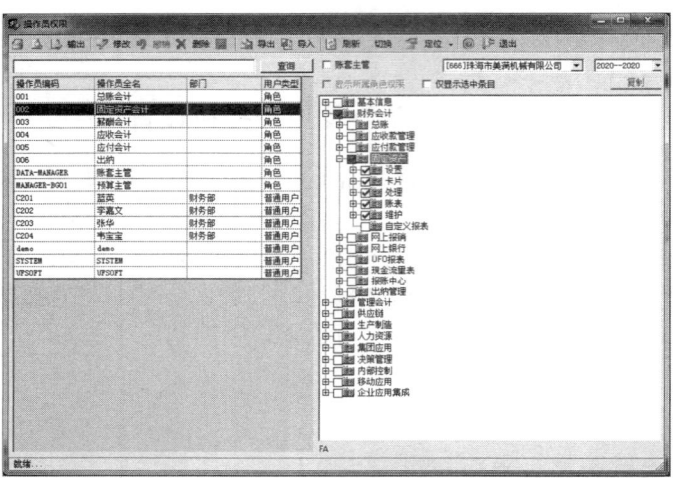

图 1-1-20　002 固定资产会计操作员权限

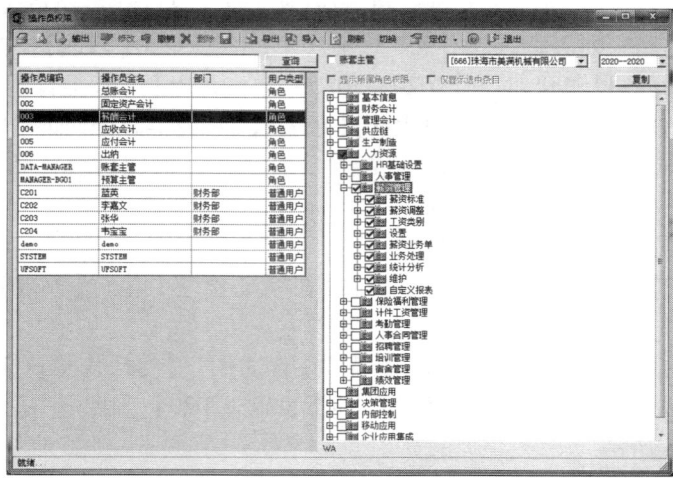

图 1-1-21　003 薪酬会计操作员权限

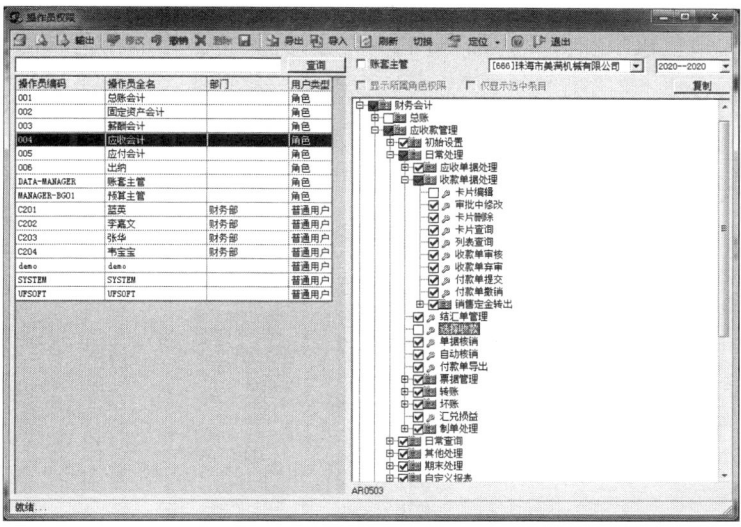

图 1-1-22　004 应收会计操作员权限

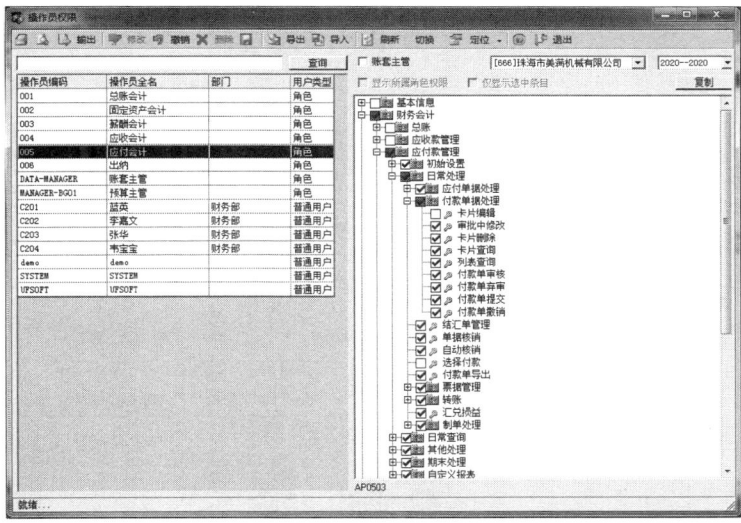

图 1-1-23　005 应付会计操作员权限

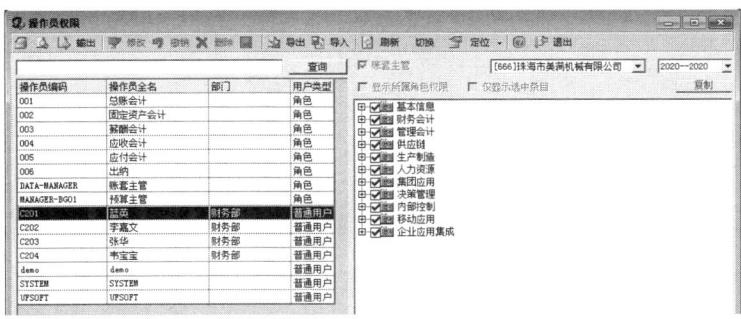

图 1-1-24　C201 蓝英操作员权限

（3）以此类推，勾选【显示所属角色权限】，查询用户【C202 李嘉文】的总账会计、固定资产会计、薪酬会计的角色权限和【C203 张华】的应收会计、应付会计的角色权限，如图 1-1-25、1-1-26 所示。

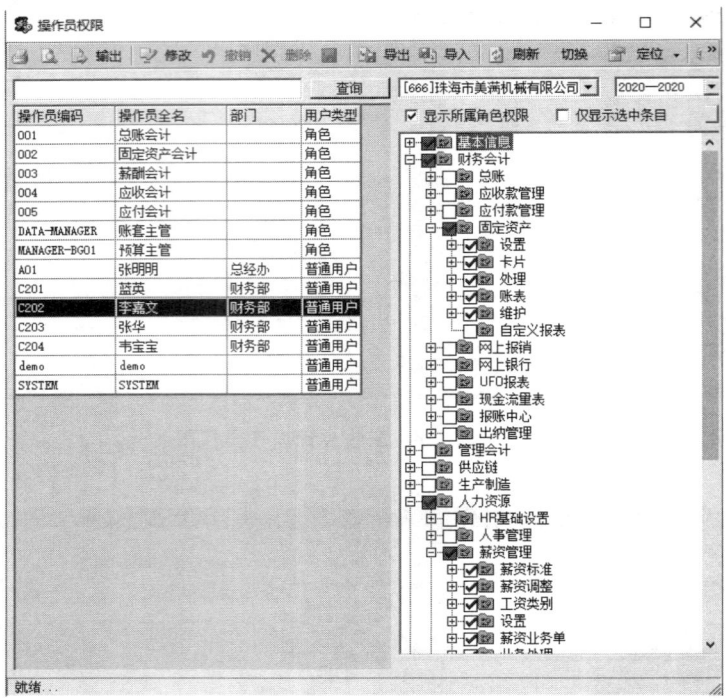

图 1-1-25　C202 李嘉文操作员权限

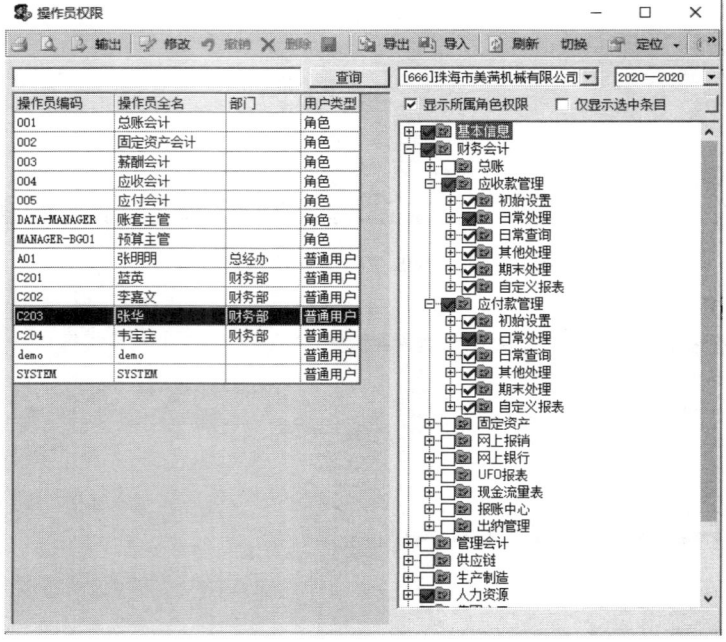

图 1-1-26　C203 张华操作员权限

 重难点提示

（1）只有系统管理员【admin】才有权限设置或取消账套主管,而账套主管只有权对所辖账套进行用户的权限设置。

（2）设置权限时应注意分别选中【账套】及相应的【用户】。

（3）账套主管拥有该账套的所有权限,因此无须为账套主管另外赋权。

（4）一个账套可以有多个账套主管,一个主管也可以管理多个账套。

（5）系统管理员【admin】可以对所有用户和角色进行授权。

（6）如果企业工作人员相对角色稳定,可以选择用户并指定角色授权即可。

（二）直接给操作用户授权

（1）按公司需求给用户【C204 韦宝宝】赋予出纳权限,在系统管理中执行【权限】命令,打开【操作员权限】窗口。

（2）在右侧选中【666 珠海市美满机械有限公司】账套,时间【2020—2020】。

（3）在左侧的用户列表中,选中用户类型为普通用户的【C204 韦宝宝】用户,单击【修改】。根据表 1-1-2 内容进行操作,单击【修改】,再单击展开【财务会计】|【总账】|【凭证】,勾选【出纳签字】和【出纳】前的复选框,如图 1-1-27 所示。

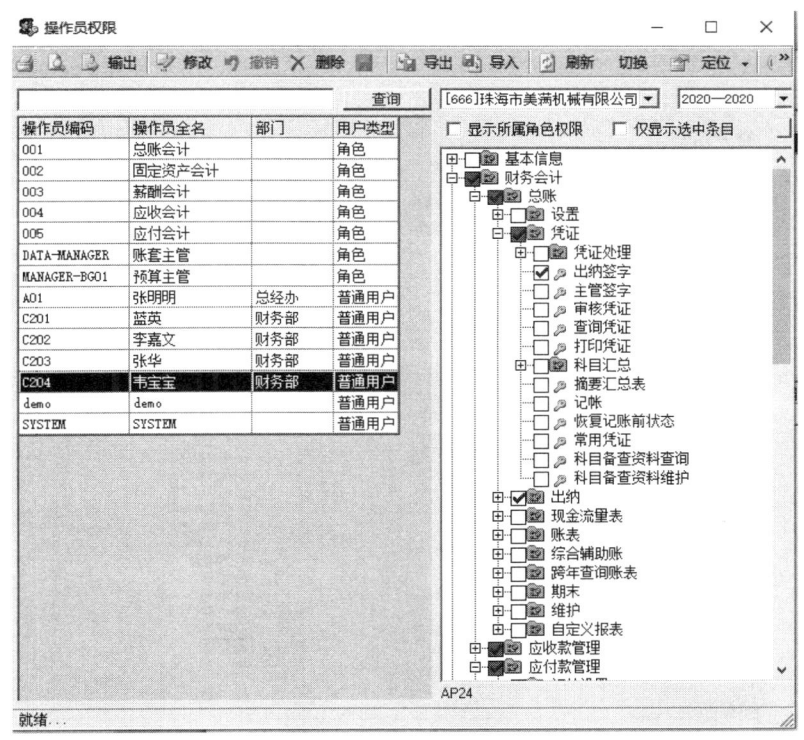

图 1-1-27　C204 韦宝宝操作员权限窗口(一)

（4）单击展开【财务会计】|【应收款管理】|【日常处理】,选中【收款单据处理】中的【卡片编辑】和【卡片查询】,以及【选择收款】和【票据管理】的复选框,如图 1-1-28 所示。最后单击【保存】。

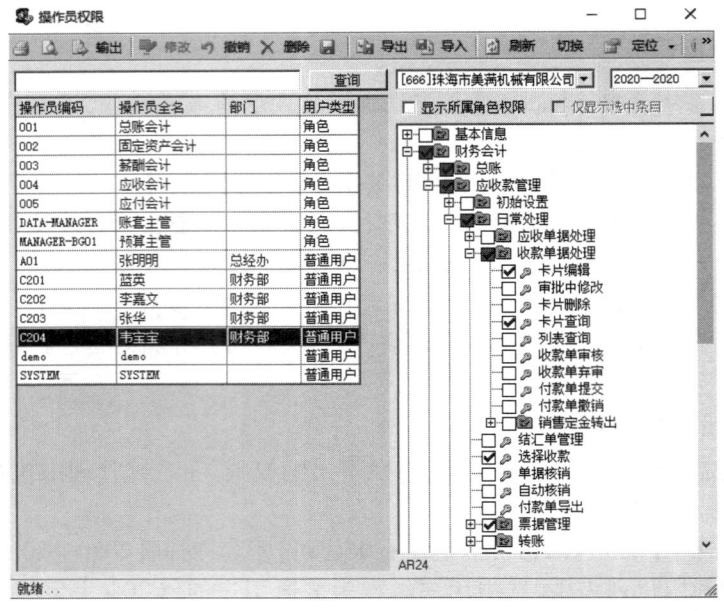

图 1-1-28　C204 韦宝宝操作员权限窗口(二)

（5）单击展开【财务会计】|【应付款管理】|【日常处理】,选中【付款单据处理】中的【卡片编辑】和【卡片查询】,以及【选择付款】和【票据管理】的复选框,如图 1-1-29 所示。最后单击【保存】。

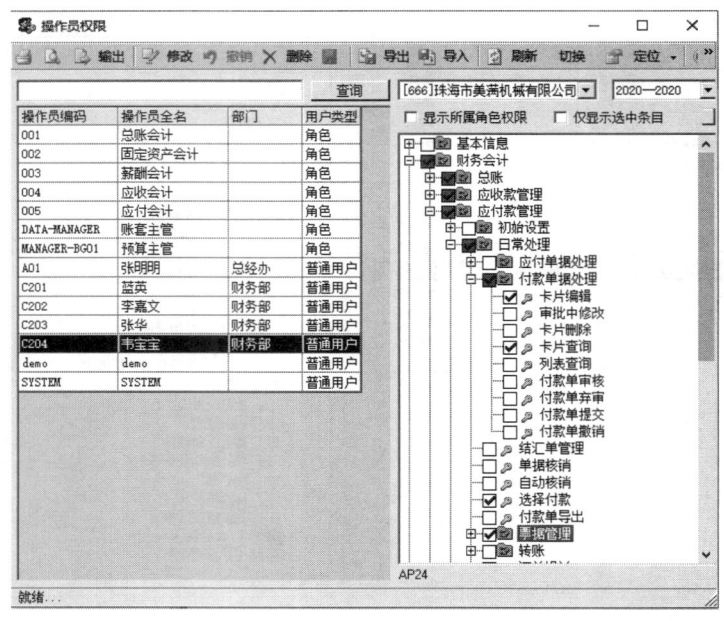

图 1-1-29　C204 韦宝宝操作员权限窗口(三)

（6）完成用户【C204 韦宝宝】的相关权限授权。

二、取消所有记录及数据权限控制

（1）以账套主管【C201 蓝英】身份登录企业应用平台,执行【系统服务】|【权限】|【数据

权限控制设置】命令,打开【数据权限控制设置】窗口,如图 1-1-30 所示。

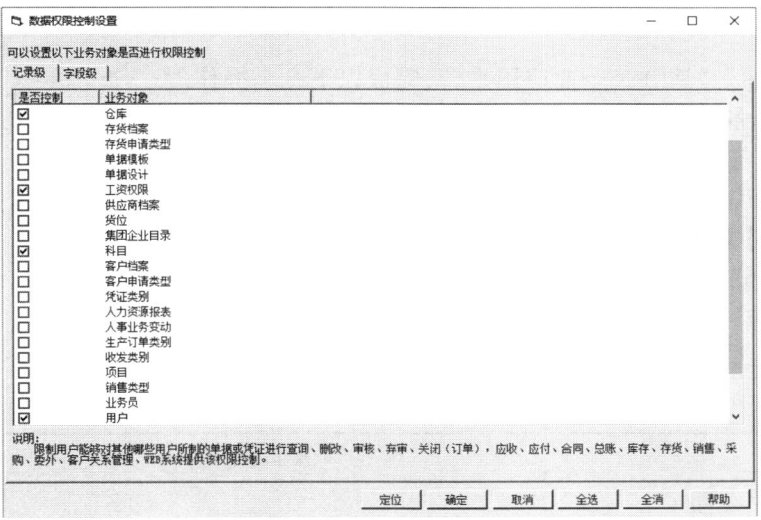

图 1-1-30 数据权限控制设置

（2）取消【仓库】【科目】【工资权限】及【用户】前的【是否控制】选项,单击【确定】,如图 1-1-31 所示。

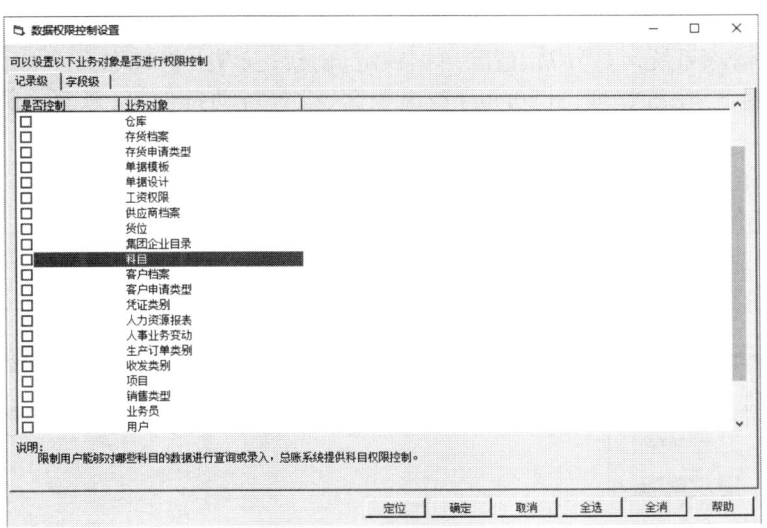

图 1-1-31 取消数据权限控制设置

🎯 **重难点提示**

如果在【数据权限控制设置】中的【是否控制】前打勾,用户将被限制对相关模块或业务的数据进行查询或录入、修改等功能。取消勾选后,用户方可对相应的业务进行操作。

操作视频

微课

系统日常维护

任务三　系统日常维护

〖业务描述〗　请登录企业应用平台,完成以下几个操作。

(1) 账套备份:2020 年 1 月 1 日,将【[666]珠海市美满机械有限公司】账套输出至【D:\666 账套备份\】文件夹中保存。

(2) 账套引入:2020 年 1 月 1 日,将【[666]珠海市美满机械有限公司】账套引入【C:\U8SOFT\】文件夹中。

(3) 账套修改:2020 年 1 月 1 日,以账套主管【C201 蓝英】的身份【系统登录】,修改【[666]】账套基础信息中取消供应商分类选项。

(4) 根据表 1-1-3 设置自动备份计划。

表 1-1-3　　　　　　　　　　　　自动备份计划

项目	操作内容
计划编号	001
计划名称	666 账套备份
开始时间	17:00:00
保留天数	7 天
备份路径	D:\666 账套备份\

(5) 设置清除系统运行异常、清除单据锁定、刷新;查看上机日志。

〖操作说明〗　系统管理员【admin】输出账套、设置自动备份等,账套主管【C201 蓝英】修改账套。

〖操作指引〗

1. 账套备份

(1) 在 D 盘中新建【666 账套备份】文件夹。

(2) 以系统管理员身份登录【系统管理】,执行【账套】|【输出】命令,如图 1-1-32 所示。

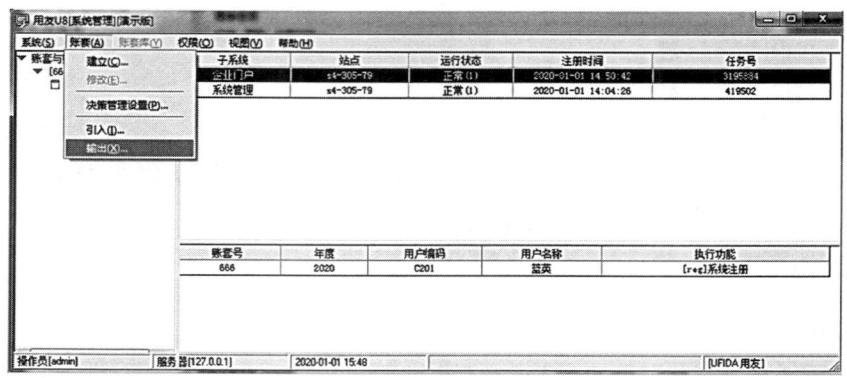

图 1-1-32　系统管理

(3) 打开【账套输出】对话框,单击【账套号】栏的下三角,选择【[666]珠海市美满机械有限公司】,在输出文件位置选择【D:\666 账套备份\】,如图 1-1-33 所示。

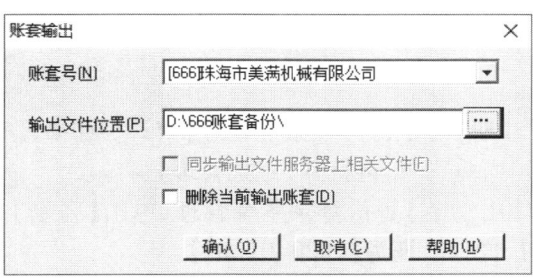

图 1-1-33 账套输出

（4）单击【确认】，系统进行账套数据输出。完成后，弹出【输出成功】信息提示框，单击【确定】完成账套备份。

🎯 **重难点提示**

（1）如果需要对系统中不需要使用的账套进行删除，可以通过账套输出功能进行【删除账套】的操作。操作方法是在【账套输出】对话框中选中【删除当前输出账套】复选框，单击【确认】。系统在删除账套前同样要进行账套输出，给予保存，以备日后需要再导入使用。当输出完成后，系统提示【真要删除该账套吗?】，单击【是】删除该账套。

（2）只有系统管理员【admin】有权进行账套输出。

（3）正在使用的账套可以进行账套输出而不允许进行账套删除。

---

2. 账套引入

（1）以系统管理员身份登录【系统管理】。执行【账套】|【引入】命令，打开【请选择账套备份文件】对话框，打开【D:\666 账套备份\】，选择将要引入的账套数据，如图 1-1-34 所示，单击【确定】。

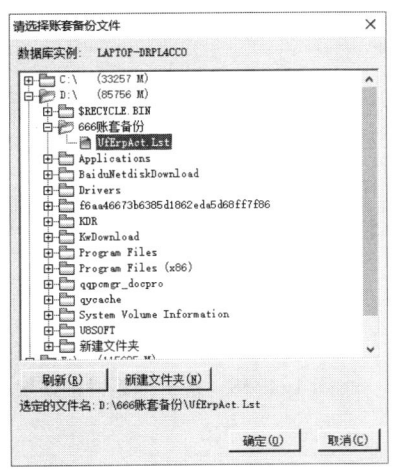

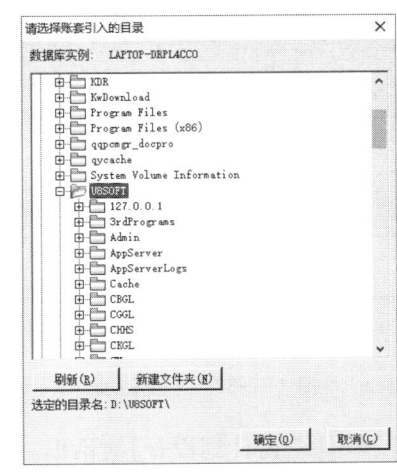

图 1-1-34 【请选择账套备份文件】对话框 　　图 1-1-35 【请选择账套引入的目录】对话框

（2）系统会自动将账套数据引入系统，系统弹出【请选择账套引入的目录】对话框，选择引入目录为【D:\U8SOFT\】，如图 1-1-35 所示，单击【确定】。

（3）引入账套需要一定的时间，请耐心等候。引入完成后，系统弹出【账套［666］引入成功！】提示框，单击【确定】。

3．账套修改

（1）执行【系统】|【注册】命令，打开【系统管理】窗口。如果已有其他用户登录，先通过【系统】|【注销】命令注销当前账户，再打开【系统管理】窗口。

（2）以账套主管【C201 蓝英】身份登录系统管理，单击【账套】选择【［666］（default）珠海市美满机械有限公司】，操作日期为【2020-01-01】。

（3）单击【登录】，以账套主管身份登录系统管。

（4）执行【账套】【修改】命令，打开【修改账套】对话框。

（5）单击【下一步】，打开【单位信息】对话框。

（6）单击【下一步】，打开【核算类型】对话框。

（7）单击【下一步】，打开【基础信息】对话框，如图 1-1-36 所示。

（8）单击取消【供应商是否分类】前的复选框。

（9）单击【完成】，系统弹出【确认修改账套了么?】提示框。

（10）单击【是】，并在【编码方案】和【数据精度】窗口中分别单击【取消】，提示【修改账套成功】，单击【确认】退出。

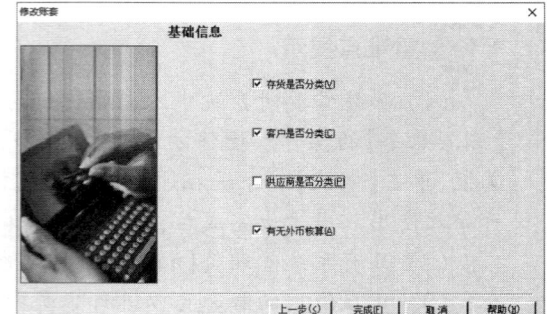

图 1-1-36　修改账套—基础信息

4．设置自动备份计划

（1）执行【系统】|【注册】命令，打开【系统管理】窗口。

（2）以系统管理员身份登录【系统管理】，点击【系统】|【设置备份计划(P)】，如图 1-1-37 所示。

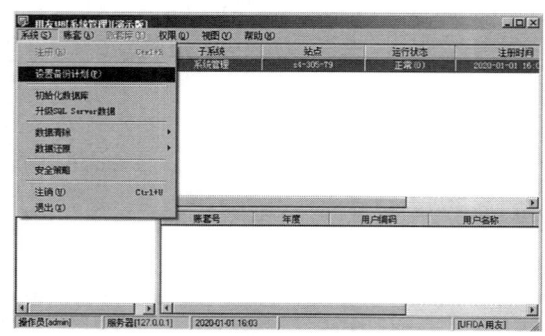

图 1-1-37　系统管理

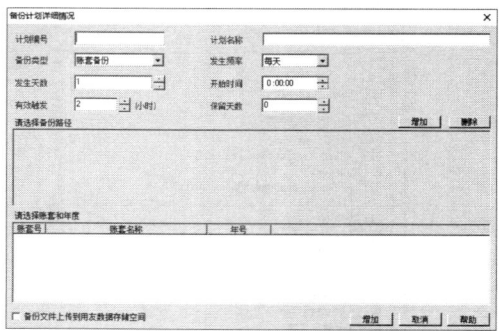

图 1-1-38　备份计划详细情况

（3）弹出【备份计划设置】对话框。

（4）点击【增加】，弹出【备份计划详细情况】窗口，如图 1-1-38 所示。

（5）在【计划编号】栏录入【001】，【计划名称】栏输入【666 账套备份】，【开始时间】栏录入【17:00:00】，【保留天数】栏输入【7】，点击【增加】，弹出【请选择备份路径】对话框，选择备份路径为【D:\666 账套备份\】，如图 1-1-39 所示。

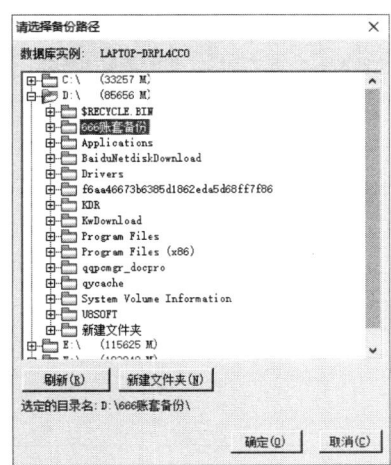

图 1-1-39 【请选择备份路径】对话框

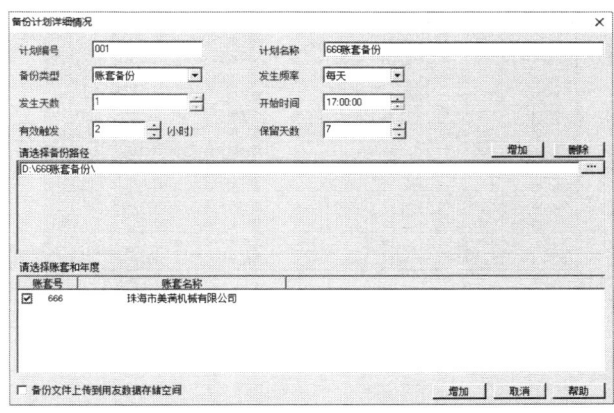

图 1-1-40 备份计划详细情况（操作完成）

（6）单击【确定】，在【请选择账套和年度】中勾选账套号为【666】选项栏，如图 1-1-40 所示。点击【增加】，自动备份计划操作完毕。

5. 设置清除系统异常、清除单据锁定、刷新以及查看上机日志

（1）以系统管理员身份登录【系统管理】，打开【视图】界面，如图 1-1-41 所示。

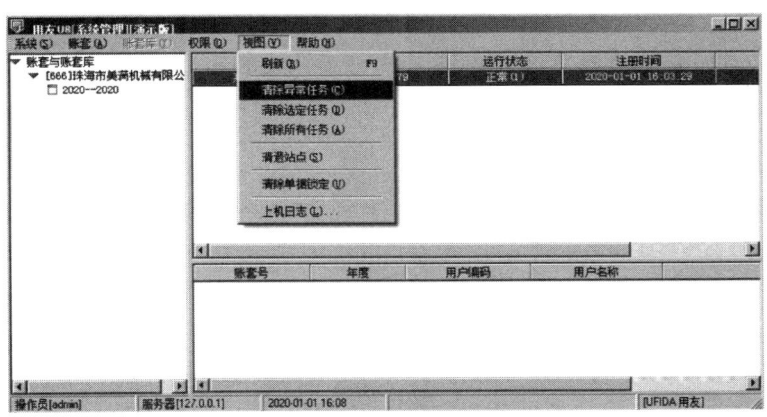

图 1-1-41 清除异常任务

（2）分别执行【视图】下面的【清除异常任务】|【清除选定任务】|【清除所有任务】|【清退站点】|【清除单据锁定】，再执行【刷新】命令，完成账套出现操作异常的清除工作。

（3）以系统管理员身份登录【系统管理】。执行【视图】|【上机日志】命令，弹出【日志过滤】窗口，选择指定的日期、账套号、操作员等，如图 1-1-42 所示。

（4）单击【确认】，弹出【上机日志】窗口，如图 1-1-43 所示。

（5）完成对操作员上机日志的查询工作。

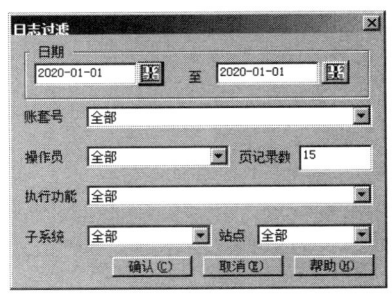

图 1-1-42 日志过滤

图 1-1-43　上机日志

重难点提示

（1）已有其他用户登记的系统管理界面，需要更换操作员，可通过【系统】|【注销】命令注销当前用户，再打开【系统】|【注册】，进入【系统管理】窗口。选择操作员为账套主管【C201 蓝英】和账套【［666］珠海市美满机械有限公司】，即可进入系统进行修改相关账套信息。

（2）只有账套主管才能拥有对所管理账套进行修改的权限。

（3）账套系统平台操作出现异常现象时，需要到【视图】界面进行【清除异常任务】【清除选定任务】【清除所有任务】【清除单据锁定】等操作，并进行刷新处理，方可消除业务操作平台的异常任务。

项目二 企业基础信息设置

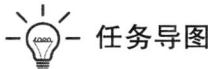 任务导图

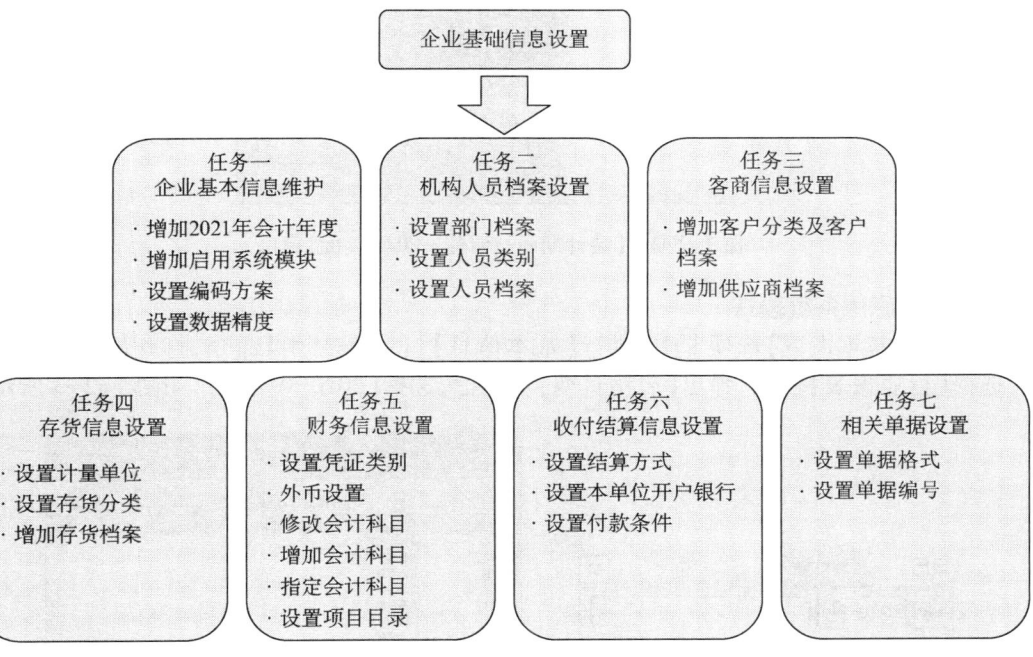

本任务相关链接 用友在线学习网：http://learning.ufida.com.cn/

任务一 企业基本信息维护

〖**业务描述**〗 2020 年 1 月 1 日,请以账套主管【C201 蓝英】身份登录企业应用平台,增加 2021 年会计年度,增加启用【行业报表】模块,修改科目编码长度为【4-2-2-2-2】,修改换算率小数位为 3。

〖**操作说明**〗 【C201 蓝英】基本信息维护。

〖**操作指引**〗

1. 增加 2021 年会计年度

（1）在【基本设置】选项卡中,执行【基本信息】|【会计期间】命令,打开【会计期间】窗口,单击【增加】,弹出【本账套的最新会计年度为:2020年,是否新建 2021 年的会计月历?】,如图 1-2-1 所示。

（2）单击【确定】后,2021 年会计月历建立成

图 1-2-1 【确认信息】提示框

企业基本信息维护

功,窗口如图 1-2-2 所示。

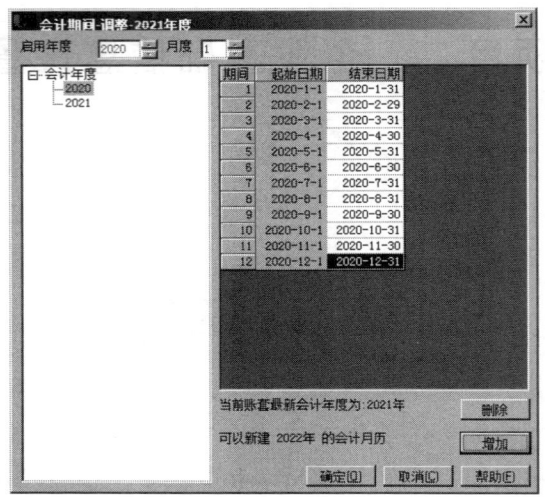

图 1-2-2 【会计期间—调整—2021 年度】窗口

2. 增加启用系统模块

（1）在【基本设置】选项卡中,执行【基本信息】|【系统启用】命令,打开【系统启用】窗口,选择【行业报表】模块,弹出【启用日期】对话框,选择【2020-01-01】,如图 1-2-3 所示。

图 1-2-3 启用日期

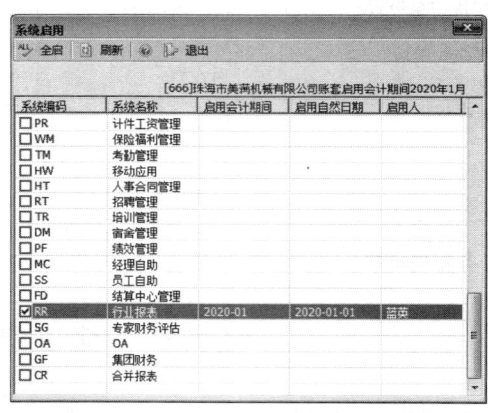

图 1-2-4 系统启用

（2）单击【确定】,弹出【确定要启用当前系统?】对话框,单击【确定】,如图 1-2-4 所示。

3. 设置编码方案

在【基本设置】选项卡中,执行【基本信息】|【编码方案】命令,打开【编码方案】窗口。修改【科目编码级次】第 5 级为【2】,如图 1-2-5 所示,单击【确定】,再单击【取消】退出界面。

4. 设置数据精度

在【基本设置】选项卡中,执行【基本信息】|【数据精度】命令,打开【数据精度】窗口。修改【换算率小数位】为【3】,如图 1-2-6 所示,单击【确定】。

（2）在 D 盘下设置文件夹【666 账套备份\2.1】,将账套输出至【D:\666 账套备份\2.1】文件夹。

（3）以此类推,本书中所有账套的输出文件按任务编号设置,便于账套的备份工作。

图 1-2-5　编码方案

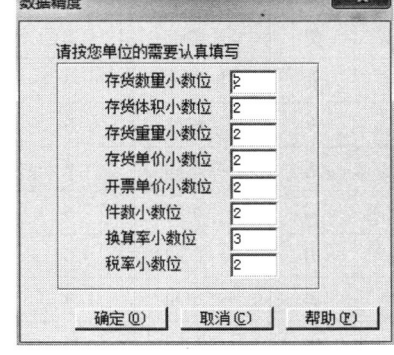

图 1-2-6　数据精度

任务二　机构人员档案设置

〖业务描述〗　2020 年 1 月 1 日,请以账套主管【C201 蓝英】身份登录企业应用平台,增加表 1-2-1 部门档案、表 1-2-2 人员类别及表 1-2-3 人员档案的相关信息。

表 1-2-1　　　　　　　　　　部门档案

部门编码	部门名称	部门编码	部门名称
1	行政人事部	5	生产部
2	财务部	501	一车间
3	采购部	502	二车间
4	销售部	6	供应部

表 1-2-2　　　　　　　　　　人员类别表

人员类别编码	人员类别	人员类别编码	人员类别
1	企业管理人员	4	车间管理人员
2	采购人员	5	生产人员
3	销售人员		

表 1-2-3　　　　　　　　　　人员档案表

人员编码	人员名称	性别	行政部门	人员类别编码	人员类别	是否操作员	是否业务人员	费用部门
101	张建国	男	行政人事部	1	企业管理人员	否	是	行政人事部
201	蓝英	女	财务部	1	企业管理人员	是	是	财务部
202	李嘉文	女	财务部	1	企业管理人员	是	是	财务部
203	张华	女	财务部	1	企业管理人员	是	是	财务部

操作视频

微课

机构人员档案设置

(续表)

人员编码	人员名称	性别	行政部门	人员类别编码	人员类别	是否操作员	是否业务人员	费用部门
204	韦宝宝	女	财务部	1	企业管理人员	是	是	财务部
301	赵文星	男	采购部	2	采购人员	否	是	采购部
302	王智	男	采购部	2	采购人员	否	是	采购部
401	王涵	女	销售部	3	销售人员	否	是	销售部
402	杨慧	女	销售部	3	销售人员	否	是	销售部
501	秦昊	男	一车间	4	车间管理人员	否	—	—
502	何家鸿	男	一车间	5	生产人员	否	—	—
503	许志军	男	一车间	5	生产人员	否	—	—
504	郑彦	男	二车间	4	车间管理人员	否	—	—
505	沈伟	男	二车间	5	生产人员	否	—	—
506	吕宏	男	二车间	5	生产人员	否	—	—
601	陈玮	女	供应部	1	企业管理人员	否	是	供应部

〖**操作说明**〗 【C201 蓝英】设置机构人员档案。

〖**操作指引**〗

1. 设置部门档案

（1）在【基础设置】选项卡中,执行【基础档案】|【机构人员】|【部门档案】命令,打开【部门档案】窗口。单击【增加】,输入部门编号为【1】、部门名称为【行政人事部】,单击【保存】,如图 1-2-7 所示。

（2）以此方法依次输入其他部门档案,操作结果如图 1-2-8 所示。

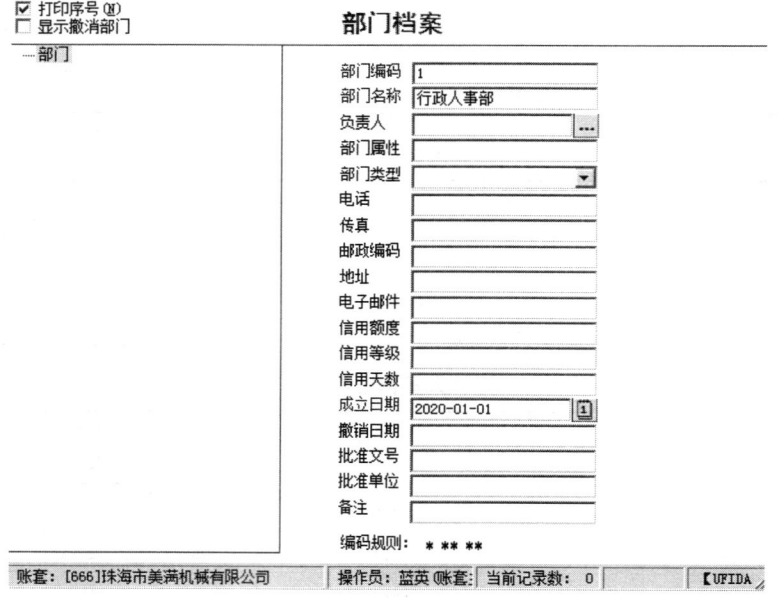

图 1-2-7　部门档案

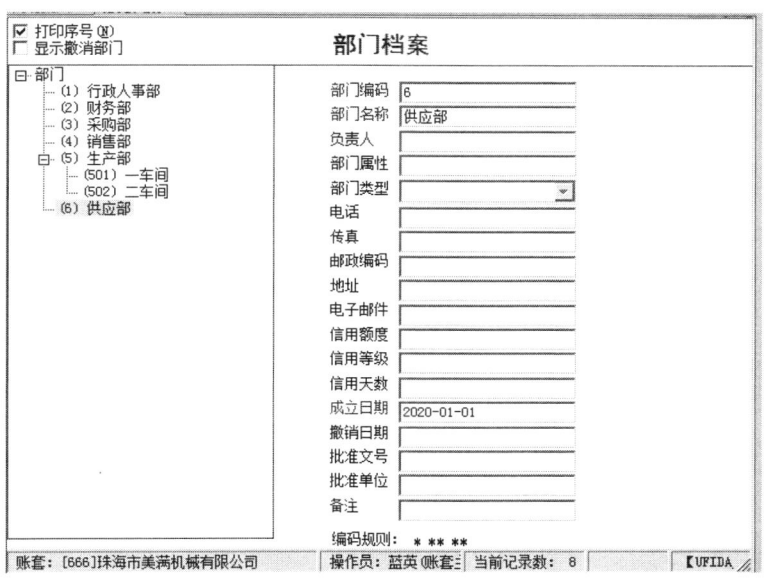

图 1-2-8　部门档案（操作结果）

 重难点提示

　　部门编号必须符合在分类编码中定义的编码规则【＊ ＊＊ ＊＊】（即1-2-2）。

2. 设置人员类别

　　（1）在【基础设置】选择卡中，执行【基础档案】|【机构人员】|【人员类别】命令，打开【人员类别】窗口。

　　（2）删除系统自带人员类别后，单击【增加】，按表1-2-2增加企业管理人员类别，操作结果如图1-2-9所示。

　　（3）以此方法依次增加其他四类人员类别，操作结果如图1-2-10所示。

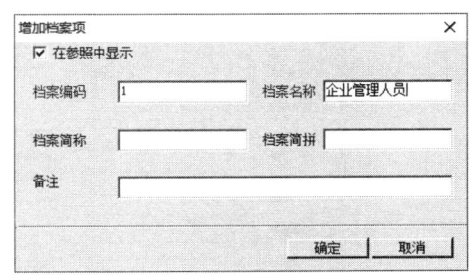

图 1-2-9　【增加档案项】对话框

图 1-2-10　人员类别（操作结果）

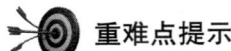
3. 设置人员档案

（1）在【基础设置】选项卡中,执行【基础档案】|【机构人员】|【人员档案】命令,打开【人员列表】窗口。

（2）单击左侧窗口中【部门分类】下的【行政人事部】。

（3）单击【增加】,按表 1-2-3 资料输入人员信息,如图 1-2-11 所示,单击【保存】。

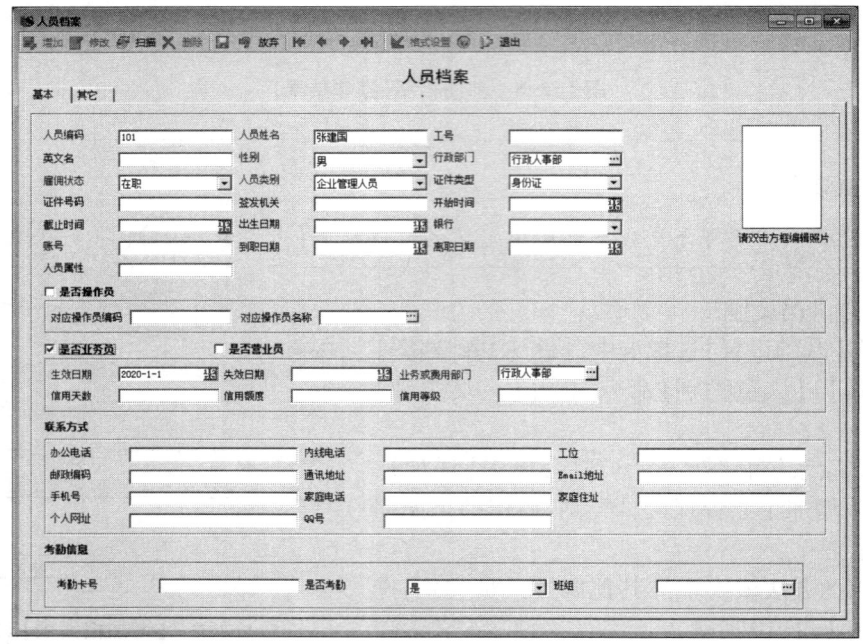

图 1-2-11　人员档案

（4）以此方法依次输入其他人员档案,操作结果如图 1-2-12 所示。

（5）在 D 盘下设置文件夹【666 账套备份\2.2】,将账套输出至【D:\666 账套备份\2.2】文件夹。

图 1-2-12　人员列表(操作结果)

任务三　客商信息设置

〖业务描述〗　2020 年 1 月 1 日,请以账套主管【C201 蓝英】身份登录企业应用平台,增加表 1-2-4 客户分类、表 1-2-5 客户档案、表 1-2-6 供应商档案的相关信息。

表 1-2-4　　　　　　　　　　　　　客户分类

客户分类编码	客户分类名称
1	A 类客户
2	B 类客户
3	C 类客户

〖操作说明〗　【C201 蓝英】设置客户和供应商信息。

〖操作指引〗

1. 增加客户分类及客户档案

(1)在【基础设置】选项卡,执行【基础档案】|【客商信息】|【客户分类】命令,打开【客户分类】窗口。单击【增加】,在【分类编码】输入【1】,在【分类名称】输入【A 类客户】,单击【保存】。按照如上步骤,完成增加【B 类客户】【C 类客户】的操作,如图 1-2-13 所示。

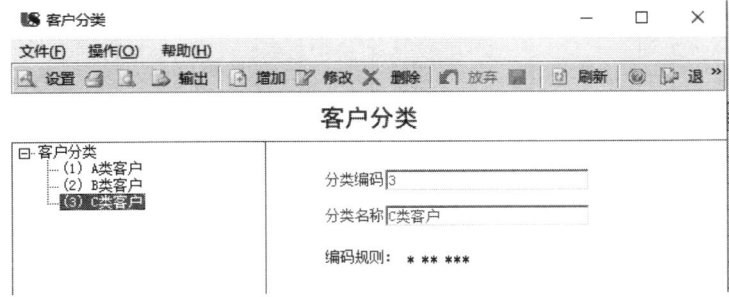

图 1-2-13　客户分类

表 1-2-5

客户档案信息

客户编码	客户名称（简称）	税号	地址及电话	开户银行	账号	分管部门	专管员	客户分类编码	客户分类名称
101	深圳市恒兴有限公司（深圳恒兴公司）	91443402017357608 8	深圳市镜湖区中山路 308 号，电话：0755-3522166	中国工商银行深圳市中山路支行	1307310182600020000	销售部	王涵	1	A 类客户
102	珠海市明瑞有限公司（珠海明瑞公司）	914434020197479075	珠海市镜湖区橼山东路 58 号，电话：0756-3424632	中国银行珠海市三灶支行	6477620195600020000	销售部	王涵	1	A 类客户
103	美国 ESENW 有限公司（美国 ESENW 公司）	914461019766632148	珠海市凤凰人路 42 号，电话：0756-8796053	中国工商银行珠海市凤城支行	1102029988922775523	销售部	杨慧	1	A 类客户
104	中山市阳光有限公司（中山阳光公司）	914434020197415124	中山市中山中路 4120 号，电话：0760-3424632	中国工商银行中山市中山路支行	1347620195600020000	销售部	王涵	1	A 类客户
105	东莞市东和有限公司（东莞东和公司）	91462120197415570	东莞市南城南沙路 120 号，电话：0769-3425153	中国工商银行东莞市南城南沙支行	2131620195600020000	销售部	杨慧	2	B 类客户

表 1-2-6

供应商档案信息

供应商编码	供应商名称（简称）	税号	地址及电话	开户银行	账号	分管部门	专管业务员
1	广东金鸿有限公司（广东金鸿公司）	914423028572335448	广州市滨湖区迎春路 88 号，电话：020-82301288	中国工商银行广州市迎春路支行	4020220292493670000	采购部	赵文星
2	珠海市顺昌有限公司（珠海顺昌公司）	914434020477732166	珠海市三山区聚工路 27 号，电话：0756-6685898	中国银行珠海市三山支行	2700600597934520000	采购部	赵文星
3	珠海市电力有限公司（珠海电力公司）	914434020361026655	珠海市殷港工业园金海大道 1 号，电话：0756-8269018	中国工商银行珠海市股港支行	2600600236934520000	采购部	王智
4	广州市恒大合有限公司（广州恒大合公司）	914444030054573134	广州市西青区明清路 148 号，电话：020-81204793	交通银行广州市明清路支行	2300600236934520000	采购部	王智
5	东莞市东和有限公司（东莞东和公司）	91462120197415570	东莞市南城南沙路 120 号，电话：0769-3425153	中国工商银行东莞市南城南沙支行	2131620195600020000	采购部	王智

（2）单击【退出】,回到【基础设置】选项卡,执行【基础档案】|【客商信息】|【客户档案】命令,打开【客户档案】窗口。窗口分为左右两部分,左窗口显示已经设置的客户分类,单击选中【A 类客户】。

（3）单击【增加】,打开【增加客户档案】窗口。窗口中共包括 4 个选项卡,即【基本】【联系】【信用】和【其他】,用于对客户不同的属性分别归类记录。

（4）按照表 1-2-5 的资料,分别输入【客户编码】【客户名称】【客户简称】【所属分类】【税号】【分管部门】【专管业务员】等相关信息,如图 1-2-14、图 1-2-15、图 1-2-16 所示,单击【保存】。

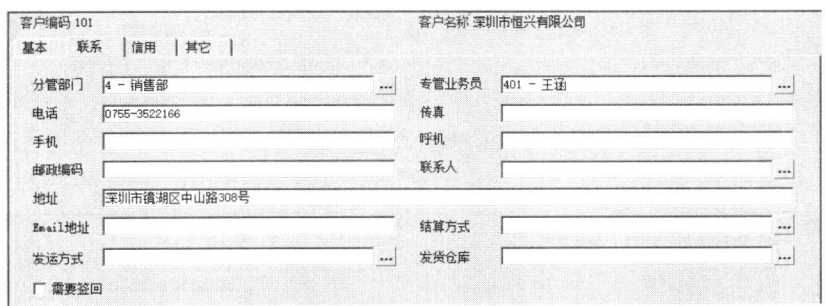

图 1-2-14　客户档案——基本

图 1-2-15　客户档案——联系

图 1-2-16　客户银行——档案

（5）以此方法依次录入其他的客户档案。操作完成后,右窗口显示操作结果,如图 1-2-17所示。

图 1-2-17　客户档案(操作结果)

2. 增加供应商档案

（1）在【基础设置】选项卡中,执行【基础档案】|【客商信息】|【供应商档案】命令,打开【供应商档案】窗口。窗口分为左右两部分,左窗口显示供应商分类,单击鼠标选中【00 无分类】。

（2）单击【增加】,打开【增加供应商档案】窗口。窗口中共包括 4 个选项卡,即【基本】【联系】【信用】和【其他】,用于对供应商不同的属性分别归类记录。

（3）按照表 1-2-6 的资料,分别输入【供应商编码】【供应商名称】【供应商简称】【所属分类】【税号】【分管部门】【专管业务员】等相关信息,如图 1-2-18、图 1-2-19、图 1-2-20 所示,单击【保存】。

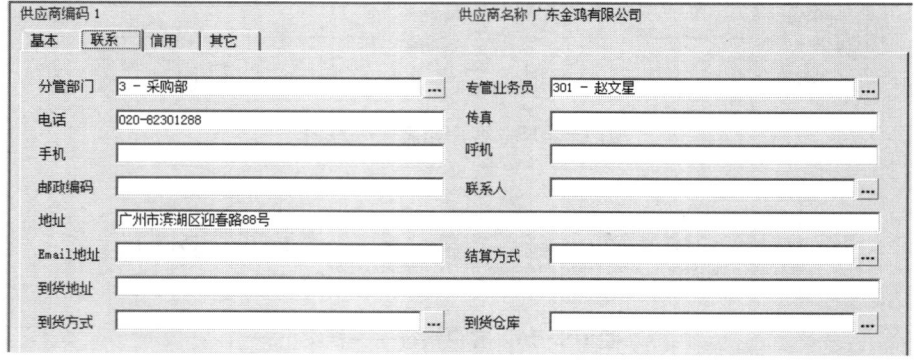

图 1-2-18　供应商档案——基本

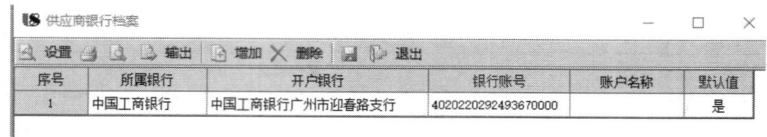

图 1-2-19　供应商档案——联系

图 1-2-20　供应商银行档案

（4）以此方法依次输入其他供应商档案，操作结果如图 1-2-21 所示。

图 1-2-21　供应商档案

（5）在 D 盘下设置文件夹【666 账套备份\2.3】，将账套输出至【D:\666 账套备份\2.3】文件夹。

 重难点提示

（1）在录入客户/供应商档案时，编码及简称必须录入，供应商编码必须唯一。

（2）由于账套中并未对供应商进行分类，所以供应商分类为无分类。

（3）供应商是否分类应在建立账套时确定，此时不能修改。如需修改，只能在未建立供应商档案的情况下，在系统管理中以修改账套的方式进行操作。

（4）设置客户/供应商的分管部门和专管业务员，是为了在应收/应付款管理系统填制发票等原始单据时，能自动根据客户/供应商显示部门及业务员信息。

（5）当客户/供应商为国外企业时，需先增加外币设置，在客户/供应商档案中将【币种】选择为外币。

任务四　存货信息设置

〔业务描述〕　2020 年 1 月 1 日，请以账套主管【C201 蓝英】身份登录企业应用平台，增加表 1-2-7、表 1-2-8 和表 1-2-9 的相关信息。

操作视频

微课

存货信息设置

表 1-2-7　　　　　　　　　　　　　　计量单位

计量单位组编码	计量单位组类别名称	计量单位组类	计量单位编码	计量单位
01	自然单位组	无换算	01	吨
01	自然单位组	无换算	02	升
01	自然单位组	无换算	03	件
01	自然单位组	无换算	04	个
01	自然单位组	无换算	05	把
01	自然单位组	无换算	06	千米

表 1-2-8　　　　　　　　　　　　　　存货分类

分类编码	分类名称	分类编码	分类名称
01	原材料	04	周转材料
02	产成品	05	低值易耗品
03	包装物	99	其他

表 1-2-9   存货档案

编码	所属分类	存货编码	存货名称	单位	税率	存货属性
01	原材料	01001	角钢	吨	13%	外购、生产耗用
		01002	渗碳钢	吨	13%	外购、生产耗用
		01003	调质钢	吨	13%	外购、生产耗用
		01004	耐磨润滑油	升	13%	外购、生产耗用
02	产成品	02001	变速箱锥齿轮	件	13%	自制、内销、外销
		02002	传动齿轮	件	13%	自制、内销、外销
03	包装物	03001	包装箱	个	13%	外购、生产耗用
04	周转材料	04001	扳手	把	13%	外购、生产耗用
99	其他	99001	运输费	元/千米	9%	内销、外购、应税劳务

〖操作说明〗 【C201 蓝英】设置存货相关信息。

〖操作指引〗

1. 设置计量单位

（1）在企业应用平台中,打开【基础设置】选项卡,执行【基础档案】|【存货】|【计量单位】命令,打开【计量单位】窗口。

（2）单击【分组】,打开【计量单位组】窗口。单击【增加】,录入【计量单位组编码】为【01】,录入【计量单位组名称】为【自然单位组】,单击【计量单位组类别】栏的下三角,选择【无换算率】,如图 1-2-22 所示。

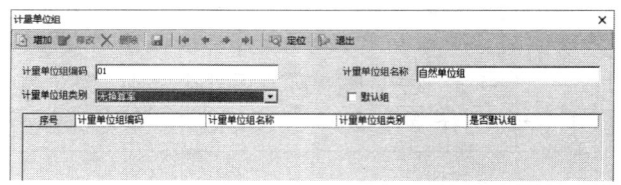

图 1-2-22　计量单位组

（3）单击【保存】,再单击【退出】。

（4）回到【计量单位组】界面,单击【单位】,打开【计量单位设置】窗口。

（5）单击【增加】,录入【计量单位编码】为【01】,录入【计量单位名称】为【吨】,默认【计量单位组编码】为【01】,单击【保存】,如图 1-2-23 所示。

图 1-2-23　计量单位

（6）依次录入其他计量单位，录入完成后单击【退出】，操作结果如图1-2-24所示。

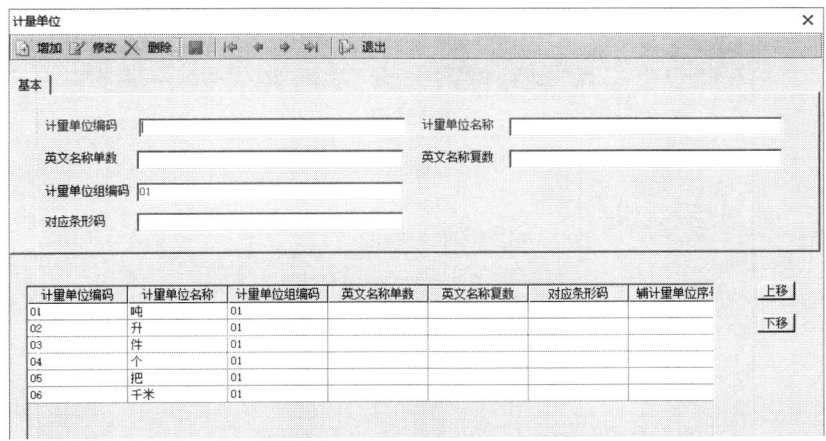

图1-2-24 计量单位（录入完成）

🎯 **重难点提示**

（1）在设置存货档案之前必须先到企业应用平台的【基础档案】中设置计量单位，否则，存货档案将不能被保存。

（2）在设置计量单位时必须先设置计量单位分组，再设置各个计量单位组的计量单位。

（3）计量单位组分为无换算率、固定换算率和浮动换算率三种类型。如果需要换算，一般将最小计量单位作为主计量单位。

2. 设置存货分类

（1）在企业应用平台中，打开【基础设置】选项卡，执行【基础档案】|【存货】|【存货分类】命令，打开【存货分类】窗口，单击【增加】，录入【分类编码】为【01】，录入【分类名称】为【原材料】，如图1-2-25所示。

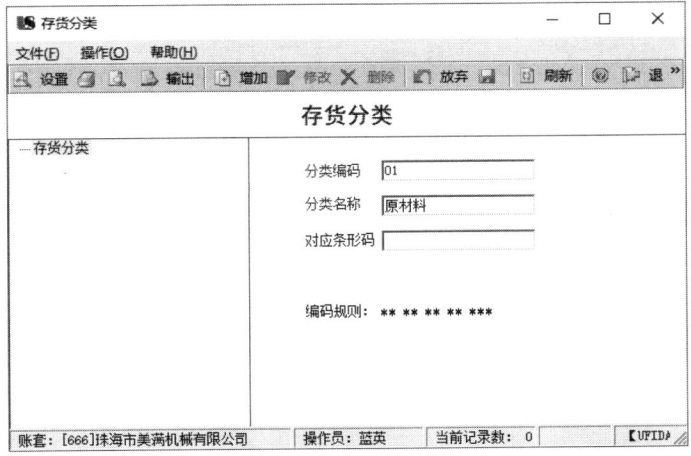

图1-2-25 存货分类

（2）单击【增加】,按照表 2-8 资料录入所有存货分类信息,如图 1-2-26 所示。

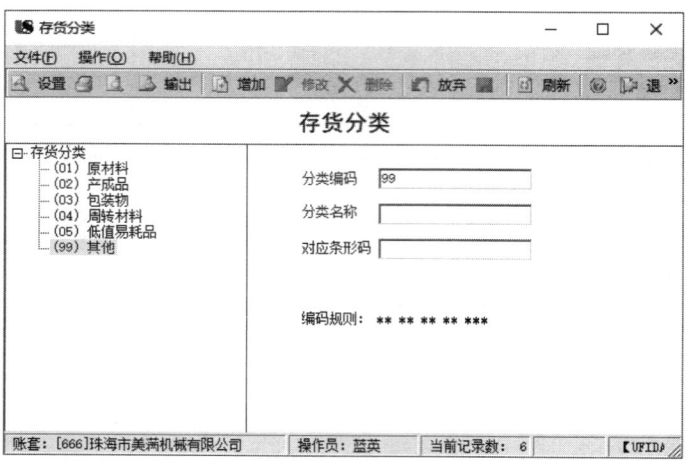

图 1-2-26　存货分类(录入完成)

3.增加存货档案

（1）在企业应用平台中,打开【基础设置】选项卡,执行【基础档案】|【存货】|【存货档案】命令,打开【存货档案】窗口。

（2）单击【存货分类】中的【原材料】,再单击【增加】;录入【存货编码】为【01001】,录入【存货名称】为【角钢】,录入【进项税率%】为【13.00】;单击【主计量单位】栏,并选择【01-吨】;单击选中【存货属性】中的【外购】和【生产耗用】复选框,如图 1-2-27 所示,单击【保存】。

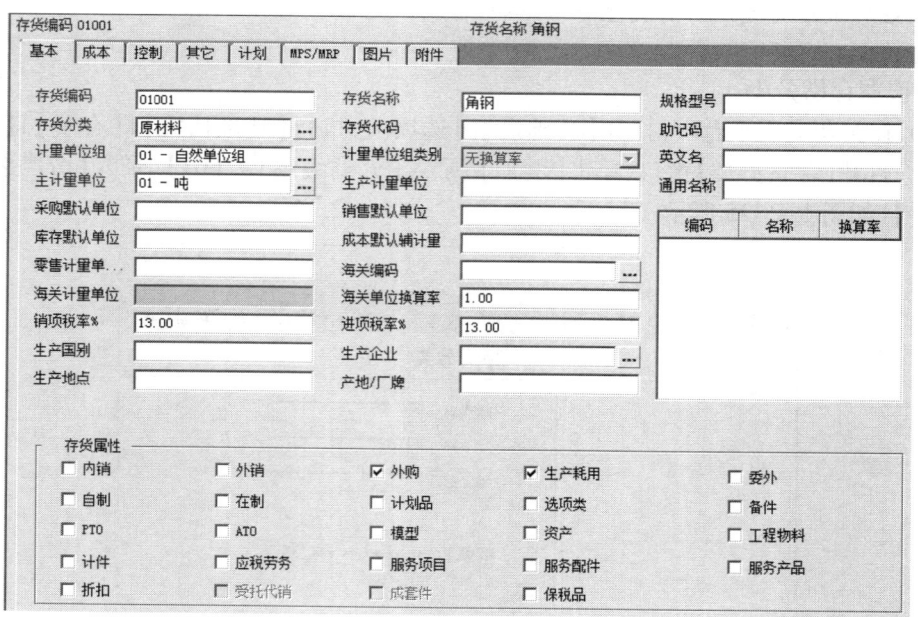

图 1-2-27　增加存货档案

（3）以此方法依次录入其存货档案,操作结果如图 1-2-28 所示。

图 1-2-28　存货档案(录入完成)

（2）在 D 盘下设置文件夹【666 账套备份\2.4】，将账套输出至【D:\666 账套备份\2.4】文件夹。

重难点提示

（1）存货档案在企业应用平台中录入。如果只启用财务系统且不在应收、应付系统中填制发票，则不需要设置存货档案。

（2）在录入存货档案时，如果存货类别不符合要求，应重新进行选择。

（3）在录入存货档案时，如果直接列示的计量单位不符合要求的，可将计量单位删除，然后在计量单位表中重新选择计量单位。

（4）存货档案中的存货属性必须选择正确，否则在填制相应单据时，在存货列表中就会查找不到相应的存货。

任务五　财务信息设置

〖**业务描述**〗　2020 年 1 月 1 日，请以账套主管【C201 蓝英】身份登录企业应用平台，设置凭证类别、会计科目及项目核算信息。

（1）设置凭证类别：将【凭证类别】设置为【记账凭证】。

（2）增加外币：将【币符】设置为【$】，将【币名】设置为【美元】，假设期初【记账汇率】设置为【6.38】。（因汇率波动较大，本书采用的汇率均为假设）

（3）增加或修改会计科目：会计科目的变更如表 1-2-10 所示。

财务信息设置

表 1-2-10　　　　　　　　　　会计科目变更表

科目编码	科目名称	币种	方向	辅助核算	工作任务
1001	库存现金	人民币	借	日记账，现金科目	修改科目

（续表）

科目编码	科目名称	币种	方向	辅助核算	工作任务
1002	银行存款	人民币	借	日记账,银行账,银行科目	修改科目
100201	工商银行金湾支行	人民币	借	日记账,银行账,银行科目	增加科目
100202	中国银行金湾支行	美元	借	外币核算,日记账,银行账,银行科目	增加科目
1012	其他货币资金	人民币	借		系统默认
101201	信用卡存款	人民币	借		增加科目
1122	应收账款	人民币	借	客户往来,应收系统	修改科目
112201	国内客户	人民币	借	客户往来,应收系统	增加科目
112202	国外客户	美元	借	客户往来,应收系统	增加科目
1121	应收票据	人民币	借	客户往来,应收系统	修改科目
1123	预付账款	人民币	借	供应商往来,应付系统	修改科目
1221	其他应收款	人民币	借		系统默认
122101	职员	人民币	借		增加科目
122102	押金	人民币	借		增加科目
122103	保险（个人）	人民币	借		增加科目
122104	住房公积金（个人）	人民币	借		增加科目
122105	畅通有限责任公司	人民币	借		增加科目
1403	原材料	人民币	借		系统默认
140301	角钢	人民币	借	数量核算（吨）	增加科目
140302	渗碳钢	人民币	借	数量核算（吨）	增加科目
140303	调质钢	人民币	借	数量核算（吨）	增加科目
140304	耐磨润滑油	人民币	借	数量核算（升）	增加科目
1405	库存商品	人民币	借	项目,数量核算（件）	修改科目
1411	周转材料	人民币	借	数量核算（把）	修改科目
1412	包装箱	人民币	借	数量核算（个）	增加科目
2201	应付票据	人民币	贷	供应商往来,应付系统	修改科目
2202	应付账款	人民币	贷	供应商往来,应付系统	修改科目
2203	预收账款	人民币	贷	客户往来,应收系统	修改科目
2211	应付职工薪酬	人民币	贷		系统默认
221101	工资	人民币	贷		增加科目
221102	职工福利费	人民币	贷		增加科目
221103	非货币性职工福利	人民币	贷		增加科目
221104	社会保险费	人民币	贷		增加科目
221105	住房公积金	人民币	贷		增加科目
221106	工会经费	人民币	贷		增加科目

（续表）

科目编码	科目名称	币种	方向	辅助核算	工作任务
221107	职工教育经费	人民币	贷		增加科目
221108	其他	人民币	贷		增加科目
2221	应交税费	人民币	贷		系统默认
222101	应交增值税	人民币	贷		增加科目
22210101	进项税额	人民币	借		增加科目
22210102	销项税额	人民币	贷		增加科目
22210103	进项税额转出	人民币	贷		增加科目
22210104	转出未交增值税	人民币	借		增加科目
222102	未交增值税	人民币	贷		增加科目
222103	应交城建税	人民币	贷		增加科目
222104	应交教育费附加	人民币	贷		增加科目
222105	应交地方教育费附加	人民币	贷		增加科目
222106	应交企业所得税	人民币	贷		增加科目
222107	应交个人所得税	人民币	贷		增加科目
4001	实收资本	人民币	贷		系统默认
400101	珠海市海通有限责任公司	人民币	贷		增加科目
400102	珠海市天宇股份有限公司	人民币	贷		增加科目
4002	资本公积	人民币	贷		系统默认
400201	资本溢价	人民币	贷		增加科目
400202	其他资本公积	人民币	贷		增加科目
4101	盈余公积	人民币	贷		系统默认
410101	法定盈余公积	人民币	贷		增加科目
410102	任意盈余公积	人民币	贷		增加科目
4104	利润分配	人民币	贷		系统默认
410401	提取法定盈余公积	人民币	贷		增加科目
410402	提取任意盈余公积	人民币	贷		增加科目
410403	应付普通股股利	人民币	贷		增加科目
410404	转作资本普通股利	人民币	贷		增加科目
410405	未分配利润	人民币	贷		增加科目
5001	生产成本	人民币	借		系统默认
500101	直接材料	人民币	借	项目部门核算	增加科目
500102	直接人工	人民币	借	项目部门核算	增加科目
500103	制造费用	人民币	借	项目部门核算	增加科目
5101	制造费用	人民币	借		系统默认
510101	折旧费	人民币	借		增加科目

（续表）

科目编码	科目名称	币种	方向	辅助核算	工作任务
510102	水电费	人民币	借		增加科目
510103	薪酬	人民币	借		增加科目
510104	其他	人民币	借		增加科目
6001	主营业务收入	人民币	贷	项目,数量核算(件)	修改科目
6401	主营业务成本	人民币	借	项目,数量核算(件)	修改科目
6601	销售费用	人民币	借		系统默认
660101	工资	人民币	借		增加科目
660102	福利费	人民币	借		增加科目
660103	社会保险费	人民币	借		增加科目
660104	广告费	人民币	借		增加科目
660105	业务招待费	人民币	借		增加科目
660106	折旧费	人民币	借		增加科目
660107	差旅费	人民币	借		增加科目
660199	其他	人民币	借		增加科目
6602	管理费用	人民币	借		系统默认
660201	工资	人民币	借	部门核算	增加科目
660202	福利费	人民币	借	部门核算	增加科目
660203	社会保险费	人民币	借	部门核算	增加科目
660204	办公费	人民币	借	部门核算	增加科目
660205	业务招待费	人民币	借	部门核算	增加科目
660206	折旧费	人民币	借	部门核算	增加科目
660207	差旅费	人民币	借	部门核算	增加科目
660299	其他	人民币	借	部门核算	增加科目

（4）指定会计科目:指定现金科目、银行科目。

（5）设置项目核算:项目目录资料如表 1-2-11 所示。

表 1-2-11　　　　　　　　　　　　　项目目录资料

项目设置步骤	设置内容	
项目大类	01 产品项目(定义项目级次:一级为 1,二级为 1,其他级默认为 0)	
核算科目	生产成本直接材料(500101) 生产成本直接人工(500102) 生产成本制造费用(500103)	库存商品(1405) 主营业务收入(6001) 主营业务成本(6401)
项目分类	1 自产产品	
项目目录	项目编号:1 项目名称:变速箱锥齿轮	是否结算:否 所属分类码:1
	项目编号:2 项目名称:传动齿轮	是否结算:否 所属分类码:1

〖**操作说明**〗　【C201 蓝英】设置财务信息,包括:①设置凭证类别;②设置会计科目;③指定会计科目;④设置项目核算。

〖**操作指引**〗

1. 设置凭证类别

(1)执行【基础档案】|【财务】|【凭证类别】命令,打开【凭证类别预置】对话框。

(2)选中【记账凭证】前的复选框,如图 1-2-29 所示。

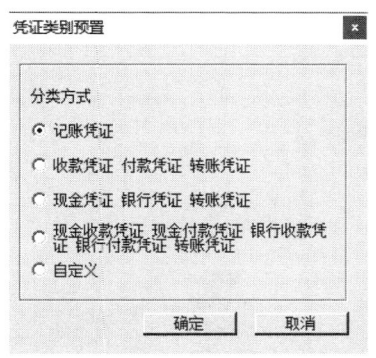

图 1-2-29　凭证类别预置

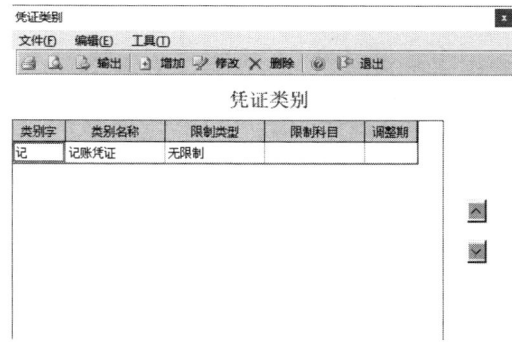

图 1-2-30　凭证类别

(3)单击【确定】,打开【凭证类别】对话框列表,如图 1-2-30 所示。单击【退出】,完成凭证类别的选用。

 重难点提示

已使用的凭证类别不能删除,也不能修改凭证类别的【类别字】。

---

2. 外币设置

(1)执行【基础档案】|【财务】|【外币设置】命令,录入【币符】为【$】,录入【币名】为【美元】,单击【确认】,完成美元币种的增加。

(2)在月份为【2020.01】的【记账汇率】下方录入【6.380 00】,完成 2020 年 1 月记账汇率的录入工作,如图 1-2-31 所示。

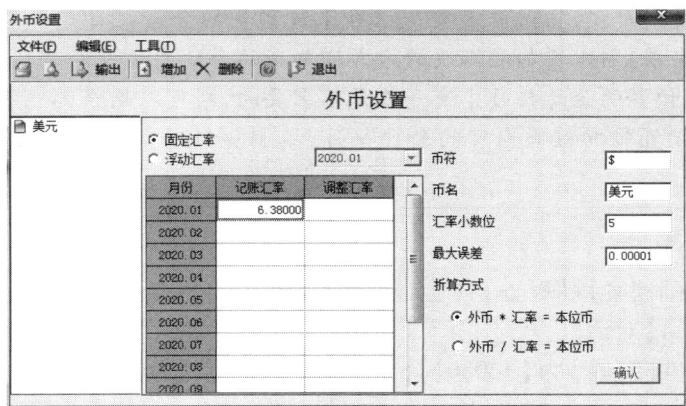

图 1-2-31　外币设置

（3）按【回车键】后再单击【退出】,弹出【是否退出】提示框,单击【是】退出。

3. 修改会计科目

（1）在【会计科目】窗口中,双击【1122 应收账款】后,单击【修改】,打开【会计科目_修改】对话框。

（2）单击【修改】,找到【辅助核算】并选中【客户往来】前的复选框,在【受控系统】中选择【应收系统】,如图 1-2-32 所示。

（3）单击【确定】。以上述方式修改其他科目。

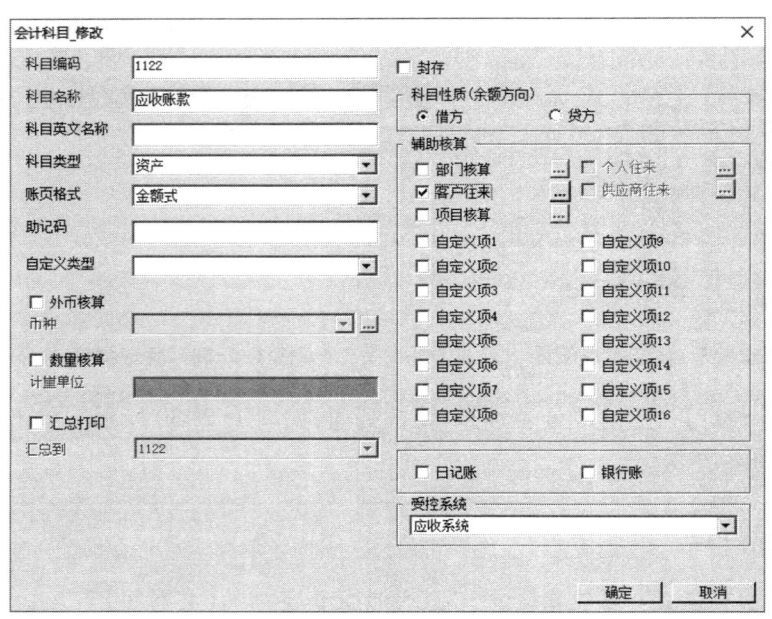

图 1-2-32 【会计科目_修改】对话框

重难点提示

（1）【无受控系统】即该账套不使用【应收】及【应付】系统,【应收】及【应付】业务均以辅助账的形式在总账系统中进行核算。

（2）在会计科目使用前,一定要先检查系统预置的会计科目是否能够满足需求,如果不能满足需求,则以增加和修改的方式增加新的会计科目及修改已经存在的会计科目;如果系统预置的会计科目中有一些是不需要的,则可以删除。

（3）凡是设置辅助核算内容的会计科目,填制凭证时都需填制具体的辅助核算内容。

---

4. 增加会计科目

（1）执行【基础档案】|【财务】|【会计科目】命令,打开【会计科目】窗口,单击【增加】,打开【新增会计科目】对话框。

（2）录入【科目编码】为【140301】,录入【科目名称】为【角钢】,并勾选【数量核算（吨）】,如图 1-2-33 所示。

（3）同理,依次增加其他会计科目,操作结果如图 1-2-34 所示。

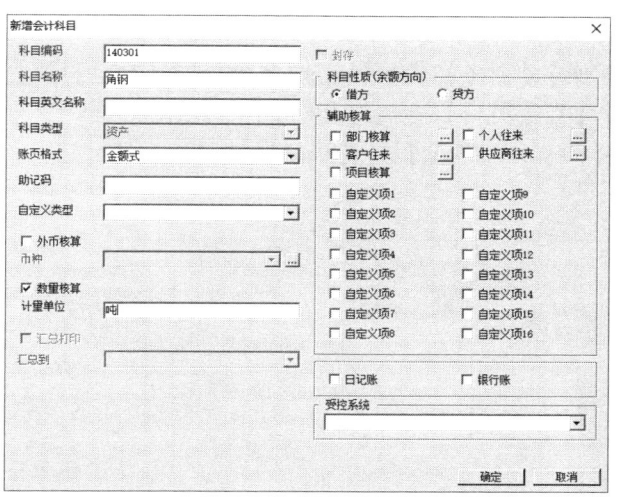

图 1-2-33　新增会计科目

图 1-2-34　会计科目（录入完成）

🎯 **重难点提示**

（1）会计科目编码应符合编码规则。如果科目已经使用，则不能被修改或删除。

（2）设计会计科目时，应注意会计科目的账页格式，一般采用金额式账页格式，也有可能采用数量金额式等账页格式。如果采用数量金额式账页格式，则应该继续设置计量单位，否则仍不能同时进行数量金额式的核算。

（3）如果新增科目与原有某一科目相同或类似则可采用复制的方法，但是要特别注意复制后的科目是否需要修改科目性质（余额方向）。

5. 指定会计科目

(1) 执行【基础档案】|【财务】|【会计科目】命令,进入【会计科目】窗口。

(2) 执行【编辑】|【指定科目】命令,打开【指定科目】对话框。

(3) 单击【>】,将【1001 库存现金】从【待选科目】窗口选入【已选科目】窗口,如图 1-2-35 所示。

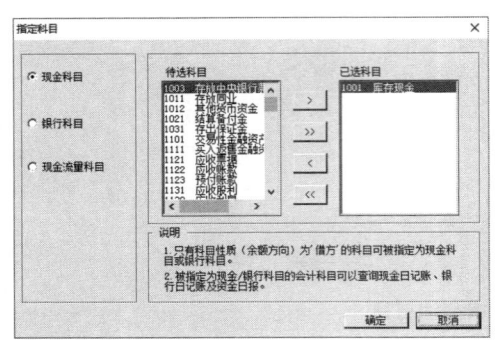
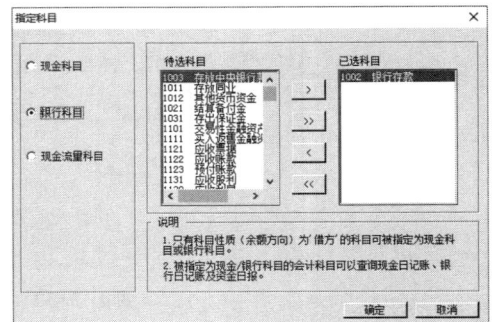

图 1-2-35 指定科目——现金科目   图 1-2-36 指定科目——银行科目

(4) 单击选择【银行科目】选项,单击【>】,将【1002 银行存款】从【待选科目】窗口选入【已选科目】窗口,如图 1-2-36 所示。

(5) 单击【确定】退出,会计科目列表如图 1-2-37 所示。

图 1-2-37 会计科目

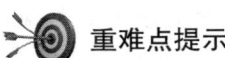 **重难点提示**

(1) 被指定的【现金科目】及【银行科目】必须是一级会计科目。

(2) 只有指定现金及银行科目才能进行出纳签字的操作。

(3) 只有指定现金及银行科目才能在账表中查询现金和银行存款日记账。

6. 设置项目目录

（1）在企业应用平台【基础设置】选项中,执行【基础档案】|【财务】|【项目目录】命令, 打开【项目档案】窗口。单击【增加】,打开【项目大类定义_增加】对话框。

（2）录入新项目大类名称【01 产品项目】,如图 1-2-38 所示,单击【下一步】。

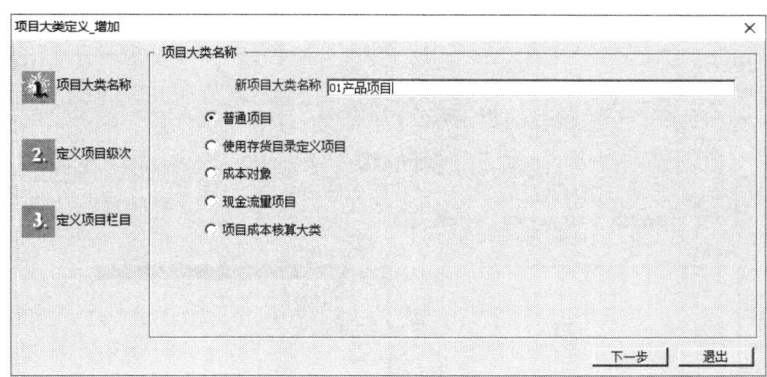

图 1-2-38 【项目大类定义_增加】对话框

（3）打开【定义项目级次】,将一级、二级均选入【1】,如图 1-2-39 所示。

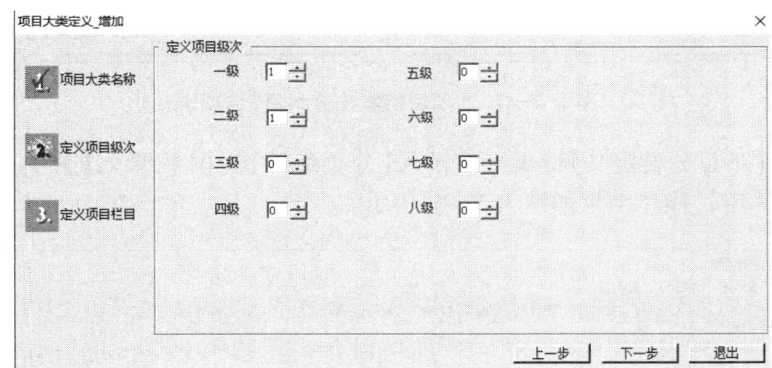

图 1-2-39 【定义项目级次】对话框

（4）单击【下一步】,打开【定义项目栏目】对话框,默认系统设置,如图 1-2-40 所示。

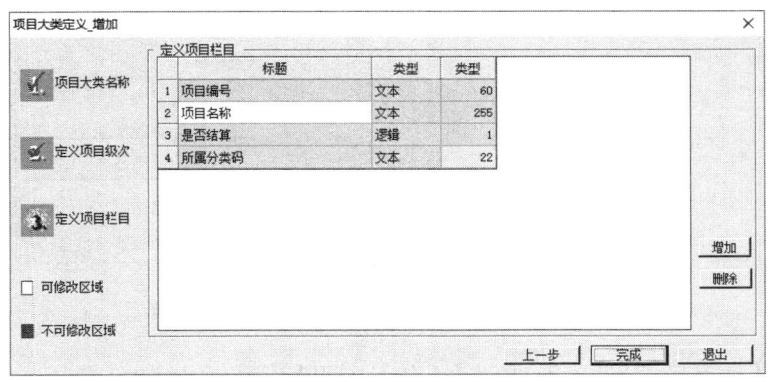

图 1-2-40 【定义项目栏目】对话框

(5) 单击【完成】,返回【项目档案】窗口。

(6) 单击【项目大类】栏的下三角,选择【01 产品项目】项目大类。

(7) 单击【核算科目】选项卡,单击【》】,将【库存商品】【主营业务收入】【主营业务成本】以及【生产成本】的明细科目从【待选科目】列表中选入【已选科目】列表,完成后如图 1-2-41 所示,单击【确定】保存。

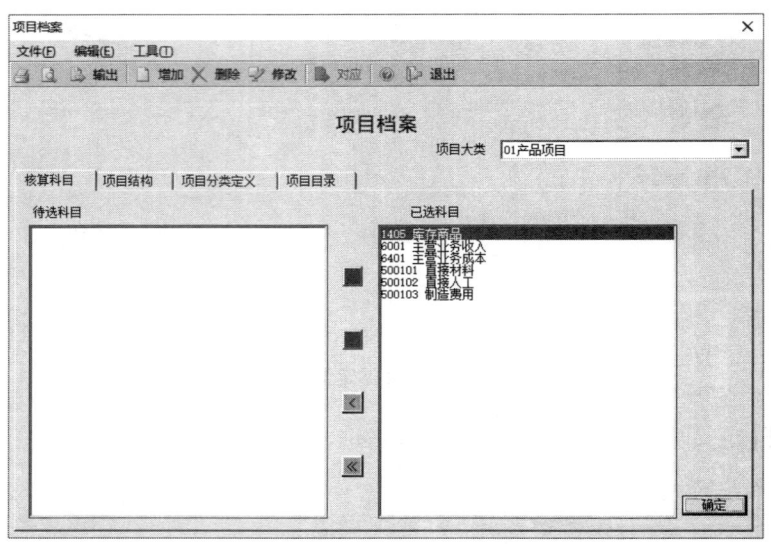

图 1-2-41 【项目档案核算科目】选项卡

(8) 单击【项目分类定义】选项卡。录入【分类编码】为【1】,录入【分类名称】为【自产产品】,单击【确定】,操作结果如图 1-2-42 所示。

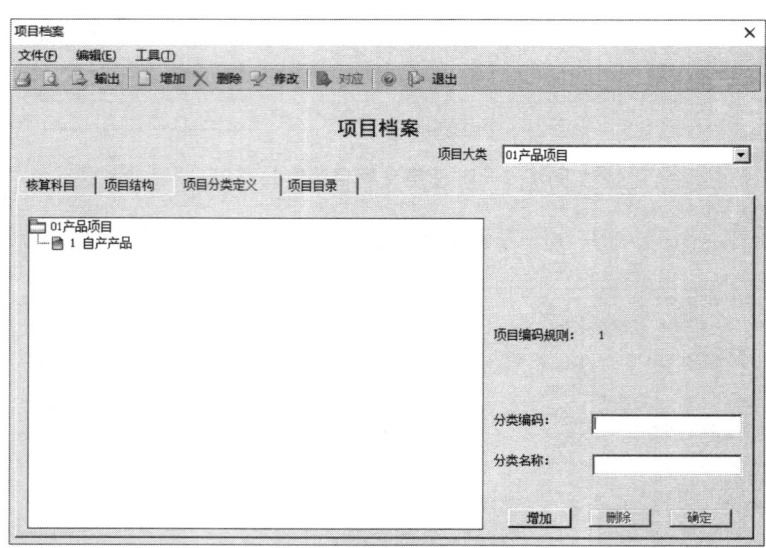

图 1-2-42 【项目档案项目分类定义】选项卡

(9) 单击【项目目录】选项卡,单击【维护】,打开【项目目录维护】窗口。

(10) 单击【增加】,录入【项目编号】为【1】,录入【项目名称】为【变速箱锥齿轮】,选择

【所属分类码】为【1】,选择【所属分类名称】为【自产产品】。同理,以此方法增加传动齿轮项目,如图1-2-43所示,单击【退出】。

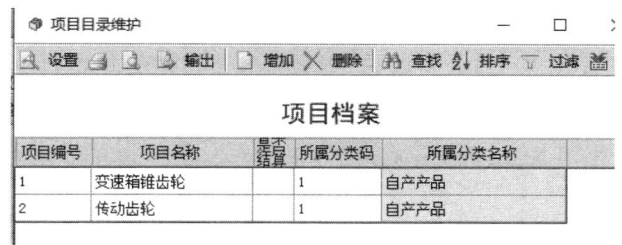

图1-2-43 项目目录维护

(11)在D盘下设置文件夹【666账套备份\2.5】,将账套输出至【D:\666账套备份\2.5】文件夹。

 重难点提示

(1)一个项目大类可以指定多个科目,一个科目只能属于一个项目大类。
(2)在每年年初应将已结算或不用的项目删除。
(3)标识结算后的项目将不能再使用。

任务六 收付结算信息设置

〖业务描述〗 2020年1月1日,请以账套主管【C201蓝英】身份登录企业应用平台,增加表1-2-12、表1-2-13和表1-2-14中的相关信息。

表1-2-12　　　　　　　　　　　结算方式

编号	结算方式名称	编号	结算方式名称
1	现金	301	银行承兑汇票
2	支票	302	商业承兑汇票
201	现金支票	4	电汇
202	转账支票	5	委托收款
3	汇票	9	其他

表1-2-13　　　　　　　　　　本单位开户银行信息

项目	内容
企业开户银行编码	01
开户银行	中国工商银行珠海金湾支行
账号	1307100026160024388
账户名称	珠海市美满机械有限公司
币种	人民币
所属银行	中国工商银行

表1-2-14　　　　　　　　　　　付款条件

收付结算信息设置

付款条件编码	信用天数	优惠天数 1	优惠率 1	优惠天数 2	优惠率 2
01	30	10	2%	20	1%
02	30	10	1%	30	0

〔操作说明〕 【C201 蓝英】设置收付结算信息、本单位开户银行及付款条件。

〔操作指引〕

1. 设置结算方式

（1）执行【基础档案】|【收付结算】|【结算方式】命令,打开【结算方式】窗口。

（2）单击【增加】,录入【结算方式编码】为【1】,录入【结算方式名称】为【现金】,如图1-2-44,单击【保存】。

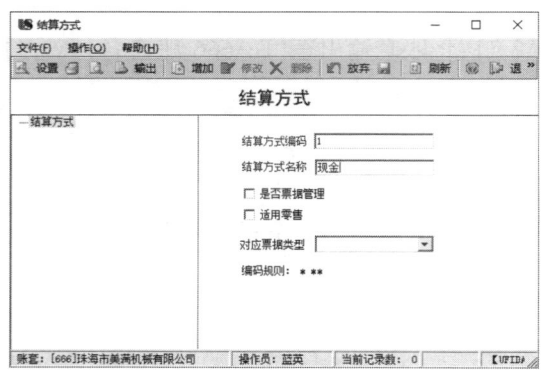

图 1-2-44 结算方式

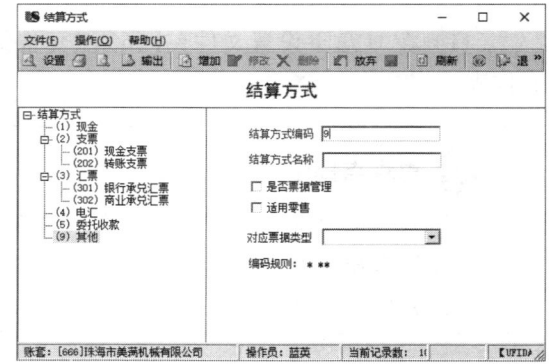

图 1-2-45 结算方式(录入完成)

（3）以此方法继续录入表 1-2-12 中的其他结算方式,如图 1-2-45 所示,操作完成后,单击【退出】。

2. 设置市单位开户银行

（1）执行【基础设置】|【基础档案】|【收付结算】|【银行档案】命令,打开【银行档案】窗口,选中【01 中国工商银行】,单击【修改】,打开【修改银行档案】窗口。

（2）取消勾选企业账户规则的【定长】复选框,单击【保存】,如图 1-2-46 所示。

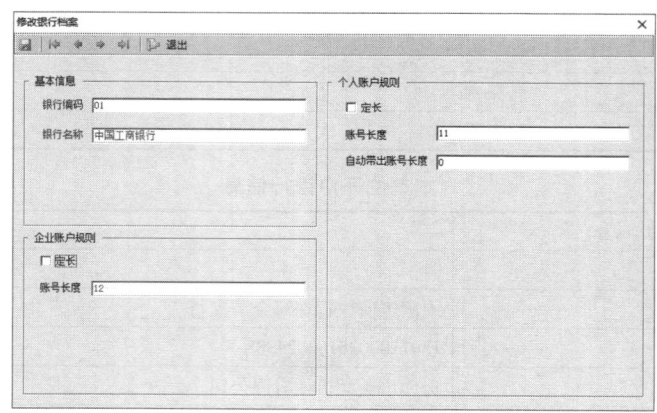

图 1-2-46 修改银行档案(操作完成)

（3）执行【基础设置】|【基础档案】|【收付结算】|【本单位开户单位】命令,打开【增加本单位开户银行】窗口,按照表 1-2-13 资料输入开户银行信息,如图 1-2-47 所示。

（4）单击【保存】,再单击【退出】,如图 1-2-48 所示。

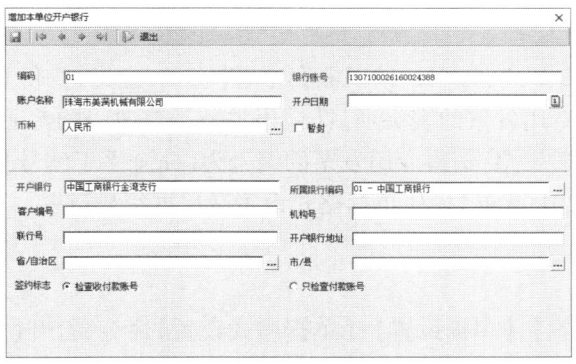

图 1-2-47　增加本单位开户银行

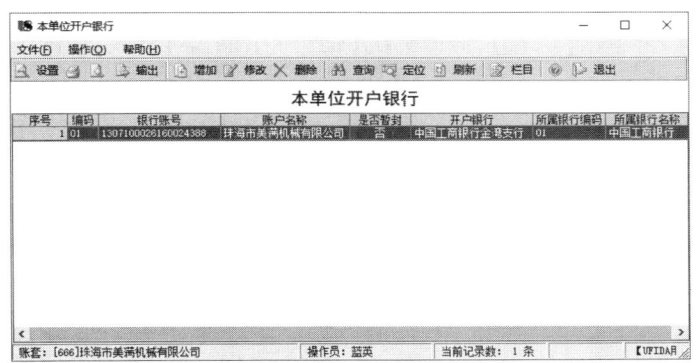

图 1-2-48　本单位开户银行

3. 设置付款条件

（1）执行【基础设置】|【基础档案】|【收付结算】|【付款条件】命令,打开【付款条件】窗口。按照表 1-2-14 资料输入付款条件,操作结果如图 1-2-49 所示。

图 1-2-49　付款条件(录入完成)

（2）在 D 盘下设置文件夹【666 账套备份\2.6】,将账套输出至【D:\666 账套备份\2.6】文件。

任务七 相关单据设置

相关单据设置

【业务描述】 2020 年 1 月 1 日,请以账套主管【C201 蓝英】身份登录企业应用平台,删除销售普通发票、销售专用发票的表头项目【销售类型】,修改采购普通发票、采购专用发票、采购运费发票、销售普通发票、销售专用发票的编号为【完全手工编号】。

【操作说明】 【C201 蓝英】操作单据格式设置及单据编号设置。

【操作指引】

1. 设置单据格式

（1）执行【基础设置】|【单据设置】|【单据格式设置】命令,打开【单据格式设置】窗口,单击打开【销售专用发票】格式。

（2）选中表头项目【销售类型】,单击【删除】,系统弹出【是否删除当前选择项目】提示框。

（3）单击【是】,再单击【保存】,修改后的【销售专用发票】格式,如图 1-2-50 所示。

	销售专用发票	
发票号 1	开票日期 2	业务类型 3
	订单号 5	发货单号 6
客户简称 7	销售部门 8	业务员 9
付款条件 10	客户地址 11	联系电话 12
开户银行 13	账号 14	税号 15
币种 16	汇率 17	税率 18
备注 19		

	仓库名称	存货编码	存货名称	规格型号	主计量	数量	报价	含税单价	无税单价	无税^
1										
2										
3										
4										

图 1-2-50 销售专用发票(修改完成)

（4）以此方法继续操作删除【销售普通发票】的表头项目【销售类型】。

2. 设置单据编号

（1）执行【基础设置】|【单据设置】|【单据编号设置】命令,打开【单据编号设置】对话框,单击【编号设置】选项卡,如图 1-2-51 所示。

（2）单击【修改】,选中【完全手工编号】框,如图 1-2-52 所示,单击【保存】。

（3）以此方法修改销售普通发票、采购专用发票、采购普通发票、采购运费发票的编号方式为【完全手工编号】。

（4）在 D 盘下设置文件夹【666 账套备份\2.7】,将账套输出至【D:\666 账套备份\2.7】文件夹。

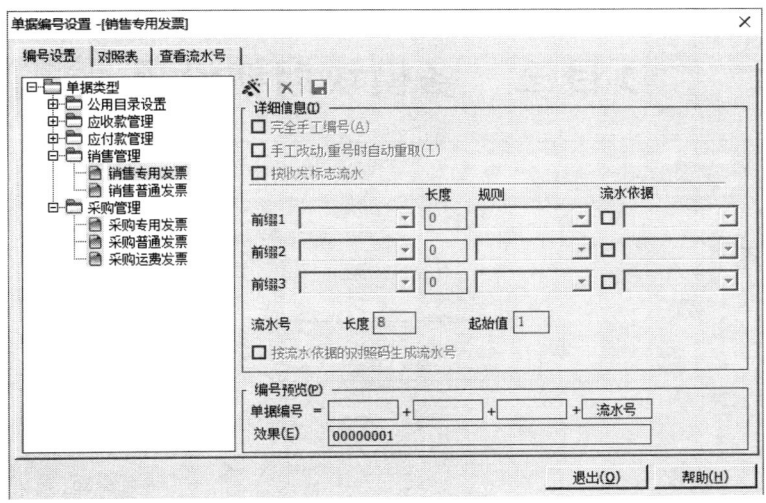

图 1-2-51 【销售专用发票编号设置】选项卡

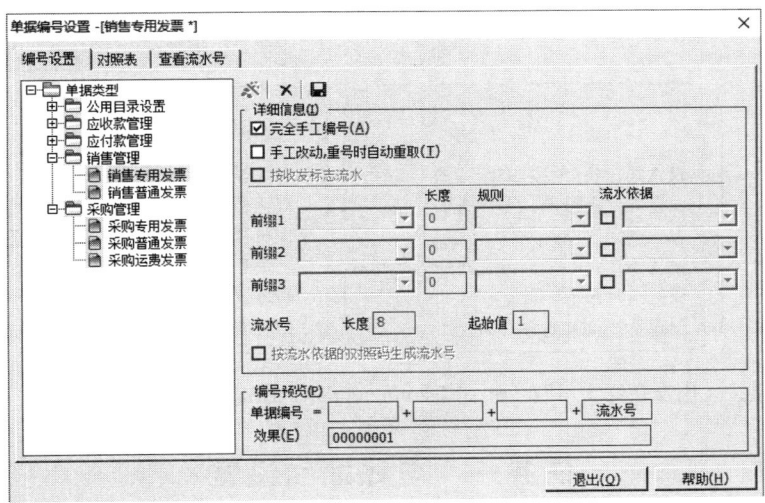

图 1-2-52 【销售专用发票编号设置】选项卡（操作完成）

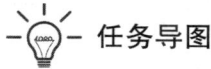

项目三 各模块期初设置

任务导图

各模块期初设置

任务一
总账期初设置
· 设置总账系统相关参数
· 总账期初余额录入

任务二
应收账款期初设置
· 设置应收款管理系统相关参数
· 应收款管理系统期初余额录入

任务三
应付账款期初设置
· 设置应付款管理系统相关参数
· 应付款管理系统期初余额录入

任务四
固定资产期初设置
· 设置固定资产管理系统参数
· 设置固定资产部门对应折旧科目
· 设置固定资产类别
· 设置固定资产增减方式对应入账科目
· 原始卡片录入
· 固定资产期初对账

任务五
薪酬管理期初设置
· 参数设置
· 银行档案设置
· 人员档案设置
· 工资项目设置
· 薪资管理系统公式设置
· 扣税依据设置

本任务相关链接 用友在线学习网:http://learning.ufida.com.cn/

操作视频

微课

总账期初设置

任务一 总账期初设置

业务一 设置总账系统相关参数

〖业务描述〗 2020 年 1 月 1 日,珠海市美满机械有限公司账套的总账系统的参数信息如表 1-3-1 所示,请以账套主管【C201 蓝英】的身份修改参数。

表 1-3-1	总账系统的参数信息
凭证选项卡	取消现金流量科目必录现金流量项目;勾选自动填补凭证断号;取消制单序时控制
权限选项卡	不允许修改、作废他人填制的凭证;出纳凭证必须经由出纳签字
会计日历选项卡	数量小数位为 2;单价小数位为 2
其他选项卡	部门、个人、项目排序方式选择按编码排序

〖操作说明〗 【C201 蓝英】设置总账管理系统参数。

〖操作指引〗

(1) 执行【业务工作】|【财务会计】|【总账】命令,打开总账系统。

（2）在总账系统中,执行【设置】|【选项】命令,打开【选项】对话框下的【凭证】,如图1-3-1所示。

（3）在【凭证】选项卡中,单击【编辑】,取消【制单序时控制】【现金流量科目必录现金流量项目】前的复选框,选中【自动填补凭证断号】前的复选框,如图1-3-2所示。

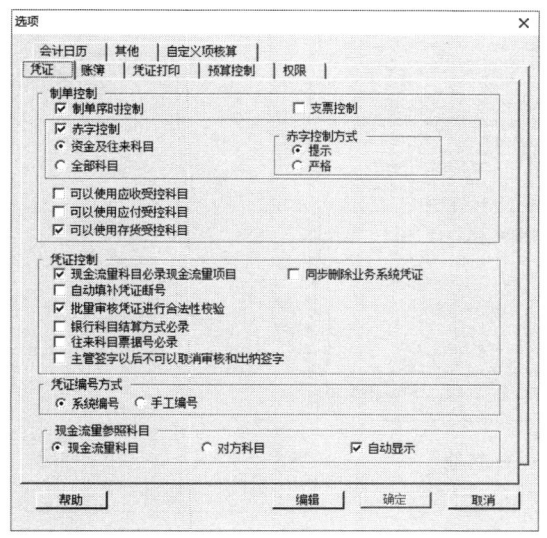

图 1-3-1　选项——凭证

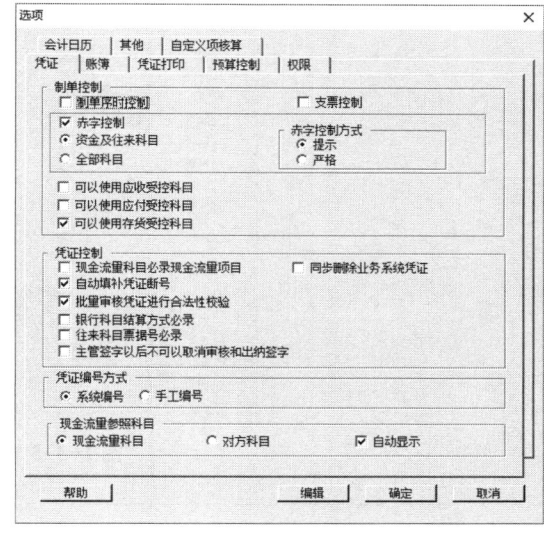

图 1-3-2　勾选自动填补凭证断号

（4）在【权限】选项卡中,取消【允许修改、作废他人填制的凭证】复选框,勾选【出纳凭证必须经由出纳签字】复选框,如图1-3-3所示。

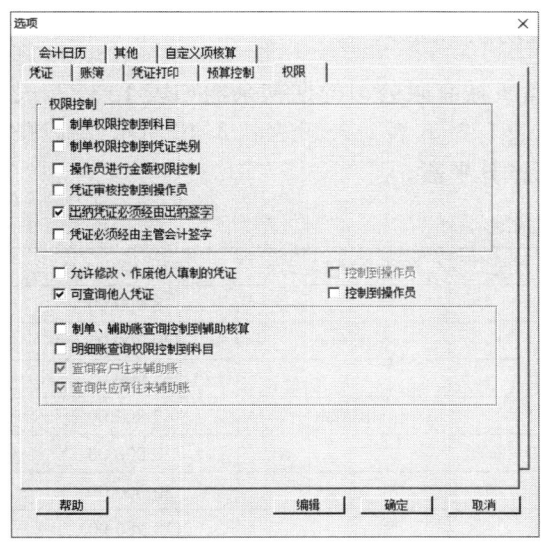

图 1-3-3　选项——权限

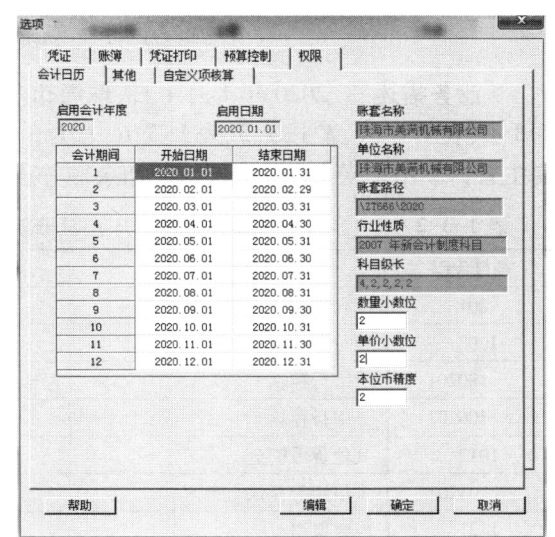

图 1-3-4　选项——会计日历

（5）在【会计日历】选项卡中,分别修改【数量小数位】【单价小数位】为【2】,如图1-3-4所示。

（6）在【其他】选项卡中,分别修改【部门排序方式】【个人排序方式】【项目排序方式】为

【按编码排序】,如图 1-3-5 所示,单击【确定】保存并返回。

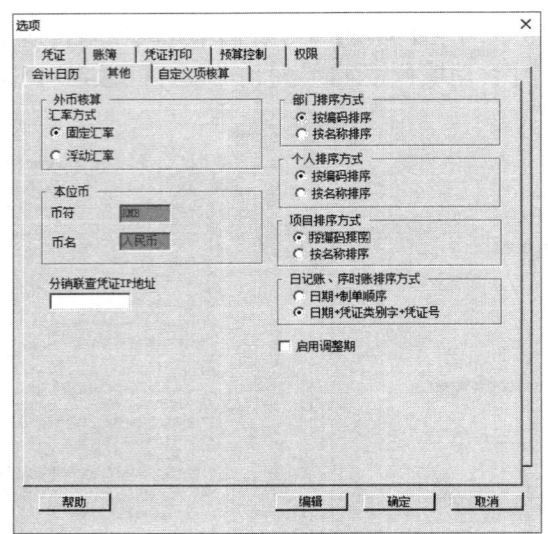

图 1-3-5　选项——其他

重难点提示

　　总账系统中的参数设置将决定总账系统的输入控制、处理方式、数据流向、输出格式等,设定后一般不能随意修改。

业务二　总账期初余额录入

　　〖业务描述〗　2020 年 1 月 1 日,珠海市美满机械有限公司的期初余额如表 1-3-2、表 1-3-3、表 1-3-4、表 1-3-5、表 1-3-6、表 1-3-7、表 1-3-8、表 1-3-9、表 1-3-10 所示,请以账套主管【C201 蓝英】的身份录入期初余额并进行试算平衡。

表 1-3-2　　　　　　　　　　总账期初余额

科目代码	科目名称	余额方向	外币金额(美元)	本币金额(元)
1001	库存现金	借		8 000.00
1002	银行存款	借	10 000	1 329 700.05
100201	工行存款	借		1 265 900.05
100202	中行存款	借	10 000	63 800.00
1012	其他货币资金	借		20 000.00
101201	信用卡存款	借		20 000.00
1121	应收票据	借		118 980.00
1122	应收账款	借		396 580.00
1123	预付账款	借		59 160.00
1221	其他应收款	借		−17 846.40
122101	职员	借		0
122102	押金	借		0

（续表）

科目代码	科目名称	余额方向	外币金额（美元）	本币金额（元）
122103	保险（个人）	借		−17 846.40
122104	住房公积金（个人）	借		0
122105	畅通有限责任公司	借		0
1231	坏账准备	贷		702.00
1403	原材料	借		211 500.00
1405	库存商品	借		903 905.00
1601	固定资产	借		27 600 000.00
1602	累计折旧	贷		6 969 205.00
1604	在建工程	借		60 000.00
2201	应付票据	贷		55 680.00
2202	应付账款	贷		354 960.00
2203	预收账款	贷		158 630.00
2211	应付职工薪酬	贷		238 487.00
221101	工资	贷		144 513.00
221102	职工福利费	贷		0
221103	非货币性职工福利	贷		8 184.00
221104	社会保险费	贷		48 672.00
221105	住房公积金	贷		0
221106	工会经费	贷		3 248.00
221107	职工教育经费	贷		33 870.00
221108	其他	贷		0
2221	应交税费	贷		300 352.60
222101	应交增值税	贷		0
222102	未交增值税	贷		187 000.00
222103	应交城建税	贷		13 090.00
222104	应交教育费附加	贷		5 610.00
222105	应交地方教育费附加	贷		3 740.00
222106	应交企业所得税	贷		90 872.00
222107	应交个人所得税	贷		40.60
2231	应付利息	贷		50 000.00
2501	长期借款	贷		4 000 000.00
4001	实收资本	贷		16 600 000.00
400101	珠海市海通有限责任公司	贷		16 600 000.00
400102	珠海市天宇股份有限责任公司	贷		0
4002	资本公积	贷		330 000.00
400201	资本溢价	贷		330 000.00
4101	盈余公积	贷		240 000.00

（续表）

科目代码	科目名称	余额方向	外币金额(美元)	本币金额(元)
410101	法定盈余公积	贷		240 000.00
4103	本年利润	贷		0
4104	利润分配	贷		
410405	未分配利润	贷		1 407 142.05
5001	生产成本	借		15 180.00

表 1-3-3　　　　　　　应收票据(1121)期初余额(银行承兑汇票)

日期	客户名称	摘要	方向	余额
2019-07-18	中山阳光公司	销售传动齿轮 1 500 件,含税单价为 79.32 元,票据号为 64378968,票面利率为 5%	借	118 980.00

表 1-3-4　　　　　　　　　应收账款(1122)期初余额

日期	客户名称	摘要	方向	余额
2019-12-15	深圳恒兴公司	销售传动齿轮 1 000 件,含税单价为 79.32 元,票据号为 64378965	借	79 320.00
2019-12-24	珠海明瑞公司	销售变速箱锥齿轮 2 000 件,含税单价为 158.63 元,票据号为 86549366	借	317 260.00

表 1-3-5　　　　　　　预收账款(2203)期初余额(转账支票)

日期	客户名称	摘要	方向	余额
2019-12-21	东莞东和公司	销售变速箱锥齿轮 1 000 件,含税单价为 158.63 元,款项已经预收,票据号为 86549369	贷	158 630.00

表 1-3-6　　　　　　　　　预付账款(1123)期初余额

日期	供应商名称	摘要	方向	余额
2019-12-16	广州恒大合金公司	采购渗碳钢 10 吨,含税单价为 5 916 元,票据号为 56726457	借	59 160.00

表 1-3-7　　　　　　　　　应付票据(2201)期初余额

日期	供应商名称	摘要	方向	余额
2019-07-10	珠海顺昌公司	采购调质钢 10 吨,含税单价为 5 568 元,票据号为 56728956,票面利率为 5%	贷	55 680.00

表 1-3-8　　　　　　　　　应付账款(2202)期初余额

日期	供应商名称	摘要	方向	余额
2019-12-19	广东金鸿公司	采购渗碳钢 20 吨,含税单价为 5 916 元,票据号为 56726453	贷	118 320.00
2019-12-22	珠海顺昌公司	采购调质钢 30 吨,含税单价为 5 568 元,票据号为 56728954	贷	167 040.00
2019-12-26	珠海电力公司	采购耐磨润滑油 600 升,含税单价为 17.4 元,票据号为 56728955	贷	10 440.00
2019-12-28	东莞东和公司	采购渗碳钢 10 吨,含税单价为 5 916 元,票据号为 56726456	贷	59 160.00

表 1-3-9　　　　　　　　　　　　生产成本（5001）期初余额

项目	变速箱锥齿轮（一车间）	传动齿轮（二车间）	合计
500101 生产成本直接材料	3 920.00	3 920.00	7 840.00
500102 生产成本直接人工	980.00	1 040.00	2 020.00
500103 生产成本制造费用	3 500.00	1 820.00	5 320.00
在产品数量	140 件	260 件	

表 1-3-10　　　　　　　　原材料（1403）库存商品（1405）期初余额

存货	编码	名称	数量	单价	金额
原材料	101	渗碳钢	30 吨	5 100.00	153 000.00
	102	调质钢	10 吨	4 800.00	48 000.00
	103	耐磨润滑油	800 升	15.00	10 500.00
库存商品	201	变速箱锥齿轮	7 500 件	93.55	701 625.00
	202	传动齿轮	6 500 件	31.12	202 280.00

〖操作说明〗 【C201 蓝英】录入总账期初余额数据。

〖操作指引〗

（1）在总账系统中，执行【设置】|【期初余额】命令，打开【期初余额录入】窗口，如图 1-3-6 所示。

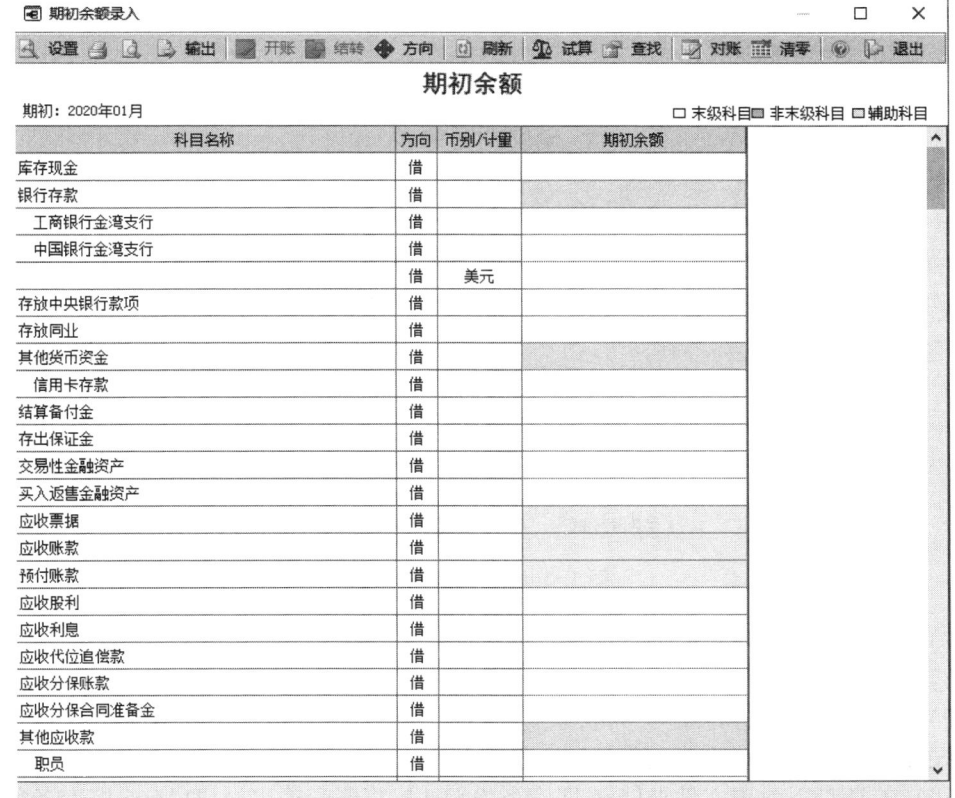

图 1-3-6　期初余额录入

（2）白色的单元为末级科目,可以直接输入期初余额,如【库存现金 8 000.00】。

（3）黄色的单元代表此科目设置了辅助核算,不允许直接录入余额,需要在该单元格中双击进入【辅助账期初设置】,输入期初数据后返回到总账期初余额表中。如:双击【应收票据】所在行的【期初余额】栏,进入【辅助期初余额】窗口。

（4）单击【往来明细】,进入【期初往来明细】窗口。单击【增行】,再单击【日期】选择【2019-07-18】;单击【客户】选择【中山阳光公司】;在【摘要】栏录入已知信息,在【金额】栏录入【118 980.00】等信息,如图 1-3-7 所示。

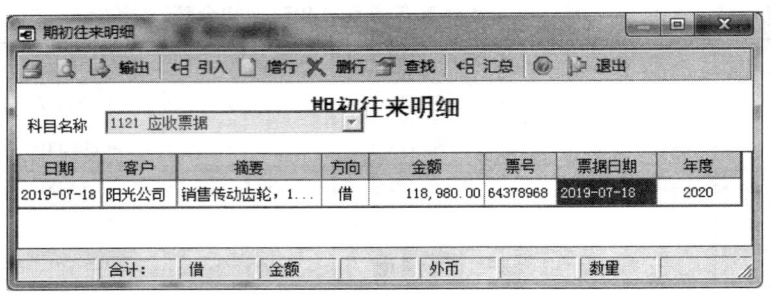

图 1-3-7　期初往来明细

（5）单击【汇总】,系统弹出【完成了往来明细到辅助期初表的汇总!】提示框。

（6）单击【确认】后,再单击【退出】,在【辅助期初余额】窗口显示汇总结果,如图 1-3-8 所示,完成应收票据的期初录入工作。

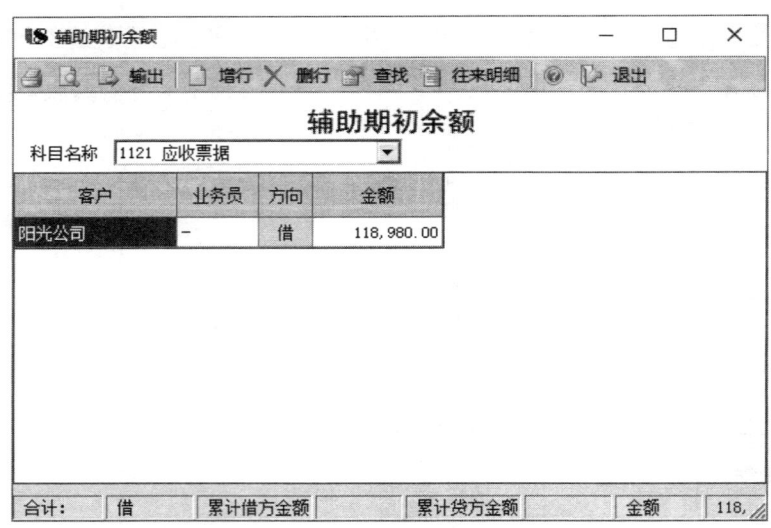

图 1-3-8　辅助期初余额

（7）同理,以此方法录入其他带辅助核算的科目余额。

（8）将所有总账期初余额全部录入完毕,总账期初余额如图 1-3-9 所示。

（9）单击【试算】,进行试算平衡,系统显示【试算结果平衡】。试算结果如图 1-3-10 所示。单击【确定】,完成总账期余额的录入及查验工作。

（10）在 D 盘下设置文件夹【666 账套备份\3.1】,将账套输出至【D:\666 账套备份\3.1】文件夹。

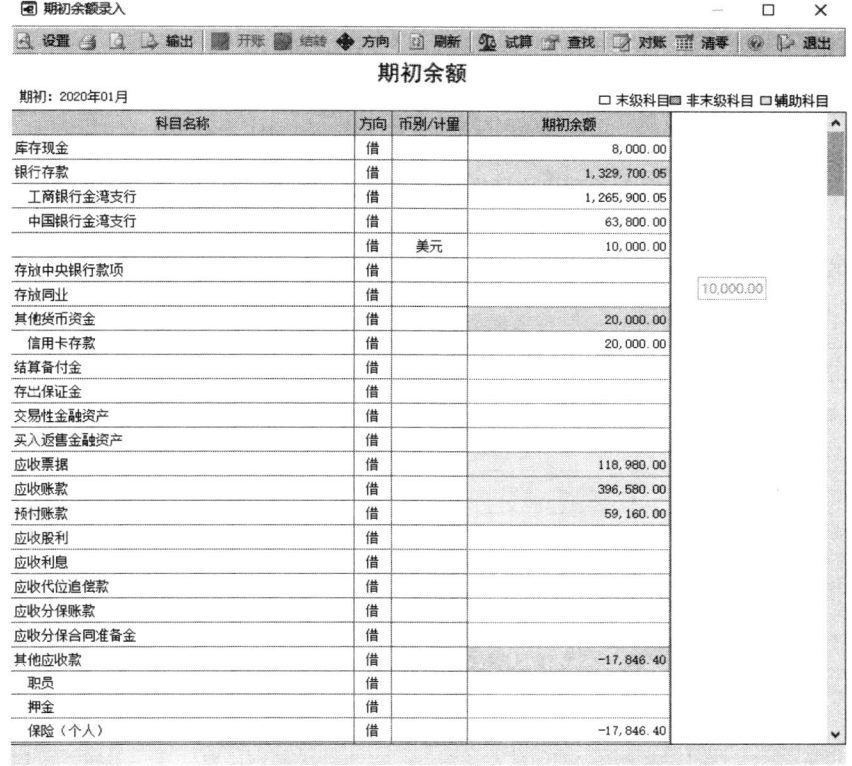

图 1-3-9　期初余额录入

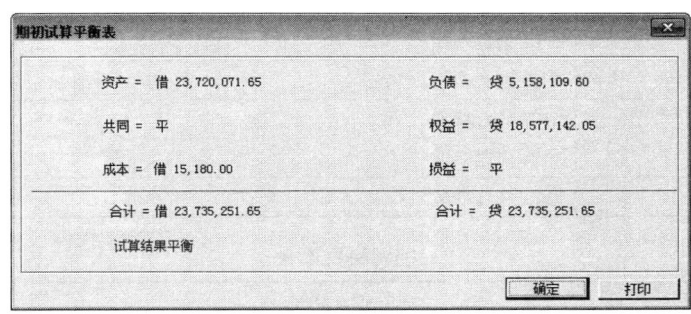

图 1-3-10　期初试算平衡表

重难点提示

（1）如果需要修改余额方向,在未录入余额情况下,单击【方向】进行修改操作。

（2）如果录入余额的科目有辅助核算的内容,则在录入余额时必须录入辅助核算的明细内容,而修改时也应修改明细内容。

（3）如果某一科目有数量核算的要求,则录入余额时还应输入该余额的数量。

（4）如果期初余额试算不平衡,期末余额将不会平衡,虽然期初余额不平衡,系统可以允许先填制和审核凭证,但是不允许凭证记账。

（5）凭证记账后,期初余额将变为只读状态,不能再进行修改。

应收账款初
始设置

任务二　应收账款期初设置

业务一　设置应收款管理系统相关参数

〖业务描述〗　请以【C201 蓝英】的身份登录平台,根据表 1-3-11、表 1-3-12、表 1-3-13、表 1-3-14、表 1-3-15、表 1-3-16 的相关资料设置应收款管理系统初始参数。

1. 应收账款选项设置

表 1-3-11　　　　　　　　　　　应收款管理系统初始参数

初始对数项目	选用核算方法
单据审核日期依据	单据日期
坏账处理方式	应收余额百分比法
现金折扣	自动计算
受控科目制单方式	明细到单据

2. 应收账款系统初始设置

表 1-3-12　　　　　　　　　　　　基本科目

基本科目项目	选用科目
应收科目	112201 应收账款
预收科目	2203 预收账款
税金科目	22210102 应交税费——应交税金增值税——销项税额
现金折扣科目	6603 财务费用
票据利息科目	6603 财务费用
票据费用科目	6603 财务费用
商业承兑科目	1121 应收票据
银行承兑科目	1121 应收票据
坏账入账科目	1231 坏账准备

表 1-3-13　　　　　　　　　　　控制科目设置

客户名称	应收科目控制	预收科目控制
深圳恒兴公司	112201 应收账款	2203 预收账款
珠海明瑞公司	112201 应收账款	2203 预收账款
美国 ESENW 公司	112202 应收账款	2203 预收账款
中山阳光公司	112201 应收账款	2203 预收账款
东莞东和公司	112201 应收账款	2203 预收账款

表 1-3-14　　　　　　　　　　　产品科目设置

产品科目项目	选用科目
产成品销售收入科目	6001 主营业务收入
应交增值税科目	22210102 应交税费——应交税金增值税——销项税额
销售退回科目	6001 主营业务收入
增值税税率	13%

表 1-3-15   结算方式科目设置

结算方式项目	选用科目
现金结算方式科目	1001 库存现金
现金支票结算方式科目	100201 银行存款
转账支票结算方式	100201 银行存款
电汇结算方式科目	100201 银行存款
其他结算方式	100201 银行存款

表 1-3-16   坏账准备设置

坏账准备项目	录入资料
提取比率	0.5%
坏账准备期初余额	702.00
坏账准备科目	1231 坏账准备
坏账准备对方科目	6701 资产减值损失

〖操作说明〗 【C201 蓝英】设置应收款管理系统参数和科目。

〖操作指引〗

1. 选项期初设置

（1）执行【财务会计】|【应收款管理】|【设置】|【选项】命令，打开【账套参数设置】对话框，单击【编辑】，系统弹出【选择修改需要重新登录才能生效】提示框。

（2）单击【确定】，返回【账套参数设置】对话框，打开【常规】选项卡，单击【单据审核日期依据】栏的下三角，选择【单据日期】；单击【坏账处理方式】栏的下三角，选择【应收余额百分比法】；单击选中【自动计算现金折扣】前的复选框，如图 1-3-11 所示。

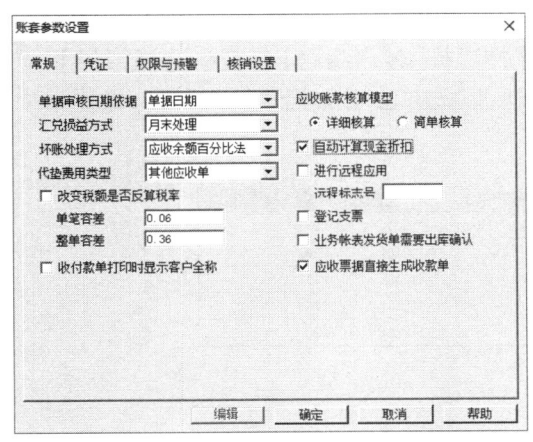

图 1-3-11　账套参数设置——常规

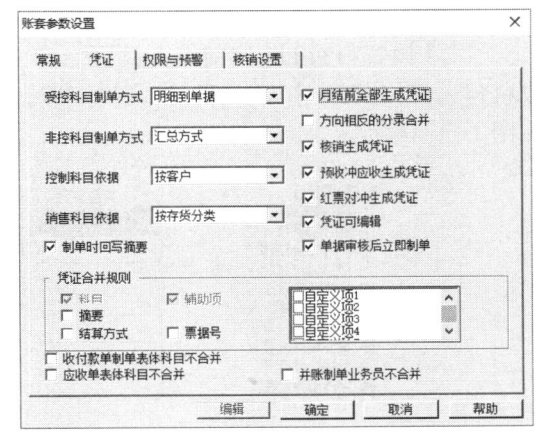

图 1-3-12　账套参数设置——凭证

（3）打开【凭证】选项卡，单击【受控科目制单方式】栏的下三角，选择【明细到单据】，如图 1-3-12 所示。单击【确定】。

2. 基市科目设置

（1）在应收款管理系统中，执行【设置】|【初始设置】命令，打开【初始设置】窗口，如图 1-3-13 所示。

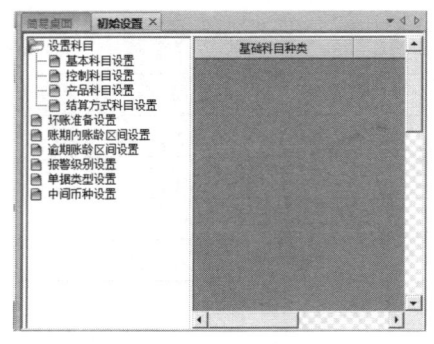

图 1-3-13　初始设置

图 1-3-14　初始设置——基本科目设置

（2）选择【初始设置】|【基本科目设置】，单击【增加】，从【基本科目种类】列表中选择【应收科目】，科目选择【112201】。同理，以此方法增加其他基本科目，操作结果如图 1-3-14 所示。

> ⊙ **重难点提示**
>
> （1）在基本科目设置中，所设置的应收科目【1122 应收账款】、预收科目【2203 预收账款】及银行/承兑汇票科目【1121 应收票据】，应在总账系统中设置其辅助核算内容为【客户往来】，并且其受控系统为【应收系统】，否则在控制科目设置中不能被选中。
>
> （2）只有设置了基本科目，在生成凭证时才能直接生成凭证中的会计科目，否则凭证中将没有会计科目，相应的会计科目只能手工录入。

3. 控制科目设置

选择【设置科目】|【控制科目设置】，单击【增加】，从【客户编码】列表中选择【101】，应收科目选择【112201】，预收科目选择【2203】。同理，以此方法增加其他控制科目，操作结果如图 1-3-15 所示。

客户编码	客户简称	应收科目	预收科目
101	深圳恒兴	112201	2203
102	珠海明瑞	112201	2203
103	美国ESENW	112202	2203
104	中山阳光	112201	2203
105	东莞东和	112201	2203

图 1-3-15　初始设置——控制科目设置

4. 产品科目设置

（1）在【初始设置】窗口中，选择【产品科目设置】，打开【产品科目设置】窗口。

（2）在【产品科目设置】窗口中，设置【产成品】的【销售收入科目】为【6001】、【应交增值税科目】为【22210102】、【销售退回科目】为【6001】、【税率】为【13】，如图 1-3-16 所示。

5. 结算方式科目设置

在【初始设置】窗口中，选择【结算方式科目设置】，打开【结算方式科目设置】窗口，单击

图 1-3-16 初始设置——产品科目设置

【增加】,在【结算方式】栏下拉列表中选择【现金】;单击【币种】栏,选择【人民币】;在【科目】栏录入或选择【1001】,按回车键。以此方法继续录入其他结算方式科目,如图 1-3-17 所示。

结算方式	币　种	本单位账号	科　目
1 现金	人民币		1001
201 现金支票	人民币		100201
202 转账支票	人民币		100201
4 电汇	人民币		100201
9 其他	人民币		100201

图 1-3-17 初始设置——结算方式科目设置

6. 坏账准备设置

在【初始设置】窗口中,选择【坏账准备设置】,打开【坏账准备设置】窗口,录入【提取比率】为【0.500%】、【坏账准备期初余额】为【702.00】、【坏账准备科目】为【1231】、【对方科目】为【6701】,如图 1-3-18 所示。

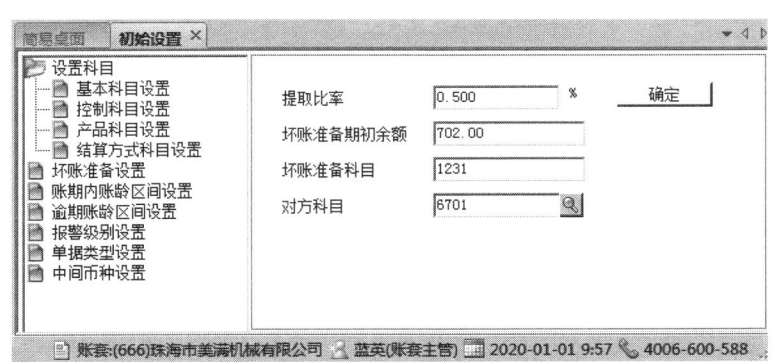

图 1-3-18 初始设置——坏账准备设置

业务二　应收款管理系统期初余额录入

〖**业务描述**〗　在应收款管理系统录入表 1-3-17、表 1-3-18、表 1-3-19 中所示的期初余额,其中存货增值税税率为 13%。

表 1-3-17 　　　　　　　　　　应收票据(1121)期初余额

日期	客户名称	摘要	方向	余额
2019-07-18	中山阳光公司	销售传动齿轮 1 500 件,含税单价为 79.32 元,银行承兑汇票票据号为 64378968,票面利率为 5%	借	118 980.00

表 1-3-18 　　　　　　　　　　应收账款(1122)期初余额

日期	客户名称	摘要	方向	余额
2019-12-15	深圳恒兴公司	销售传动齿轮 1 000 件,含税单价为 79.32 元,票据号为 64378965	借	79 320.00
2019-12-24	珠海明瑞公司	销售变速箱锥齿轮 2 000 件,含税单价为 158.63 元,票据号为 86549366	借	317 260.00

表 1-3-19 　　　　　　　　　　预收账款(2203)期初余额

日期	客户名称	摘要	方向	余额
2019-12-21	东莞东和公司	销售变速箱锥齿轮 1 000 件,含税单价为 158.63 元,款项已经预收转账支票票号 86549369	贷	158 630.00

〖操作说明〗 【C201 蓝英】录入应收款管理系统期初余额。

〖操作指引〗

1. 录入期初增值税专用发票

（1）在应收款管理系统中,执行【设置】|【期初余额】命令,打开【期初余额查询】对话框,单击【确定】。

（2）打开【期初余额明细表】窗口,单击【增加】,打开【单据类别】对话框,选择【单据名称】为【销售发票】,选择【单据类型】为【销售专用发票】,选择【方向】为【正向】,如图 1-3-19 所示。

（3）单击【确定】,打开【销售专用发票】窗口。

（4）单击【增加】,修改【开票日期】为【2019-12-15】;录入【发票号】为【64378965】;单击【客户名称】栏,选择【恒兴公司】,系统自动带出客户相关信息;在【税率(%)】栏录入

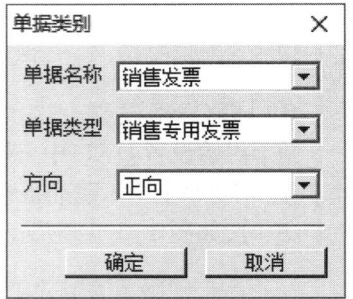

图 1-3-19　单据类别

【13.00】;在【货物编号】栏选择【02002】;在【数量】栏录入【1 000.00】;在【含税单价】栏录入【79.32】,如图 1-3-20 所示,单击【保存】,并以此方法继续录入第二张销售专用发票。

销售专用发票

打印模版　期初专用发票打印模▼

表体排序 _____ ▼

开票日期 2019-12-15　　发票号 64378965　　订单号

客户名称 恒兴公司　　客户地址 深圳市镇湖区中山路308号　　电话 0755-3522166

开户银行 工商银行深圳中山路支行　　银行账号 1307310182600020000　　税号 340201735760887

付款条件　　税率(%) 13.00　　科目 1122

币种 人民币　　汇率 1　　销售部门 销售部

业务员 王通　　项目　　备注 销售传动齿轮1000件,含税单价为79.3

	货物编号	货物名称	规格型号	主计量单位	税率(%)	数量	无税单价	含税单价	税额	无税金额	价税合计	批号	累积收款	累积收款(本币)	科目
1	02002	传动齿轮		件	13.00	1000.00	70.19	79.32	9125.31	70194.69	79320.00		0.00	0.00	1122
2															
3															
4															

图 1-3-20　销售专用发票

（5）单击【应收款管理】中的【单据查询】,双击【发票查询】,选择单据日期为【2019-12-01 到 2019-12-31】,点击【确定】,结果如图 1-3-21 所示。

图 1-3-21 单据查询结果列表——发票查询

 重难点提示

（1）在初次使用应收款管理系统时,应将启用应收款管理系统时未处理完的所有科目的应收账款、预收账款、应收票据等数据录入本系统。当进入第二年度时,系统自动将上年度未处理完的单据转为下一年度的期初余额。在下一年度的第一会计期间里,可以进行期初余额的调整。

（2）在录入期初余额时,一定要注意期初余额的会计科目。应收款管理系统的期初余额应与总账进行对账,如果科目错误将会导致对账错误。

2. 录入期初票据

（1）在【期初余额明细表】窗口中,单击【增加】,打开【单据类别】对话框。

（2）选择单据名称为【应收票据】,单据类型为【银行承兑汇票】,单击【确定】,打开【期初票据】窗口。

（3）单击【增加】,录入【票据编号】为【64378968】;选择承兑银行【中国工商银行】;单击【开票单位】,选择【阳光公司】,系统自动带出客户相关信息;录入【票据面值】为【11 8980.00】;录入【面值利率】为【5】;单击【科目】,选择【1121】;在【签发日期】栏选择【2019-07-18】;在【收到日期】栏选择【2019-07-18】;在【到期日】栏选择【2020-01-18】;在【摘要】栏录入已知信息,如图 1-3-22 所示。

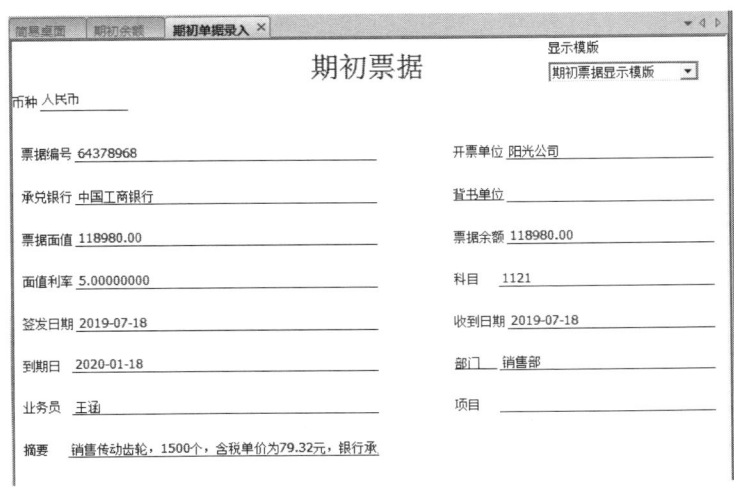

图 1-3-22 期初单据录入——期初票据

（4）单击【保存】,关闭【期初票据】窗口,返回【期初余额明细表】窗口。

3. 录入预收账款

（1）在【期初余额明细表】窗口,单击【增加】,打开【单据类别】对话框,单击【单据名称】选择【预收款】,【单据类型】选择【收款单】。

（2）单击【确认】,打开【收款单】窗口,修改【日期】为【2019-12-21】;在【客户】栏选择【东和公司】;单击【结算方式】,选择【转账支票】;在【金额】栏录入已知信息;在收款单表格部分中的【款项类型】栏选择【预收款】,如图 1-3-23 所示。单击【保存】,再单击【退出】。

图 1-3-23 期初单据录入——收款单

4. 应收款管理系统与总账系统对账

（1）在【期初余额明细单】窗口中,单击【对账】,打开【期初对账】窗口,如图 1-3-24 所示,然后单击【退出】。

科目		应收期初		总账期初		差额	
编号	名称	原币	本币	原币	本币	原币	本币
1121	应收票据	118,980.00	118,980.00	118,980.00	118,980.00	0.00	0.00
1122	应收账款	396,580.00	396,580.00	396,580.00	396,580.00	0.00	0.00
2203	预收账款	158,630.00	-158,630.00	-158,630.00	-158,630.00	0.00	0.00
	合计		356,930.00		356,930.00		0.00

图 1-3-24 期初对账

（2）在 D 盘下设置文件夹【666 账套备份\3.2】,将账套输出至【D:\666 账套备份\3.2】文件夹。

操作视频

微课

应付账款期初设置

任务三 应付账款期初设置

业务一 设置应付款管理系统相关参数

〖业务描述〗 2020 年 1 月 1 日,以【C201 蓝英】的身份登录平台,根据表 1-3-20、表

1-3-21、表 1-3-22、表 1-3-23 修改应付款管理系统的参数。

1. 应付账款选项设置

表 1-3-20　　　　　　　　　　　　应付款管理系统初始参数

初始参数项目	选用内容
单据审核依据	单据日期
现金折扣	自动计算折扣
受控科目制单方式	明细到单据
采购科目依据	按存货

2. 应付款管理系统初始设置

表 1-3-21　　　　　　　　　　　　基本科目设置

设置项目	选用科目
应付科目	2202 应付账款
预付科目	1123 预付账款
商业承兑科目	2201 应付票据
银行承兑科目	2201 应付票据
税金科目	22210101 应交税费——应交增值税（进项税额）
现金折扣科目	6603 财务费用
票据利息科目	6603 财务费用

表 1-3-22　　　　　　　　　　　　控制科目设置

供应商名称	应付控制科目	预付控制科目
广东金鸿公司	2202 应付账款	1123 预收账款
珠海顺昌公司	2202 应付账款	1123 预收账款
珠海电力公司	2202 应付账款	1123 预收账款
广州恒大合金公司	2202 应付账款	1123 预收账款
东莞东和公司	2202 应付账款	1123 预收账款

表 1-3-23　　　　　　　　　　　　结算方式科目设置

结算方式项目	选用科目
现金结算方式科目	1001 库存现金
现金支票结算方式科目	100201 银行存款
转账支票结算方式科目	100201 银行存款
电汇结算方式科目	100201 银行存款

〖操作说明〗　【C201 蓝英】设置应付款管理系统选项和初始参数。

〖操作指引〗

1. 选项设置

（1）执行【财务会计】|【应付款管理】|【设置】|【选项】命令,打开【账套参数设置】,单击【编辑】,系统弹出【选择修改需要重新登录才能生效】提示框。

（2）单击【确定】,返回【账套参数设置】对话框,打开【常规】选项,单击【单据审核日期依据】选择【单据日期】,单击选中【自动计算现金折扣】前的复选框,如图 1-3-25 所示。

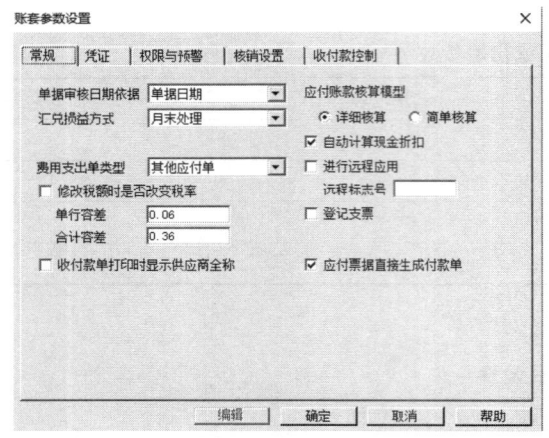 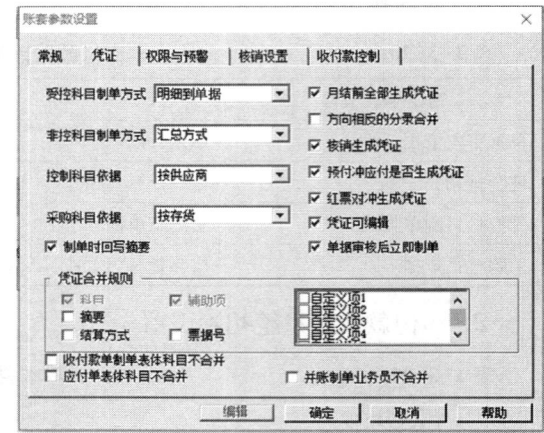

图 1-3-25　账套参数设置——常规　　　　　图 1-3-26　账套参数设置——凭证

(3) 打开【凭证】选项卡,单击【受控科目制单方式】,选择【明细到单据】,单击【采购科目依据】选择【按存货】等信息,如图 1-3-26 所示。

2. 设置基本科目

(1) 在应付款管理系统,执行【设置】|【初始设置】命令,进入【初始设置】窗口。

(2) 选择【基本科目设置】,单击【增加】,选择【基础科目种类】为【应付科目】,录入或选择【应付科目】为【2202】,按回车键。以此方法设置其他基本科目,操作结果如图 1-3-27 所示。

图 1-3-27　初始设置——基本科目设置

🎯 **重难点提示**

(1) 在【基本科目设置】中所设置的应付科目【2201 应付账款】、预付科目【1123 预付款项】及银行承兑汇票/商业承兑汇票科目【2201 应付票据】,应在总账系统中设置其辅助核算内容为【供应商往来】,且其受控系统为【应付系统】,否则在此不能被选中。

(2) 只有在此设置了基本科目,在生成凭证时才能出现会计科目,否则凭证中将没有会计科目,相应的会计科目只能手工录入。

(3) 如果应付科目、预付科目需要按不同的供应商或供应商分类分别设置,可以在【控制科目设置】中进行设置。

(4) 针对不同的存货分别设置采购核算科目,可以在【产品科目设置】中进行设置。

3. 设置控制科目

选择【控制科目设置】，单击【增加】，选择供应商编码【1】所在行，录入或选择应付科目【2202】，录入或选择预付科目【1123】。以此方法设置其他供应商的控制科目，操作结果如图 1-3-28 所示。

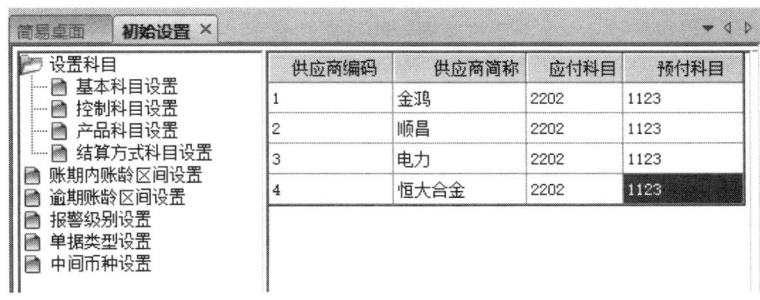

图 1-3-28　初始设置——控制科目设置

4. 设置结算方式科目

选择【结算方式科目设置】，单击【结算方式】栏下的三角，选择【现金】结算。单击【币种】栏，选择【人民币】；在【科目】栏录入或选择【1001】，按回车键。以此方法录入其他结算方式科目，操作结果如图 1-3-29 所示。

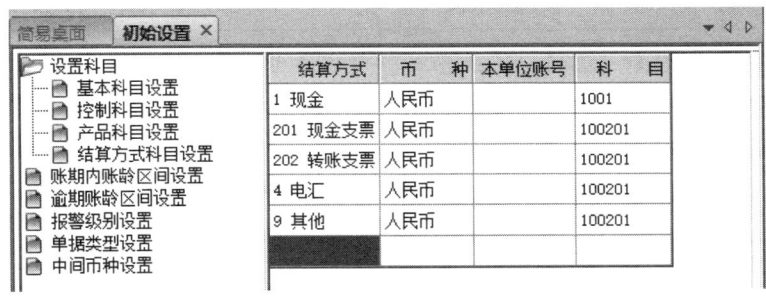

图 1-3-29　初始设置——结算方式科目设置

◎ 重难点提示

（1）结算方式科目设置是针对已经设置的结算方式设置相应的结算科目。在付款时，只要录入结算时使用的结算方式，系统会自动生成该种结算方式所用的会计科目。

（2）如果在此不设置结算方式科目，则在付款或收款时可以手工输入不同的结算方式所在的会计科目。

业务二　应付款管理系统期初余额录入

〖业务描述〗　请以【C201 蓝英】的身份登录平台，在应付款管理系统中录入表 1-3-24、表 1-3-25、表 1-3-26 所示的期初余额，其中存货增值税税率为 13%，开票日期均为 2019 年。

表 1-3-24   预付账款（1123）期初余额

日期	供应商名称	摘要	方向	余额
2019-12-16	广州恒大合金公司	采购渗碳钢 10 吨，含税单价为 5 916 元，票据号为 56726457	借	59 160.00

表 1-3-25   应付票据（2201）期初余额

日期	供应商名称	摘要	方向	余额
2019-07-10	珠海顺昌公司	采购调质钢，10 吨，含税单价为 5 568 元，银行承兑汇票票据号为 56728956，票面利率为 5%	贷	55 680.00

表 1-3-26   应付账款（2202）期初余额

日期	供应商名称	摘要	方向	余额
2019-12-19	广东金鸿公司	采购渗碳钢 20 吨，含税单价为 5 916 元，票据号为 56726453	贷	118 320.00
2019-12-22	珠海顺昌公司	采购调质钢 30 吨，含税单价为 5 568 元，票据号为 56728954	贷	167 040.00
2019-12-26	珠海电力公司	采购耐磨润滑油 600 升，含税单价为 17.4 元，票据号为 56728955	贷	10 440.00
2019-12-28	东莞东和公司	采购渗碳钢 10 吨，含税单价为 5 916 元，票据号为 56726456	贷	59 160.00

〖操作说明〗 【C201 蓝英】录入应付款管理系统期初余额。

〖操作指引〗

1. 录入期初采购发票

（1）在应付款管理系统中，执行【设置】|【期初余额】命令，打开【期初余额查询】对话框，单击【确定】。

（2）打开【期初余额明细表】窗口，单击【增加】，打开【单据类别】对话框，选择【单据名称】为【采购发票】，选择【单据类型】为【采购专用发票】，选择【方向】为【正向】。

（3）单击【确定】，打开【采购专用发票】窗口。单击【增加】，修改【开票日期】为【2019-12-19】；录入【发票号】为【56726453】；单击【供应商】，选择【金鸿】；单击【存货编号】栏，选择【01002】；在【数量】栏录入【20.00】；在【原币单价】栏录入【5 235.40】，修改【原币价税合计】为【118 320.00】，如图 1-3-30 所示。单击【保存】，并以此方法继续录入其余三张采购专用发票。

（4）单击【应付款管理】中的【单据查询】，双击【发票查询】，选择单据日期为【2019-12-01 到 2019-12-31】，点击【确定】，查询结果如图 1-3-31 所示。

◎ **重难点提示**

（1）如果退出了录入期初余额的单据，在【期初余额明细表】窗口中并没有看到新录入的期初余额，单击【刷新】，就可以看到所有的期初余额的内容。

（2）在录入期初余额时，一定要注意期初余额的会计科目，应付款管理系统的期初余额应与总账进行对账，如果科目错误将会导致对账错误。

图 1-3-30　采购专用发票

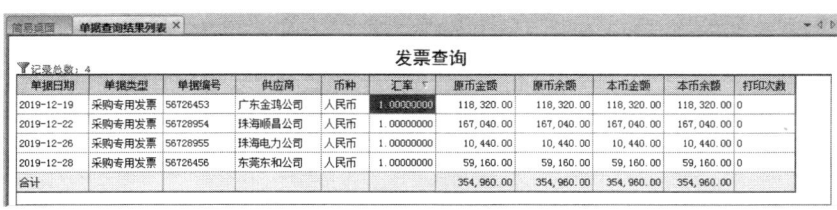

图 1-3-31　发票查询

2. 录入期初票据

（1）单击【增加】，打开【单据类别】对话框，选择【单据名称】为【应付票据】，选择【单据类型】为【银行承兑汇票】。

（2）单击【确定】，打开【期初票据】窗口。单击【增加】，录入【票据编号】为【566728956】；单击【收票单位】栏，选择【珠海顺昌公司】；在【承兑银行】栏选择【中国工商银行】；在【科目】栏选择【2201】；在【票据面值】栏录入【55 680.00】；在【签发日期】栏选择【2019-07-10】；在【到期日】栏选择【2020-01-10】；在【摘要】栏录入已知信息，如图 1-3-32 所示。单击【保存】完成期初票据录入。

图 1-3-32　期初票据

3. 录入预付款单据

（1）在应付款管理系统执行【设置】|【期初余额】命令,打开【期初余额查询】对话框。

（2）单击【确定】,进入【期初余额明细表】,单击【增加】,打开【单据类别】框。选择【单据名称】为【预付款】,选择【单据类别】为【付款单】。

（3）单击【确定】,打开【付款单】窗口。单击【增加】,修改【日期】为【2019-12-16】;单击【供应商】,选择【恒大合金】;单击【结算方式】,选择【转账支票】;在【金额】栏录入【59 160.00】;在【票据号】栏录入【56726457】;在【摘要】栏录入已知信息;在付款单表格部分中的【款项类型】栏选择【预付款】,如图 1-3-33 所示,单击【保存】。

图 1-3-33 付款单

重难点提示

录入预付款单据时,单据类型仍然是【付款单】,但是款项类型为【预付款】。

4. 应付款管理系统与总账系统对账

（1）在【期初余额明细表】窗口中,单击【对账】,打开【期初对账】窗口,如图 1-3-34 所示,完成对账后单击【退出】。

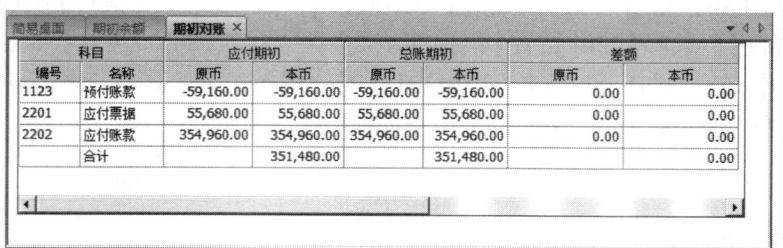

图 1-3-34 期初对账

（2）在 D 盘下设置文件夹【666 账套备份\3.3】,将账套输出至【D:\666 账套备份\3.3】文件夹。

重难点提示

（1）当完成全部应付账款、应付票据和预付账款期初余额的录入后,应通过【对账】功能对应付系统期初余额与总账系统期初余额进行核对。

（2）应付款管理系统与总账系统对账,必须在总账系统与应付款管理系统同时启用时才可以进行。

任务四 固定资产期初设置

业务一 设置固定资产管理系统参数

〖业务描述〗 请以【C201 蓝英】身份登录平台,按照表 1-3-27 所示内容,设置固定资产管理系参数。

表 1-3-27 固定资产管理系统参数

项目	选用项目
启用月份	2020 年 1 月
折旧信息	折旧方法采用平均年限法(一),折旧分配汇总周期为 1 个月,当(月初已计提月份=可使用月份−1)时将剩余折旧全部提足(工作量法除外)
财务接口	与财务系统进行对账,其中固定资产对账科目为【固定资产】,累计折旧对账科目为【累计折旧】,在对账不平衡的情况下不允许固定资产月末结账,月末结账前一定要完成制单登账任务,业务发生后立即制单;缺省入账科目中,【固定资产】选用 1601、【累计折旧】选用 1602、【减值准备】选用 1603、【增值税进项税额】选用 22210101、【固定资产清理】选用 1606
编码方式	资产类别编码方式为【2-1-1-2】,固定资产编码方式为自动编码(类别编号+序号),序号长度为 3
其他	已发生资减少卡片可删除时限为 5 年,自动连续增加卡片

〖操作说明〗 【C201 蓝英】设置固定资产管理系统参数。

〖操作指引〗

(1)在企业应用平台中,执行【业务工作】|【财务会计】|【固定资产】,系统提示【这是第一次打开此账套,还未进行过初始化,是否进行初始化?】

(2)单击【是】,打开固定资产【初始化账套向导——约定及说明】对话框,如图 1-3-35 所示。

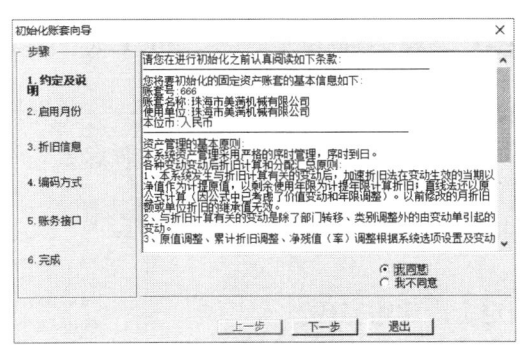

图 1-3-35 初始化账套向导——约定及说明

(3)选中【我同意】,单击【下一步】,打开固定资产【初始化账套向导——启用月份】对话框。系统默认账套启用月份为【2020.01】。

(4)单击【下一步】,打开固定资产【初始化账套向导——折旧信息】,选择主要折旧方法为【平均年限法(一)】,折旧汇总分配周期为【1 个月】,勾选【当(月初已计提月份=可使用月份−1)时将剩余折旧全部提足(工作量法除外)】,如图 1-3-36 所示。

(5)单击【下一步】,打开固定资产【初始化账套向导——编码方式】。编码长度为默认,选择【固定资产编码方式】为【自动编码】及【类别编号+序号】,序号长度为【3】,如图 1-3-37 所示。

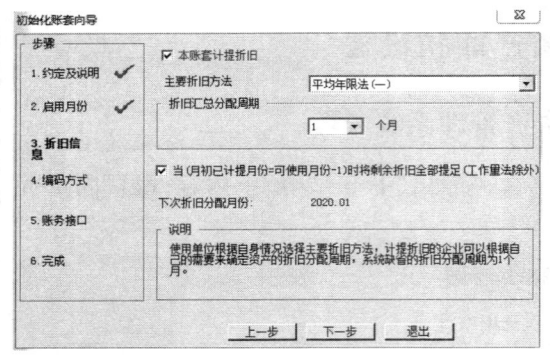

图 1-3-36　初始化账套向导——折旧信息

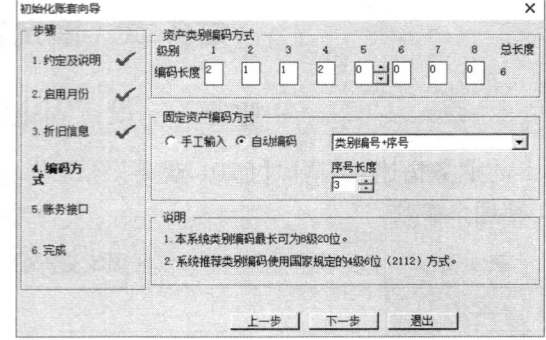

图 1-3-37　初始化账套向导——编码方式

（6）单击【下一步】，打开固定资产【初始化账套向导——账务接口】。在【固定资产对账科目】栏录入【1601，固定资产】，在【累计折旧对账科目】栏录入【1602，累计折旧】选中【在对账不平情况下允许固定资产月末结账】复选框，如图 1-3-38 所示。

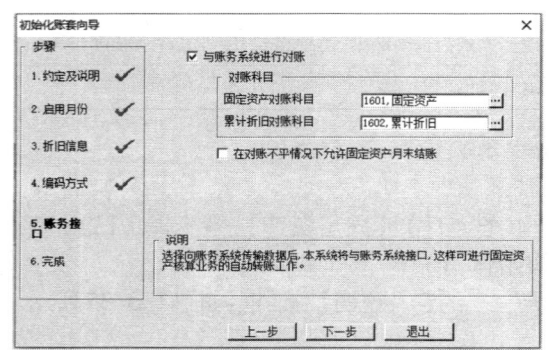

图 1-3-38　初始化账套向导——账务接口

（7）单击【下一步】，打开固定资产【初始化账套向导——完成】，如图 1-3-39 所示。

（8）单击【完成】，系统弹出【已经完成了新账套的所有设置工作，是否确定所设置的信息完全正确并保存对新账套的所有设置？】提示框。

（9）单击【是】，系统提示【已成功初始化本固定资产账套！】。

（10）单击【确定】，固定资产建账完成。

（11）执行【固定资产】|【设置】|【选项】|【与账务系统接口】选项卡，单击【编辑】，激活【选项】对话框。在【［固定资产］缺省入账科目】栏录入【1601，固定资产】，在【［累计折旧］缺省入账科目】栏录入【1602，累计折旧】，在【［减值准备］缺省入账科目】栏录入【1603，固定资产减值准备】，在【［增值税进项税额］缺省入账科目】栏录入【22210101，进项税额】，在【［固定资产清理］缺省入账科目】栏录入【1606，固定资产清理】，如图 1-3-40 所示。

图 1-3-39　初始化账套向导——完成

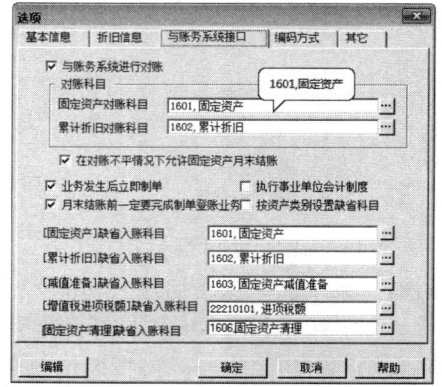

图 1-3-40　选项——与账务系统接口

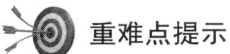 **重难点提示**

（1）在固定资产【初始化账套向导——启用月份】对话框中所列示的启用月份只能查看不能修改。启用月份确定后，在该月份前的所有固定资产都将作为期初数据，自启用月份开始计提折旧。

（2）在固定资产【初始化账套向导——折旧信息】中，当勾选【（月初已计提月份＝可使用月份－1 时将剩余折旧全部提足（工作量法除外）】时，是指只要满足上述条件，则该月份折旧净额＝净值－净残值，并且不能手工修改剩余折旧额；如果不选该项，则该月不提足折旧，并且可手工修改，但如果以后各月按照公式计算的月折旧率或折旧额是负数时，系统将认定公式无效，令折旧率＝0，月折旧额＝净值－净残值。

（3）固定资产编码方式包括【手工输入】和【自动编码】两种方式。自动编码方式包括【类别编码+序号】【部门编码+序号】【类别编码+部门编码+序号】【部门编码+类别编码+序号】，类别编号中的序号长度可自由设定为 1~15 位。

（4）资产类别编码方式设定以后，一旦设定某一级类别，则该级的长度不能修改，未使用过的各级长度可以修改。每个账套的自动编码方式只能选择一种，一经设定，该自动编码方式不得修改。

业务二　设置固定资产部门对应折旧科目

〖业务描述〗　按照表 1-3-28 所示的内容，【C201 蓝英】设置固定资产部门对应折旧科目。

表 1-3-28　　　　　　　　　固定资产部门对应折旧科目

部门编码	部门名称	折旧科目
1	行政人事部	管理费用/折旧费
2	财务部	管理费用/折旧费
3	采购部	管理费用/折旧费
4	销售部	销售费用/折旧费
5	生产部	制造费用/折旧费
501	一车间	制造费用/折旧费
502	二车间	制造费用/折旧费
6	供应部	制造费用/折旧费

〖操作说明〗　【C201 蓝英】设置固定资产部门对应折旧科目。

〖操作指引〗

（1）在固定资产管理系统中，执行【设置】|【部门对应折旧科目】命令，进入【部门对应折旧科目——列表视图】窗口，如图 1-3-41 所示。

（2）选择【行政人事部】所在行，单击【修改】，打开【单张视图】窗口。（也可直接选中部门编码目录中的【行政人事部】，单击打开【单张视图】选项卡，再单击【修改】）在【折旧科目】栏录入或选择【660206 折旧费】，如图 1-3-42 所示，单击【保存】。

（3）以此方法继续录入其他部门对应的折旧科目，录入结果如图 1-3-43 所示。

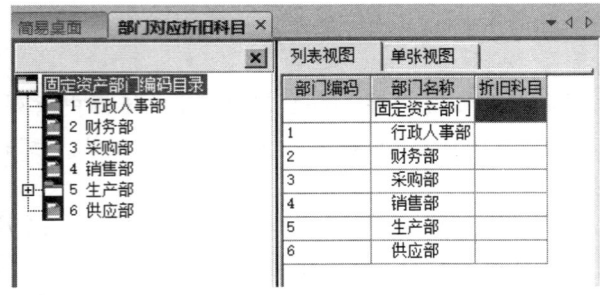

图 1-3-41　部门对应折旧科目——列表视图

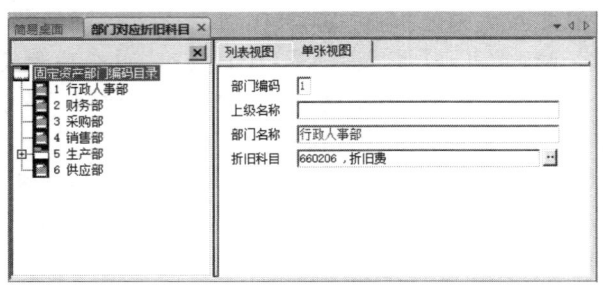

图 1-3-42　部门对应折旧科目——单张视图

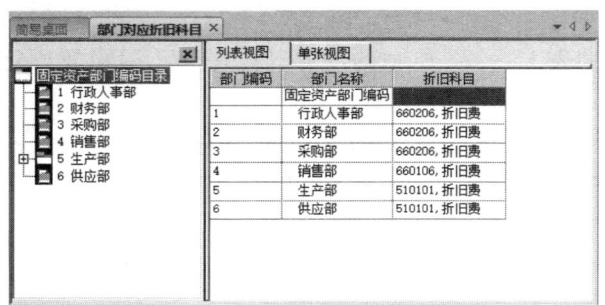

图 1-3-43　部门对应折旧科目——列表视图(录入完成)

🎯 **重难点提示**

(1) 本系统录入卡片时,只能选择明细部门,所以设置折旧科目也只有设置明细部门才有意义。如果某一上级部门设置了对应的折旧科目,则下级部门继承上级部门的设置。

(2) 设置生产部的对应折旧科目为【510101 制造费用折旧费】时,系统会提示【是否将生产部的所有下级部门的折旧科目替换为"制造费用折旧费"? 如果选择"是",请在成功保存后单击"刷新"查看】。单击【是】,即可将生产部的两个下级部门的折旧科目一并设置完成。

(3) 设置部门对应折旧科目时,必须选择末级会计科目。设置上级部门的折旧科目时,下级部门可以自动继承,也可以选择不同的科目,即上下级部门的折旧科目可以相同,也可以不同。

业务三 设置固定资产类别

〖业务描述〗 按照表 1-3-29 所示的内容,设置固定资产类别。

表 1-3-29 固定资产类别

类别编码	类别名称	使用年限(月)	净残值率	计量单位	计提属性	折旧方法	卡片样式
01	房屋及建筑物	360	5%	栋	正常计提	平均年限法(一)	含税卡片样式
011	生产经营用	360	5%	栋	正常计提	平均年限法(一)	含税卡片样式
012	非生产经营用	360	5%	栋	正常计提	平均年限法(一)	含税卡片样式
02	机器设备	120	5%	台	正常计提	平均年限法(一)	含税卡片样式
021	生产经营用	120	5%	台	正常计提	平均年限法(一)	含税卡片样式
022	非生产经营用	60	5%	台	正常计提	平均年限法(一)	含税卡片样式

〖操作说明〗 【C201 蓝英】设置固定资产类别。

〖操作指引〗

(1)在固定资产管理系统中,执行【设置】|【资产类别】命令,进入【资产类别——列表视图】窗口,如图 1-3-44 所示。

图 1-3-44 资产类别——列表视图

(2)单击【增加】,打开【资产类别——单张视图】窗口。

(3)在【类别名称】栏录入【生产经营用】,在【使用年限】栏录入【30】,在【净残值率】栏录入【5】,计量单位【栋】,如图 1-3-45 所示。

类别编码 01 1
上级名称 房屋及建筑物
类别名称 生产经营用
使用年限 30 年 月
净残值率 5 %
计量单位 栋
计提属性 正常计提
折旧方法 平均年限法(一)
卡片样式 通用样式(二)
不允许转回减值准备 ☑ 新增资产当月计提折旧 □

图 1-3-45 录入类别名称

(4)单击【卡片样式】选项卡,选择【含税卡片样式】,如图 1-3-46 所示。单击【确定】,再单击【保存】。

(5)以此方法继续录入表 1-3-29 中的相关信息,单击【保存】。

(6)在固定资产录入界面,单击【放弃】,系统提示【是否取消本次操作】,单击【是】,返回【资产类别——列表视图】窗口,如图 1-3-47 所示。

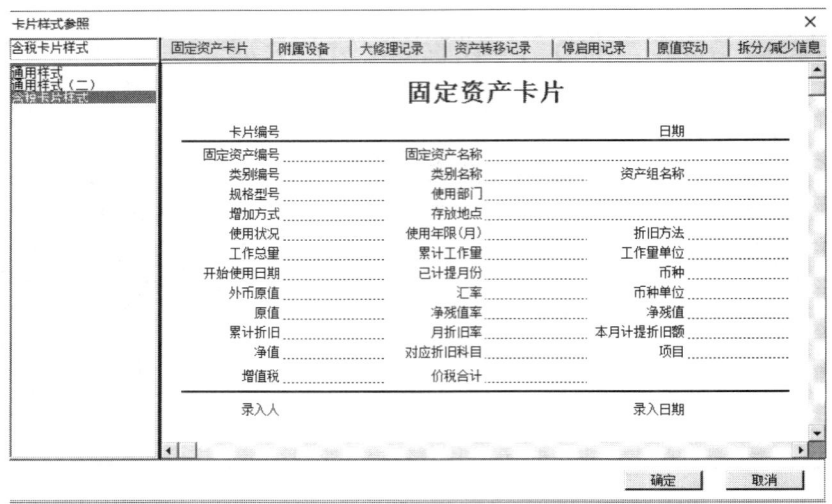

图 1-3-46　卡片样式参照

图 1-3-47　资产类别——列表视图

重难点提示

（1）要建立多级固定资产类别,应先建立上级固定资产类别,然后再建立下级类别。由于在建立上级固定资产类别时就设置了使用年限、净残值率,其下级类别如果与上级类别设置相同,则可自动继承不用修改;如果下级类别与上级类别设置不同,则可以修改。

（2）类别编码、类别名称、计提属性及卡片样式不能为空。

（3）非明细级别类别编码不能修改和删除,明细级别类别编码修改时只能修改本级的编码。系统已使用的类别不允许增加下级和删除。

（4）使用过的类别的计提属性不能修改。

业务四　设置固定资产增减方式对应入账科目

〖业务描述〗　按照表 1-3-30 所示的内容,设置固定资产增减方式对应入账科目。

表 1-3-30　　　　　　　　固定资产增减方式对应入账科目

增加方式编码	增加方式名称	对应入账科目	减少方式编码	增加方式名称	对应入账科目
101	直接购入	100201 银行存款工行人民币户	201	出售	100201 银行存款工行人民币户

（续表）

增加方式编码	增加方式名称	对应入账科目	减少方式编码	增加方式名称	对应入账科目
102	投资者投入	400101 实收资本——珠海市海通有限责任公司	202	盘亏	6711 营业外支出
103	捐赠	6301 营业外收入	203	投资转出	1511 长期股权投资
104	盘盈	6901 以前年度损益调整	204	捐赠转出	6711 营业外支出
105	在建工程转入	1604 在建工程	205	报废	6711 营业外支出
106	融资租入	2701 长期应付款	206	毁损	1606 固定资产清理
			207	融资租出	1531 长期应收款
			208	拆分减少	1606 固定资产清理

〖操作说明〗　【C201 蓝英】设置固定资产增减方式对应入账科目。

〖操作指引〗

（1）在固定资产管理系统中，执行【设置】|【增减方式】命令，如图 1-3-48 所示。

图 1-3-48　增减方式——列表视图

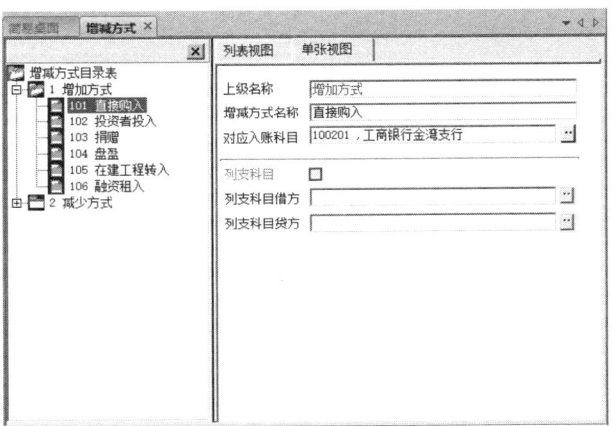

图 1-3-49　增减方式——单张视图

（2）选中【直接购入】所在行，单击【修改】，打开【增减方式单张视图】窗口，在【对应入账科目】栏录入【100201 银行存款工商银行金湾支行】，如图 1-3-49 所示，然后单击【保存】。

（3）以此方法继续设置其他增减方式对应入账科目，录入结果如图 1-3-50 所示。

业务五　原始卡片录入

〖业务描述〗　按照表 1-3-31 所示的内容，录入固定资产原始卡片。

〖操作说明〗　【C201 蓝英】录入固定资产原始卡片。

〖操作指引〗

1. 录入固定资产原始卡片

1）方法一：直接录入原始卡片

（1）在固定资产管理系统中，执行【固定资产】|【卡片】|【录入原始卡片】命令，打开【固

77

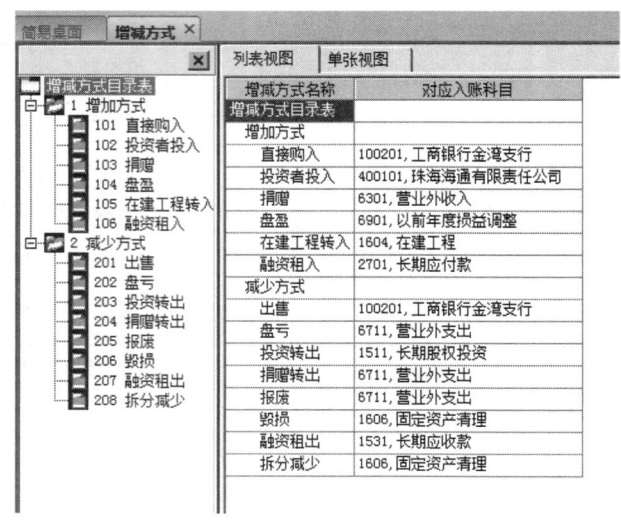

图 1-3-50　增减方式——列表视图(录入完成)

定资产类别档案】窗口,如图 1-3-51 所示。

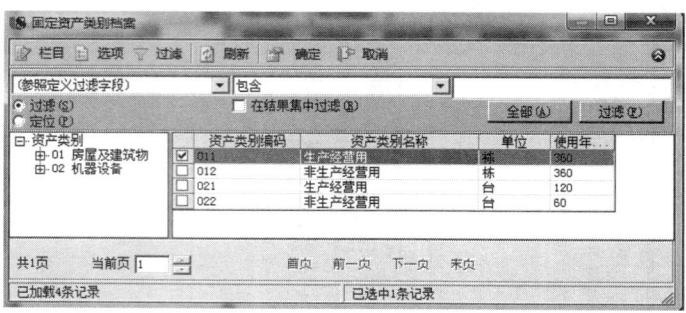

图 1-3-51　固定资产类别档案

(2) 选择【01 房屋及建筑物】|【011 生产经营用】,单击【确认】进入【固定资产卡片[录入原始卡片:00001 号卡片]】窗口,如图 1-3-52 所示。

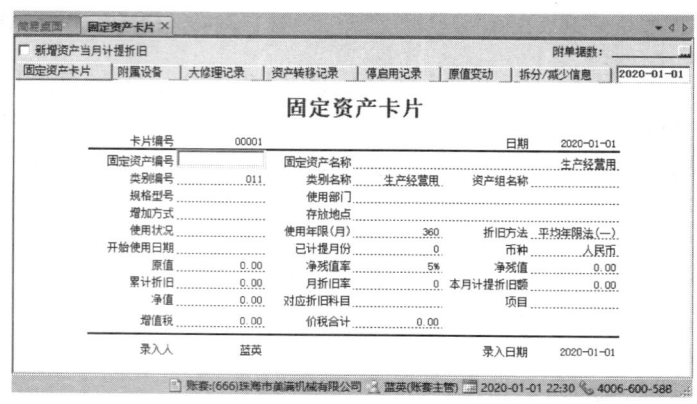

图 1-3-52　固定资产卡片

表 1-3-31

2020 年 1 月固定资产使用及折旧情况

资产编号	固定资产名称	使用日期	使用情况	增加方式	使用部门	折旧方法	可使用年限	数量	单价	原值	残值率	已折旧月份	累计折旧	账面净值
011001	厂房	2017/9/30	在用	在建工程转入	一、二车间各50%	平均年限法(一)	30	1	5 400 000	5 400 000	4%	27	388 800	5 011 200
012001	办公楼	2019/8/5	在用	在建工程转入	行政人事部	平均年限法(一)	30	1	3 210 000	3 210 000	4%	4	34 240	3 175 760
021001	变速箱锥齿轮生产线	2015/5/25	在用	直接购入	一车间	平均年限法(一)	10	1	12 000 000	12 000 000	5%	55	5 225 000	6 775 000
021002	传动齿轮生产线	2017/11/30	在用	直接购入	二车间	平均年限法(一)	10	1	6 000 000	6 000 000	5%	25	1 187 500	4 812 500
022001	丰田汽车	2018/12/2	在用	直接购入	销售部	平均年限法(一)	10	1	240 000	240 000	5%	12	22 800	217 200
022002	宝马汽车	2018/12/3	在用	直接购入	行政部	平均年限法(一)	10	1	660 000	660 000	5%	12	62 700	597 300
022003~022004	联想电脑	2017/10/3	在用	直接购入	销售部	平均年限法(一)	5	2	6 000	12 000 (6 000×2)	5%	26	4 940 (2 470×2)	7 060 (3 530×2)
022005~022014	华硕电脑	2017/1/20	在用	直接购入	行政人事部	平均年限法(一)	5	10	7 800	78 000 (7 800×10)	5%	35	43 225 (4 322.5×10)	34 775 (3 477.5×10)
	合计							18		27 600 000		196	6 969 205	20 630 795

（3）在【固定资产名称】栏录入【厂房】，单击【使用部门】，打开【固定资产】对话框，选择【多部门使用】。

（4）单击【确定】，打开【使用部门】对话框。单击【增加】，在第一行【使用部门】栏选择【一车间】，在【使用比例%】栏录入【50】。继续单击【增加】，在第二行【使用部门】栏选择【二车间】，在【使用比例%】栏录入【50】，如图 1-3-53 所示。然后单击【确定】，退出【使用部门】对话框。

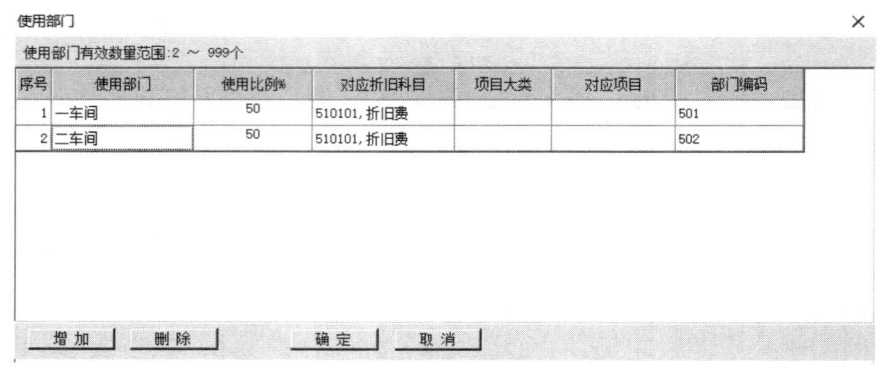

图 1-3-53　使用部门

（5）在固定资产卡片录入界面，单击【增加方式】，打开并选择【105 在建工程转入】，单击【确认】。

（6）单击【使用状况】，打开并选择【在用】，单击【确认】。在【开始使用日期】栏录入【2017-09-30】，在【原值】栏录入【5 400 000.00】，在【累计折旧】栏录入【388800.00】，将【净残值率】修改为【4%】，其他选项选择默认，如图 1-3-54 所示。

固定资产卡片

卡片编号　00001		日期　2020-01-15	
固定资产编号　011001	固定资产名称		厂房
类别编号　011	类别名称　生产经营用	资产组名称	
规格型号	使用部门		一车间/二车间
增加方式　在建工程转入	存放地点		
使用状况　在用	使用年限(月)　360	折旧方法　平均年限法(一)	
开始使用日期　2017-09-30	已计提月份　27	币种　人民币	
原值　5400000.00	净残值率　4%	净残值　216000.00	
累计折旧　388800.00	月折旧率　0.0027	本月计提折旧额　14580.00	
净值　5011200.00	对应折旧科目　(510101,折旧费)	项目	
增值税　0.00	价税合计　5400000.00		
录入人　蓝英		录入日期　2020-01-01	

图 1-3-54　固定资产卡片

（7）单击【保存】，系统提示【数据保存成功！】。

（8）单击【确认】，并以此方法继续录入 012001~022003 的固定资产卡片。

2）方法二：复制增加录入原始卡片

（1）在固定资产管理系统中，执行【固定资产】|【卡片】|【录入原始卡片】命令，打开【固定资产类别档案】窗口，如图 1-3-55 所示。

（2）选择【022 非生产经营用】的复选框，单击【确认】后进入【固定资产卡片[录入原始卡片：00008 号卡片]】窗口。

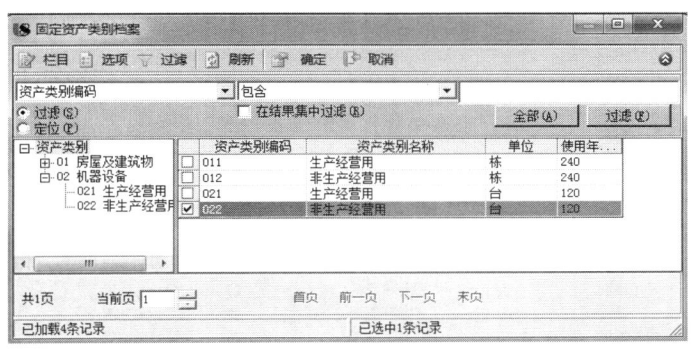

图 1-3-55 固定资产类别档案

（3）单击【放弃】，弹出【是否取消本次操作？】提示框，如图 1-3-56 所示，然后单击【是】。

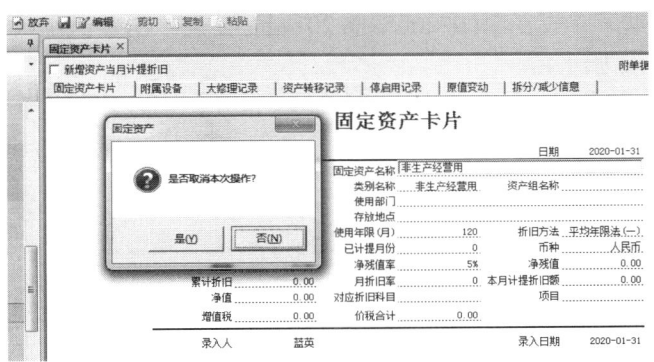

图 1-3-56 取消固定资产卡片增加

（4）在固定资产卡片录入界面，单击【复制】，在起始资产编号输入【022004】，终止资产编号输入【022004】卡片复制数量修改为【1】张，如图 1-3-57 所示。

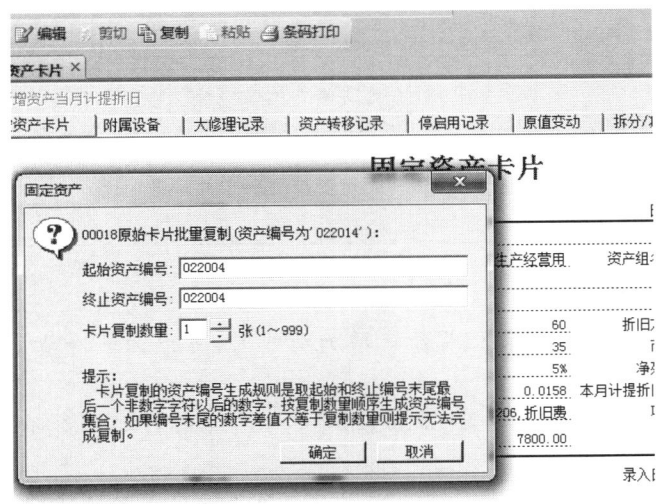

图 1-3-57 固定资产批量复制

（5）单击【确定】,自动生成一张编码为【022004】固定资产卡片,如下图 1-3-58 所示。

固定资产卡片

卡片编号	00008		日期	2020-01-31
固定资产编号	022004	固定资产名称		联想电脑
类别编号	022	类别名称	非生产经营用	资产组名称
规格型号		使用部门		销售部
增加方式	直接购入	存放地点		
使用状况	在用	使用年限(月)	60	折旧方法	平均年限法(一)
开始使用日期	2017-10-03	已计提月份	26	币种	人民币
原值	6000.00	净残值率	5%	净残值	300.00
累计折旧	2470.00	月折旧率	0.0158	本月计提折旧额	94.80
净值	3530.00	对应折旧科目	660106,折旧费	项目	
增值税	0.00	价税合计	6000.00		
录入人	蓝英		录入日期	2020-01-01

图 1-3-58 固定资产卡片

（6）以此方法继续完成复制【022005～022014】固定资产卡片的录入。

2. 查询已录入原始卡片

执行【固定资产】|【卡片】|【卡片管理】命令,打开【查询条件选择卡片管理】窗口,在【开始使用日期】栏中选择为空,单击【确认】,即可查询所有录入的原始卡片信息,如图 1-3-59 所示。

图 1-3-59 固定资产——卡片管理

🎯 **重难点提示**

（1）在执行原始卡片录入或资产增加功能时,可以为一个资产选择多个使用部门。

（2）当资产为多部门使用时,原值、累计折旧等数据可以在多部门之间按预先设置的比例进行分摊。

（3）单个资产对应多个使用部门时,卡片上的【对应折旧科目】处不能输入,默认为选择使用部门时设置的对应折旧科目。

业务六 固定资产期初对账

〖业务描述〗 执行固定资产模块和总账模块期初余额对账。

〖操作说明〗 【C201 蓝英】进行固定资产期初余额与总账模块期初余额对账。

〖操作指引〗

（1）在固定资产管理系统中，执行【固定资产】|【处理】|【对账】命令，打开【与账务对账结果】对话框，提示【结果：平衡】，如图 1-3-60 所示。

（2）单击【确认】，退出【与账务对账结果】提示框。

（3）在 D 盘下设置文件夹【666 账套备份\3.4】，将账套输出至【D:\666 账套备份\3.4】文件夹。

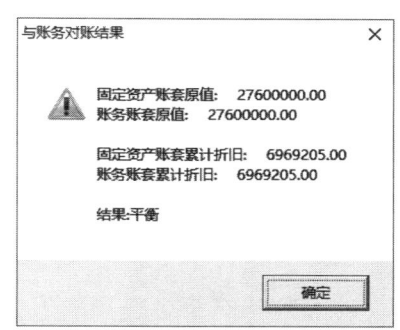

图 1-3-60 【与账务对账结果】提示框

 **重难点提示**

录入完成后，执行【固定资产】|【处理】|【对账】命令，验证固定资产系统中录入的固定资产明细资料是否与总账中的固定资产数据一致；如果不一致，需要检查总账中固定资产的原值和累计折旧的期初余额录入是否错误，确认总账期初余额准确无误；再检查录入固定资产原始卡片的原值和累计折旧是否错误，最终要保证固定资产系统【固定资产原值】和【累计折旧】与财务账套总账中【固定资产原值】和【累计折旧】的期初余额平衡。

操作视频

微课

薪酬管理期初设置

任务五 薪酬管理期初设置

业务一 参数设置

〖业务描述〗 按照表 1-3-32 所示的内容设置薪资管理系统的参数，并增加【在职人员工资】和【离职人员工资】的工资类别。

表 1-3-32 薪资管理参数设置表

控制参数	参数设置
参数设置	多个工资类别；不核算计件工资
扣税设置	从工资代扣个人所得税
扣零设置	不扣零
人员编码	与公共平台的人员编码一致

〖操作说明〗 【C201 蓝英】设置薪资管理系统参数，增加工资类别。

〖操作指引〗

1. 参数设置

（1）在企业应用平台，执行【业务工作】|【人力资源】|【薪资管理】命令，打开【建立工资套——参数设置】对话框。

（2）选择本账套所需处理的工资类别个数为【多个】，币种默认为【人民币 RMB】，如图 1-3-61 所示。

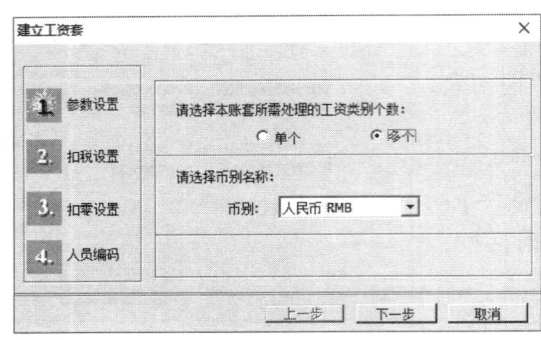

图 1-3-61 建立工资套——参数设置

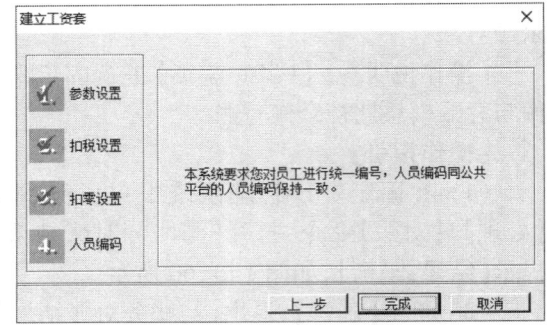

图 1-3-62 建立工资套——人员编码

（3）单击【下一步】，打开【建立工资套——扣税设置】对话框，选中【是否从工资中代扣个人所得税】。再单击【下一步】，打开【建立工资账套——扣零设置】对话框，取消【扣零设置】。

（4）单击【下一步】，打开【建立工资账套——人员编码】对话框，如图 1-3-62 所示。

（5）单击【完成】，完成建立工资账套的过程。

2. 增加工资类别

（1）执行【薪资管理】|【工资类别】|【新建工资类别】命令，弹出【新建工资类别】对话框，类别名称为【在职人员工资】，如图 1-3-63 所示。

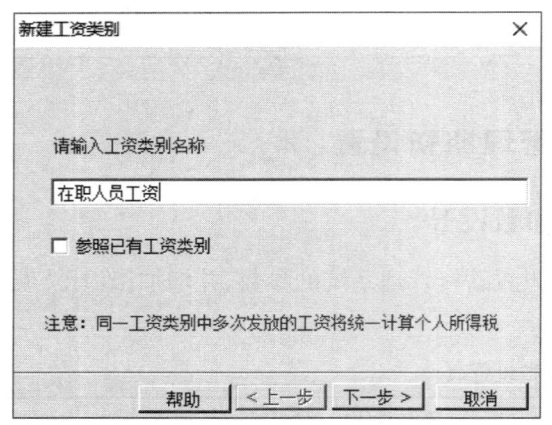

图 1-3-63 新建工资类别——类别名称

图 1-3-64 新建工资类别——选择部门

（2）单击【下一步】，选定所有部门，如图 1-3-64 所示。

（3）单击【完成】，弹出【是否以 2020-01-01 为当前工资类别的启用日期】提示框，单击【是】，该工资类别增加成功。

（4）回到企业应用平台执行【薪资管理】|【人员类别】|【关闭工资类别】命令，弹出【已关闭工资类别】提示框，点击【确定】。

（5）打开【新建工资类别】，在【类别名称】栏录入【离职人员工资】，勾选【参照已有工资类别】，如图 1-3-65 所示。

（6）单击【下一步】，在【选择工资类别】点击选择【（001）在职人员工资】，如图 1-3-66

所示。单击【下一步】,再单击【完成】,【离职人员工资】工资类别增加完成。

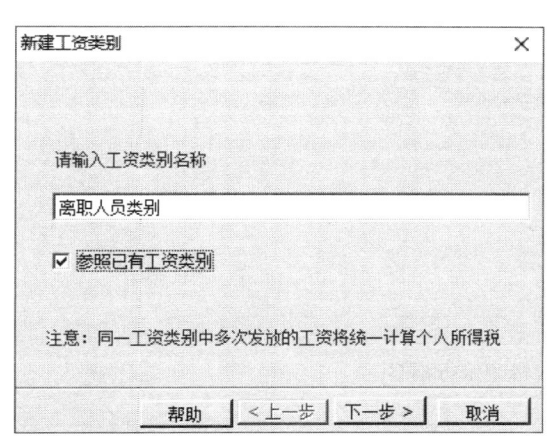

图 1-3-65　新建工资类别——类别名称　　　　图 1-3-66　新建工资类别——选择工资类别

重难点提示

（1）工资账套与企业核算账套是不同的概念,企业核算账套在系统管理中建立,是针对整个 ERP 管理系统而言的,而工资账套只针对用友 ERP 管理系统中的薪资管理子系统。

（2）如果单位按周或月多次发放薪资,或者是单位有多种不同类别（部门）的人员,工资发放项目不尽相同,计算公式也不相同,但需要进行统一核算管理,此时应选择【多个】工资类别。反之,如果单位中所有人员工资按统一标准进行管理,而且人员的工资项目、工资计算公式全部相同,则选择【单个】工资类别。

（3）选择代扣个人所得税后,系统将自动生成工资项目【代扣税】,并自动进行代扣税金的计算。

业务二　银行档案设置

〖**业务描述**〗　根据表 1-3-33 的资料,增加银行档案。

表 1-3-33　　　　　　　　　　　　银行档案

银行编码	01
银行名称	中国工商银行
账号长度	19 位
录入时自动带出的账号长度	15

〖**操作说明**〗　【C201 蓝英】增加银行档案。

〖**操作指引**〗

（1）在企业应用平台,执行【基础设置】|【基础档案】|【收付结算】|【银行档案】命令,选中【01 中国工商银行】信息,双击打开【修改银行档案】对话框。

（2）在【个人账户规则】处选中【定长】复选框,在【账号长度】栏录入【19】,在【自动带出账号长度】栏录入【15】,如图 1-3-67 所示。完成后,单击【保存】并退出。

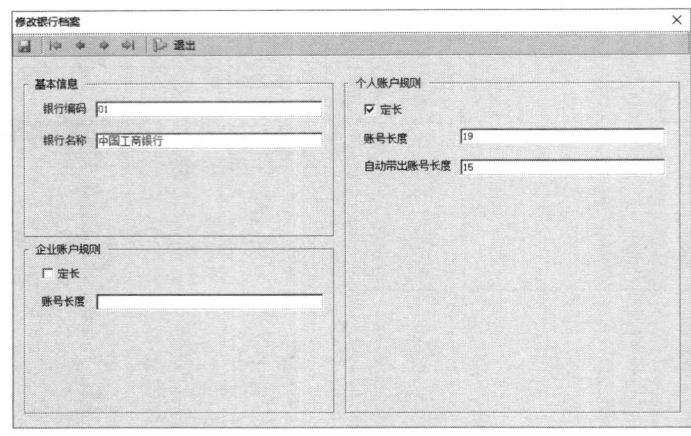

图 1-3-67　修改银行档案

🎯 **重难点提示**

（1）系统预置了 16 个银行名称,如果不能满足需要,可以在此基础上删除或增加新的银行名称。

（2）如果要修改账号长度,则必须按键盘上的回车键确认。

业务三　人员档案设置

〖业务描述〗　按照表 1-3-34 所示的内容,设置人员档案。

表 1-3-34　　　　　　　　　　人员档案信息表

编码	姓名	性别	行政部门	人员类别	银行名称	银行账号
101	张建国	男	行政人事部	企业管理人员	工商银行	6217003090004835001
201	蓝英	女	财务部	企业管理人员	工商银行	6217003090004835002
202	李嘉文	女	财务部	企业管理人员	工商银行	6217003090004835003
203	张华	女	财务部	企业管理人员	工商银行	6217003090004835004
203	韦宝宝	女	财务部	企业管理人员	工商银行	6217003090004835005
301	赵文星	男	采购部	采购人员	工商银行	6217003090004835006
302	王智	男	采购部	采购人员	工商银行	6217003090004835007
401	王涵	女	销售部	销售人员	工商银行	6217003090004835008
402	杨慧	女	销售部	销售人员	工商银行	6217003090004835009
501	秦昊	男	一车间	车间管理人员	工商银行	6217003090004835010
502	何家鸿	男	一车间	生产人员	工商银行	6217003090004835011
503	许志军	男	一车间	生产人员	工商银行	6217003090004835012
504	郑彦	男	二车间	车间管理人员	工商银行	6217003090004835013
505	沈伟	男	二车间	生产人员	工商银行	6217003090004835014
506	吕宏	男	二车间	生产人员	工商银行	6217003090004835015
601	陈玮	女	供应部	企业管理人员	工商银行	6217003090004835016

〖**操作说明**〗【C201 蓝英】增加人员档案。

〖**操作指引**〗

（1）在薪资管理系统,执行【薪资管理】| 【工资类别】|【打开工资类别】命令选择【在职人员工资】,如图 1-3-68 所示。

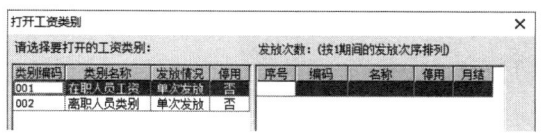

图 1-3-68 【打开工资类别】窗口

（2）单击【确定】,回到执行【薪资管理】|【设置】|【人员档案】命令,打开【人员档案】对话框。单击【批增】,打开【人员批量增加】对话框。

（3）在窗口左侧分别单击选中所有部门,单击【查询】,弹出人员列表,如图 1-3-69 所示,单击【全选】。

图 1-3-69 人员批量增加

（4）单击【确定】,返回【人员档案】窗口。选中【101 张建国】信息,双击打开【人员档案明细】对话框,在【基本信息】选项卡中,补充录入【银行名称】和【银行账号】信息,如图 1-3-70 所示。

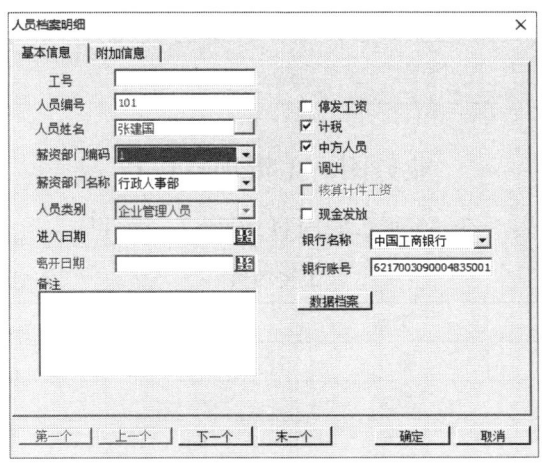

图 1-3-70 人员档案明细

（5）单击【确定】,系统弹出【写入该人员档案信息吗?】提示框。

(6) 单击【确定】,重复第(3)步和第(4)步,继续录入其他人员信息,录入结果如图 1-3-71 所示。

人员档案

总人数: 16

选择	薪资部门名称	人员编号	人员姓名	人员类别	账号	中方人员	是否计税
	行政人事部	101	张建国	企业管理人员	62170030900048350C	是	是
	财务部	201	蓝英	企业管理人员	62170030900048350C	是	是
	财务部	202	李嘉文	企业管理人员	62170030900048350C	是	是
	财务部	203	张华	企业管理人员	62170030900048350C	是	是
	财务部	204	韦宝宝	企业管理人员	62170030900048350C	是	是
	采购部	301	赵文星	采购人员	62170030900048350C	是	是
	采购部	302	王智	采购人员	62170030900048350C	是	是
	销售部	401	王函	销售人员	62170030900048350C	是	是
	销售部	402	杨慧	销售人员	62170030900048350C	是	是
	一车间	501	秦昊	车间管理人员	6217003090004835O1	是	是
	一车间	502	何家鸿	生产人员	6217003090004835O1	是	是
	一车间	503	许志军	生产人员	6217003090004835O1	是	是
	二车间	504	郑彦	车间管理人员	6217003090004835O1	是	是
	二车间	505	沈伟	生产人员	6217003090004835O1	是	是
	二车间	506	吕宏	生产人员	6217003090004835O1	是	是
	供应部	601	陈玮	企业管理人员	6217003090004835O1	是	是

图 1-3-71 人员档案(录入完成)

重难点提示

(1) 如果在银行名称设置中设置了【银行账号定长】,那么在输入人员档案的银行账号时,当输入了一个人员档案的银行账号后,再输入第二个人的银行账号时,系统就会自动带出已设置的银行账号定长的账号,只需要输入剩余的号码数字即可。

(2) 如果账号长度不符合要求,则不能被保存。在增加人员档案时,【停发】【调出】和【数据档案】不可选,在修改状态下才能编辑。

(3) 在人员档案对话框中,可以单击【数据档案】,录入薪资数据。如果个别人员档案需要修改,在人员档案对话框中可以直接修改。如果一批人员的某个薪资项目同时需要修改,可以利用数据替换功能,将符合人员条件的某个薪资项目的内容统一替换某个数据。若替换的薪资项目已设置了计算公式,则在重新计算时以计算公式为准。

业务四 工资项目设置

〖业务描述〗 按照表 1-3-35 所示的内容,设置工资项目。

表 1-3-35   工资项目

工资项目名称	类型	长度	小数	增减值
基本工资	数字	8	2	增项
奖金	数字	8	2	增项
交补	数字	8	2	增项
岗位工资	数字	8	2	增项
物价补贴	数字	8	2	增项
扣个人社保费	数字	8	2	减项

（续表）

工资项目名称	类型	长度	小数	增减值
扣个人水电费	数字	8	2	减项
扣个人住房公积金	数字	8	2	减项
缺勤扣款	数字	8	2	增项
缺勤天数	数字	8	2	其他
请假扣款	数字	8	2	增项
请假天数	数字	8	2	其他
加班工资	数字	8	2	增项
计税工资基数	数字	8	2	其他
"五险一金"计提基数	数字	8	2	其他
工资分配基数	数字	8	2	其他
平时加班时数	数字	8	2	其他
周末加班天数	数字	8	2	其他
节假日加班天数	数字	8	2	其他
子女教育经费	数字	8	2	其他
赡养老人经费	数字	8	2	其他
租房租金或购房贷款利息	数字	8	2	其他

〖操作说明〗　【C201 蓝英】设置工资项目。

〖操作指引〗

（1）打开企业应用平台,执行【薪资管理】|【人员类别】|【关闭工资类别】命令,回到薪资管理系统,执行【薪资管理】|【设置】|【工资项目设置】命令,打开【工资项目设置】对话框。

（2）单击【增加】,从【名称参照】选择【基本工资】,默认类型为【数字】,小数位为【2】,增减项改为【增项】。以此方法继续增加其他工资项目,操作结果如图 1-3-72 所示。

（3）单击【确定】,退出【工资项目设置】对话框。

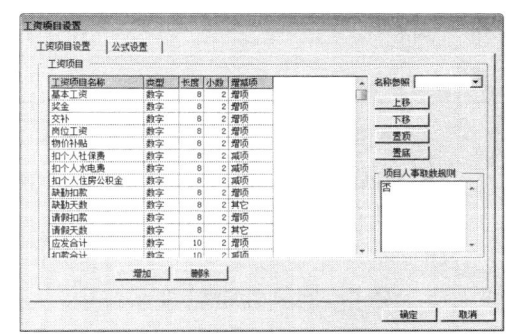

图 1-3-72　工资项目设置（录入完成）

🎯 **重难点提示**

（1）设置工资项目就是定义工资项目的名称、类型、宽度。

（2）薪资管理系统提供了一些固定项目,包括【应发合计】【扣款合计】【实发合计】工资项目。在建立工资账套时,如果选择了扣零处理,则会增加【本月扣零】和【上月扣零】两个工资项目;如果选择了扣税处理,则会增加【代扣税】工资项目;如果选择核算计件工资。则会增加【计件工资】工资项目,这些也都是属于固定项目,不能修改或删除。

（3）对于【名称参照】下拉列表中没有的项目可以直接输入,或者从【名称参照】中选择一个类似的项目后再进行修改。其他项目可以根据需要修改。

（4）此处所设置的工资项目是针对所有工资类别所需要使用的全部工资项目。

（5）系统提供的固定工资项目不能修改、删除。

业务五 薪资管理系统公式设置

〖业务描述〗 按照表 1-3-36 所示的内容,设置在职员工工资薪资公式。

表 1-3-36   薪资计算公式

薪资项目	计算公式
岗位工资	企业管理人员、车间管理人员 2 000 元每月,采购人员 1 000 元每月,销售人员 1 200 元每月;生产人员 800 元每月
交补	企业管理人员、车间管理人员 800 元每月,采购人员、销售人员 500 元每月;生产人员 300 元每月
缺勤扣款	(基本工资÷22)×缺勤天数
请假扣款	如果请假天数≤5 天,请假扣款=(基本工资÷22)×请假天数×50% 如果请假天数>5 天,请假扣款=(基本工资÷22)×请假天数
加班工资	平时加班时数×(基本工资÷22÷8)×1.5+周末加班天数×(基本工资÷22)×2+节假日加班天数×(基本工资÷22)×3
"五险一金"计提基数	基本工资+岗位工资
应发合计	基本工资+奖金+交补+岗位工资+物价补贴+加班工资-缺勤扣款-请假扣款
计税工资基数	应发合计-扣个人社保费-扣个人住房公积金-子女教育经费-赡养老人经费-租房租金或购房贷款利息
扣个人社保费	五险一金计提基数×(8%+2%+0.2%)
扣个人住房公积金	五险一金计提基数×12%

〖操作说明〗 【C201 蓝英】设置薪资计算公式。

〖操作指引〗

1.【岗位工资】公式设置

(1)打开企业应用平台,执行【薪资管理】|【人员类别】|【打开工资类别】命令,选择【在职人员工资】。回到薪资管理系统中,执行【薪资管理】|【设置】|【工资项目设置】命令,打开【工资项目设置】对话框,如图 1-3-73 所示。

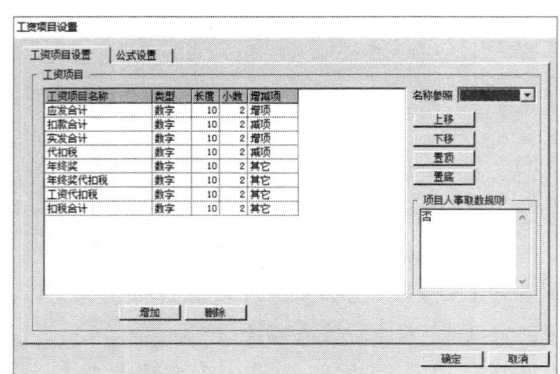

图 1-3-73 工资项目设置   图 1-3-74 工资项目设置(操作完成)

(2)单击【增加】,从【名称参照】的下拉列表中选择所需的工资项目,操作结果如图 1-3-74 所示。

（3）选择【公式设置】选项卡，单击【增加】，从下拉列表框中选择【岗位工资】。单击【函数公式向导输入…】，打开【函数向导——步骤之1】对话框。单击选中【函数名】列表中的【iff】函数，如图1-3-75所示。

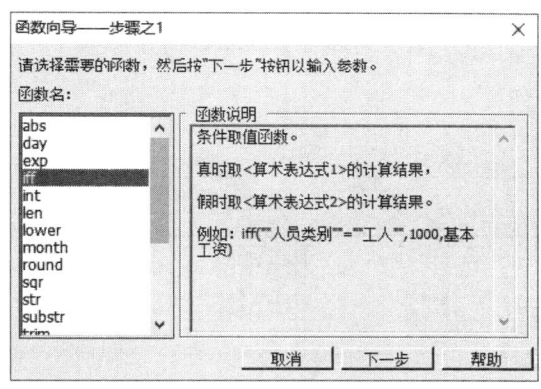

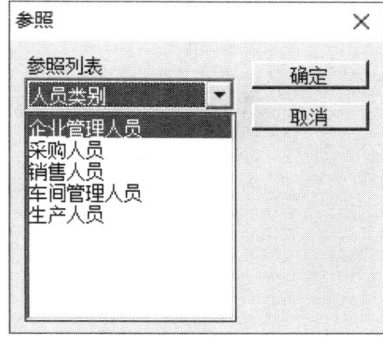

图1-3-75　函数向导——步骤之1　　　　　　图1-3-76　参照

（4）单击【下一步】，打开【函数向导——步骤之2】对话框。

（5）单击【逻辑表达式】栏右侧的【参照】，打开【参照】对话框。单击【参照列表】栏的下拉三角，选择【人员类别】，再单击选中【企业管理人员】，如图1-3-76所示。

（6）单击【确定】，返回【函数向导——步骤之2】对话框。在生成的逻辑表达式后面输入【or】，注意前后必须空格。单击选择【人员类别】，再单击选中【车间管理人员】，如图1-3-77所示。

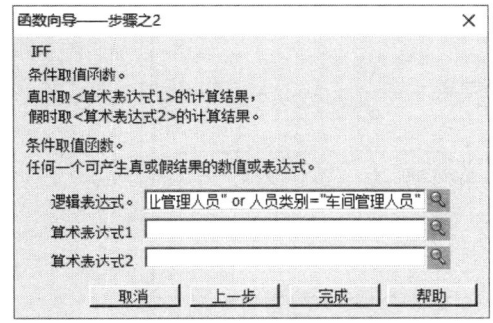

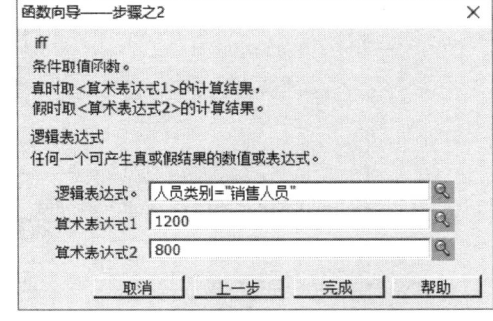

图1-3-77　函数向导——步骤之2（一）　　　　图1-3-78　函数向导——步骤之2（二）

（7）在【算术表达式1】文本框中录入【2 000】，单击【完成】，返回【工资项目设置公式设置】对话框。将光标移至【iff】函数的第三个参数设置，继续单击【函数公式向导输入…】。

（8）单击选中【函数名】列表中的【iff】函数，单击【下一步】，打开【函数向导——步骤之2】对话框。单击【逻辑表达式】栏右侧的参照，打开【参照】对话框。

（9）单击【参照列表】栏的下拉三角，选择【人员类别】，再单击选中【采购人员】，在【算术表达式1】文本框中录入【1 000】。将光标移至【iff】函数的第三个参数设置，继续单击【函数公式向导输入…】。

（10）继续单击【参照】，选择【人员类别】为【销售人员】。在【算术表达式1】文本框中录入【1 200】，在【算术表达式2】文本框中输入【800】，如图1-3-78所示。

（11）单击【完成】，返回公式设置界面，如图 1-3-79 所示，单击【公式确认】。

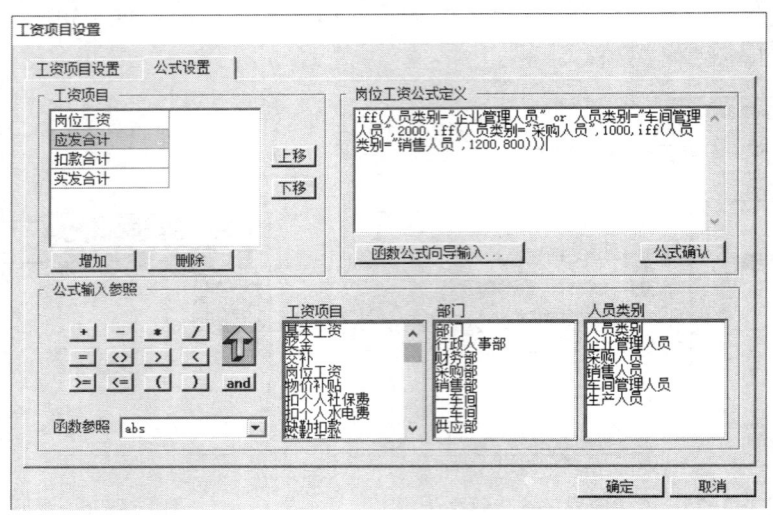

图 1-3-79　工资项目设置——公式设置(岗位工资)

（12）【交补】公式参照以上步骤，操作结果如图 1-3-80 所示。

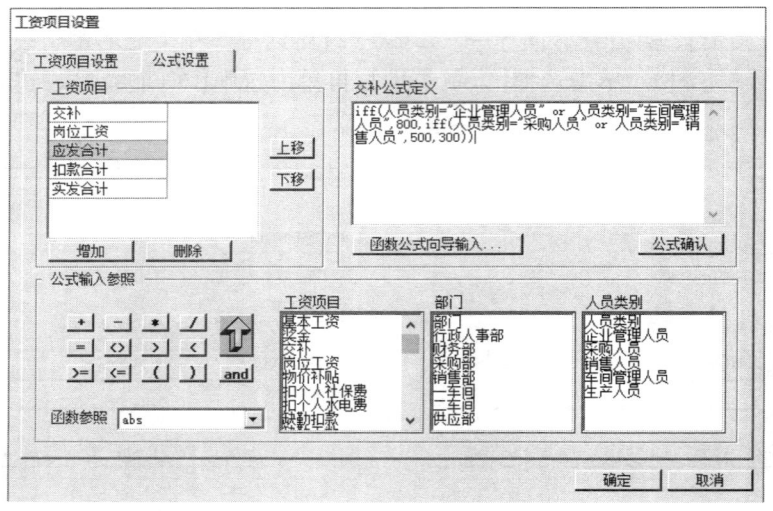

图 1-3-80　工资项目设置——公式设置(交补)

2. 【请假扣款】公式设置

（1）继续单击【增加】，从下拉列框中选择【请假扣款】。

（2）在左下方【函数参照】栏选中【iff】函数，将【iff】函数的第一个参数设置为【请假天数<=5】，第二个参数设置为【(基本工资/22)＊请假天数＊0.5】，第三个参数设置为【(基本工资/22)＊请假天数】，如图 1-3-81 所示，单击【公式确认】。

（3）【加班工资】公式参照以上步骤，操作结果如图 1-3-82 所示。

3. 【五险一金计提基数】公式设置

（1）上述操作完成后，继续单击【增加】，选择【五险一金计提基数】。

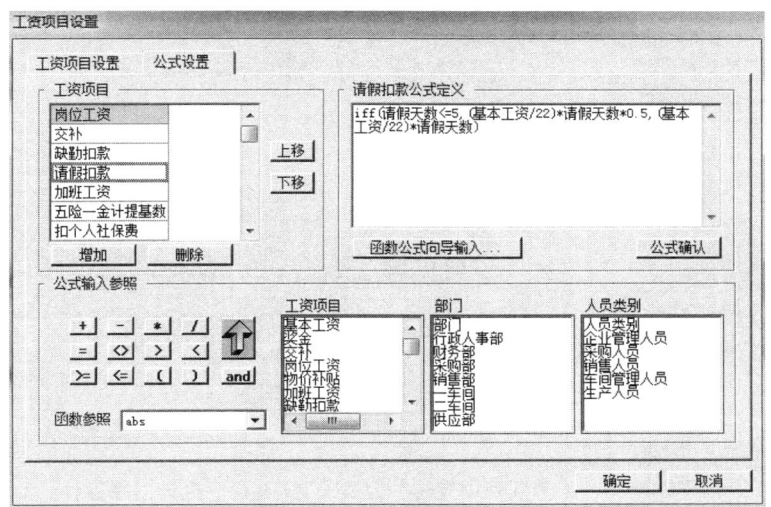

图 1-3-81　工资项目设置——公式设置（请假扣款）

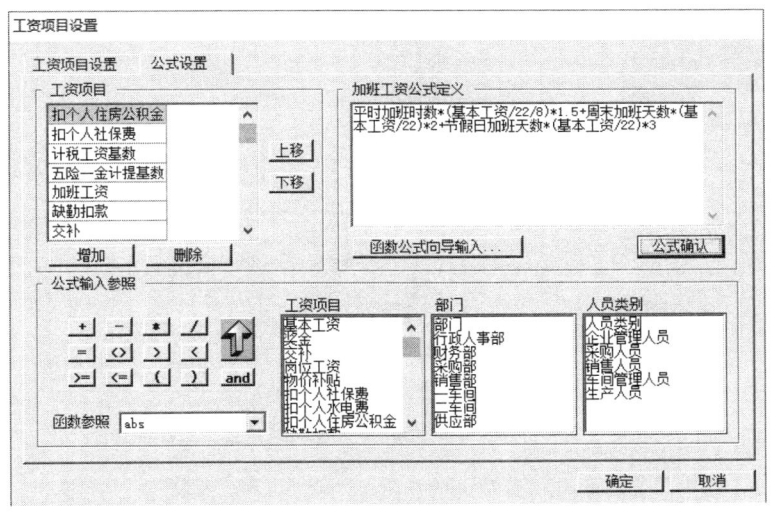

图 1-3-82　工资项目设置——公式设置（加班工资）

（2）在【公式定义】处直接输入【基本工资+岗位工资】，如图 1-3-83 所示，单击【公式确认】。

（3）【应发合计】公式参照以上步骤，操作结果如图 1-3-84 所示。

4.【计税工资基数】公式设置

（1）上述操作完成后，继续单击【增加】，从下拉列表中选择【计税工资】。

（2）在【公式定义】处直接输入【应发合计-扣个人社保费-扣个人住房公积金-子女教育经费-赡养老人经费-租房租金或购房贷款利息】，如图 1-3-85 所示。

（3）单击【公式确认】，再单击【确定】退出。以此类推，增加扣个人社保费和扣个人住房公积金的公式设置，分别如图 1-3-86、图 1-3-87 所示。

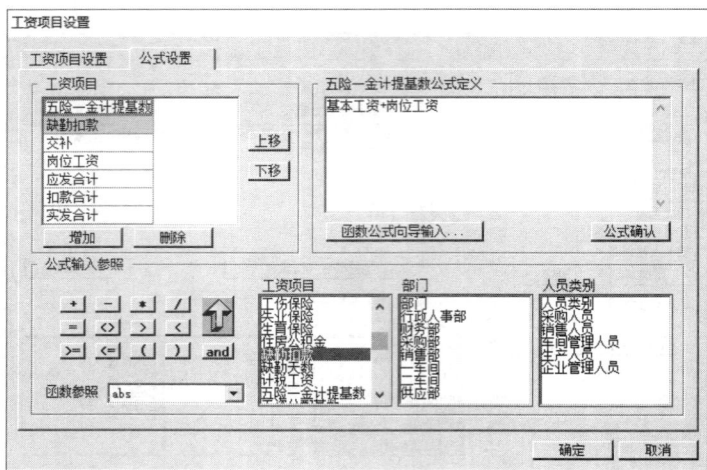

图 1-3-83　工资项目设置——公式设置(五险一金计提基数)

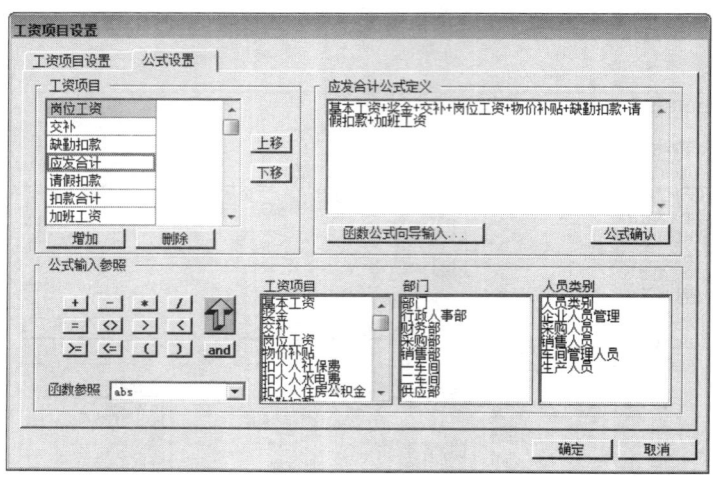

图 1-3-84　工资项目设置——公式设置(应发合计)

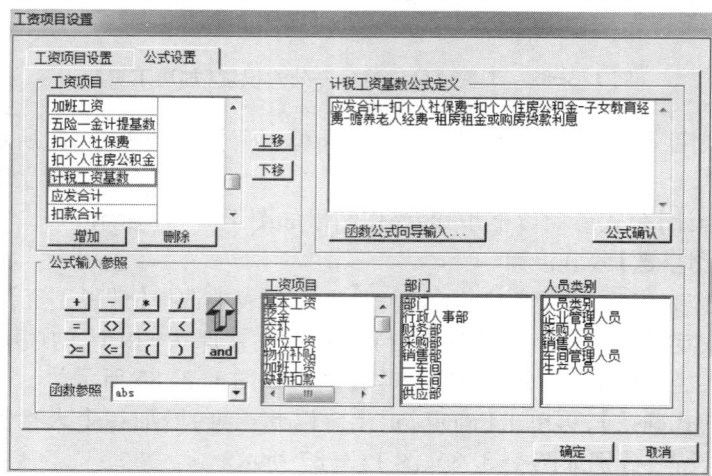

图 1-3-85　工资项目设置——公式设置(计税工资基数)

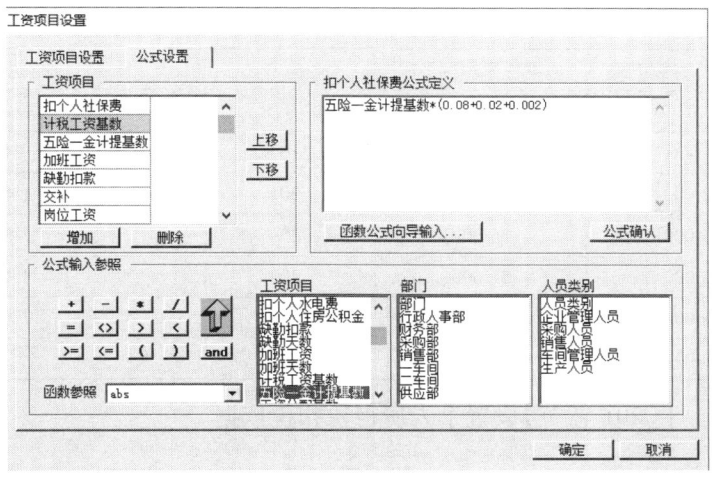

图 1-3-86 工资项目设置——公式设置(扣个人社保费)

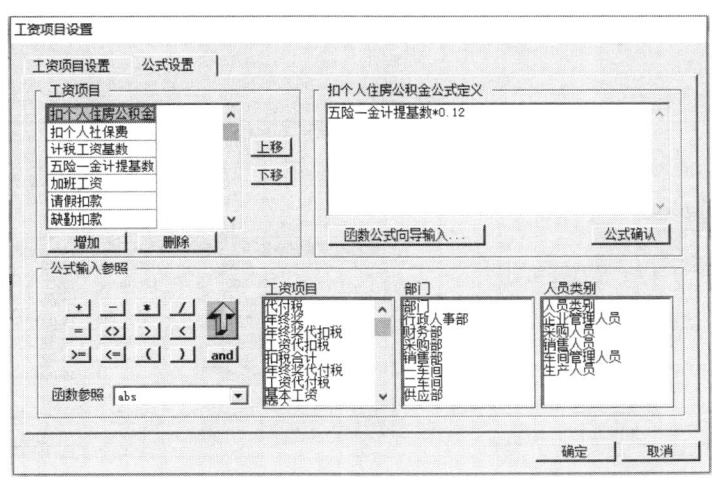

图 1-3-87 工资项目设置——公式设置(扣个人住房公积金)

🎯 重难点提示

（1）在定义公式时，可以使用函数公式向导输入、函数参数输入、工资项目参照、部门参数和人员类别参照编辑输入工资项目的计算公式。其中，函数公式向导只支持系统提供的函数。工资中没有的项目不允许在公式中出现。

（2）公式中可以引用已设置公式的项目，相同的工资项目可以重复定义公式、多次计算，以最后的运行结果为准。

业务六 扣税依据设置

〖业务描述〗 将【个人所得税】的扣税依据修改为【计税工资基数】，并按表 1-3-37 所示内容，修改扣税基数和税率。

表 1-3-37   个人所得税税率表

级数	应纳税所得额下限	应纳税所得额上限	税率(%)	速算扣除数
1	0	3 000	3	0
2	3 000	12 000	10	210
3	12 000	25 000	20	1 410
4	25 000	35 000	25	2 660
5	35 000	55 000	30	4 410
6	55 000	80 000	35	7 160
7	80 000	80 000 以上	45	15 160

〖操作说明〗 【C201 蓝英】设置个人所得税扣税依据。

〖操作指引〗

(1)在薪资管理系统,执行【薪资管理】|【设置】|【选项】命令,打开【选项】窗。

(2)选择【扣税设置】选项卡,单击【编辑】,将个人所得税申报表中的【收入合计】项所对应的工资项目默认的【实发工资】修改为【计税工资基数】,如图 1-3-88 所示,单击【税率设置】。

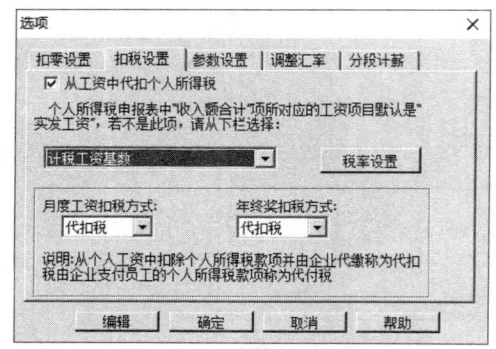

图 1-3-88 薪资管理选项

图 1-3-89 个人所得税申报表——税率表

(3)进入【个人所得税申报表——税率表】对话框,修改【基数】为【5 000】,修改【附加费用】为【0】,并在计算公式中按以上扣税表信息对软件原来的税率表进行修改,点击【确定】,完成税率设置工作,如图 1-3-89。

(4)在 D 盘下设置文件夹【666 账套备份\3.5】,将账套输出至【D:\666 账套备份\3.5】文件夹。

模块二
企业日常业务处理

项目一 总账管理系统业务处理

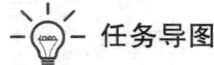 任务导图

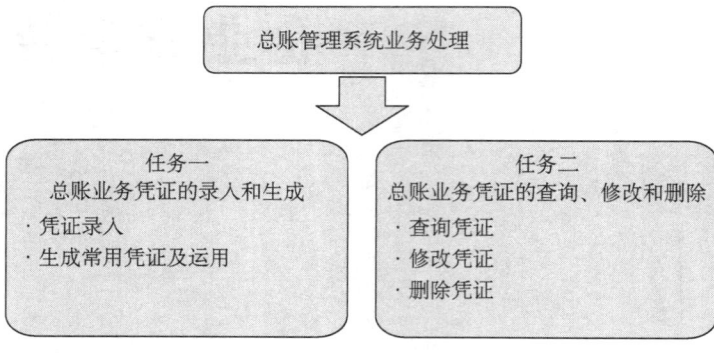

本任务相关链接 用友在线学习网:http://learning.ufida.com.cn/

任务一 总账业务凭证的录入和生成

业务一 凭证录入

总账业务凭
证的录入和
生成

【业务描述】 2020 年 1 月,珠海市美满机械有限公司发生如下 16 笔经济业务:

(1) 1 月 1 日,公司提取现金备用,原始单据如图 2-1-1 所示。

(2) 1 月 5 日,行政人事部职工张华报销业务招待费,原始单据如图 2-1-2 所示。

(3) 1 月 6 日,材料入库,发现损耗 5 吨,经查是畅通有限责任公司的责任,原始单据如图 2-1-3 所示。

(4) 1 月 8 日,公司接受无形资产投资,原始单据如图 2-1-4 所示。

(5) 1 月 13 日,公司缴纳上月增值税及附加税,原始单据如图 2-1-5、图 2-1-6 所示。

(6) 1 月 13 日,公司缴纳上月工会经费,原始单据如图 2-1-7 所示。

(7) 1 月 15 日,公司缴纳上月个人所得税,原始单据如图 2-1-8 所示。

(8) 1 月 15 日,公司通过银行代发 12 月份工资,相关资料如图 2-1-9 所示。

(9) 1 月 16 日,公司缴纳本月社保金,原始单据如图 2-1-10 所示。

图 2-1-1 提现备用转账
支票存根

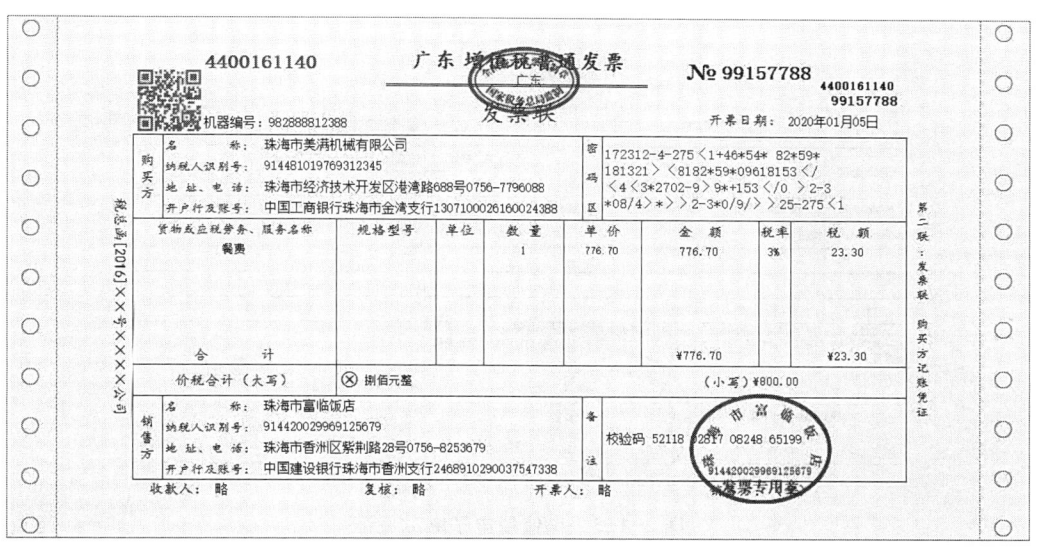

图 2-1-2　报销业务餐费发票联

材料损耗报告单

2020年01月08日

材料名称	单位	损耗数量	含税单价	金额	损耗原因	处理意见
渗碳钢	吨	5	5454.90	27274.50	运输公司失职	运费不予追偿，运费部门承担增值税。
合计		5		27274.50		

审批：蓝英　财务：李嘉文　　财务主管：蓝英　　保管：陈玮　　制单：陈玮

图 2-1-3　材料损耗报告单

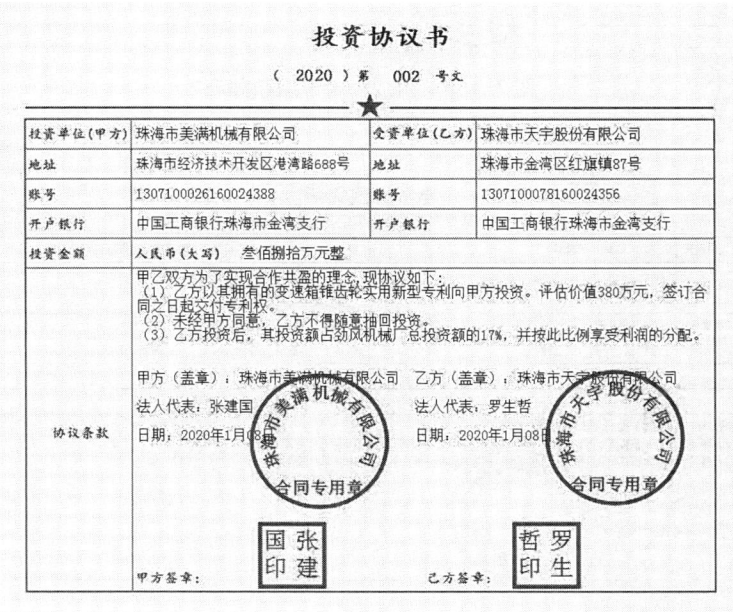

图 2-1-4　投资协议书

图 2-1-5　增值税电子缴款凭证

图 2-1-6　附加税电子缴款凭证

图 2-1-7　工会经费电子缴款凭证

图 2-1-8　个人所得税电子缴款凭证

2019 年 12 月职工工资合计表			
应付工资	代扣个人社保费	扣个税	实发工资
162400.00	17846.40	40.60	144513.00

图 2-1-9　工资合计表

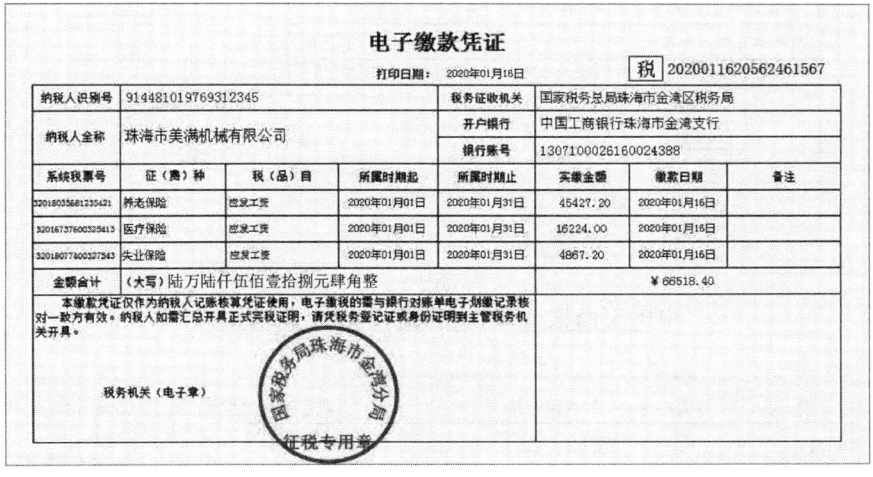

图 2-1-10　社保电子缴款凭证

（10）1 月 20 日,公司使用现金支付培训费,原始单据如图 2-1-11 所示。

（11）1 月 22 日,采购部王智向公司借款,原始单据如图 2-1-12 所示。

（12）1 月 25 日,公司支付银行借款利息,原始单据如图 2-1-13 所示。

（13）1 月 25 日,以转账支票支付销售运输费,原始单据如图 2-1-14 所示。

（14）1 月 25 日,公司收到采购货物的丢失赔偿款,原始单据如图 2-1-15 所示。

（15）1 月 30 日,公司取得电费发票,分配并用转账支票支付外购电费,原始单据如图 2-1-16、图 2-1-17 所示。

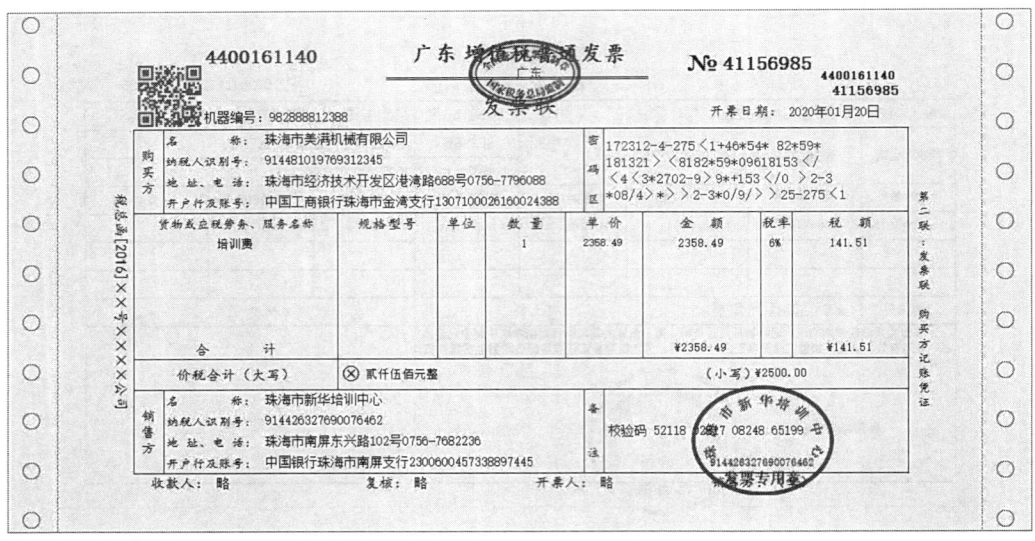

图 2-1-11　支付培训费发票

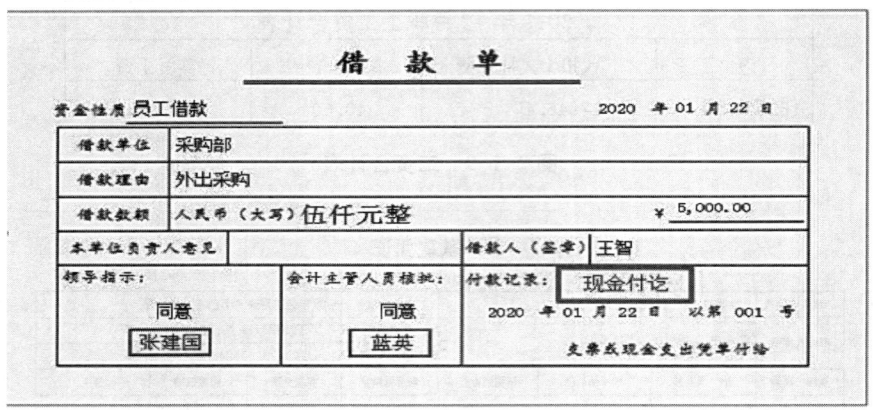

图 2-1-12　借款单

图 2-1-13　计收利息清单

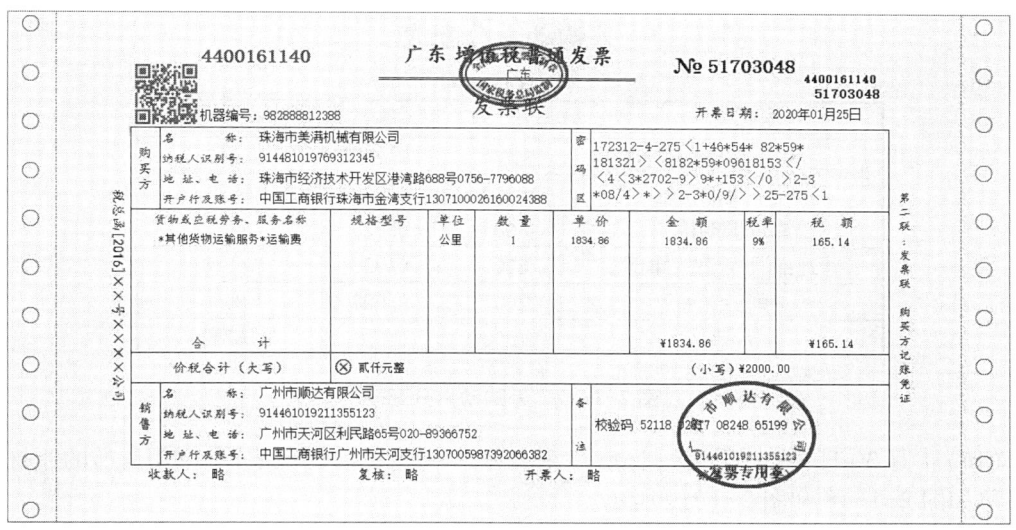

图 2-1-14　支付运费发票

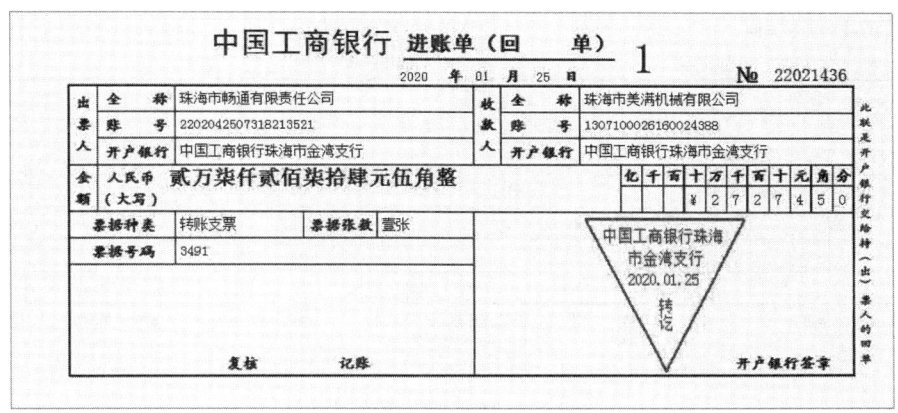

图 2-1-15　银行进账单(回单)

图 2-1-16　支付电费发票

外购动力分配表

2020年1月30日

受益部门		耗用量（度）	分配率	分配金额（元）
生产产品用	变速箱锥齿轮	6000	0.928	5568
	传动齿轮	10000	0.928	9280
车间照明用		500	0.928	464
管理部门-行政人事部		800	0.928	742.4
销售部门		200	0.928	185.6
合计		17500		16240

图 2-1-17 外购动力分配表

（16）1 月 30 日,按本月生产计划,一车间和二车间为生产产品分别领用所需的原材料,领料单如图 2-1-18 和图 2-1-19 所示。

领 料 单

领料部门：一车间
用　途：生产变速箱齿轮　　　　2020 年 01 月 30 日　　　　编号：176

材料编号	材料名称	规格	计量单位	数量 请领	数量 实发	成本 单价	成本 金额
01002	渗碳钢		吨	50	50	4,941.00	247,050.00
01004	耐磨润滑油		升	200	200	15.00	3,000.00
合　计				250	250		250,050.00

主管：蓝英　　记账：李嘉文　　仓管主管：略　　领料：沈伟　　发料：陈玮

图 2-1-18 领料单(一)

领 料 单

领料部门：二车间
用　途：生产传动齿轮　　　　2020 年 01 月 30 日　　　　编号：177

材料编号	材料名称	规格	计量单位	数量 请领	数量 实发	成本 单价	成本 金额
01003	调质钢		吨	20	20	4,590.00	91,800.00
01004	耐磨润滑油		升	80	80	15.00	1,200.00
合　计				100	100		93,000.00

主管：蓝英　　记账：李嘉文　　仓管主管：略　　领料：沈伟　　发料：陈玮

图 2-1-19 领料单(二)

〖操作说明〗【C202 李嘉文】根据公司以上经济业务填制记账凭证。

〖操作指引〗

1. 填制第一笔业务的记账凭证(有结算方式处理业务)

(1) 以【C202 李嘉文】用户身份登录企业应用平台,单击【注册】,选择登录账套【666 珠海市美满机械有限公司】,日期为【2020 年 1 月 31 日】进入企业应用平台(系统日期同步调整为 2020 年 1 月 31 日)。

(2) 在【业务工作】选项中,执行【总账】|【凭证】|【填制凭证】,打开【填制凭证】窗口,如图 2-1-20 所示。

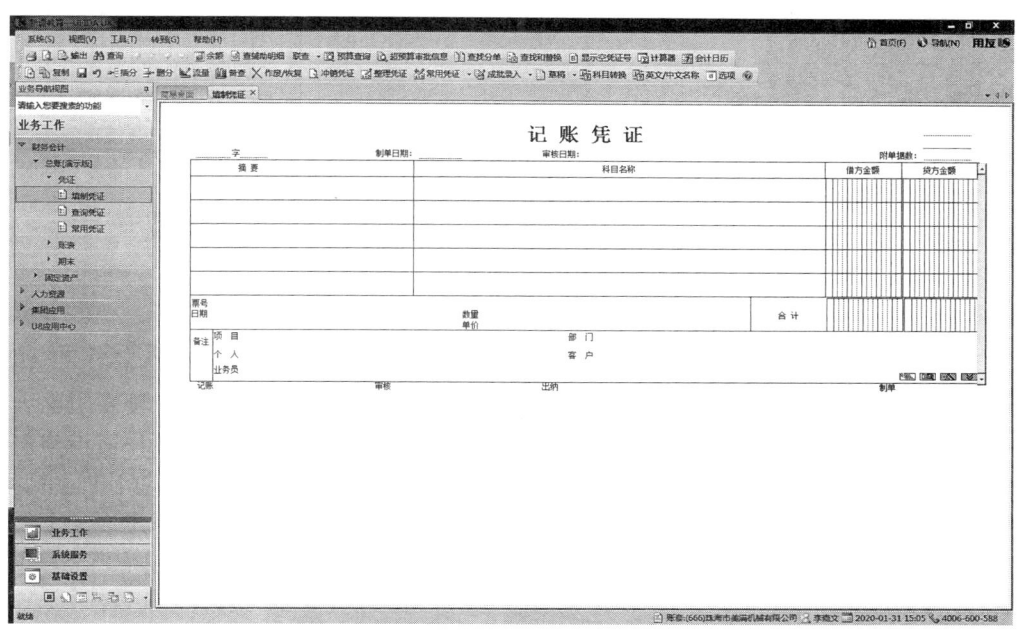

图 2-1-20　填制凭证

(3) 单击【增加】或者按【F5】键,修改凭证日期为【2020.01.01】。

(4) 在【摘要】栏录入【提现备用】,按回车键,或者用鼠标单击【科目名称】栏。再单击【科目名称】栏的参照(或按【F2】键),选择【资产】类科目【1001 库存现金】,或者直接在科目名称栏输入【1001】。按回车键,或者用鼠标单击【借方余额】栏,录入借方金额【5 000】。

(5) 按回车键自动复制上一行的摘要,再按回车键到第二列,或用鼠标单击第二列【科目名称】栏,单击参照(或按【F2】键),选择【资产】类科目【100201 工商银行金湾支行】,或者直接在科目名称栏输入【100201】。

(6) 按回车键,弹出【辅助项】对话框,在【结算方式】栏录入【201】或用鼠标单击参照选择【201 现金支票】,【票号】栏录入【20111235】,结果如图 2-1-21 所示。

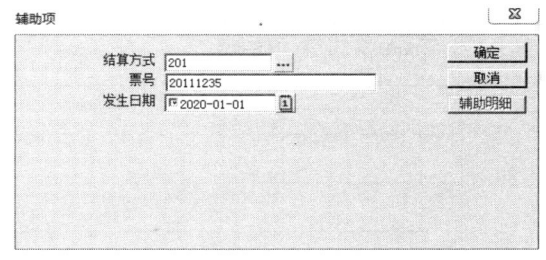

图 2-1-21　辅助项

(7) 单击【确定】,操作结果如图 2-1-22 所示。

(8) 单击【保存】,系统弹出【凭证已成功保存!】提示框,单击【确认】返回。

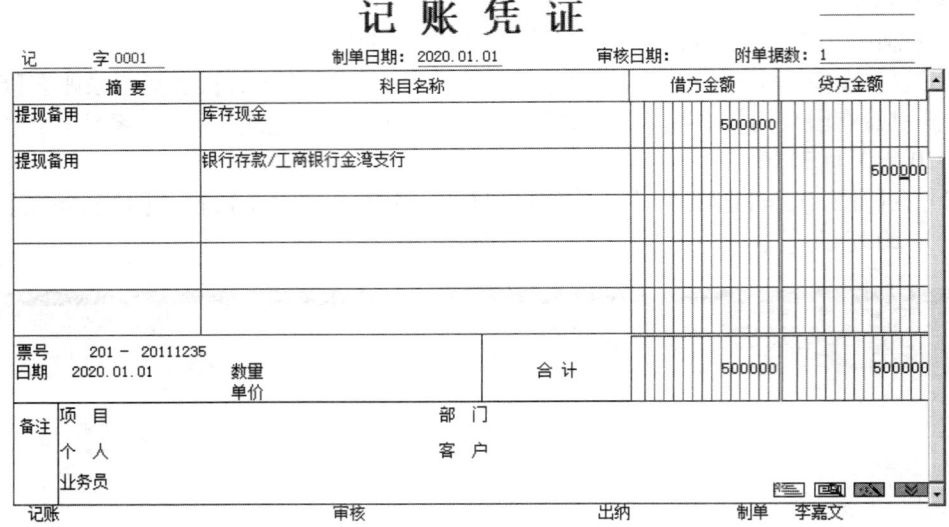

图 2-1-22　记字 0001 号凭证

2. 填制第二笔业务的记账凭证(有部门核算业务处理)

（1）单击【增加】或者按【F5】键，修改凭证日期为【2020.01.05】。

（2）在摘要栏录入【张华报销业务招待费】，按回车键，或用鼠标单击【科目名称】栏，单击【科目名称】栏，选择损益类科目【660205 管理费用/业务招待费】，或者直接在【科目名称】栏输入【660205】，弹出【辅助项】对话框，选中【行政人事部】，单击【确认】返回。

（3）按回车键，或用鼠标单击【借方余额】栏，录入借方余额【800】。

（4）按回车键自动复制上一行的摘要，再按回车键，或用鼠标单击【科目名称】栏，单击【科目名称】栏，选择【资产】类科目【1001 库存现金】，或者直接在科目名称栏输入【1001】按回车键，鼠标单击【贷方金额】栏，录入贷方金额【800】，或直接按【＝】键，录入【附单据数】为【2】张，操作结果如图 2-1-23 所示。

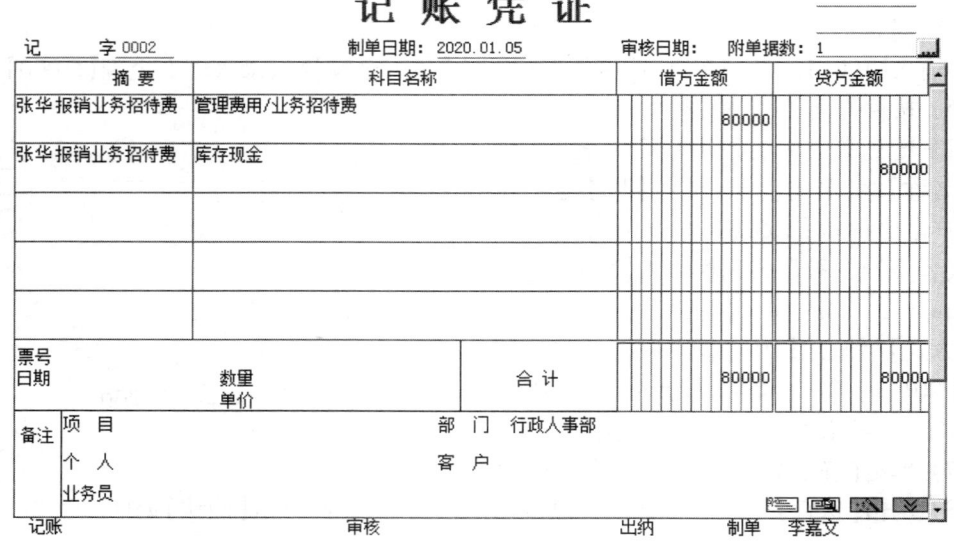

图 2-1-23　记字 0002 号凭证

（5）单击【保存】，系统弹出【凭证已成功保存！】提示框，单击【确认】返回。

3. 填制第三笔业务的记账凭证（有数量核算业务处理）

（1）单击【增加】或者按【F5】键，修改凭证日期为【2020.01.06】

（2）在【摘要】栏录入【畅通有限责任公司原因，购入材料损耗 5 吨】，按回车键，或用鼠标单击【科目名称】栏，单击【科目名称栏】的参照（或按【F2】键），选择【资产】类科目【122105 畅通有限责任公司】，或者直接在【科目名称】栏输入【122105】。

（3）按回车键，或用鼠标单击【借方金额】栏，录入借方金额【27 274.50】。

（4）按回车键自动复制上一行的摘要，再按回车键，或用鼠标单击【科目名称】栏，单击【科目名称】栏的参照（或按【F2】键），选择【资产】类科目【140302 渗碳钢】，或者直接在科目名称栏输入【140302】。

（5）按回车键，弹出【辅助项】对话框，录入数量【5】，单价【4 702.50】，点确定退回，【原材料】科目金额自动算出【23 512.50】。

（6）按回车键自动复制上一行的摘要，再按回车键，或用鼠标单击【科目名称】栏，单击【科目名称】栏的参照（或按【F2】键），选择【负债】类科目为【22210103 应交税金/应交增值税/进项税额转出】，或者直接在【科目名称】栏输入【22210103】，按回车键，鼠标单击【贷方金额】栏，录入贷方金额【3 762.00】，或直接按【＝】键，操作结果如图 2-1-24 所示。

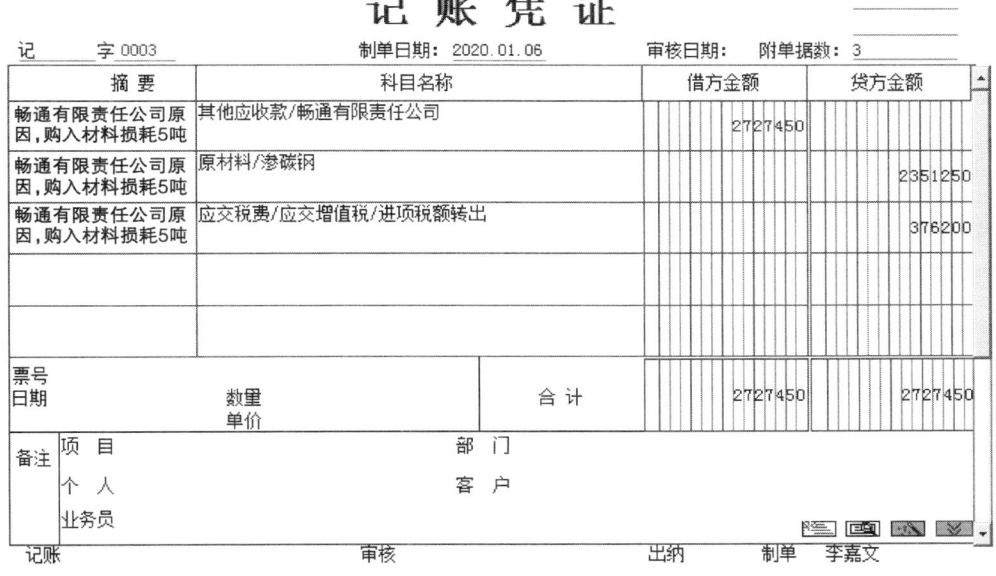

图 2-1-24　记字 0003 号凭证

（7）单击【保存】，系统弹出【凭证已成功保存！】提示框，单击【确认】返回。

4. 填制第四笔至第十五笔业务的记账凭证

根据上述方法填制第四笔至第十五笔业务的记账凭证，记账凭证如图 2-1-25 至图 2-1-36 所示。

记 账 凭 证

记　　字 0004　　　　　制单日期：2020.01.08　　　　审核日期：　附单据数：2

摘 要	科目名称	借方金额	贷方金额
接受无形资产投资	无形资产	380000000	
接受无形资产投资	实收资本/珠海市天宇股份有限公司		380000000
票号 日期	数量 单价　　　　　合 计	380000000	380000000

备注　项　目　　　　　　　部　门
　　　个　人　　　　　　　客　户
　　　业务员

记账　　　　　审核　　　　　出纳　　制单 李嘉文

图 2-1-25　记字 0004 号凭证

记 账 凭 证

记　　字 0005　　　　　制单日期：2020.01.13　　　　审核日期：　附单据数：2

摘 要	科目名称	借方金额	贷方金额
缴纳上月增值税及附加税	应交税费/未交增值税	18700000	
缴纳上月增值税及附加税	应交税费/应交城建税	1309000	
缴纳上月增值税及附加税	应交税费/应交教育费附加	561000	
缴纳上月增值税及附加税	应交税费/应交地方教育费附加	374000	
缴纳上月增值税及附加税	银行存款/工商银行金湾支行		20944000
票号 4 - 000324459 日期 2020.01.13	数量 单价　　　合 计	20944000	20944000

备注　项　目　　　　　　　部　门
　　　个　人　　　　　　　客　户
　　　业务员

记账　　　　　审核　　　　　出纳　　制单 李嘉文

图 2-1-26　记字 0005 号凭证

记 账 凭 证

记　　字 0006　　　　　　　　制单日期：2020.01.13　　　　审核日期：　　附单据数：1

摘　要	科目名称	借方金额	贷方金额
缴纳上月工会经费	应付职工薪酬/工会经费	324800	
缴纳上月工会经费	银行存款/工商银行金湾支行		324800

票号　4 － 000324460
日期　2020.01.13　　数量　　　　　　　合　计　　　　324800　　　324800
　　　　　　　　　　单价

备注　项　目　　　　　　　　部　门
　　　个　人　　　　　　　　客　户
　　　业务员

记账　　　　　　　审核　　　　　　　出纳　　　制单　李嘉文

图 2-1-27　记字 0006 号凭证

记 账 凭 证

记　　字 0007　　　　　　　　制单日期：2020.01.15　　　　审核日期：　　附单据数：1

摘　要	科目名称	借方金额	贷方金额
缴纳上月个人所得税	应交税费/应交个人所得税	4060	
缴纳上月个人所得税	银行存款/工商银行金湾支行		4060

票号　4 － 000324461
日期　2020.01.15　　数量　　　　　　　合　计　　　　4060　　　4060
　　　　　　　　　　单价

备注　项　目　　　　　　　　部　门
　　　个　人　　　　　　　　客　户
　　　业务员

记账　　　　　　　审核　　　　　　　出纳　　　制单　李嘉文

图 2-1-28　记字 0007 号凭证

记 账 凭 证

记　　　字 0008　　　　　　制单日期：2020.01.15　　　　审核日期：　　附单据数：1

摘　要	科目名称	借方金额	贷方金额
代发工资	应付职工薪酬/工资	14451300	
代发工资	银行存款/工商银行金湾支行		14451300

票号　　　-
日期　　　　　　　数量　　　　　　　　合　计　　　14451300　　　14451300
　　　　　　　　　单价

备注　项　目　　　　　　　　　部　门
　　　个　人　　　　　　　　　客　户
　　　业务员

记账　　　　　　　审核　　　　　　　出纳　　　　制单　李嘉文

图 2-1-29　记字 0008 号凭证

记 账 凭 证

记　　　字 0009　　　　　　制单日期：2020.01.16　　　　审核日期：　　附单据数：1

摘　要	科目名称	借方金额	贷方金额
缴纳社保	其他应收款/保险（个人）	1784640	
缴纳社保	应付职工薪酬/社会保险费	4867200	
缴纳社保	银行存款/工商银行金湾支行		6651840

票号　　4　-　000324455
日期　2020.01.16　　　数量　　　　　　合　计　　　6651840　　　6651840
　　　　　　　　　单价

备注　项　目　　　　　　　　　部　门
　　　个　人　　　　　　　　　客　户
　　　业务员

记账　　　　　　　审核　　　　　　　出纳　　　　制单　李嘉文

图 2-1-30　记字 0009 号凭证

记 账 凭 证

| 记　　　字 0010 | | 制单日期：2020.01.20 | 审核日期： | 附单据数：1 |

摘　要	科目名称	借方金额	贷方金额
支付培训费	应付职工薪酬/职工教育经费	250000	
支付培训费	库存现金		250000
票号 日期	数量 单价	合　计	250000	250000
备注	项　目　　　　　　部　门 个　人　　　　　　客　户 业务员		

记账　　　　　　　　审核　　　　　　　　出纳　　　　制单　李嘉文

图 2-1-31　记字 0010 号凭证

记 账 凭 证

| 记　　　字 0011 | | 制单日期：2020.01.22 | 审核日期： | 附单据数：1 |

摘　要	科目名称	借方金额	贷方金额
员工借款	其他应收款/王智	500000	
员工借款	库存现金		500000
票号 日期	数量 单价	合　计	500000	500000
备注	项　目　　　　　　部　门 个　人　　　　　　客　户 业务员		

记账　　　　　　　　审核　　　　　　　　出纳　　　　制单　李嘉文

图 2-1-32　记字 0011 号凭证

记 账 凭 证

记　　字 0012　　　　　　制单日期：2020.01.25　　　审核日期：　　附单据数：1

摘　要	科目名称	借方金额	贷方金额
支付利息	财务费用	7500000	
支付利息	银行存款/工商银行金湾支行		7500000

票号　　9 -
日期　　2020.01.25　　数量　　　　　合　计　　7500000　　7500000
　　　　　　　　　　单价

备注　项　目　　　　　　　　　部　门
　　　个　人　　　　　　　　　客　户
　　　业务员

记账　　　　　　　审核　　　　　　　出纳　　　制单　李嘉文

图 2-1-33　记字 0012 号凭证

记 账 凭 证

记　　字 0013　　　　　　制单日期：2020.01.25　　　审核日期：　　附单据数：2

摘　要	科目名称	借方金额	贷方金额
支付销售运费	销售费用/其他	200000	
支付销售运费	银行存款/工商银行金湾支行		200000

票号　　202 - 20111326
日期　　2020.01.25　　数量　　　　　合　计　　200000　　200000
　　　　　　　　　　单价

备注　项　目　　　　　　　　　部　门
　　　个　人　　　　　　　　　客　户
　　　业务员

记账　　　　　　　审核　　　　　　　出纳　　　制单　李嘉文

图 2-1-34　记字 0013 号凭证

记 账 凭 证

记　　　字 0014　　　　　　　制单日期：2020.01.25　　　　审核日期：　　附单据数：1

摘　要	科目名称	借方金额	贷方金额
收到赔款	银行存款/工商银行金湾支行	2727450	
收到赔款	其他应收款/畅通有限责任公司		2727450

票号	202 - 3491	数量		合　计	2727450	2727450
日期	2020.01.25	单价				

备注　项　目　　　　　　　　　　　　部　门
　　　个　人　　　　　　　　　　　　客　户
　　　业务员

记账　　　　　　　审核　　　　　　　出纳　　　　制单　李嘉文

图 2-1-35　记字 0014 号凭证

记 账 凭 证

记　　　字 0015　 - 0001/0002　　　制单日期：2020.01.30　　　审核日期：　　附单据数：3

摘　要	科目名称	借方金额	贷方金额
分配并支付电费	生产成本/制造费用	556800	
分配并支付电费	生产成本/制造费用	928000	
分配并支付电费	制造费用/水电费	46400	
分配并支付电费	管理费用/其他	74240	
分配并支付电费	销售费用/其他	18560	

票号	-	数量		合　计	1624000	1624000
日期		单价				

备注　项　目　变速箱锥齿轮　　　　　部　门　一车间
　　　个　人　　　　　　　　　　　　客　户
　　　业务员

记账　　　　　　　审核　　　　　　　出纳　　　　制单　李嘉文

图 2-1-36a　记字 0015 号凭证（一）

记 账 凭 证

记　字 0015 － 0001/0002　　制单日期: 2020.01.30　　审核日期:　　附单据数: 3

摘　要	科目名称	借方金额	贷方金额
分配并支付电费	制造费用/水电费	46400	
分配并支付电费	管理费用/其他	74240	
分配并支付电费	销售费用/其他	18560	
分配并支付电费	银行存款/工商银行金湾支行		1824000

票号　－ 日期	数量 单价	合　计	1824000	1824000
备注	项　目 个　人 业务员	部　门 客　户		

记账　　　　　　　审核　　　　　　　出纳　　　　　　　制单　李嘉文

图 2-1-36b　记字 0015 号凭证(二)

5. 填制第十六笔业务的记账凭证(有数量金额和项目核算业务处理)

(1)单击【增加】或者按【F5】键,修改【凭证日期】为【2020.01.30】。

(2)在【摘要】栏录入【生产领用材料】,按回车键到【科目名称】栏,单击参照(或按【F2】键),选择【资产】类科目【500101 生产成本/直接材料】,或者直接在科目名称栏输入【500101】,弹出【辅助项】对话框,选择【部门】为【一车间】,【选择项目名称】为【变速箱锥齿轮】,单击【确定】,如图 2-1-37 所示。

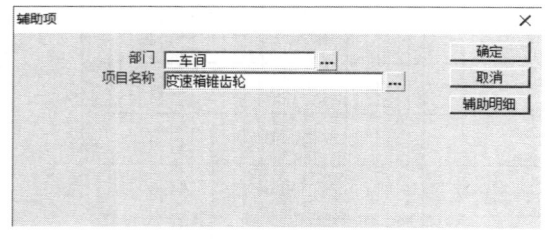

图 2-1-37　生产成本【辅助项】对话框

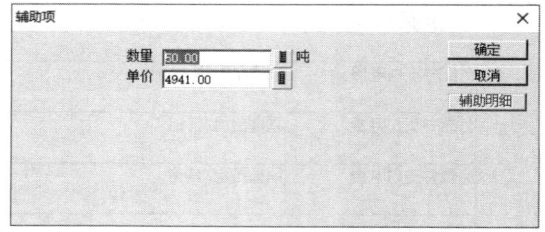

图 2-1-38　原材料【辅助项】对话框

(3)按回车键,或用鼠标单击【借方余额】栏,录入【借方余额】为【250 050.00】,完成第一车间生产成本录入。

(4)按回车键,重复第二和第三步骤,选择【部门】为【二车间】,选择【项目名称】为【传动齿轮】,录入借方余额【93 000.00】,完成第二车间生产成本录入。

(5)按回车键,自动带出摘要【生产领用材料】,回车单击【科目名称】栏参照(或按 F2 键),选择【资产】类科目【140302 原材料渗碳钢】,或者直接在【科目名称】栏输入【140301】,弹出【辅助项】对话框,输入【数量】为【50】,输入【单价】为【4 941.00】,如图 2-1-38 所示。

(6)单击【确定】,按空格键使【原材料】的余额方向在贷方。

(7)重复以上步骤,完成其他原材料领出的分录相关信息录入,结果如图 2-1-39 所示。

记 账 凭 证

记　　字 0016　　　　制单日期：2020.01.30　　审核日期：　　附单据数：2

摘　要	科目名称	借方金额	贷方金额
生产领用材料	生产成本/直接材料	25005000	
生产领用材料	生产成本/直接材料	9300000	
生产领用材料	原材料/渗碳钢		24705000
生产领用材料	原材料/调质钢		9180000
生产领用材料	原材料/耐磨润滑油		420000
票号 日期　　　　数量 　　　　　　单价	合　计	34305000	34305000
备注	项　目　变速箱锥齿轮　　　　部　门　一车间 个　人　　　　　　　　　客　户 业务员		

记账　　　　　　审核　　　　　　　出纳　　　制单　李嘉文

图 2-1-39　记字 0016 号凭证

🎯 重难点提示

（1）凭证填制完成后可以单击【保存】保存凭证，也可以单击【增加】保存并增加下一张凭证。

（2）凭证填制完成后，在未审核前可以直接修改。

（3）如果凭证的金额录错了方向，可以按空格键改变金额方向。

（4）凭证日期应满足总账选项中的设置，如果默认系统的选项，则不允许凭证日期逆序。

（5）在填制凭证时，如果使用含有辅助核算内容的会计科目，则应选择相应的辅助核算内容，否则将不能查询到辅助核算的相关资料。

（6）【＝】键意为取借贷方差额到当前光标位置，每张凭证上只能使用一次。

（7）如果科目参照中没有相关资料科目，可以通过编辑科目添加所需要的科目。

业务二　生成常用凭证及运用

〖业务描述〗　设置提现备用的常用凭证，并生成一张金额为 2 500 元的提现备用常用凭证。

〖操作说明〗　【C201 蓝英】设置常用凭证，【C202 李嘉文】生成常用凭证。

〖操作指引〗

1．常用凭证设置

（1）以【C201 蓝英】的身份登录企业应用平台，执行【财务会计】|【总账】|【凭证】|【常用凭证】命令，打开【常用凭证】窗口。

（2）单击【增加】，录入【编码】为【1】，录入【说明】为【提现备用】，单击【凭证类别】，选择【记账凭证】，如图 2-1-40 所示。

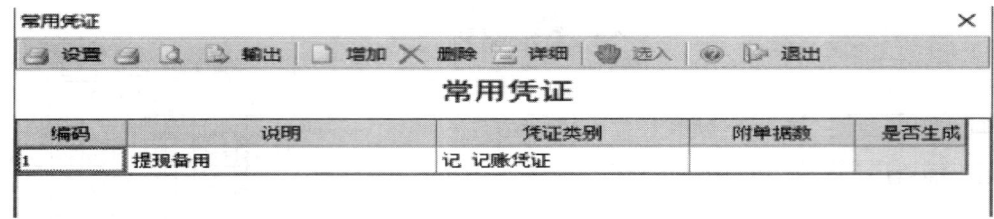

图 2-1-40　常用凭证

（3）单击【详情】，进入【记账凭证】窗口。单击【增分】，在【科目名称】栏录入【1001】，再单击【增分】，在第二行【科目名称】栏录入【100201】，选择结算方式为【201 现金支票】，如图 2-1-41 所示。

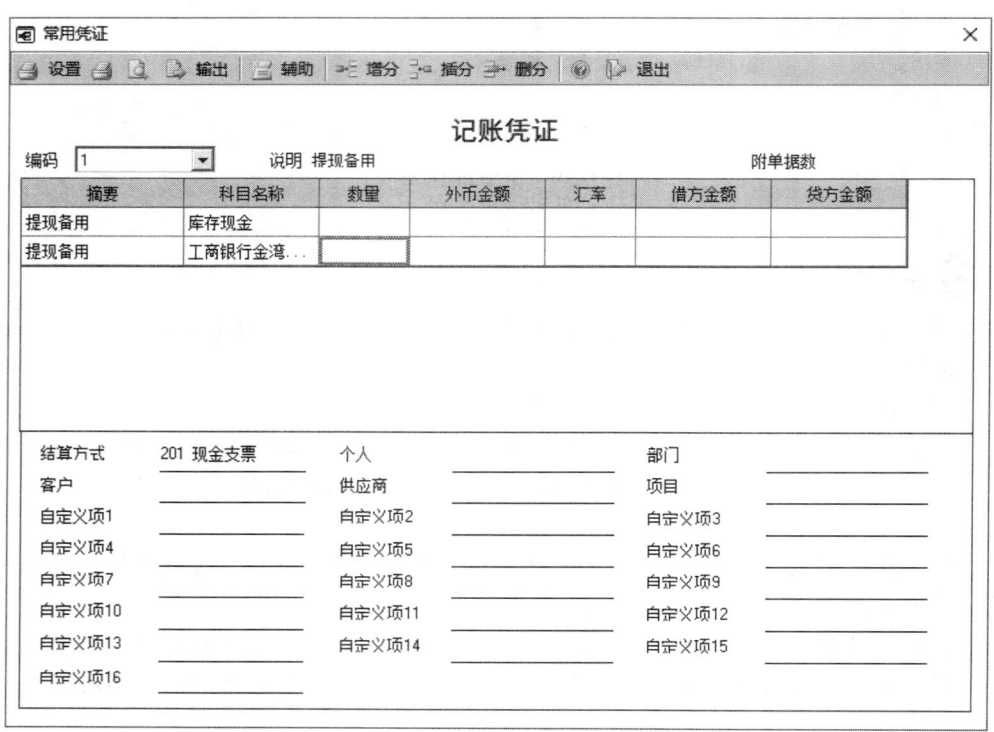

图 2-1-41　记账凭证

（4）单击【退出】，在【常用凭证】生成对话框可以看到一条常用凭证记录，如图 2-1-42 所示。

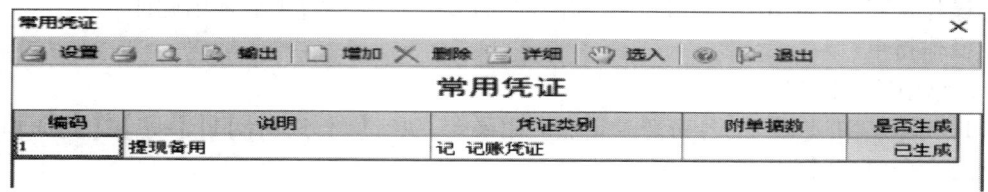

图 2-1-42　常用凭证(生成)

2. 生成常用凭证

（1）以【C202 李嘉文】的身份登录企业应用平台,执行【财务会计】|【总账】|【凭证】|【填制凭证】命令,打开【填制凭证】窗口,然后执行【常用凭证】|【调用常用凭证】命令。

（2）增加一张新凭证,日期修改为 2020 年 1 月 30 日,摘要【提现备用】,借贷方金额分别录入【2500.00】,单击【保存】,自动生成一张记字 0017 号的提现备用常用凭证,如图 2-1-43 所示。

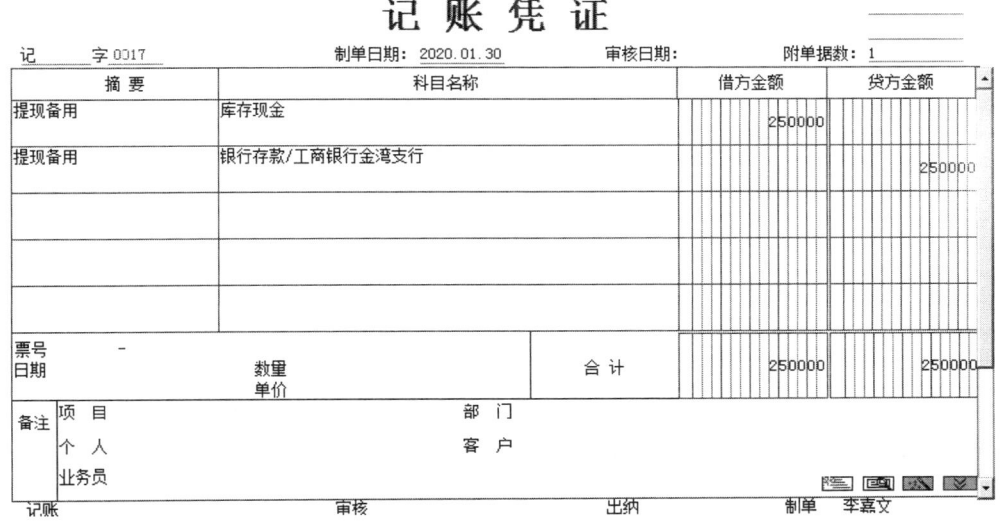

图 2-1-43　记字 0017 号凭证

 **重难点提示**

在填制凭证时可以执行【常用凭证】|【调用常用凭证】命令,调用事先定义的常用凭证,或在填制凭证功能中按【F4】键调用常用凭证。调用的常用凭证可以进行修改。

任务二　总账业务凭证的查询、修改和删除

业务一　查询凭证

〖业务描述〗 2020 年 1 月 31 日,请查询珠海市美满机械有限公司 2020 年 1 月的所有凭证,打开记字 0016 号凭证查看。

〖操作说明〗 【C201 蓝英】查询凭证。

〖操作指引〗

（1）执行【凭证】|【查询凭证】命令,打开【凭证查询】,选择【全部凭证】,如图 2-1-44 所示。

（2）单击【确定】,进入【查询凭证列表】窗口,如图 2-1-45 所示。

（3）双击打开记字 0016 号凭证进行查看,如图 2-1-46 所示。

总账业务凭证的查询、修改和删除

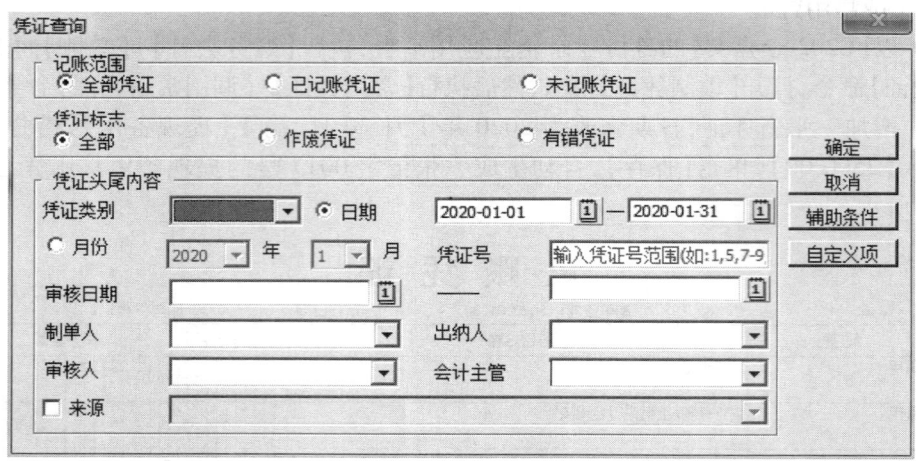

图 2-1-44　凭证查询

凭证共 17张　　　☐已审核 0 张　　　☐未审核 17 张

制单日期	凭证编号	摘要	借方金额合计	贷方金额合计	制单人
2020-1-1	记 - 0001	提现备用	5,000.00	5,000.00	李嘉文
2020-1-5	记 - 0002	支付业务招待费	800.00	800.00	李嘉文
2020-1-8	记 - 0003	畅通运输公司原因，购入	27,274.50	27,274.50	李嘉文
2020-1-8	记 - 0004	接受无形资产投资	3,800,000.00	3,800,000.00	李嘉文
2020-1-13	记 - 0005	缴纳上月增值税及附加税	209,440.00	209,440.00	李嘉文
2020-1-13	记 - 0006	缴纳上月工会经费	3,248.00	3,248.00	李嘉文
2020-1-15	记 - 0007	缴纳上月个人所得税	40.60	40.60	李嘉文
2020-1-15	记 - 0008	代发工资	144,513.00	144,513.00	李嘉文
2020-1-16	记 - 0009	缴纳社保	66,518.40	66,518.40	李嘉文
2020-1-20	记 - 0010	支付培训费	2,500.00	2,500.00	李嘉文
2020-1-22	记 - 0011	员工借款	5,000.00	5,000.00	李嘉文
2020-1-25	记 - 0012	支付利息	75,000.00	75,000.00	李嘉文
2020-1-25	记 - 0013	支付销售运费	2,000.00	2,000.00	李嘉文
2020-1-25	记 - 0014	收到赔款	27,274.50	27,274.50	李嘉文
2020-1-30	记 - 0015	分配并支付电费	16,240.00	16,240.00	李嘉文
2020-1-30	记 - 0016	生产领用材料	343,050.00	343,050.00	李嘉文
2020-1-30	记 - 0017	提现备用	2,500.00	2,500.00	李嘉文
		合计	4,730,399.00	4,730,399.00	

图 2-1-45　查询凭证列表

记 账 凭 证

| 记　　字 0016 | | 制单日期: 2020.01.30 | 审核日期: | 附单据数: 2 | |
摘　要	科目名称		借方金额	贷方金额	
生产领用材料	生产成本/直接材料		25005000		
生产领用材料	生产成本/直接材料		9300000		
生产领用材料	原材料/渗碳钢			24705000	
生产领用材料	原材料/调质钢			9180000	
生产领用材料	原材料/耐磨润滑油			420000	
票号 日期	数量 单价	合　计	34305000	34305000	
备注	项　目　变速箱锥齿轮 个　人 业务员	部　门　一车间 客　户			
记账	审核	出纳	制单　李嘉文		

图 2-1-46　记字 0016 号凭证

> **重难点提示**
>
> （1）在【查询凭证】功能中既可以查询已记账凭证,也可以查询未记账凭证。而在填制凭证功能中只能查询到未记账凭证。
>
> （2）通过设置查询条件还可以查询【作废凭证】【有错凭证】,某制单人填制的凭证,其他子系统传递过来的凭证,以及【一定日期区间】和【一定凭证号区间】的记账凭证。
>
> （3）已记账凭证除了可以在【查询凭证】功能中查询之外,还可以在查询账簿资料时,以联查的方式查询。

业务二　修改凭证

〖**业务描述**〗　2020 年 1 月 30 日,修改珠海市美满机械有限公司在 2020 年 1 月的记字 0017 号凭证,将其金额改为 25 000 元。

〖**操作说明**〗　【C202 李嘉文】修改凭证。

〖**操作指引**〗

（1）以【C202 李嘉文】身份登录,执行【凭证】|【填制凭证】命令,打开【填制凭证】对话框。

（2）单击【查询】,选择月份 2020 年 1 月,凭证号录入【17】,单击【确定】,找到记字 0017 号凭证。

（3）在记字 0017 号记账凭证中,将借贷方金额分别修改为【25 000.00】,单击【保存】,如图 2-1-47 所示。

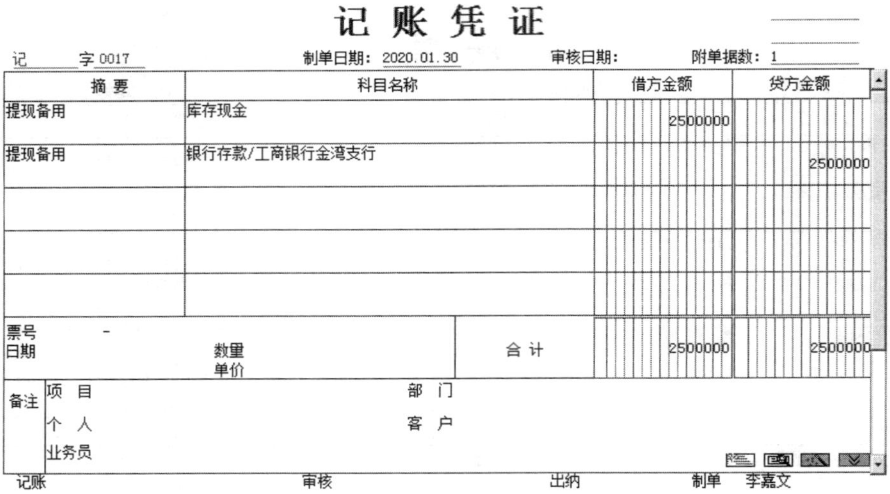

记账凭证

记 字 0017　　制单日期：2020.01.30　　审核日期：　　附单据数：1

摘要	科目名称	借方金额	贷方金额
提现备用	库存现金	2500000	
提现备用	银行存款/工商银行金湾支行		2500000
票号 - 日期	数量 单价 合计	2500000	2500000

备注　项目　　部门
　　　个人　　客户
　　　业务员

记账　　审核　　出纳　　制单　李嘉文

图 2-1-47　记字 0017 号凭证

重难点提示

(1) 未审核的凭证可以直接修改,但是凭证类别不能修改。

(2) 已进行出纳签字而未审核的凭证如果发现有错误,可以由原签字的出纳在【出纳签字】功能中取消出纳签字后,再由原制单人在【填制凭证】功能中修改备注。

(3) 如果在总账系统的选项中选中【允许修改,作废他人填制的凭证】,则在【填制凭证】功能中可以由非原制单人修改或作废他人填制的凭证,被修改凭证的制单人将被修改为现在修改凭证的人。反之,则只能由原制单人在填制凭证的功能中修改或作废凭证。

(4) 已审核的凭证如果发现有错误,应由原审核人在【审核凭证】功能中取消审核签字后,再由原制单人在【填制凭证】功能中修改凭证。

(5) 凭证的辅助项内容如果有错误,可以在单击含有错误项的会计科目后,将光标移到错误的【辅助项】所在位置,当出现【笔头状光标】时双击此处,弹出【辅助项】窗口,直接修改辅助项的相关内容,或者按【Ctrl+S】键调出【辅助项】录入窗口后修改。

业务三　删除凭证

〖业务描述〗 2020 年 1 月 31 日,删除珠海市美满机械有限公司在 2020 年 1 月的记字 0017 号凭证。

〖操作说明〗 【C202 李嘉文】作废凭证,【C201 蓝英】整理凭证。

〖操作指引〗

(1) 以【C202 李嘉文】身份登录,执行【凭证】|【填制凭证】命令,打开【填制凭证】对话框。单击【上张凭证】或【下张凭证】找到记字 0017 号记账凭证。

(2) 执行【作废/恢复】命令,将该张凭证打上【作废】标志,如图 2-1-48 所示。

(3) 以【C201 蓝英】身份登录企业应用平台,执行【财务会计】|【总账】|【凭证】|【填制凭证】|【整理凭证】命令,选择凭证期间为【2020.01】,单击【确定】,打开【作废凭证表】对话框。双击【作废凭证表】对话框中【删除?】栏,如图 2-1-49 所示。

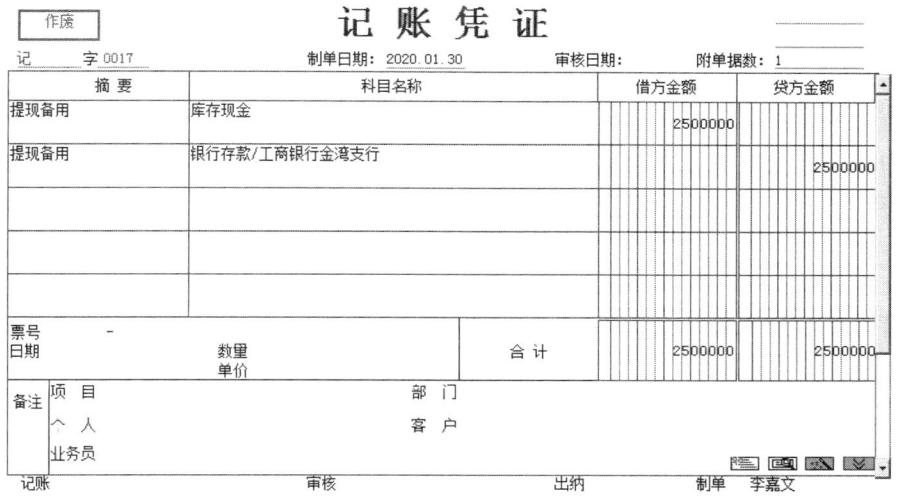

图 2-1-48　记字 0017 号凭证（作废）

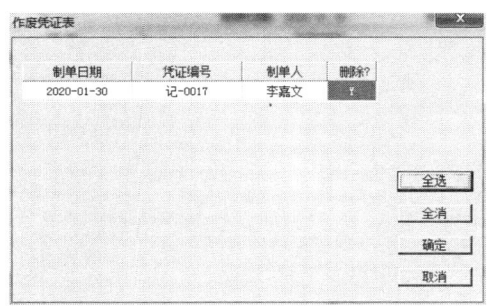

图 2-1-49　作废凭证表

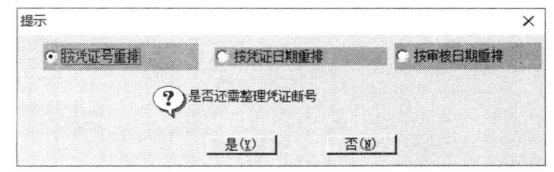

图 2-1-50　【是否还需整理凭证断号】提示框

（4）单击【确定】，系统弹出【是否还需整理凭证断号】的信息提示框，并提供三种断号整理方式：按凭证号重排、按凭证日期重排、按审核日期重排，如图 2-1-50 所示。

（5）选择【按凭证号重排】，单击【是】。系统完成对凭证号的重新整理，再点击【凭证查询界面】，整理后的凭证列表如图 2-1-51 所示。

凭证共 16 张　　□已审核 0 张　　□未审核 16 张　　　　　　　　　○ 凭证号排序　　○ 制单日期排序

制单日期	凭证编号	摘要	借方金额合计	贷方金额合计	制单人	审核人	系统名	备注	审核日期	年度
2020-1-1	记 - 0001	提现备用	5,000.00	5,000.00	李嘉文					2020
2020-1-5	记 - 0002	支付业务招待费	800.00	800.00	李嘉文					2020
2020-1-8	记 - 0003	畅通运输公司原因，购入	27,274.50	27,274.50	李嘉文					2020
2020-1-8	记 - 0004	接受无形资产投资	3,800,000.00	3,800,000.00	李嘉文					2020
2020-1-13	记 - 0005	缴纳上月增值税及附加税	209,440.00	209,440.00	李嘉文					2020
2020-1-14	记 - 0006	缴纳上月工会经费	3,248.00	3,248.00	李嘉文					2020
2020-1-15	记 - 0007	缴纳上月个人所得税	40.60	40.60	李嘉文					2020
2020-1-15	记 - 0008	代发工资	144,513.00	144,513.00	李嘉文					2020
2020-1-16	记 - 0009	缴纳社保	66,518.40	66,518.40	李嘉文					2020
2020-1-20	记 - 0010	支付培训费	2,500.00	2,500.00	李嘉文					2020
2020-1-22	记 - 0011	员工借款	5,000.00	5,000.00	李嘉文					2020
2020-1-25	记 - 0012	支付利息	75,000.00	75,000.00	李嘉文					2020
2020-1-25	记 - 0013	支付销售运费	2,000.00	2,000.00	李嘉文					2020
2020-1-25	记 - 0014	收到赔款	27,274.50	27,274.50	李嘉文					2020
2020-1-30	记 - 0015	分配并支付电费	16,240.00	16,240.00	李嘉文					2020
2020-1-30	记 - 0016	生产领用材料	343,050.00	343,050.00	李嘉文					2020
		合计	4,727,899.00	4,727,899.00						

图 2-1-51　整理凭证之后的凭证列表

（6）在 D 盘下设置文件夹【666 账套备份\4.1】,将账套输出至【D:\666 账套备份\4.1】。

重难点提示

（1）未审核的凭证可以直接删除,已审核或已进行出纳签字的凭证不能直接删除,必须在取消审核及取消出纳签字后才可以删除。

（2）若要删除凭证,必须先进行【作废】操作,而后再进行整理,并且只能对未记账凭证进行凭证整理。如果在总账系统的选项中选中【自动填补凭证断号】及【系统编号】,那么在对作废凭证整理时,若选择不整理断号,则再次填制凭证时可以由系统自动填补断号。否则,将会出现凭证断号。

（3）对于作废凭证,可以单击【作废/恢复】,取消【作废】标志。作废凭证不能修改、不能审核,但应参与记账。账簿查询时查不到作废凭证的数据。

项目二　应收款管理系统业务处理

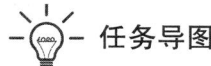 任务导图

```
          应收款管理系统业务处理
                  ↓
```

任务一 应收及收款单据业务处理 ·内销业务处理 ·收款业务处理	任务二 应收票据管理业务处理 ·应收票据业务单据的录入及审核 ·应收票据结算处理	任务三 汇兑损益业务处理 ·出口销售业务处理 ·汇兑损益处理并生成凭证
任务四 核销及转账业务处理 ·单据核销业务处理 ·单据转账处理	任务五 坏账业务处理 ·坏账发生业务处理 ·坏账收回业务处理 ·计提坏账准备业务处理	任务六 单据及账表查询 ·查询1月份填制的所有销售专用发票 ·查询1月份所有的应收款管理系统生成凭证列表 ·查询科目余额表

本任务相关链接　用友在线学习网：http://learning.ufida.com.cn/

任务一　应收及收款单据业务处理

业务一　内销业务处理

〖**业务描述**〗　2020年1月，珠海市美满机械有限公司发生如下几笔销售业务：

（1）2020年1月18日，公司向深圳市恒兴公司销售传动齿轮（付款条件为1/10，N/30），取得与业务相关的原始单据如图2-2-1所示。

应收及收款单据业务处理

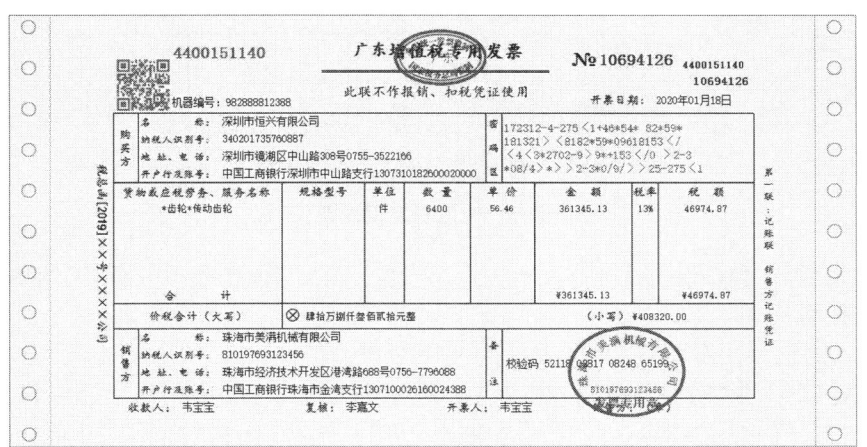

图 2-2-1　增值税专用发票（一）

（2）2020 年 1 月 25 日,公司向珠海市明瑞公司销售变速箱锥齿轮,用现金代垫运费 2 000 元,取得与业务相关的原始单据如图 2-2-2 所示。

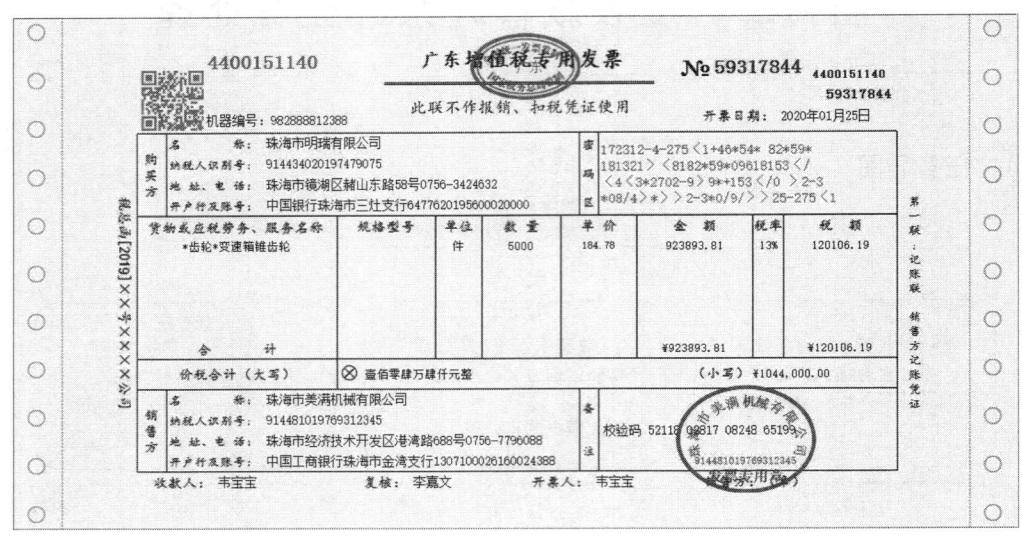

图 2-2-2　增值税专用发票(二)

（3）2020 年 1 月 25 日,公司向东莞东和公司销售变速箱锥齿轮,数量 100 件,不含税单价为 153.98 元,取得与业务相关的原始单据如图 2-2-3 所示。

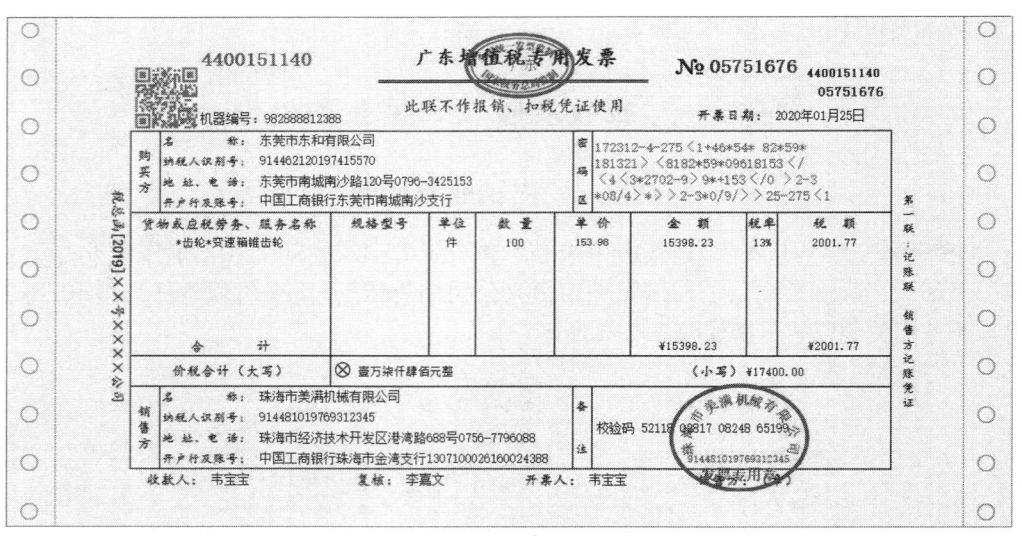

图 2-2-3　增值税专用发票(三)

〖操作说明〗　【C203 张华】录入销售专用发票、录入其他应收单并审核、制单。

〖操作指引〗

1. 录入销售专用发票并完成立即制单业务处理

（1）以【C203 张华】身份登录,在应收款管理系统中,执行【应收单据处理】|【应收单据录入】命令,打开【单据类别】对话框,在【单据名称】栏选择【销售发票】,在【单据类型】栏选择【销售专用发票】,在【方向】栏选择【正向】,单击【确定】,打开【销售专用发票】窗口。单

击【增加】,录入【发票号】为【10694126】,修改【开票日期】为【2020-01-18】;单击【客户简称】栏,选择【恒兴公司】,录入【税率】为【13】。

（2）在【付款条件】栏录入【02】,在【存货编码】栏录入【02002】,或单击【存货名称】栏的参照,选择【传动齿轮】,在【数量】栏录入【6 400.00】,在【无税单价】栏录入【56.46】,单击【保存】,操作结果如图2-2-4所示。

图2-2-4 销售专用发票

（3）单击【审核】,系统弹出【是否立即制单?】提示框,如图2-2-5所示。

（4）单击【是】,系统弹出【生成凭证】窗口,凭证已自动生成,修改科目【6001】(主营业务收入)的项目辅助项为【2】(传动齿轮)。单击【确定】,再单击【保存】,系统弹出提示【凭证已生成】,结果如图2-2-6所示。

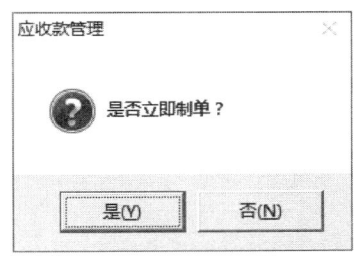

图2-2-5 【是否立即制单?】提示框

图2-2-6 记字0017号凭证

(5) 同理,以此方法生成其余的销售专用发票,如图 2-2-7、图 2-2-8 所示。

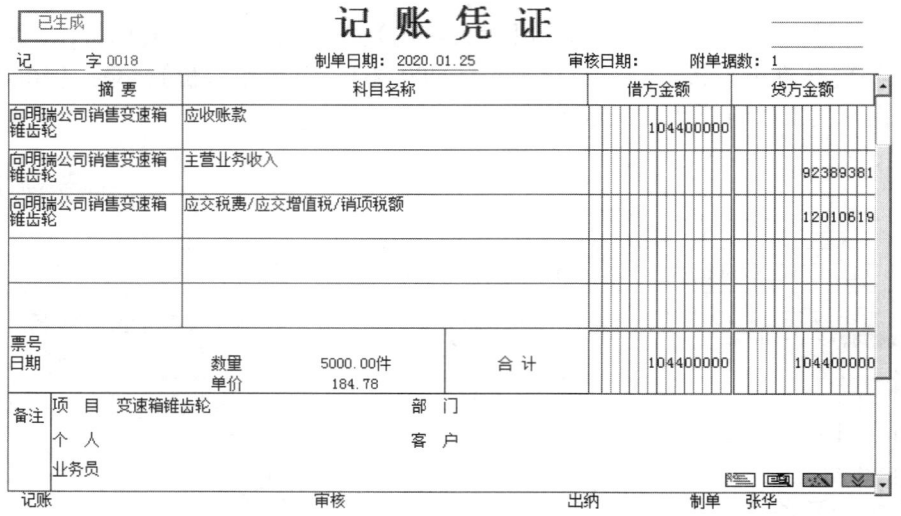

图 2-2-7　记字 0018 号凭证

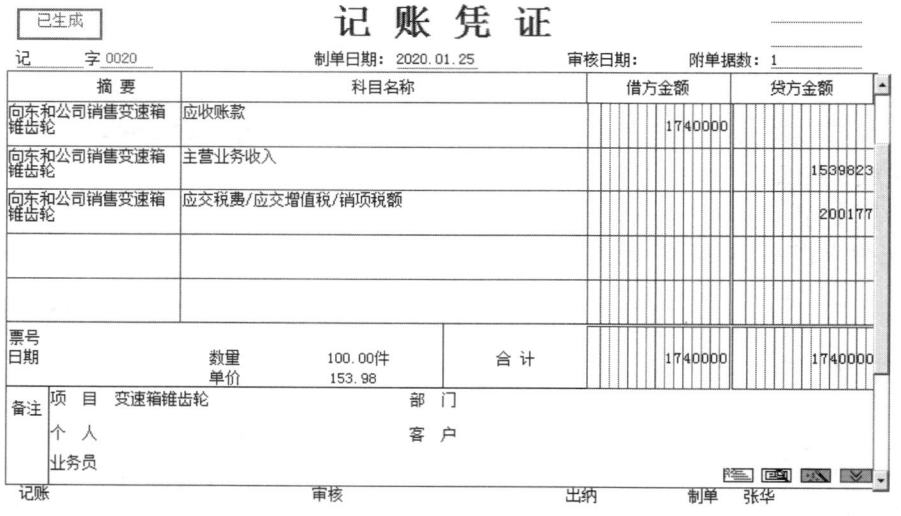

图 2-2-8　记字 0020 号凭证

2. 录入其他应收单,完成代垫运费的支付业务处理

(1) 根据第二项发生的业务,在应收款管理系统中,执行【应收单据处理】|【应收单据录入】命令,打开【单据类别】对话框。

(2) 在【单据名称】栏选择【应收单】,在【单据类型】栏选择【其他应收单】,在【方向】栏选择【正向】,如图 2-2-9 所示。单击【确定】,打开【应收单】窗口。

(3) 在应收单的界面中,单击【增加】,修改【单据日期】为【2020-01-25】,单击【客户】选择【明瑞公司】,在【金额】栏录入【2 000.00】,在【摘要】栏录入【代垫运费 2 000 元】。

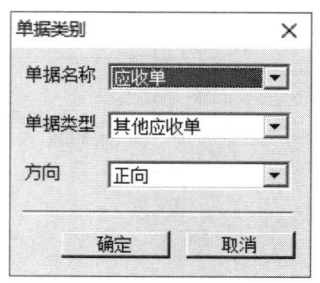

图 2-2-9　单据类别

（4）单击表格中的【科目】选择【1001】（即库存现金），如图2-2-10所示。然后单击【保存】。

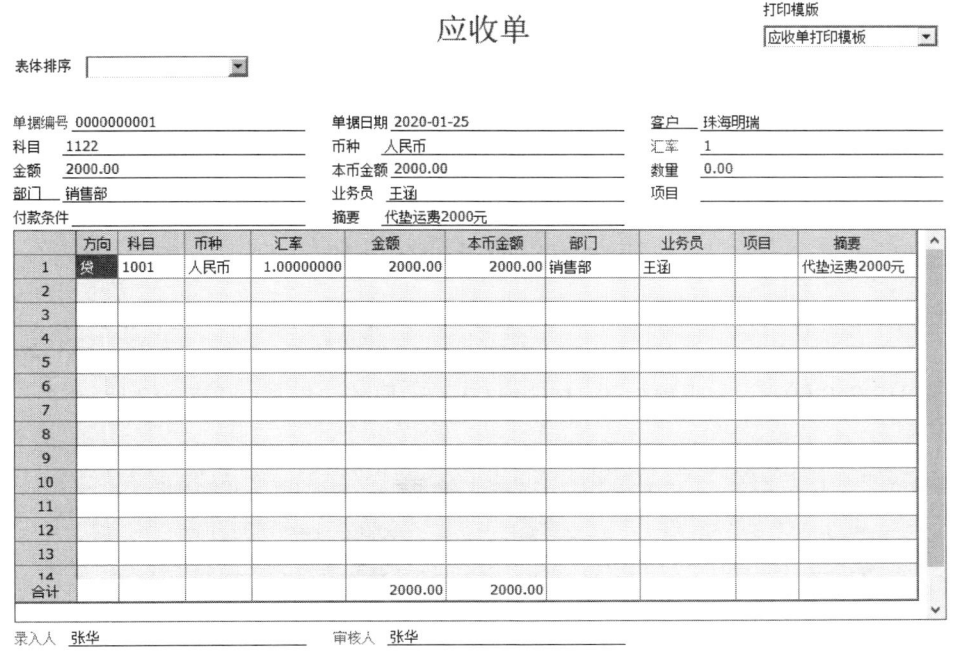

图 2-2-10 应收单

（5）单击【审核】，系统弹出【是否立即制单？】提示框。单击【是】，系统弹出【生成凭证】窗口，修改贷方科目【1001】，单击【确定】，再单击【保存】，系统提示【已生成】，结果如图2-2-11所示。

图 2-2-11 记字 0019 号凭证

重难点提示

（1）在填制应收单时,只需要录入表头部分的内容,表格部分的内容除对方科目外均由系统自动生成。表格部分的对方科目如果不录入可以在生成凭证后再手工录入。

（2）应收单和销售发票可以在保存后直接审核,如果在审核功能中审核,则只能到制单功能中制单。

（3）如果同时使用销售系统,在应收系统中只能录入应收单而不能录入销售发票。

业务二　收款业务处理

〖业务描述〗　2020 年 1 月,珠海市美满机械有限公司发生如下几笔收款业务:

（1）2020 年 1 月 4 日,公司收到明瑞有限公司所欠货款及订货款 734 000.00 元。核销期初欠款 317 260.00 元,形成预收款 416 740.00 元。原始单据如图 2-2-12 所示。

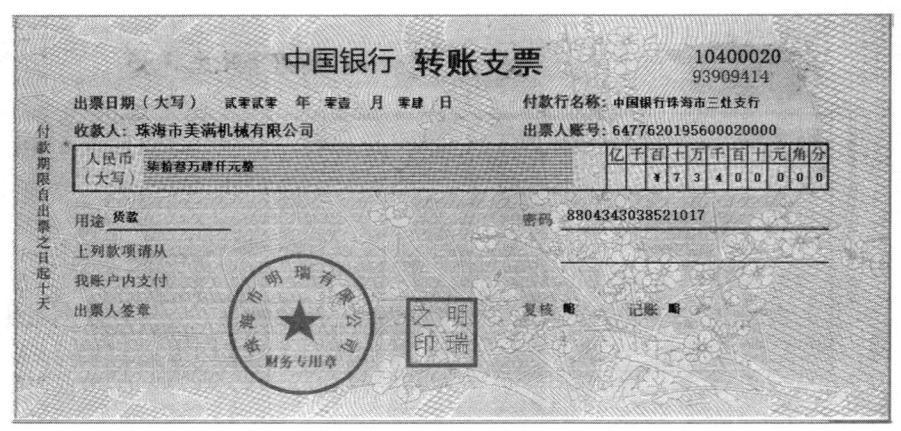

图 2-2-12　银行转账支票

（2）2020 年 1 月 25 日,公司收到深圳市恒兴有限公司的转账支票一张,金额为 404 236.80 元,票据号为【36143385】,取得与业务相关的原始单据如图 2-2-13 所示。

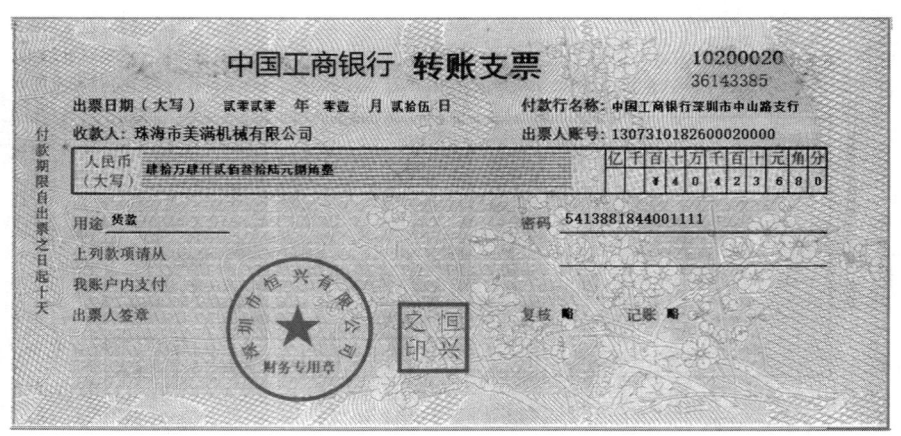

图 2-2-13　银行转账支票

〖操作说明〗　【C204 韦宝宝】录入收款单,【C203 张华】审核收款单并制单。

〖操作指引〗

1. 录入收款单处理

(1)【C204 韦宝宝】在应收款管理系统中,执行【收款单据处理】|【收款单据录入】命令,打开【收付款单录入收款单】窗口。

(2)单击【增加】,修改【日期】为【2020-01-04】;单击【客户】栏参照按钮,选择【明瑞公司】;单击【结算方式】选择【转账支票】;在【金额】栏录入【734 000.00】;在【票据号】栏输入【93909414】。单击表格中的【款项类型】栏参照按钮,选择【应收款】,并填写金额【317 260.00】,再选择【预收款】,并填写金额【416 740.00】,如图 2-2-14 所示。最后,单击【保存】。

图 2-2-14　收款单

2. 审核收款单

(1)【C203 张华】在应收款管理系统中,执行【收款单据处理】|【收款单据审核】命令,打开【收款单查询条件】对话框,勾选【未审核】【收款单】项,单击【确定】,打开【收付款单列表】窗口,如图 2-2-15 所示。

选择	审核人	单据日期	单据类型	单据编号	客户名称	部门	业务员	结算方式	票据号	币种	汇率	原币金额	本币金额	备注
		2020-01-04	收款单	0000000002	珠海市明瑞有限公司	销售部	王涵	转账支票	93909414	人民币	1.0000...	734,000.00	734,000.00	
合计												734,000.00	734,000.00	

图 2-2-15　收付款单列表

(2)单击【选择】,再单击【审核】,系统弹出提示【本次审核成功单据[1]张】,如图 2-1-16 所示,单击【确定】。

3. 制单处理

(1)【C203 张华】在应收款管理系统中,执行【制单处理】命令,打开【制单查询】对话框。在【制单查询】对话框中,勾选【收付款单制单】复选框,如图 2-2-17 所示。

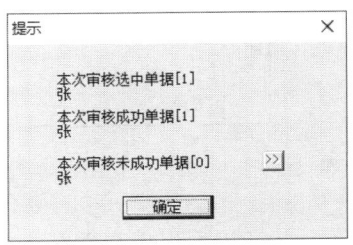

图 2-2-16　单据审核提示框

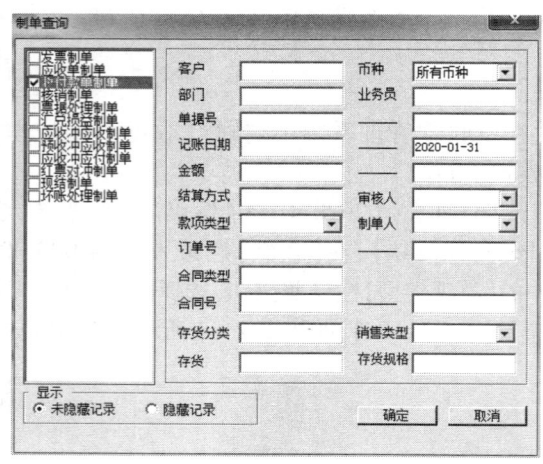

图 2-2-17　制单查询

（2）单击【确定】，打开【收付款单制单】对话框。单击【选择标志】，如图 2-2-18 所示。

图 2-2-18　收付款单制单

（3）单击【制单】，单击【保存】，自动生成凭证如图 2-2-19 所示。

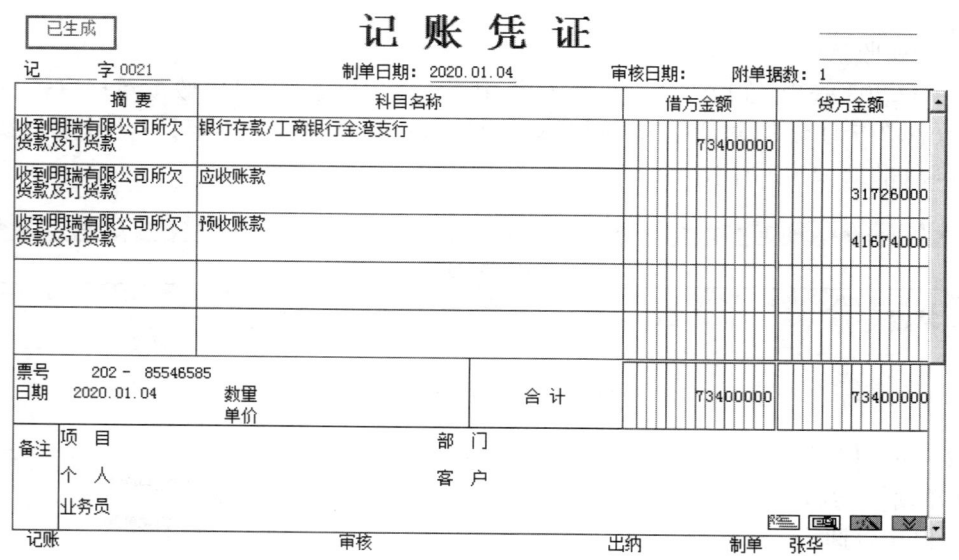

图 2-2-19　记字 0021 号凭证

（4）根据以上步骤完成第二笔业务的操作，并生成凭证，如图 2-2-20 所示。

图 2-2-20 记字 0022 号凭证

（5）在 D 盘下设置文件夹【666 账套备份\5.1】，将账套输出至【D:\666 账套备份\5.1】文件夹。

任务二 应收票据管理业务处理

业务一 应收票据业务单据的录入及审核

〖业务描述〗 2020 年 1 月 11 日，珠海市美满机械有限公司向中山市阳光有限公司销售传动齿轮，收到中山市阳光有限公司签发并承兑的商业承兑汇票，取得与业务相关的原始单据如图 2-2-21、图 2-2-22 所示。

应收票据管理业务处理

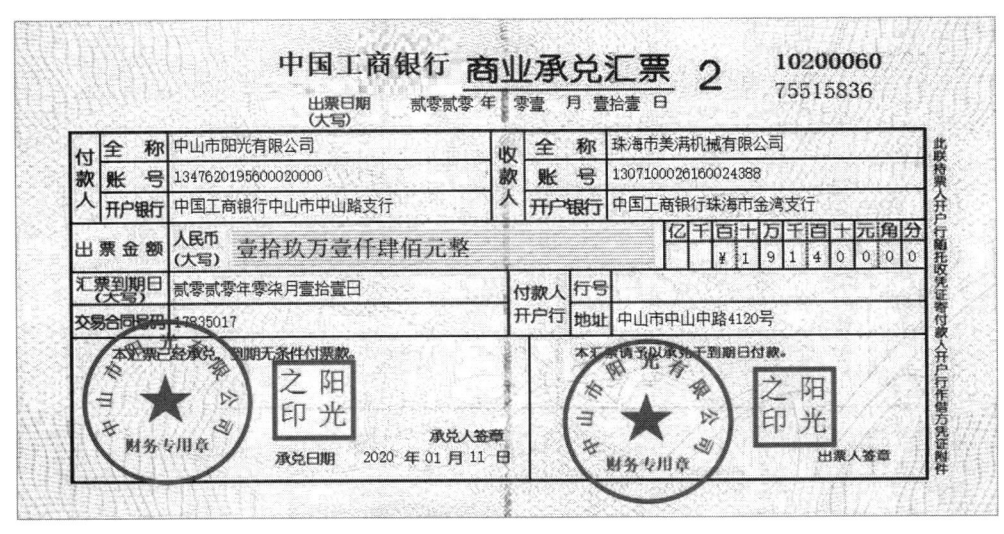

图 2-2-21 商业承兑汇票

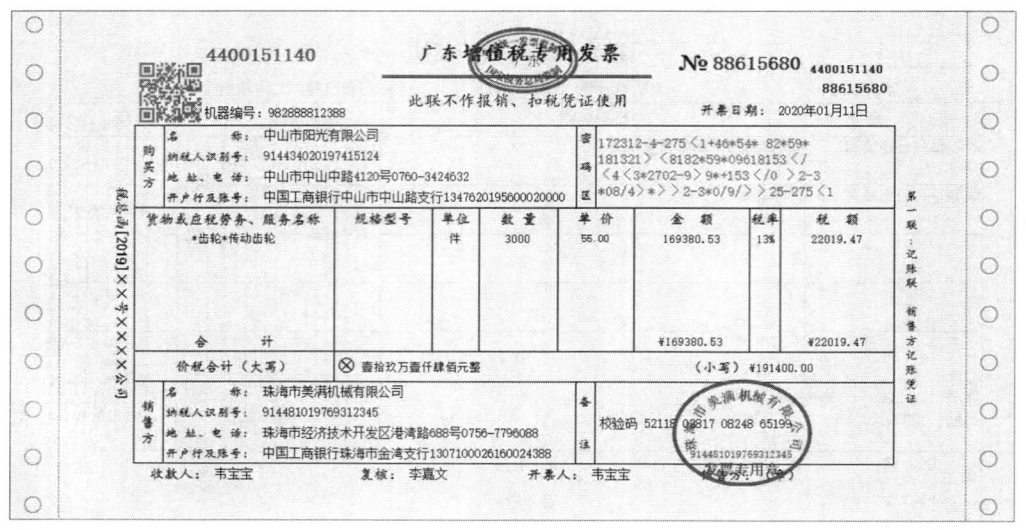

图 2-2-22　增值税专用发票

〖**操作说明**〗 【C203 张华】录入发票,【C204 韦宝宝】录入商业承兑汇票,【C203 张华】审核应收单和收款单并制单。

〖**操作指引**〗

1. 录入销售专用发票【采用不立即制单】

(1)【C203 张华】在应收款管理系统中,执行【应收单据处理】|【应收单据录入】命令,打开【单据类别】对话框,在【单据名称】栏选择【销售发票】;在【单据类型】栏选择【销售专用发票】;在【方向】栏选择【正向】,单击【确定】。

(2)单击【确定】后,打开【销售专用发票】对话框,单击【增加】,录入发票号【88615680】;修改【开票日期】为【2020-01-11】;单击【客户】栏参照按钮,选择【中山阳光】;在【税率(%)】栏录入【13】;在【存货编码】栏录入【02002】,或者单击【存货名称】栏参照按钮,选择【传动齿轮】;在【数量】栏录入【3 000.00】;在【无税单价】栏录入【56.46】。最后,单击【保存】,如图 2-2-23 所示。

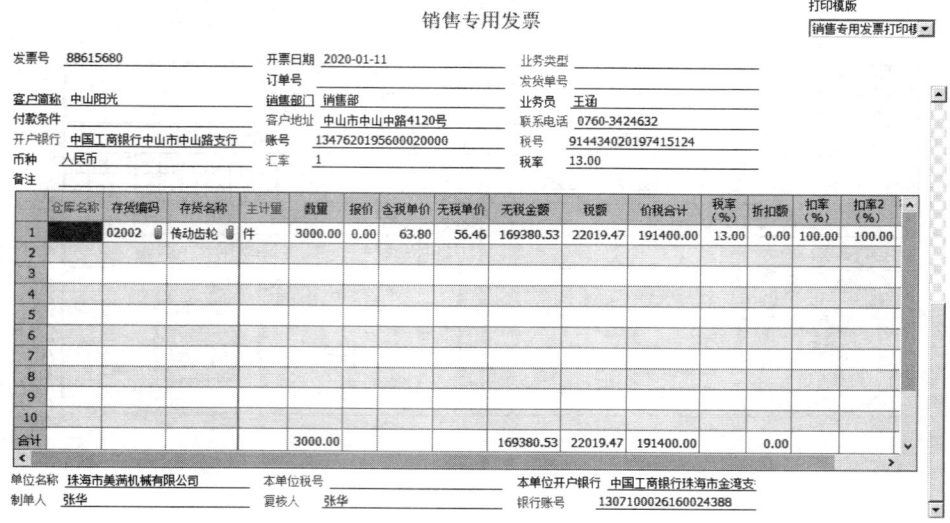

图 2-2-23　销售专用发票

（3）单击【审核】，系统弹出提示【是否立即制单?】。单击【否】退出，系统将在制单处理环节处理凭证的生成。

2. 录入商业承兑汇票

（1）【C204 韦宝宝】在应收款管理系统中，执行【票据管理】命令，打开【查询条件选择】对话框。单击【确定】，打开【票据管理】窗口。单击【增加】，打开【商业汇票】窗口。

（2）在【票据类型】栏选择【商业承兑汇票】；在【票据编号】栏输入【75515836】；单击【结算方式】栏，选择【商业承兑汇票】；在【收到日期】栏选择【2020-01-11】；在【出票日期】栏选择【2020-01-11】；在【到期日】栏选择【2020-07-11】；在【出票人】栏的参照，选择【中山市阳光有限公司】；【金额】栏录入【191 400.00】，如图 2-2-24 所示。最后，单击【保存】。

打印模版组 30657 商业汇票打印模版

商业汇票

银行名称 ＿＿＿＿＿＿ 票据类型 商业承兑汇票
方向 收款 票据编号 75515836 结算方式 商业承兑汇票
收到日期 2020-01-11 出票日期 2020-01-11 到期日 2020-07-11
出票人 中山市阳光有限公司 出票人账号 1347620195600020000 付款人银行 中国工商银行中山市中山路支行
收款人 珠海市美蒴机械有限公司 收款人账号 1307100026160024388 收款人开户银行 中国工商银行珠海市金湾支行
币种 人民币 金额 191400.00 票面利率 0.00000000
汇率 1.000000 付款行行号 ＿＿＿＿ 付款行地址 ＿＿＿＿
背书人 背书金额 备注
业务员 王逦 部门 销售部 票据摘要
交易合同号码 制单人 韦宝宝

	处理方式	处理日期	贴现银行	被背书人	贴现率	利息	费用	处理金额
1								
2								
3								
4								
5								
6								
7								
合计								

图 2-2-24　商业汇票

重难点提示

（1）保存一张商业票据之后，系统会自动生成一张收款单。这张收款单还需经过审核之后才能生成记账凭证。由票据生成的收款单不能修改。

（2）在【票据管理】功能中可以对商业承兑汇票和银行承兑汇票进行日常业务处理，包括票据的收入、结算、贴现、背书、转出、计息等。

（3）商业承兑汇票不能有承兑银行，银行承兑汇票必须有承兑银行。

3. 审核应收单及收款单

（1）【C203 张华】在应收款管理系统中，执行【应收单据处理】|【应收单据审核】命令，打开【应收单据查询条件】对话框。勾选【未审核】【未制单】选项，单击【确定】，进入【应收单列表】窗口，然后单击【全选】，再【确定】，系统会弹出【本次审核成功单据［1］张】提示框，然后在【审核人】栏出现【张华】，如图 2-2-25 所示。

（2）在应收款管理系统中，【C203 张华】执行【收款单据处理】|【收款单据审核】命令，

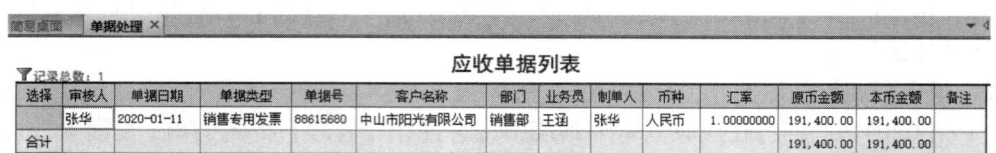

图 2-2-25　应收单据列表

打开【收款单查询条件】对话框。单击【确定】,进入【收付款单列表】窗口,如图 2-2-26 所示。

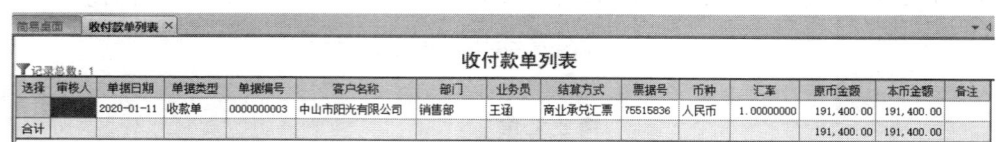

图 2-2-26　收付款单列表

(3) 单击【全选】,再单击【确定】,系统弹出【本次审核成功单据[1]张】信息提示框。单击【确定】,在【审核人】栏出现了审核人【张华】,审核成功退出。

业务二　应收票据结算处理

一、票据到期结算

〖业务描述〗　2020 年 1 月 18 日,公司对到期的工商银行银行承兑汇票(票号:64378968,面值:118 980 元)进行计息、到期结算。

表 2-1　　　　　　　　　　　　　　　　应收票据信息表

日　期	客户名称	摘　要	方向	余额
2019-07-18	中山市阳光有限公司	向客户销售传动齿轮 1 500 个,含税单价为 79.32 元,票号 64378968,票面利息 5%	借	118 980.00

〖操作说明〗　【C204 韦宝宝】对银行承兑汇票进行计息、结算,【C203 张华】制单。

〖操作指引〗

1. 银行承兑汇票计息

(1)【C204 韦宝宝】在【票据管理】窗口中,单击选中 2019 年 07 月 18 日的银行承兑汇票(票号:64378968)。单击【计息】,打开【票据计息】对话框,如图 2-2-27 所示。

(2) 单击【确定】,系统弹出【是否立即制单?】提示框,单击【否】。

2. 银行承兑汇票结算

(1)【C204 韦宝宝】在【票据管理】窗口中,单击选中 2019 年 07 月 18 日的银行承兑汇票号【64378968】。

(2) 单击【结算】,打开【票据管理】对话框。修改结算日期为【2020-01-18】,录入结算金额【122020.60】;在【结算科目】栏录入【100201】,或单击【结算科目】栏的参照,选择【100201】;在【托收单位】栏选择【中国工商银行珠海市金湾支行】,如图 2-2-28 所示。

(3) 单击【确定】,系统弹出【是否立即制单?】提示框,单击【否】。

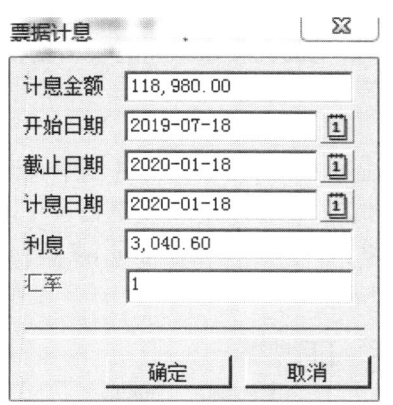

图 2-2-27　票据计息

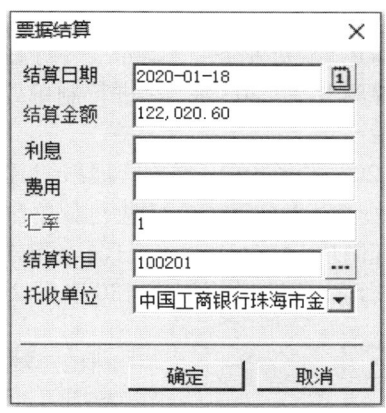

图 2-2-28　票据结算

🎯 **重难点提示**

当票据到期持票收款时,执行票据结算处理。进行票据结算时,结算金额应是通过结算实际收到的金额。结算金额加上利息费用的金额要大于或等于票据金额。票据结算后,不能再进行其他与票据相关的处理。

二、持有票据贴现

〖业务描述〗　2020 年 1 月 18 日,公司将 2020 年 1 月 11 日收到的中山市阳光有限公司签发并承兑商业承兑汇票(票号:56345611)到银行贴现,贴现率为 6%。

〖操作说明〗　【C204 韦宝宝】对商业承兑汇票进行贴现;【C203 张华】制单。

〖操作指引〗

(1)【C204 韦宝宝】在应收款管理系统中,执行【票据管理】命令,打开【查询条件选择】对话框。单击【确定】,打开【票据管理】窗口。

(2)在【票据管理】窗口中,选中 2020 年 1 月 11 日收单商业承兑汇票。单击【贴现】,打开【票据贴现】对话框。

(3)在【贴现率】栏录入【6】,在【结算科目】栏录入【100201】,如图 2-2-29 所示。

(4)单击【确定】,系统弹出【是否立即制单?】信息提示框,单击【否】。

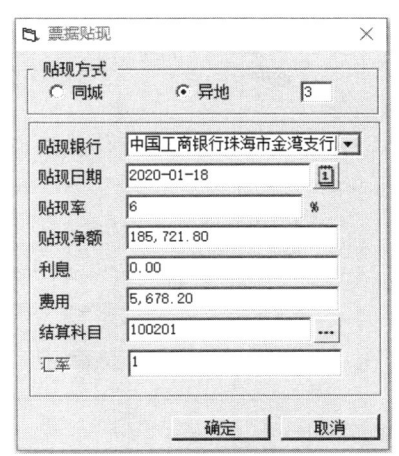

图 2-2-29　票据贴现

🎯 **重难点提示**

当企业收到带息商业汇票时,如果计算出来的贴现净余额大于票面金额,系统自动将其差额作为利息收入;如果计算出来的贴现净余额小于票面余额,系统自动将其差额作为利息支出,以上操作结果不能修改。票据贴现后,将不能对其做其他业务处理。

三、应收票据凭证生成

〖业务描述〗 对业务一、业务二进行制单处理,生成应收账款和应收票据相关凭证。

〖操作说明〗 【C203 张华】进行制单处理。

〖操作指引〗

(1)【C203 张华】在应收款管理系统,执行【制单处理】命令,打开【制单查询】。

(2)单击选中【发票制单】【收付款单制单】和【票据处理制单】复选框。单击【确定】,打开【票据处理制单】窗口,单击【全选】。单击【制单】,出现 5 张记账凭证,单击【保存】生成凭证,逐一生成 5 张凭证,如图 2-2-30 至图 2-2-34 所示。

图 2-2-30 记字 0023 号凭证

图 2-2-31 记字 0024 号凭证

记 账 凭 证

已生成

记　　字 0025　　制单日期：2020.01.18　　审核日期：　　附单据数：1

摘　要	科目名称	借方金额	贷方金额
收票据利息	应收票据	304060	
收票据利息	财务费用		304060

票号　　64378968
日期　2020.01.18　　数量　单价　　　合　计　　304060　　304060

备注　项　目　　　　　　　　　部　门
　　　个　人　　　　　　　　　客　户 阳光公司
　　　业务员　王涵

记账　　　审核　　　出纳　　制单　张华

图 2-2-32　记字 0025 号凭证

记 账 凭 证

已生成

记　　字 0026　　制单日期：2020.01.18　　审核日期：　　附单据数：1

摘　要	科目名称	借方金额	贷方金额
票据结算	银行存款/工商银行金湾支行	12202060	
票据结算	应收票据		12202060

票号　　64378968
日期　2020.01.18　　数量　单价　　　合　计　　12202060　　12202060

备注　项　目　　　　　　　　　部　门
　　　个　人　　　　　　　　　客　户
　　　业务员

记账　　　审核　　　出纳　　制单　张华

图 2-2-33　记字 0026 号凭证

图 2-2-34 记字 0027 号凭证

（3）在 D 盘下设置文件夹【666 账套备份\5.2】,将账套输出至【D:\666 账套备份\5.2】文件夹。

任务三 汇兑损益业务处理

业务一 出口销售业务处理

〖业务描述〗 2020 年 1 月 25 日,公司向美国 ESENW 公司销售变速箱齿轮 5 000 件,含税单价为 20 美元,汇率 6.38,票号为 88777053。取得与业务相关的原始单据如图 2-2-35 所示。

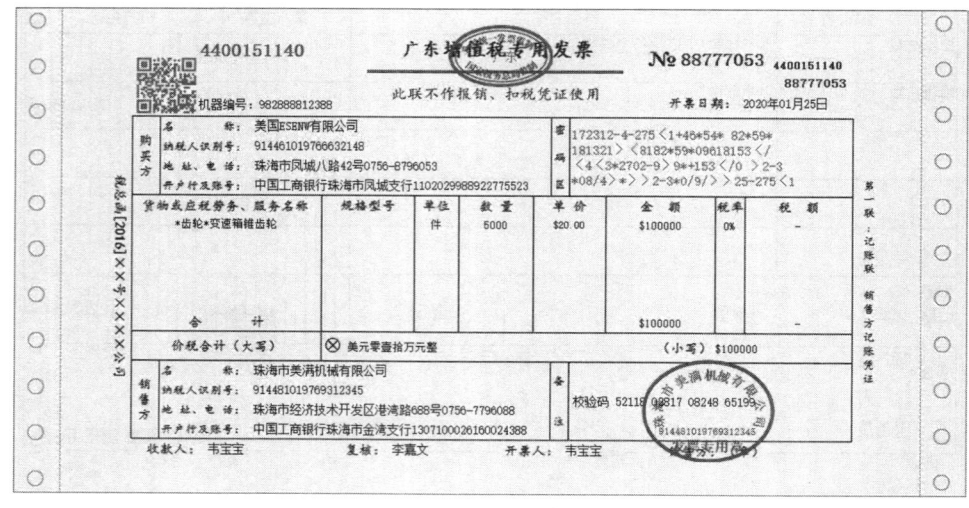

图 2-2-35 增值税专用发票

〖操作说明〗 【C203 张华】录入销售专用发票、审核应收单并制单。

〖操作指引〗

（1）【C203 张华】在应收款管理系统中,执行【应收单据处理】|【应收单据录入】命令,

打开【单据类别】对话框,在【单据名称】栏选择【销售发票】,在【单据类型】栏选择【销售专用发票】,在【方向】栏选择【正向】,单击【确定】,打开【销售专用发票】窗口。单击【增加】,录入发票号【88777053】;修改开票日期为【2020-01-25】;单击【客户简称】栏的参照,选择【ESENW 公司】,币种【美元】,税率修改为【0】。

（2）在【存货编码】栏录入【02001】,或单击【存货名称】栏的参照,选择【变速箱锥齿轮】,在【数量】栏录入【5 000.00】,在【无税单价】栏录入【20.00】。单击【保存】,如图 2-2-36 所示。

图 2-2-36 销售专用发票

（3）单击【审核】,系统弹出提示【是否立即制单?】。单击【是】,系统弹出【生成凭证】窗口,修改科目【6001】(即主营业务收入)的项目辅助项为【变速箱锥齿轮】,如图 2-2-37 所示。然后,单击【确定】,再单击【保存】生成相应凭证。

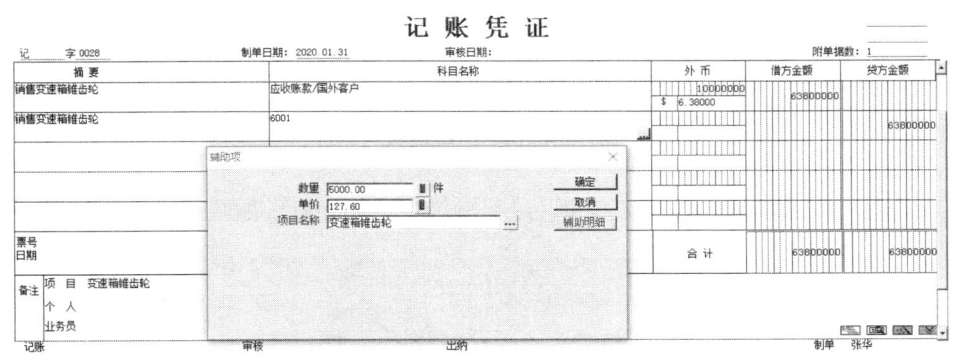

图 2-2-37 记字 0028 凭证

业务二 汇兑损益处理并生成凭证

〖业务描述〗 2020 年 1 月 31 日,录入期末调整汇率为 6.58,进行期末汇兑损益的处理并生成凭证。

〖操作说明〗 【C201 蓝英】录入调整汇率,【C203 张华】汇兑损益的处理并制单。

〖**操作指引**〗

（1）【C201 蓝英】执行【基础设置】|【财务】|【外币设置】命令，打开【外币设置】窗口，录入调整汇率【6.58】，如图 2-2-38 所示。单击【退出】。

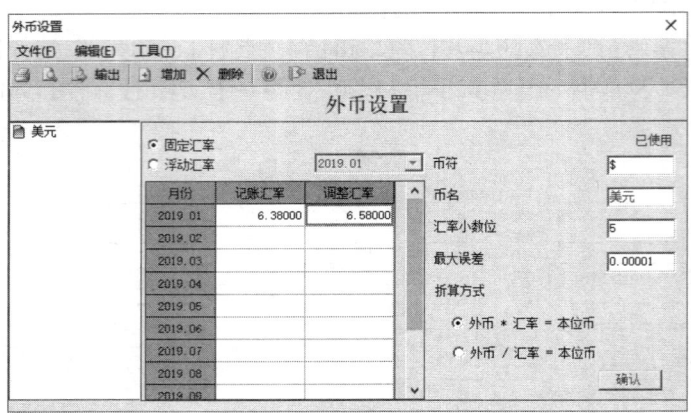

图 2-2-38　外币设置

（2）【C203 张华】在应收款管理系统中，执行【汇兑损益】，打开【汇兑损益】窗口，单击【全选】，如 2-2-39 所示。

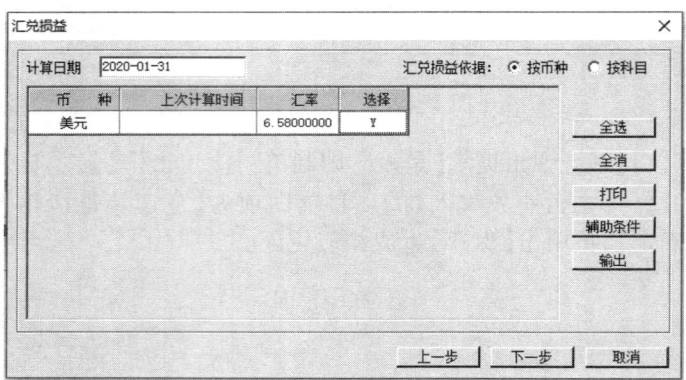

图 2-2-39　汇兑损益(一)

（3）单击【下一步】。查看【汇兑损益】差额为【20 000.00】，如图 2-2-40 所示。

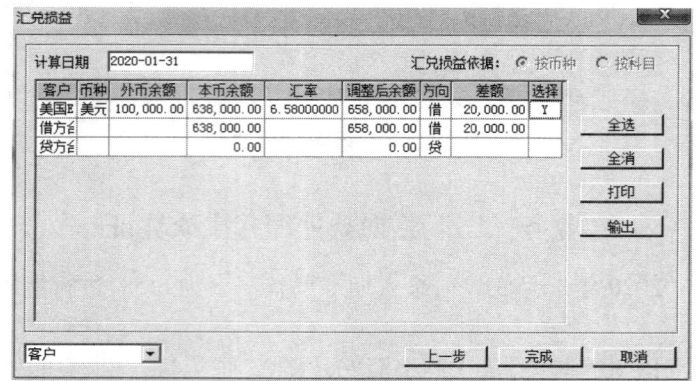

图 2-2-40　汇兑损益(二)

（4）单击【完成】,系统弹出【是否立即制单?】提示框,单击【是】,修改凭证字为【记】字,调整贷方科目为【6061 汇兑损益】,方向为【借方红字】,单击【保存】,如图 2-2-41 所示。

图 2-2-41　记字 0029 号凭证

（5）在 D 盘下设置文件夹【666 账套备份\5.3】,将账套输出至【D:\666 账套备份\5.3】文件夹。

任务四　核销及转账业务处理

业务一　单据核销业务处理

〖业务描述〗　2020 年 1 月 31 日,公司对应收单据和收款单进行核销。

〖操作说明〗　【C203 张华】于 1 月 25 日对深圳市恒兴有限公司进行手工核销及自动核销业务处理。

〖操作指引〗

（1）【C203 张华】在应收款管理系统中,执行【核销处理】|【手工核销】命令,打开【核销条件】对话框。在【通用】界面,单击【客户】栏的参照,选择【101】,选择【计算日期】为【2020-01-25】,如图 2-2-42 所示。

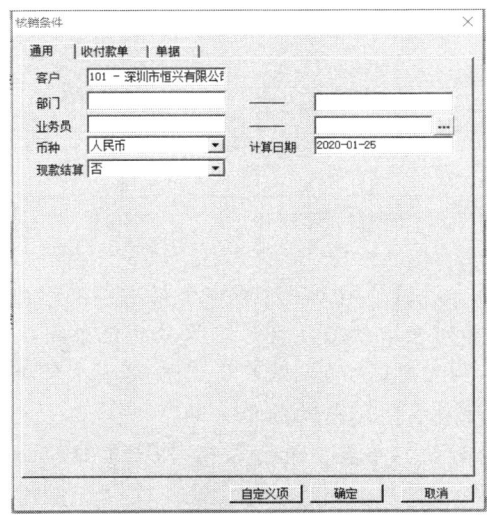

图 2-2-42　核销条件

（2）单击【确定】，打开【单据核销】窗口。将上半部分单据类型为【收款单】的【本次结算金额】栏的数据修改为【404 236.80】，在下半部分单据类型为【销售专用发票】的【本次结算】栏录入【404 236.80】，在【本次折扣】栏录入【4 083.20】，单击保存，如图 2-2-43 所示。

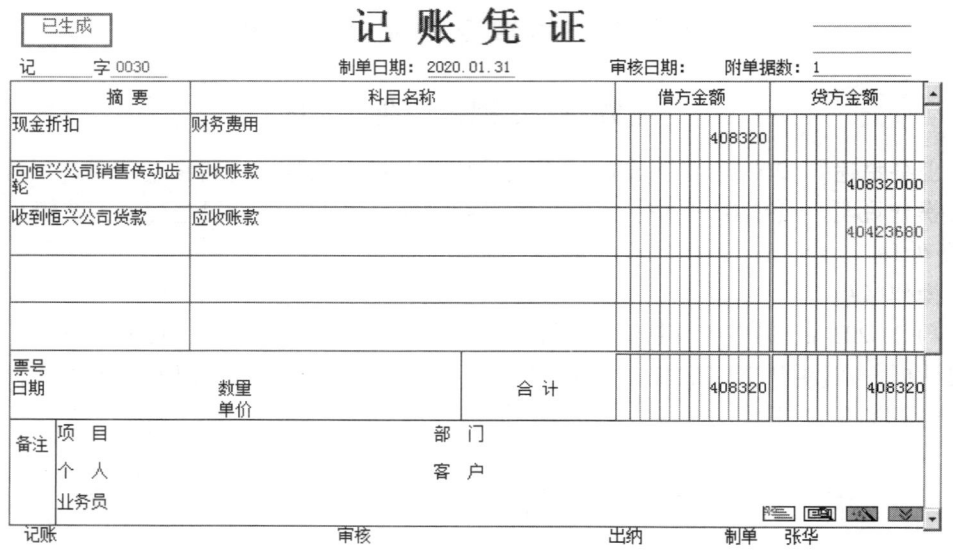

图 2-2-43　单据核销

（3）执行【制单处理】命令，打开【制单查询】对话框。然后单击选中【核销制单】复选框，单击【确定】，打开【应收制单】窗口，单击【全选】。最后，单击【制单】，单击【保存】自动生成贷方红蓝金额对冲凭证，如图 2-2-44 所示。

图 2-2-44　记字 0030 号凭证

🎯 **重难点提示**

（1）在保存核销内容后，【单据核销】窗口中将不再显示已被核销内容。

（2）核销时，结算单列表中款项类型为应收款的记录默认本次结算金额为该记录上的原币金额；款项类型为预收款的记录默认的本次结算金额为空。核销时可以修改本次结算金额，但是不能大于该记录的原币金额。

（3）一次只能对一种结算单类型进行核销，即手工核销的情况下需要对收款单和付款单分开核销。

（4）手工核销保存时,若结算单列表的本次结算金额大于或小于被核销单据列表的本次结算金额合计,系统将提示结算金额不相等,不能保存。

（5）若发票中同时存在红蓝记录,则核销时先进行单据内容对冲。

（6）如果核销后未进行其他处理,可以在期末处理中的【取消操作】功能中取消核销操作。

业务二　单据转账处理

一、预收冲应收

〖业务描述〗　2020 年 1 月 31 日,公司将明瑞有限公司的预收款 416 740.00 元冲应收款。

〖操作说明〗　【C203 张华】进行预收冲应收的转账操作并制单。

〖操作指引〗

（1）【C203 张华】在应收款管理系统中,执行【转账】|【预收冲应收】命令,打开【预收冲应收】对话框。

（2）在【预收款】界面,选择【客户】为【珠海市明瑞有限公司】。单击【过滤】,在【转账金额】栏录入【416 740.00】,如图 2-2-45 所示。

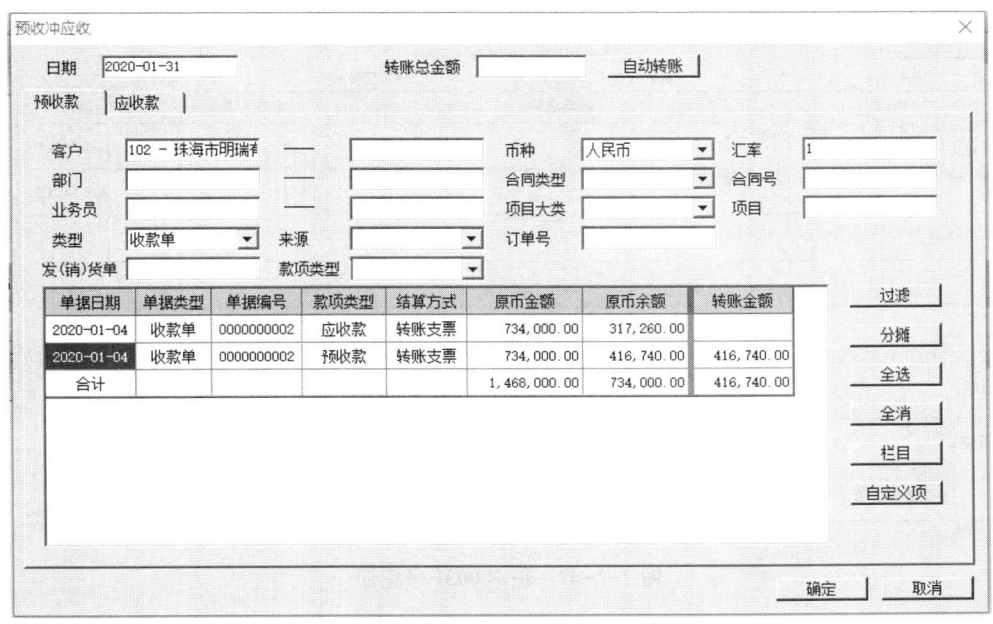

图 2-2-45　预收冲应收——预收款

（3）在【应收款】界面,选择【客户】为【珠海市明瑞有限公司】。单击【过滤】,显示所有应收款金额,选择单据编号为【59317844】的专用发票,在【转账金额】栏录入【416 740.00】,如图2-2-46 所示。

（4）单击【确定】,系统弹出【是否立即制单?】提示框,单击【是】,系统弹出【记账凭证】窗口,系统自动生成红蓝金额对冲凭证,单击【保存】,如图2-2-47所示。

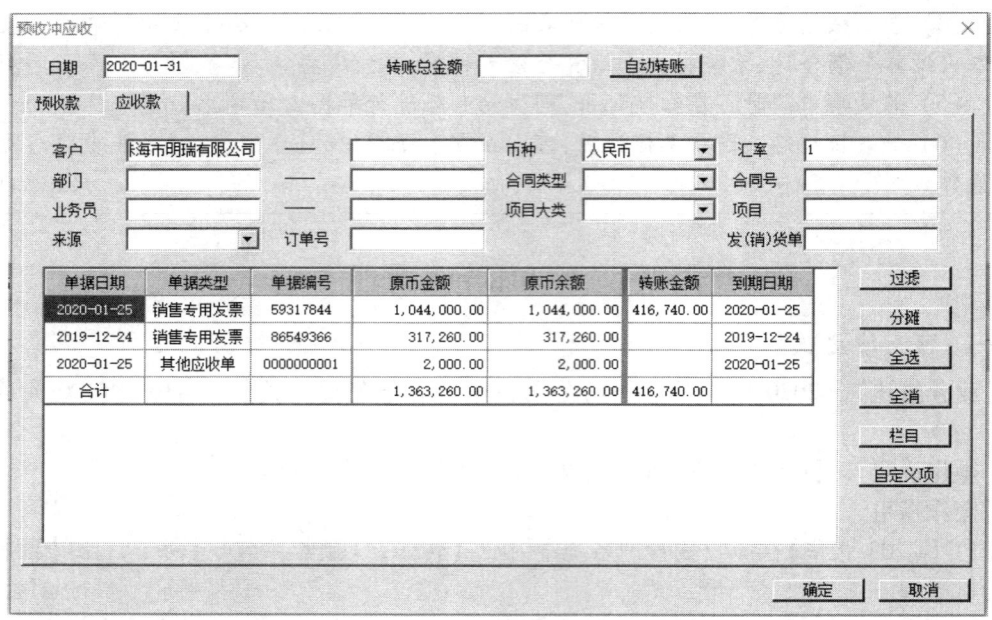

图 2-2-46 预收冲应收——应收款

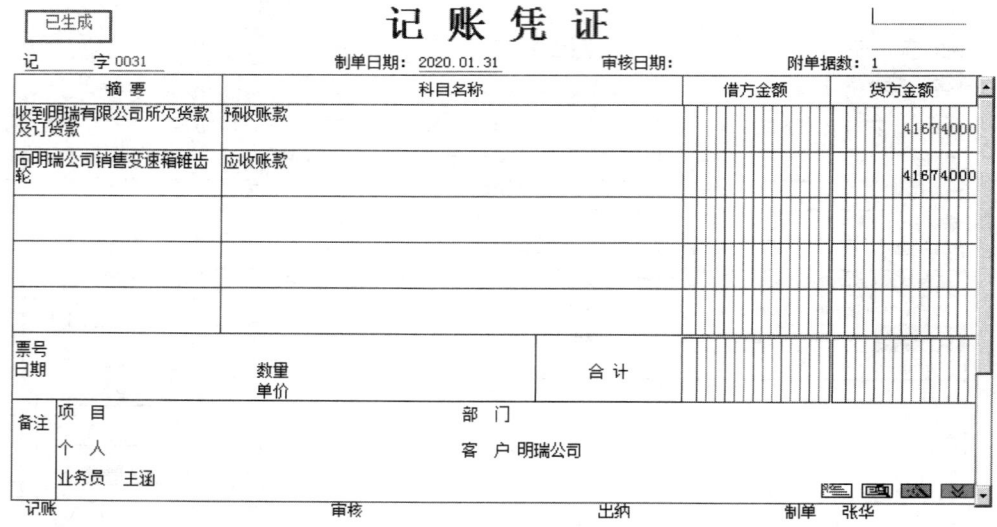

图 2-2-47 记字 0031 号凭证

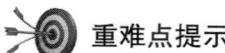 **重难点提示**

(1) 可以在输入转账总金额后单击【自动转账】,系统自动根据过滤条件进行成批的预收冲抵应收款工作。

(2) 每一笔应收款项的转账金额不能大于预收款项的转账金额。应收款项的转账金额合计应等于预收款项的转账金额合计。

二、应收冲应收业务处理

〖业务描述〗 2020 年 1 月 31 日,根据明瑞公司委托转款通知,将明瑞有限公司的应收款 10 000.00 元转给恒兴公司应收款。

〖操作说明〗 【C203 张华】进行应收冲应收的转账操作并制单。

〖操作指引〗

(1)【C203 张华】在应收款管理系统中,执行【转账】|【应收冲应收】命令,打开【应收冲应收】对话框,单据类型选择【货款】和【应收款】。

(2) 在转入栏中的【客户】栏选择【102 -珠海市明瑞有限公司】。在【客户】栏选择【101-深圳市恒兴有限公司】。单击【查询】,在【并账金额】栏录入【10 000.00】,如图 2-2-48 所示。

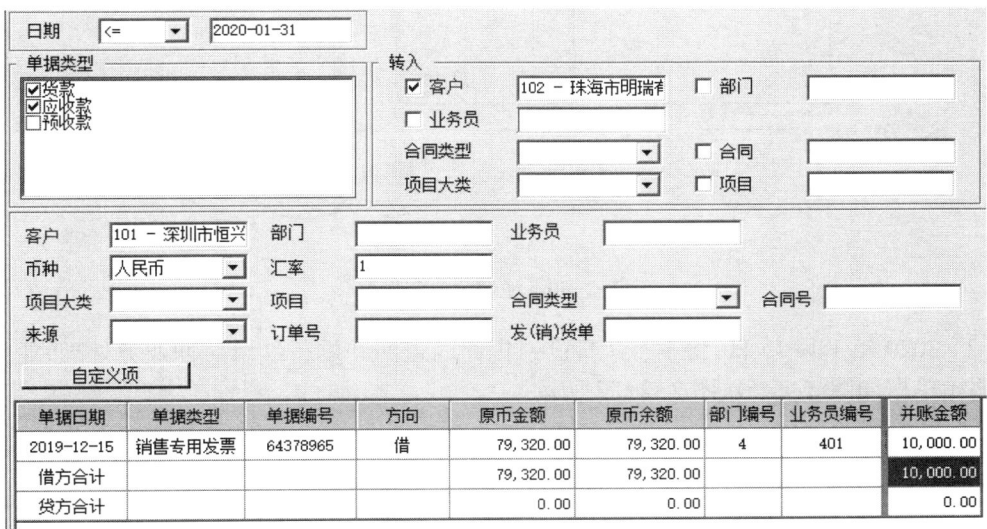

图 2-2-48 预收冲应收

(3) 单击【保存】,系统弹出【是否立即制单?】提示框,单击【是】,系统弹出【记账凭证】窗口,单击【保存】,系统自动生成应收单位不同,红蓝金额对冲凭证,如图 2-2-49 所示。

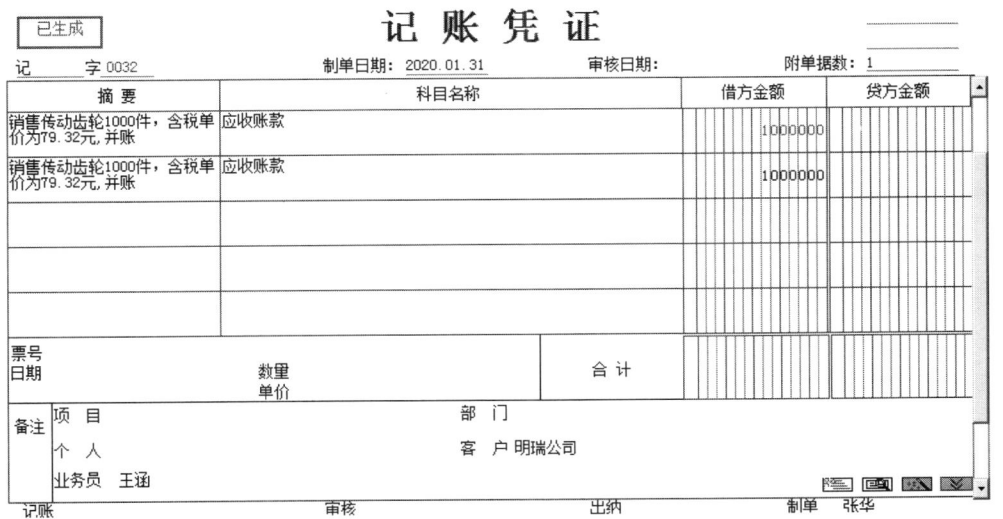

图 2-2-49 记字 0032 号凭证

三、销售退回并红票对冲业务处理

〖业务描述〗 2020 年 1 月,珠海市美满机械有限公司发生如下几笔经济业务:

(1) 2020 年 1 月 7 日,公司向中山阳光公司销售变速箱锥齿轮 200 件,业务相关的原始单据如图 2-2-50 所示。

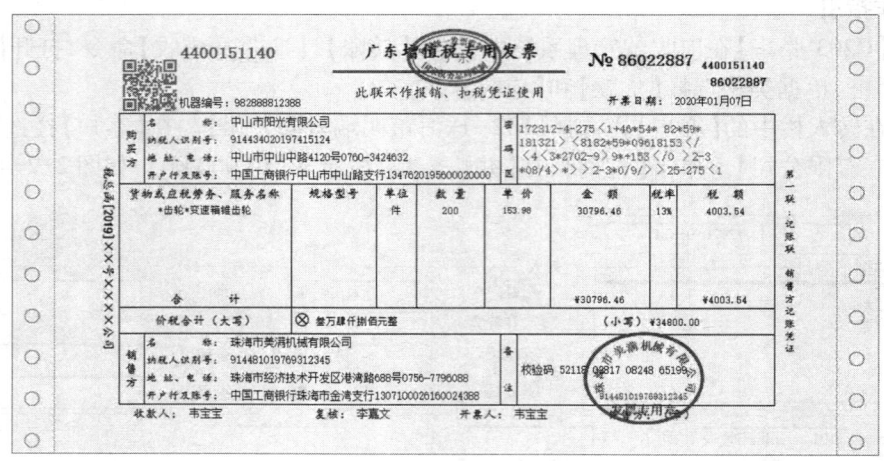

图 2-2-50 增值税专用发票

(2) 2020 年 1 月 15 日,将本月 7 日已销售商品退回并进行红票对冲业务处理,业务相关的原始单据如图 2-2-51、图 2-2-52 所示。

退货单 NO.0601

交库部门:销售部门		2020 年 01 月 15 日	仓库:供应部	
产品名称	计量单位	交付数量	单位成本	总成本
变速箱锥齿轮	件	-100		
合计		-100		

交库部门负责人:王一飞　　　　仓库管理员:木柱　　　　制单:赵雅

此联由财务部门报销用

图 2-2-51 退货单

图 2-2-52 增值税专用发票

〖操作说明〗 【C203 张华】录入销售专用发票、进行红票对冲业务处理、审核并制单。

〖操作指引〗

1. 销售商品发票录入审核及制单业务处理

（1）【C203 张华】在应收款管理系统中，执行【应收单据处理】|【应收单据录入】命令，打开【单据类别】对话框，在【单据名称】栏选择【销售发票】，在【单据类型】栏选择【销售专用发票】，在【方向】栏选择【正向】，单击【确定】，打开【销售专用发票】窗口。

（2）单击【增加】，录入发票号【86022887】；修改开票日期为【2020-01-07】；单击【客户简称】栏的参照，选择【中山阳光】；在【税率（%）】栏录入【13.00】。

（3）在【存货编码】栏录入【02001】，或单击【存货名称】栏的参照，选择【变速箱锥齿轮】，在【数量】栏录入【200】，在【无税单价】栏录入【153.98】。单击【保存】，如图 2-2-53 所示。

图 2-2-53 销售专用发票

（4）回到【应收单据处理】，打开【应收单据审核】，弹出【应收单查询条件】对话框，勾选【未审核】【未制单】项，单击【确定】，打开【应收单据列表】窗口，如图 2-2-54 所示。

图 2-2-54 应收单据列表

（5）单击【选择】按钮，单击【审核】，系统提示【本次审核成功单据［1］张】，单击【确定】退出单据审核。

（6）打开【制单处理】命令，弹出【制单查询】对话框。在【制单查询】对话框中，勾选【发票制单】复选框。

(7) 单击【确定】,打开【收付款单制单】窗口,如图 2-2-55 所示。然后,单击【全选】。

销售发票制单

| 凭证类别 | 记账凭证 | | 制单日期 | 2020-01-07 | | | 共 1 条 |

选择标志	凭证类别	单据类型	单据号	日期	客户编码	客户名称	部门	业务员	金额
1	记账凭证	销售专用发票	86022887	2020-01-07	104	中山市阳光有限公司	销售部	王涵	34,800.00

图 2-2-55 销售发票制单

(8) 单击【制单】,单击【保存】,生成凭证如图 2-2-56 所示。

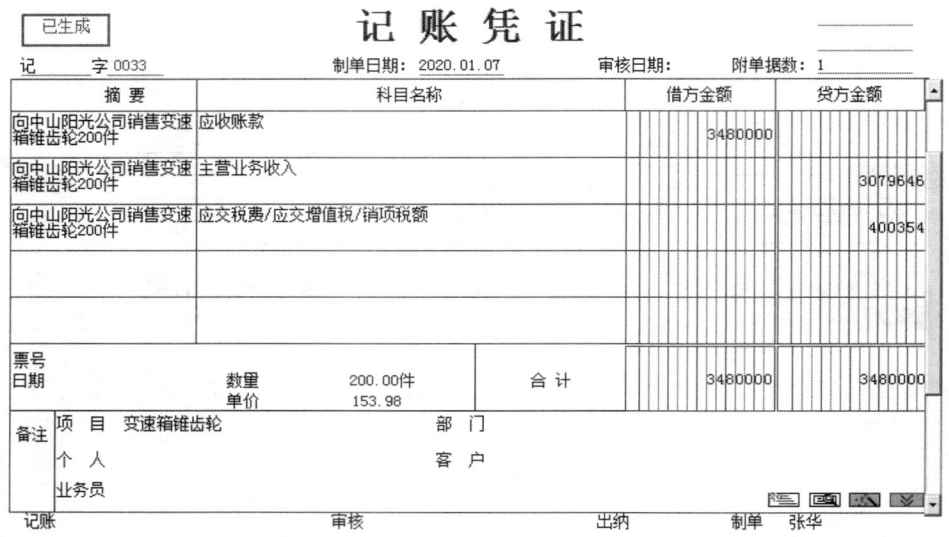

图 2-2-56 记字 0033 号凭证

2. 销售退回发票录入审核及制单业务处理

(1) 在应收款管理系统中,执行【应收单据处理】|【应收单据录入】命令,打开【单据类别】对话框。

(2) 在【单据名称】栏选择【销售发票】;在【单据类型】栏选择【销售专用发票】;在【方向】栏选择【负向】。

(3) 单击【确定】,打开【销售专用发票】窗口。单击【增加】,录入发票号为【64718709】;修改开票日期为【2020-01-15】;单击【客户】栏的参照,选择【阳光公司】;在【税率(%)】栏录入【13.00】。

(4) 在【存货编码】栏录入【02001】,或者单击【存货名称】栏的参照,选择【变速箱锥齿轮】,在【数量】栏录入【-100.00】,在【无税单价】栏录入【153.98】,单击【保存】,如图 2-2-57 所示。

(5) 回到【应收单据处理】,打开【应收单据审核】,弹出【应收单查询条件】对话框,勾选【未审核】【未制单】项,单击【确定】,打开【应收单据列表】窗口,如图 2-2-58 所示。

(6) 单击【选择】,单击【审核】,系统提示【本次审核成功单据[1]张】。

(7) 单击【确定】,退出单据审核,打开【制单处理】命令,弹出【制单查询】对话框。在【制单查询】对话框中,勾选【发票制单】复选框,如图 2-2-59 所示。

图 2-2-57　销售专用发票

选择	审核人	单据日期	单据类型	单据号	客户名称	部门	业务员	制单人	币种	汇率	原币金额	本币金额	备注
		2020-01-15	销售专用发票	64718709	中山市阳光有限公司	销售部	王逦	张华	人民币	1.00000000	-17,400.00	-17,400.00	
合计											-17,400.00	-17,400.00	

应收单据列表

记录总数：1

简易桌面　　单据处理 ×

图 2-2-58　应收单据列表

制单查询

☑发票制单
☐应收单制单
☐收付款单制单
☐核销制单
☐票据处理制单
☐汇兑损益制单
☐应收冲应收制单
☐预收冲应收制单
☐应收冲应付制单
☐红票对冲制单
☐现结制单
☐坏账处理制单

客户　　　　　　　　　币种　　所有币种
部门　　　　　　　　　业务员
单据号
记账日期　　　　　　　──　　2020-01-15
金额
结算方式　　　　　　　审核人
款项类型　　　　　　　制单人
订单号
合同类型
合同号
存货分类　　　　　　　销售类型
存货　　　　　　　　　存货规格

显示
⊙ 未隐藏记录　　○ 隐藏记录

确定　　　取消

图 2-2-59　制单查询

（8）单击【确定】,打开【收付款单制单】窗口,如图 2-2-60 所示。然后,单击【全选】。

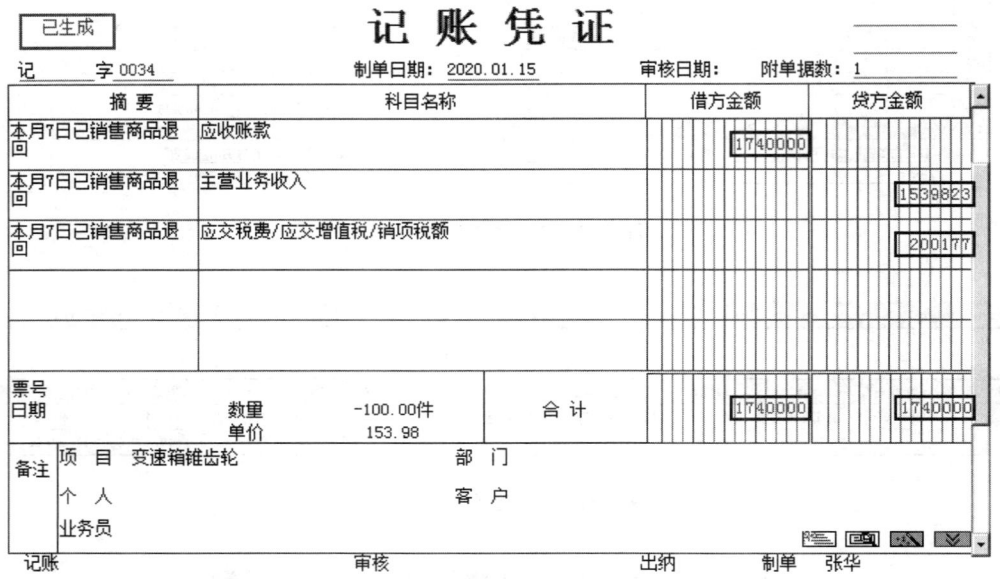

销售发票制单

| 凭证类别 | 记账凭证 | | 制单日期 | 2020-01-15 | | | | | 共 1 条 |

选择标志	凭证类别	单据类型	单据号	日期	客户编码	客户名称	部门	业务员	金额
1	记账凭证	销售专用发票	64718709	2020-01-15	104	中山市阳光有限公司	销售部	王涵	-17,400.00

图 2-2-60　销售发票制单

（9）单击【制单】,再单击【保存】,生成红字金额的凭证,如图 2-2-61 所示。

记 账 凭 证

已生成

记 字 0034　　　　制单日期: 2020.01.15　　　审核日期:　　附单据数: 1

摘 要	科目名称	借方金额	贷方金额
本月7日已销售商品退回	应收账款	1740000	
本月7日已销售商品退回	主营业务收入		1539823
本月7日已销售商品退回	应交税费/应交增值税/销项税额		200177

| 票号 日期 | 数量 -100.00件 单价 153.98 | 合 计 | 1740000 | 1740000 |

备注	项 目 变速箱锥齿轮	部 门
	个 人	客 户
	业务员	

记账　　　　　审核　　　　　出纳　　　　制单 张华

图 2-2-61　记字 0034 号凭证

3. 红票对冲业务处理

（1）【C203 张华】在应收款管理系统中,执行【转账】|【红票对冲】命令,打开【红票对冲条件】对话框,在【通用】界面,在【客户】栏选择【104 -中山市阳光有限公司】,在【计算日期】栏选择【2020-01-15】,如图 2-2-62 所示。

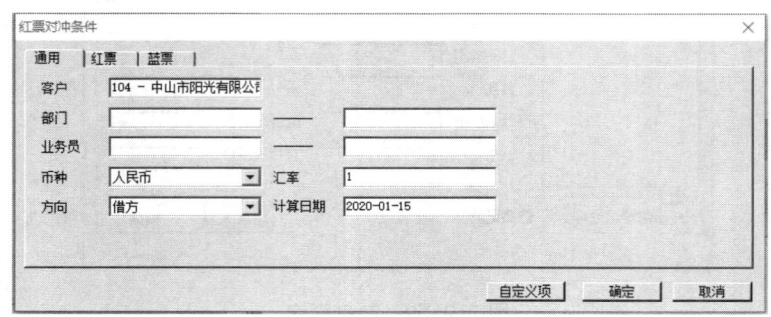

图 2-2-62　红票对冲条件

（2）单击【确定】，打开【红票对冲】窗口。在上部分的对冲红票区选中单据编号【64718709】的对冲金额【17 400.00】，在下部分的正常销售专用发票区，找到与红字发票发生业务对应的蓝字发票编号【86022887】，在【对冲金额】栏中录入【17 400.00】，如图2-2-63所示。

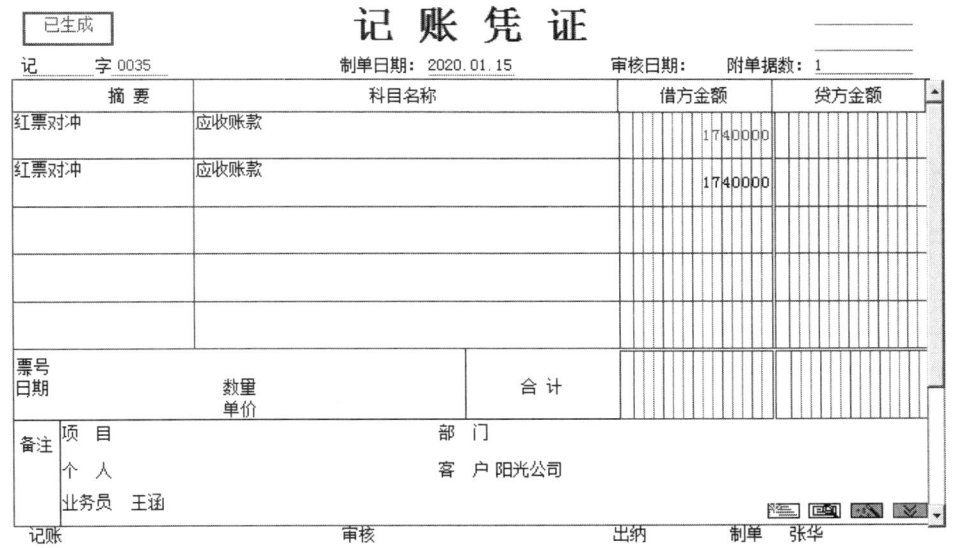

图 2-2-63　红票对冲

（3）单击【确定】，系统弹出【是否立即制单？】提示框，单击【是】，系统弹出【记账凭证】窗口，单击【保存】，系统自动生成红蓝金额对冲凭证，如图2-2-64所示。

图 2-2-64　记字 0035 号凭证

（4）在 D 盘下设置文件夹【666 账套备份\5.4】，将账套输出至【D:\666 账套备份\5.4】文件夹。

重难点提示

（1）红字对冲可以实现客户的红字应收单据与其蓝色应收单据、收款单据与付款单据之间的冲抵操作，可以自动对冲或手工对冲。

（2）自动对冲可以同时对多个客户依据对冲原则进行红票对冲，提高红票对冲效率。

（3）手工对冲只能对一个客户进行红票对冲，可以自行选择红票对冲的单据，提高红票对冲的灵活性。

操作视频

微课

坏账业务处理

任务五　坏账业务处理

业务一　坏账发生业务处理

〖业务描述〗　2020 年 1 月 20 日,将 2019 年 12 月 15 日形成的深圳恒兴公司收取的应收款项 69 320 元转为坏账。

〖操作说明〗　【C203 张华】进行坏账处理并制单。

〖操作指引〗

(1)【C203 张华】在应收款管理系统中,执行【坏账处理】|【坏账发生】命令,打开【坏账发生】对话框。

(2)将日期修改成【2020-01-20】,在【客户】栏选择【101-深圳恒兴公司】,如图 2-2-65 所示。

(3)单击【确定】,打开【坏账发生单据明细】窗口,在【本次发生坏账金额】栏录入【69 320.00】,如图 2-2-66 所示。

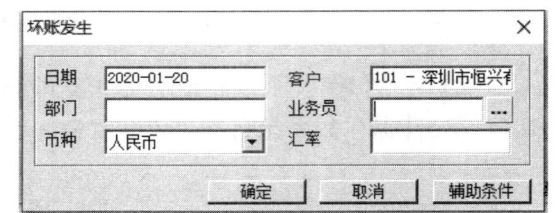

图 2-2-65　坏账发生

坏账发生单据明细

单据类型	单据编号	单据日期	到期日	余　额	部　门	业务员	本次发生坏账金额
销售专用发票	64378965	2019-12-15	2019-12-15	69,320.00	销售部	王迅	69320.00
合　计				69,320.00			69,320.00

图 2-2-66　坏账发生单据明细

(4)单击【OK 确定】,系统弹出【是否立即制单?】提示框,单击【是】,生成发生的坏账的记账凭证,单击【保存】,如图 2-2-67 所示。

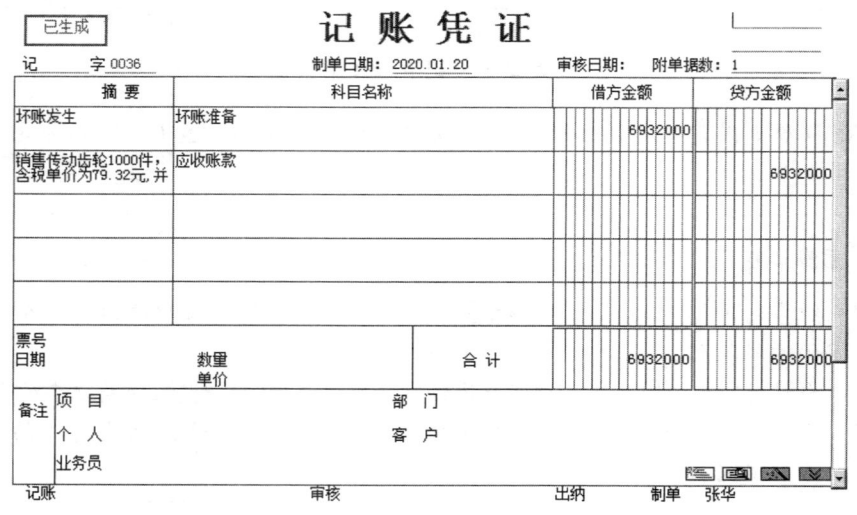

图 2-2-67　记字 0036 号凭证

业务二 坏账收回业务处理

〖业务描述〗 2020 年 1 月 31 日,公司收到银行通知,收回深圳市恒兴有限公司部分已作为坏账准备处理的应收款项 30 000 元,取得与业务相关的原始单据如图 2-2-68 所示。

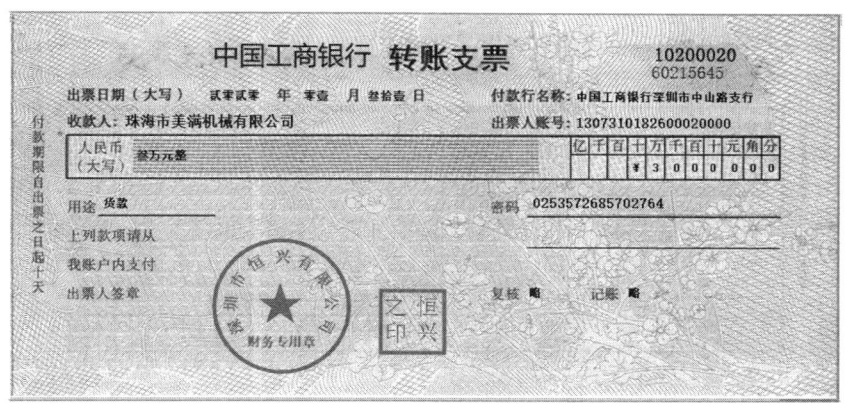

图 2-2-68 转账支票

〖操作说明〗 【C204 韦宝宝】录入收款单,【C203 张华】作坏账收回处理并制单。

〖操作指引〗

1. 录入收款单

(1)【C204 韦宝宝】在应收款管理系统中,执行【收款单据处理】|【收款单据录入】命令,打开【收款单】窗口。

(2)单击【增加】,修改日期为【2020-01-31】;在【客户】栏录入【101】,或单击【客户】栏的参照,选择【深圳恒兴公司】;单击【结算方式】栏的参照,选择【转账支票】;在【金额】栏录入【30 000.00】;在【票据号】栏输入【60215645】;在【摘要】栏录入【收回坏账】,如图 2-2-69所示。最后,单击【保存】。

图 2-2-69 收款单

2. 坏账收回业务处理

（1）【C203 张华】在应收款管理系统中,执行【坏账处理】|【坏账收回】命令,打开【坏账收回】对话框。

（2）在【客户】栏录入【101】,或单击【客户】栏的参照,选择【深圳恒兴公司】,如图 2-2-70 所示。

（3）单击【结算单号】栏的参照,选择【0000000005】结算单,录入金额【30 000.00】,单击【确定】,如图 2-2-71、图 2-2-72 所示。

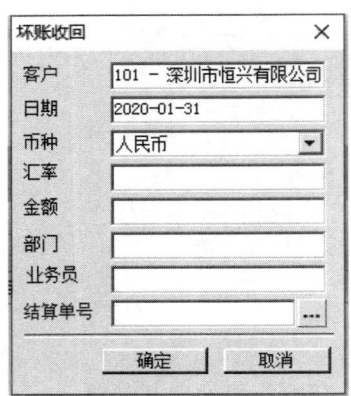
图 2-2-70　坏账收回

图 2-2-71　收款单参照

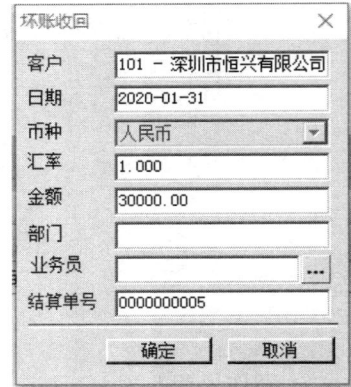
图 2-2-72　坏账收回

（4）单击【确定】,系统弹出【是否立即制单?】提示框,单击【是】,生成发生的坏账的记账凭证,单击【保存】,如图 2-2-73 所示。

图 2-2-73　记字 0037 号凭证

重难点提示

（1）在录入一笔坏账收回的款项时，注意不要把该客户的其他应收款项业务与该笔坏账收回业务录入到一张收款单中。

（2）坏账收回制单不受系统中【方向相反分录是否合并】选项的控制。

业务三　计提坏账准备业务处理

〖业务描述〗　2020 年 1 月 31 日，计提坏账准备。

〖操作说明〗　【C203 张华】计提坏账准备业务处理并制单。

〖操作指引〗

（1）【C203 张华】在应收款管理系统中，执行【坏账处理】|【计提坏账准备】命令，打开【应收账款百分比法】窗口（计提比率可按公司规定要求进行修改），如图 2-2-74 所示。

应收账款总额	计提比率	坏账准备	坏账准备余额	本次计提
1,173,430.00	0.500%	5,867.15	-38,618.00	44,485.15

图 2-2-74　应收账款百分比法

（2）单击【OK 确定】，系统弹出【是否立即制单?】提示框，单击【是】，生成发生的坏账的记账凭证，单击【保存】，如图 2-2-75 所示。

记 账 凭 证

已生成

记　字 0038　　　制单日期：2020.01.31　　审核日期：　　附单据数：1

摘　要	科目名称	借方金额	贷方金额
计提坏账准备	资产减值损失	4448515	
计提坏账准备	坏账准备		4448515
	合　计	4448515	4448515

票号 日期　　数量 单价

备注　项目　部门　个人　客户　业务员

记账　　审核　　出纳　　制单 张华

图 2-2-75　记字 0038 号凭证

（3）在 D 盘下设置文件夹【666 账套备份\5.5】，将账套输出至【D:\666 账套备份\5.5】文件夹。

操作
视频

微课

单据及账表
查询

任务六　单据及账表查询

〖业务描述〗　2020 年 1 月 31 日,以【C201 蓝英】身份查询应收款管理系统单据、凭证、账簿。

〖操作说明〗　【C201 蓝英】应收模块相关单据、凭证、账表查询。

〖操作指引〗

1. 查询 1 月份填制的所有销售专用发票

（1）在应收款管理系统中,执行【单据查询】|【发票查询】命令,打开【查询条件选择—发票查询】对话框。

（2）单击【发票类型】栏,选择【26 - 销售专用发票】;修改单据日期为从【2020-01-01】到【2020-01-31】,如图 2-2-76 所示。

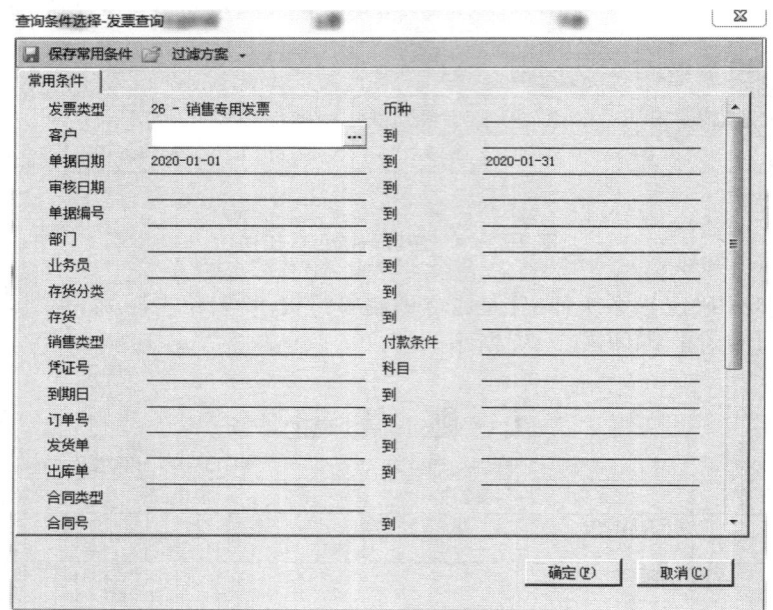

图 2-2-76　查询条件选择-发票查询

（3）单击【确定】,打开【发票查询】窗口,可查看本月所有客户的发票录入情况及应收账款金额,如图 2-2-77 所示。

发票查询

记录总数：5

单据日期	单据类型	单据编号	客户	币种	汇率	原币金额	原币余额	本币金额	本币余额	打印次数
2020-01-07	销售专用发票	86022887	中山市阳光有限公司	人民币	1.00000000	34,800.00	17,400.00	34,800.00	17,400.00	
2020-01-11	销售专用发票	88615680	中山市阳光有限公司	人民币	1.00000000	191,400.00	191,400.00	191,400.00	191,400.00	
2020-01-25	销售专用发票	05751676	东莞市东和有限公司	人民币	1.00000000	17,400.00	17,400.00	17,400.00	17,400.00	
2020-01-25	销售专用发票	59317844	珠海市明尚有限公司	人民币	1.00000000	1,044,000.00	627,260.00	1,044,000.00	627,260.00	
2020-01-25	销售专用发票	88777053	美国ESENW有限公司	美元	6.38000000	100,000.00	100,000.00	638,000.00	658,000.00	
合计						1,387,600.00	953,460.00	1,925,600.00	1,511,460.00	

图 2-2-77　发票查询

重难点提示

（1）在【发票查询】功能中可以分别查询已审核、未审核、已核销及未核销的发票，还可以按发票号、单据日期、金额范围或余额范围等条件进行查询。

（2）在【发票查询】窗口中，单击【查询】，可以重新输入查询条件；单击【单据】，可以调出原始单据；单击【详细】，可以查看当前单据的详细结算情况；单击【凭证】，可以查询单据所对应的凭证；单击【栏目】，可以设置当前查询列表的显示栏目、栏目顺序、栏目名称、排序方式，可以保存设置内容。

2. 查询1月份所有的应收款管理系统生成凭证列表

（1）在应收款管理系统中，执行【单据查询】|【凭证查询】命令，打开【凭证查询条件】对话框，选择【业务类型】和【凭证类别】为【全部】，选择【凭证日期】为从【2020-01-01】到【2020-01-31】，如图2-2-78所示。

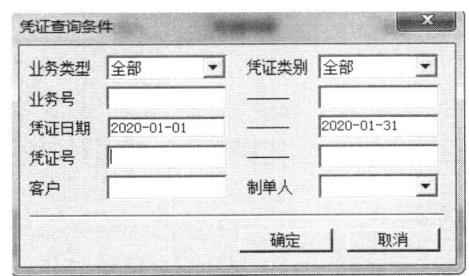

图 2-2-78　凭证查询条件

（2）单击【确定】，进入【凭证查询】窗口，可以查询本月所有应收款管理系统凭证制单情况，如图2-2-79所示。

凭证查询

凭证总数：22 张

业务日期	业务类型	业务号	制单人	凭证日期	凭证号	标志
2020-1-18	销售专...	10694126X	张华	2020-1-18	记-0017	
2020-1-25	销售专...	59317844	张华	2020-1-25	记-0018	
2020-1-25	其他应收单	0000000001	张华	2020-1-25	记-0019	
2020-1-25	销售专...	05751676	张华	2020-1-25	记-0020	
2020-1-4	收款单	0000000002	张华	2020-1-4	记-0021	
2020-1-25	收款单	0000000003	张华	2020-1-25	记-0022	
2020-1-11	销售专...	88615680	张华	2020-1-11	记-0023	
2020-1-11	收款单	0000000004	张华	2020-1-11	记-0024	
2020-1-18	票据计息	64378968	张华	2020-1-18	记-0025	
2020-1-18	票据结算	64378968	张华	2020-1-18	记-0026	
2020-1-18	票据贴现	56345611	张华	2020-1-18	记-0027	
2020-1-25	销售专...	88777053	张华	2020-1-25	记-0028	
2020-1-31	汇兑损益	88777053	张华	2020-1-31	记-0029	
2020-1-25	核销	ZKAR000...	张华	2020-1-31	记-0030	
2020-1-31	预收冲应收	59317844	张华	2020-1-31	记-0031	
2020-1-31	并账	64378968	张华	2020-1-31	记-0032	
2020-1-7	销售专...	86022887	张华	2020-1-7	记-0033	
2020-1-15	销售专...	64718709	张华	2020-1-15	记-0034	
2020-1-15	红票对冲	86022887	张华	2020-1-15	记-0035	
2020-1-20	坏账发生	64378965	张华	2020-1-20	记-0036	
2020-1-31	坏账收回	0000000005	张华	2020-1-31	记-0037	
2020-1-31	计提坏账	HZAR000...	张华	2020-1-31	记-0038	

图 2-2-79　凭证查询

重难点提示

（1）在【收付款单查询】功能中可以分别查询已核销、未核销、应收款、预收款及费用的结算情况，还可以按单据编号、金额范围、余额范围或单据日期等条件进行查询。

（2）在【收付款单查询】窗口中，也可以分别单击【查询】【详细】【单据】及【凭证】等，查询到相应的内容。

3. 查询科目余额表

（1）在应收款管理系统中，执行【账表管理】|【科目账查询】|【科目余额表】命令，打开【客户往来科目余额表】对话框，如图2-2-80所示。

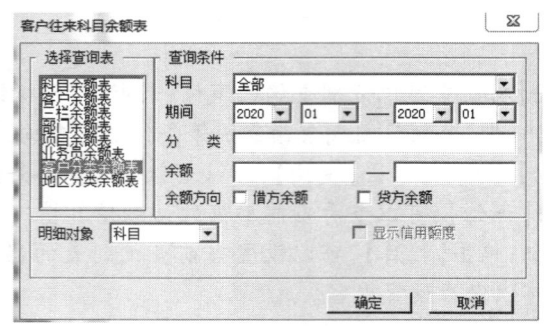

图 2-2-80　客户往来科目余额表

（2）单击【确定】，打开【客户分类余额表】窗口，如图 2-2-81 所示，单击【退出】。

客户分类余额表

金额式

科目　全部
客户分类　全部

期间：　2020.01-2020.01

| 客户分类 | | 科目 | | 方向 | 期初余额 | 借　方 | 贷　方 | 方向 | 期末余额 |
编号	名　称	编号	名　称		本币	本币	本币		本币
1	A类客户	1121	应收票据	借	118,980.00	194,440.60	313,420.60	平	
1	A类客户	1122	应收账款	借	396,580.00	2,351,120.00	1,433,040.00	借	1,314,660.00
小计：				借	515,560.00	2,545,560.60	1,746,460.60	借	1,314,660.00
2	B类客户	1122	应收账款	平		17,400.00		借	17,400.00
2	B类客户	2203	预收账款	贷	158,630.00			贷	158,630.00
小计：				贷	158,630.00	17,400.00		贷	141,230.00
合计：				借	356,930.00	2,562,960.60	1,746,460.60	借	1,173,430.00

图 2-2-81　客户分类余额表

（3）在 D 盘下设置文件夹【666 账套备份\5.6】，将账套输出至【D:\666 账套备份\5.6】文件夹。

项目三　应付款管理系统业务处理

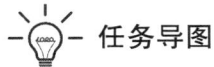 任务导图

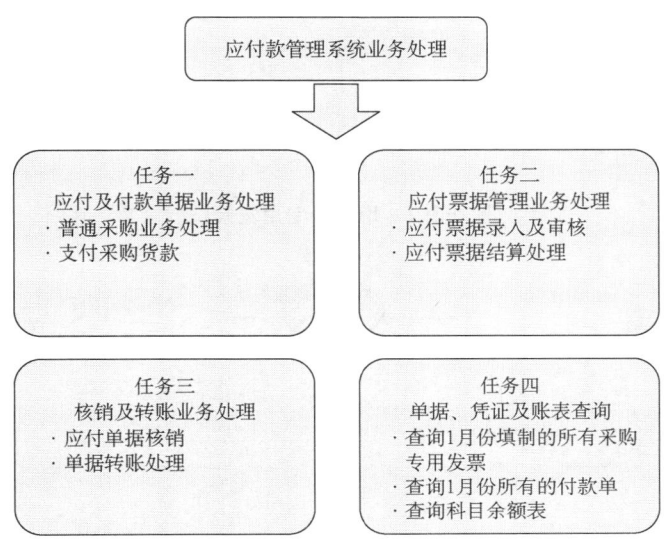

本任务相关链接　用友在线学习网:http://learning.ufida.com.cn/

任务一　应付及付款单据业务处理

业务一　普通采购业务处理

〖**业务描述**〗　2020 年 1 月,珠海市美满机械有限公司发生如下几笔经济业务:

（1）2020 年 1 月 3 号,公司向广州市恒大合金有限公司的采购已到货,款项已于上月预付,收取发票如图 2-3-1 所示(立即制单)。

（2）2020 年 1 月 5 日,公司向广东金鸿有限公司购买渗碳钢材料到货,款项未付,收取发票如图 2-3-2 所示(立即制单)。

（3）2020 年 1 月 11 日,公司向珠海市顺昌有限公司购买调质钢材料到货,款项未付,收取发票如图 2-3-3 所示(不立即制单)。

（4）2020 年 1 月 27 日,公司向东莞市东和有限公司购买包装箱到货,收取相关发票如图 2-3-4 所示(不立即制单)。

微课

操作视频

应付及付款单据业务处理

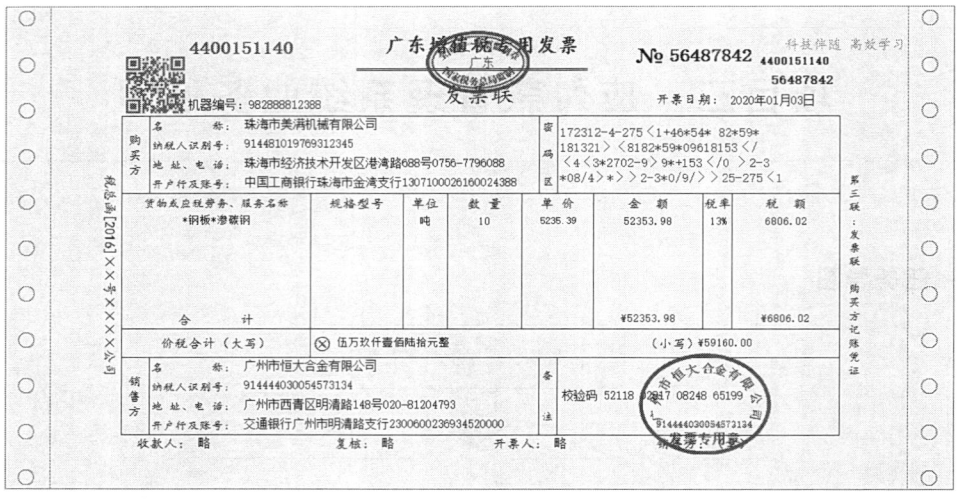

图 2-3-1　增值税专用发票(一)

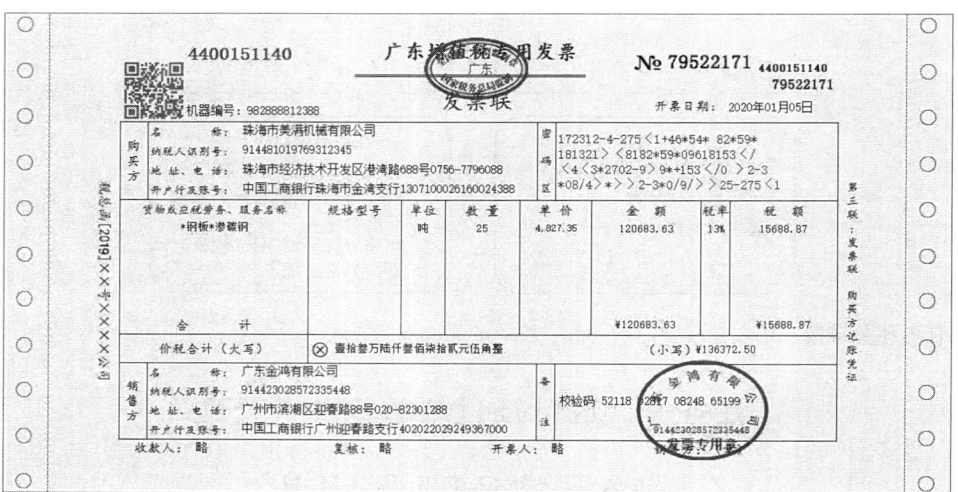

图 2-3-2　增值税专用发票(二)

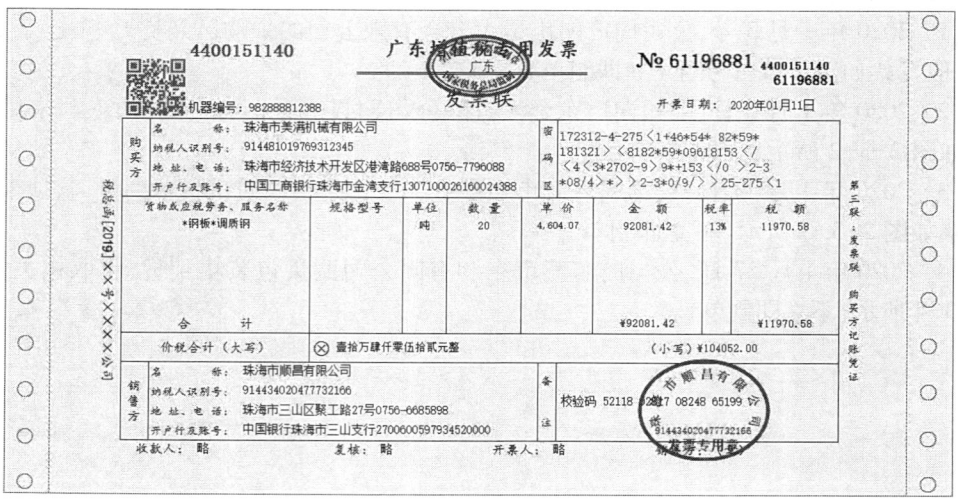

图 2-3-3　增值税专用发票(三)

图 2-3-4 增值税专用发票(四)

〖操作说明〗 【C203 张华】填制采购专用发票,审核并制单。

〖操作指引〗

1. 录入第一笔采购业务并制单处理(采用立即制单)

(1)【C203 张华】在应付款管理系统中,执行【应付单据处理】|【应付单据录入】命令,打开【单据类别】对话框,选择单据名称【采购发票】,单据类型【采购专用发票】,方向【正向】,如图 2-3-5 所示。

(2)单击【确定】,修改【采购发票专用发票】窗口。

(3)单击【增加】,修改发票日期为【2020-01-03】;录入发票号【56487842】;单击【供应商】选择【恒大合金】,录入税率【13.00】;在【存货编号】栏选择或录入【01002】;在【数量】栏录入【10.00】;在【原币单价】栏录入【5 235.40】。单击【保存】,如图 2-3-6 所示。

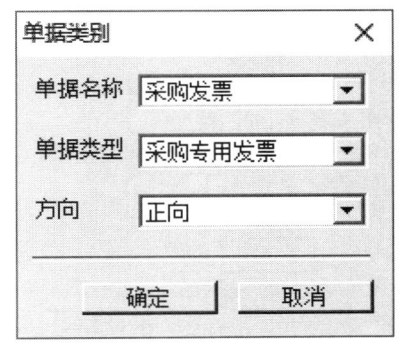

图 2-3-5 单据类别

图 2-3-6 专用发票

（4）单击【审核】,系统会弹出提示【是否立即制单?】,单击【是】,系统弹出【生成凭证】窗口,单击【保存】,系统弹出提示【凭证已生成】,如图 2-3-7 所示。

（5）第二笔业务操作步骤同上,所生成凭证如图 2-3-8 所示。

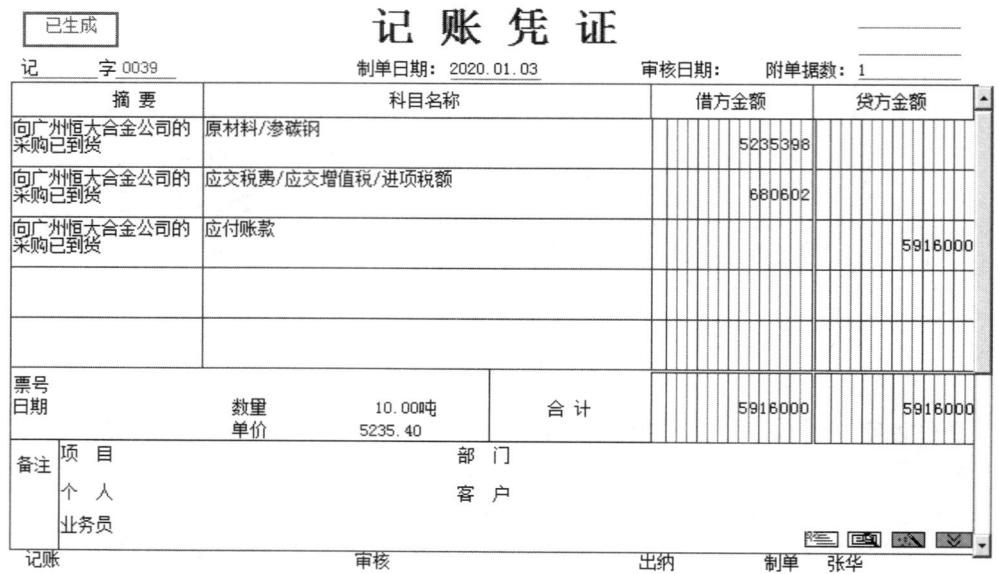

记 账 凭 证

已生成					

记　字 0039　　　　　制单日期: 2020.01.03　　　　审核日期:　　附单据数: 1

摘　要	科目名称	借方金额	贷方金额
向广州恒大合金公司的采购已到货	原材料/渗碳钢	5235398	
向广州恒大合金公司的采购已到货	应交税费/应交增值税/进项税额	680602	
向广州恒大合金公司的采购已到货	应付账款		5916000

票号日期	数量　10.00吨 单价　5235.40	合　计	5916000	5916000

备注　项　目　　　　　　　部　门
　　　个　人　　　　　　　客　户
　　　业务员

记账　　　　　审核　　　　　出纳　　　制单　张华

图 2-3-7　记字 0039 号凭证

记 账 凭 证

已生成					

记　字 0040　　　　　制单日期: 2020.01.05　　　　审核日期:　　附单据数: 1

摘　要	科目名称	借方金额	贷方金额
向广东金鸿公司购买渗碳钢材料到货	原材料/渗碳钢	12068363	
向广东金鸿公司购买渗碳钢材料到货	应交税费/应交增值税/进项税额	1568887	
向广东金鸿公司购买渗碳钢材料到货	应付账款		13637250

票号日期	数量　25.00吨 单价　4827.35	合　计	13637250	13637250

备注　项　目　　　　　　　部　门
　　　个　人　　　　　　　供应商
　　　业务员

记账　　　　　审核　　　　　出纳　　　制单　张华

图 2-3-8　记字 0040 号凭证

2. 录入第三笔采购业务并制单处理(采用不立即制单)

（1）【C203 张华】在应付款管理系统中,执行【应付单据处理】|【应付单据录入】命令,打开【单据类别】对话框,在【单据名称】栏选择【采购发票】,在【单据类型】栏选择【采购专

用发票】,在【方向】栏选择【正向】,单击【确定】。

（2）打开【采购专用发票】窗口,单击【增加】,在表头录入发票【61196881】;修改开票日期为【2020-01-11】;单击【供应商】栏的参照,选择【顺昌】;在【税率】栏录入【13.00】。

（3）在表格部分中的【存货编码】栏录入【01003】,或单击【存货名称】栏的参照,选择【调质钢】,在【数量】栏录入【20】,在【原币单价】栏录入【4 604.07】。单击【保存】,如图2-3-9所示。

图2-3-9 专用发票

（4）打开【应付单据处理】命令,单击【应付单据审核】,弹出【应付单查询条件】对话框,勾选【未审核】【未制单】项,单击【确定】,打开【应收单据列表】窗口,如图2-3-10所示。

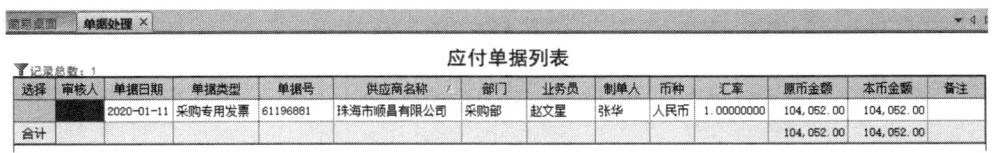

图2-3-10 应付单据列表

（5）单击【全选】,再单击【审核】,系统提示【本次审核成功单据［1］张】,单击【确定】退出。

（6）打开【制单处理】命令,弹出【制单查询】对话框。在【制单查询】对话框中,勾选【发票制单】复选框,如图2-3-11所示。

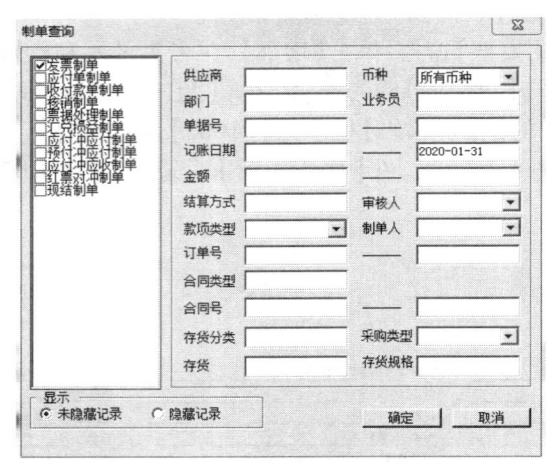

图 2-3-11　制单查询

（7）单击【确定】,进入【采购发票制单】窗口显示所有应制单发票列表。单击【全选】,如图 2-3-12 所示。

采购发票制单

凭证类别　[记账凭证　▼]　　　　制单日期 [2020-01-31] 🔢　　　　　　　共 1 条

选择标志	凭证类别	单据类型	单据号	日期	供应商编码	供应商名称	部门	业务员	金额
1	记账凭证	采购专用发票	61196881	2020-01-11	2	珠海市顺昌有限公司	采购部	赵文星	104,052.00

图 2-3-12　采购发票制单

（8）单击【制单】,自动生成凭证,单击【保存】,生成凭证如图 2-3-13 所示。

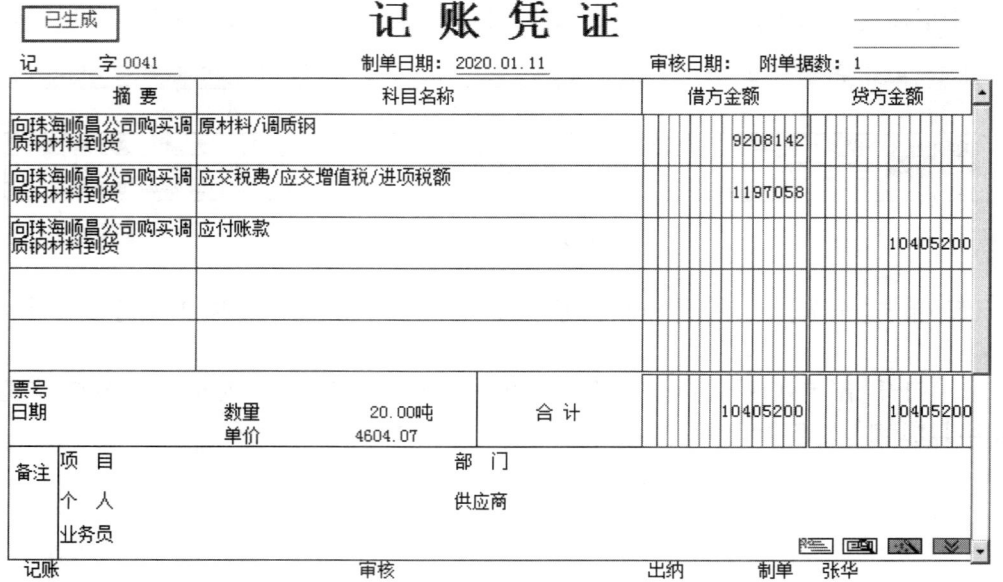

图 2-3-13　记字 0041 号凭证

（9）第四笔业务操作步骤同上,所生成凭证如图2-3-14所示。

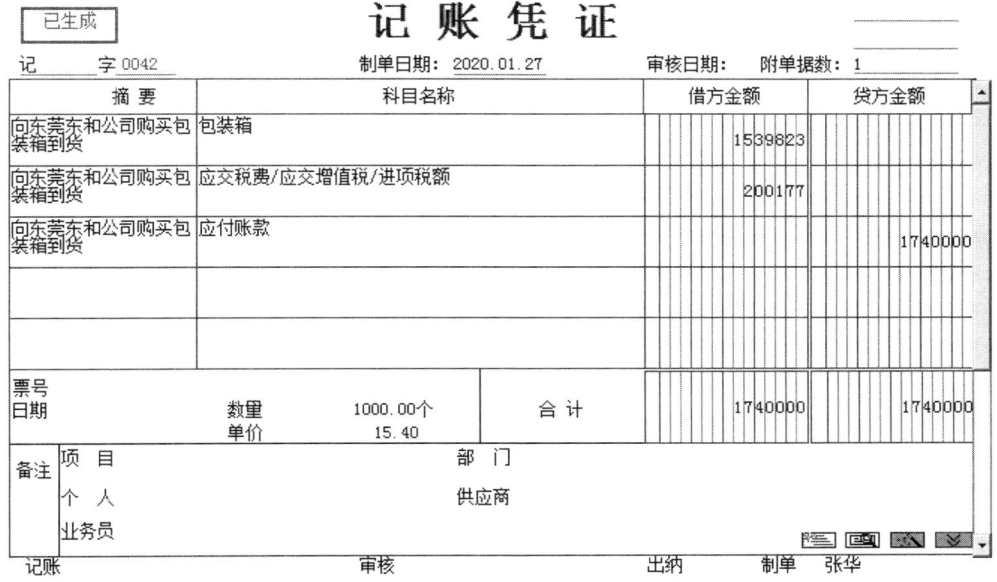

图 2-3-14　记字 0042 号凭证

🎯 **重难点提示**

（1）在填制采购专用发票时,税率由系统自动生成,可以修改。

（2）已审核的单据不能修改或删除,已生成凭证或进行过核销的单据在单据界面中不再显示。

（3）在录入采购发票后可以直接进行审核,在直接审核后系统会提示【是否立即制单?】,此时可以直接制单。如果录入采购发票后不直接审核,可以在应付单据处理集中统一审核,再到制单功能中统一制单生成凭证。

（4）已审核的单据在未进行其他处理之前需要修改的应取消审核,再进行修改。

业务二　支付采购货款

〖**业务描述**〗　2020 年 1 月,珠海市美满机械有限公司发生如下几笔经济业务:

（1）根据上月应付账款对账结果,在本月 10 日和 15 日分别支付货款,如表 2-3-1 所示。

表 2-3-1　　　　　　　　　　　　**转账明细表**

采购日期	供应商名称	摘要	方向	余额	支付日期
2019-12-19	广东金鸿有限公司	采购渗碳钢 20 吨,含税单价为 5 916 元,票号 56726453	贷	118 320.00	2020-01-10
2019-12-22	珠海市顺昌有限公司	采购调质钢 30 吨,含税单价为 5 568 元,票号 56728954	贷	167 040.00	2020-01-15

（2）2020 年 1 月 25 日,公司支付 11 日向珠海市顺昌有限公司采购的调质钢货款,取得与业务相关的原始单据如图 2-3-15 所示。

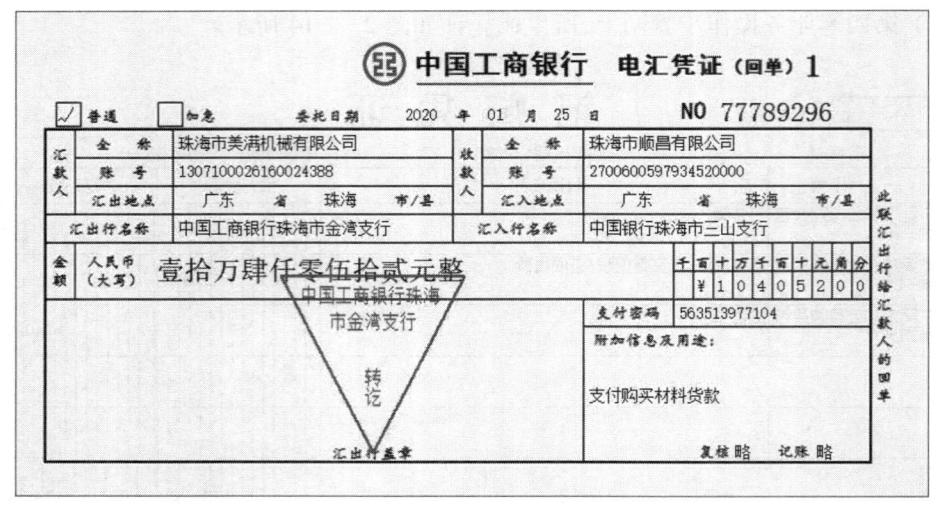

图 2-3-15　调质钢货款电汇凭证

（3）2020 年 1 月 25 日,向广州市恒大合金有限公司预付采购渗碳钢货款,取得与业务相关的原始单据如图 2-3-16 所示。

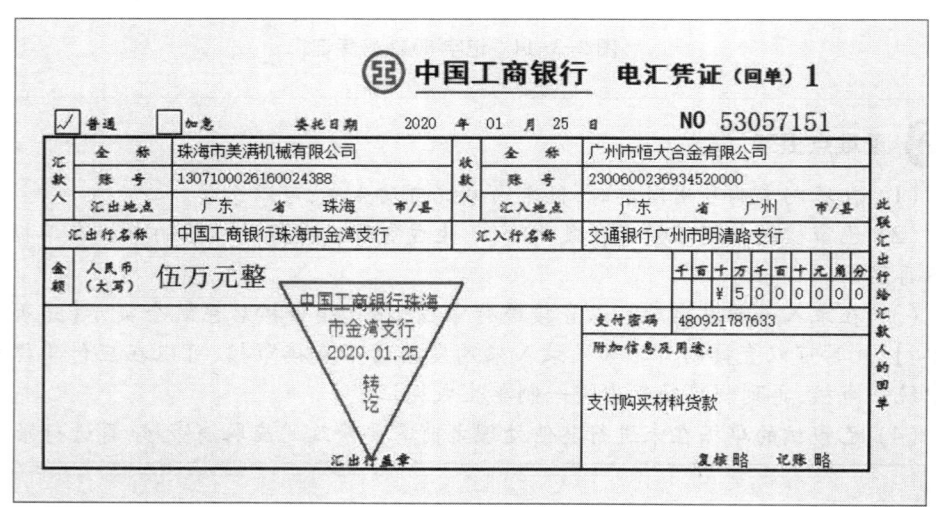

图 2-3-16　渗碳钢贷款电汇凭证

〖操作说明〗　【C204 韦宝宝】录入付款单,【C203 张华】中审核付款单并进行核销、制单处理。

〖操作指引〗

1. 录入付款单

（1）【C204 韦宝宝】在应付款管理系统中,执行【付款单据处理】|【付款单据录入】命令,打开【付款单】窗口。

（2）单击【增加】,修改日期为【2020-01-10】;单击【供应商】选择【金鸿】;单击【结算方式】选择【电汇】;在【金额】栏录入【118 320.00】;在【票据号】栏录入【56726453】;在【摘要】栏录入相关信息;在表格部分中的【款项类型】栏选择【应付款】,单击【保存】,如图 2-3-17 所示。

图 2-3-17 付款单

2. 审核付款单

（1）【C203 张华】在应付款管理系统中，执行【付款单据处理】|【付款单据审核】命令，打开【付款查询条件】对话框，默认选项【未审核】【收款单】【付款单】。

（2）单击【确定】，打开【收付款单列表】窗口。单击【全选】，如图 2-3-18 所示。

图 2-3-18 收付款单列表

（3）单击【审核】，系统提示【本次审核成功单据［1］张】，单击【确定】。

3. 制单处理

（1）【C203 张华】在应付款管理系统，执行【制单处理】命令，打开【制单查询】对话框。

（2）在【制单查询】对话框，选择【收付款单制单】复选框。

（3）单击【确定】，打开【收付款单制单】窗口，单击【全选】，如图 2-3-19 所示。

图 2-3-19 收付款单制单

（4）单击【制单】，系统弹出【生成凭证】窗口，单击【保存】，系统弹出提示【凭证已生成】，在应付款管理系统中生成一张凭证，如图 2-3-20 所示。

记 账 凭 证

已生成					

记　字 0043　　　制单日期：2020.01.10　　审核日期：　附单据数：1

摘　要	科目名称	借方金额	贷方金额
支付金鸿公司货款	应付账款	11832000	
支付金鸿公司货款	银行存款/工商银行金湾支行		11832000

票号　202 - 56726453
日期　2020.01.10　　数量　单价　　　　合 计　　11832000　　11832000

备注　项　目　　　　　部　门
　　　个　人　　　　　客　户
　　　业务员

记账　　　　　审核　　　　　出纳　　　　制单 张华

图 2-3-20　记字 0043 号凭证

（5）其他业务如上述步骤，所生成的凭证如图 2-3-21、图 2-3-22、图 2-3-23 所示。

记 账 凭 证

已生成					

记　字 0044　　　制单日期：2020.01.15　　审核日期：　附单据数：1

摘　要	科目名称	借方金额	贷方金额
支付顺昌公司货款	应付账款	16704000	
支付顺昌公司货款	银行存款/工商银行金湾支行		16704000

票号　202 - 56728954
日期　2020.01.15　　数量　单价　　　　合 计　　16704000　　16704000

备注　项　目　　　　　部　门
　　　个　人　　　　　客　户
　　　业务员

记账　　　　　审核　　　　　出纳　　　　制单 张华

图 2-3-21　记字 0044 号凭证

记 账 凭 证

已生成

记　字 0045　　制单日期：2020.01.25　　审核日期：　　附单据数：1

摘　要	科目名称	借方金额	贷方金额
支付11日向珠海顺昌公司采购货款	应付账款	10405200	
支付11日向珠海顺昌公司采购货款	银行存款/工商银行金湾支行		10405200

票号　4 － 42758956
日期　2020.01.25　　数量　单价

合　计　10405200　10405200

备注　项　目　　　　部　门
　　　个　人　　　　客　户
　　　业务员

记账　　　审核　　　出纳　　　制单 张华

图 2-3-22　记字 0045 号凭证

记 账 凭 证

已生成

记　字 0046　　制单日期：2020.01.25　　审核日期：　　附单据数：1

摘　要	科目名称	借方金额	贷方金额
向广州恒大合金公司预付采购渗碳钢货款	预付账款	5000000	
向广州恒大合金公司预付采购渗碳钢货款	银行存款/工商银行金湾支行		5000000

票号　4 － 42758957
日期　2020.01.25　　数量　单价

合　计　5000000　5000000

备注　项　目　　　　部　门
　　　个　人　　　　客　户
　　　业务员

记账　　　审核　　　出纳　　　制单 张华

图 2-3-23　记字 0046 号凭证

（6）在 D 盘下设置文件夹【666 账套备份\6.1】，将账套输出至【D:\666 账套备份\6.1】文件夹。

任务二　应付票据管理业务处理

业务一　应付票据录入及审核

〖**业务描述**〗　2020 年 1 月 12 日，公司开具商业承兑汇票支付 1 月 5 日采购尚欠广东金

应付票据管理业务处理

169

鸿公司货款 136 372.5 元,票号为 56728957,出票日期为当天,到期日为 2020 年 7 月 12 日。

〖**操作说明**〗 【C204 韦宝宝】录入商业承兑汇票,【C203 张华】审核付款单并制单处理。

〖**操作指引**〗

1. 录入商业承兑汇票

(1)【C204 韦宝宝】在应付款管理系统中,执行【票据管理】命令,打开【查询条件选择】对话框,方向选择【付款】。

(2) 单击【增加】,打开【商业汇票】窗口,选择【票据类型】为【商业承兑汇票】;在【票据编号】栏录入【56728957】;在【结算方法】栏选择【商业承兑汇票】;在【收到日期】栏选择【2020-01-12】;在【出票日期】栏选择【2020-01-12】;在【到期日】栏选择【2020-07-12】;在【收款人】栏选择【广东金鸿公司】;在【金额】栏输入【136 372.50】,单击【保存】,如图 2-3-24 所示。

图 2-3-24　商业汇票

2. 审核付款单据

(1)【C203 张华】在应付款管理系统中,执行【付款单据处理】|【付款单据审核】命令,打开【付款单查询条件】对话框,勾选【未审核】【收款单】【付款单】。

(2) 单击【确定】,打开【收付款单列表】窗口,单击【全选】,如图 2-3-25 所示。

(3) 单击【审核】,系统提示【本次审核成功单据[1]张】,单击【确定】。

选择	审核人	单据日期	单据类型	单据编号	供应商	部门	业务员	结算方式	票据号	币种	汇率	原币金额	本币金额	备注
Y		2020-01-12	付款单	0000000006	广东金鸿有限公司	采购部	赵文星	商业承兑汇票	56728957	人民币	1.00000000	136,372.50	136,372.50	
合计												136,372.50	136,372.50	

图 2-3-25　收付款单列表

3. 应付票据制单处理

（1）【C203 张华】在应付款管理系统,执行【制单处理】命令,打开【制单查询】对话框。

（2）在【制单查询】对话框中,勾选【收付款单列表】复选框,如图 2-3-26 所示。

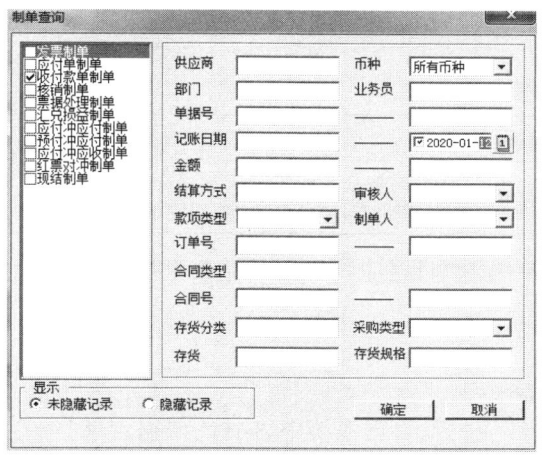

图 2-3-26　制单查询

（3）单击【确定】,打开【收付款单制单】窗口。单击【全选】,如图 2-3-27 所示。

收付款单制单

凭证类别	记账凭证		制单日期	2020-01-12				共 1 条

选择标志	凭证类别	单据类型	单据号	日期	供应商编码	供应商名称	部门	业务员	金额
1	记账凭证	付款单	0000000006	2020-01-12	1	广东金鸿有限公司	采购部	赵文星	136,372.50

图 2-3-27　收付款单制单

（4）单击【制单】,单击【保存】,生成一张凭证,如图 2-3-28 所示。

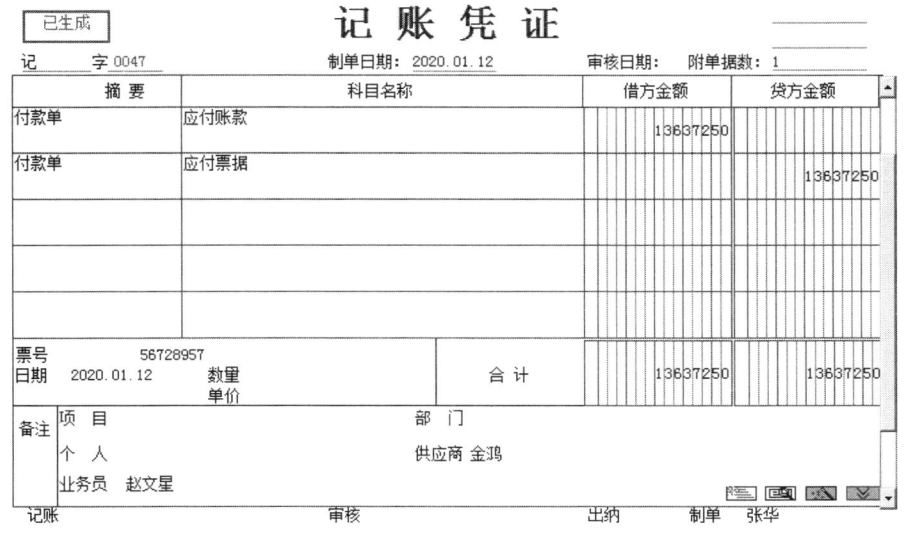

图 2-3-28　记字 0047 号凭证

业务二　应付票据结算处理

〖业务描述〗　2020 年 1 月 10 日,公司对 2019 年 7 月 10 日开具给珠海市顺昌有限公司的银行承兑汇票(票号:56728956,金额:55 680 元)进行计息、结算并制单,具体信息如表 2-3-2 所示。

表 2-3-2

日期	供应商名称	摘要	方向	余额
2019-07-10	珠海市顺昌有限公司	采购调质钢,10 吨,含税单价为 5 568 元,票号为 56728956,票面利率 5%,期限 6 个月	贷	55 680.00

〖操作说明〗　【C204 韦宝宝】对应付银行承兑票汇进行计息及结算操作,【C203 张华】审核并进行制单处理。

〖操作指引〗

1. 银行承兑汇票计息

(1)【C204 韦宝宝】在应付款管理系统中,执行【票据管理】命令,打开【查询条件选择】对话框,方向选择【付款】。

(2)单击【确定】,打开【票据管理】窗口,单击选中 2019 年 7 月 10 日的银行承兑汇票(票号:56728956),如图 2-3-29 所示。

选择	序号	方向	票据类型	收到日期	票据编号	票据摘要	币种	出票日期	结算方式	背书金额	金额	汇率	票面利率	票据余额
Y	1	付款	银行承兑汇票	2019-07-10	56728956	采购调质钢	人民币	2019-07-10		0.00	55,680.00		5	55,680.00
	2	付款	商业承兑汇票	2020-01-12	56728957		人民币	2020-01-12	商业承兑汇票		136,372.50	1.00000000	0	136,372.50
合计										0.00	192,052.50			192,052.50

（票据总数：2，记录总数：2）

图 2-3-29　票据管理

(3)单击【计息】,打开【票据计息】对话框,如图 2-3-30 所示。

(4)单击【确定】,系统弹出提示【是否立即制单?】,单击【否】退出。

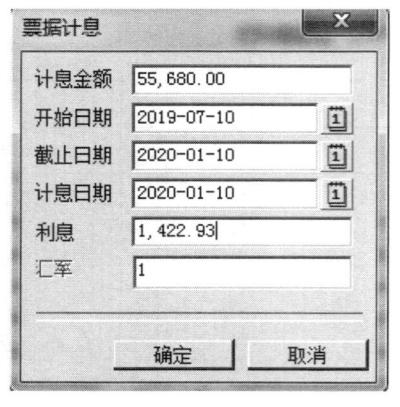

图 2-3-30　票据计息

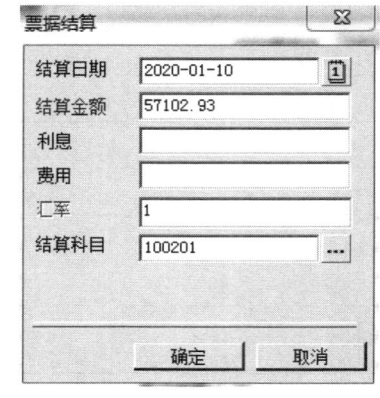

图 2-3-31　票据结算

2. 银行承兑汇票结算

(1)【C204 韦宝宝】在【票据管理】窗口中,单击选中 2019 年 7 月 10 日的银行承兑汇票

（票号:56728956）。

（2）单击【结算】,打开【票据结算】对话框,修改结算日期为【2020-01-10】,在【结算科目】栏录入或选择【100201】,如图 2-3-31 所示。

（3）单击【确定】,出现提示【是否立即制单?】,单击【否】退出。

3. 票据处理制单处理

（1）【C203 张华】在应付款管理系统,执行【制单处理】命令,打开【制单查询】对话框。

（2）在【制单查询】对话框中,勾选【票据处理制单】复选框。

（3）单击【确定】,打开【票据处理制单】窗口。单击【全选】,如图 2-3-32 所示。

票据处理制单

凭证类别	记账凭证			制单日期	2020-01-10			共 2 条

选择标志	凭证类别	单据类型	单据号	日期	供应商编码	供应商名称	部门	业务员	金额
1	记账凭证	票据计息	56728956	2020-01-10	2	珠海市顺昌有限公司	采购部	赵文星	1,422.93
2	记账凭证	票据结算	56728956	2020-01-10	2	珠海市顺昌有限公司	采购部	赵文星	57,102.93

图 2-3-32 票据处理制单

（4）单击【制单】并【保存】,在付款系统生成第一张凭证,如图 2-3-33 所示。

已生成		记 账 凭 证			

记 字 0048		制单日期: 2020.01.10	审核日期:	附单据数:1	
摘 要	科目名称			借方金额	贷方金额
付票据利息	财务费用			142293	
付票据利息	应付票据				142293
票号 日期	数量 单价		合 计	142293	142293
备注	项 目 个 人 业务员	部 门 客 户			
记账	审核		出纳	制单 张华	

图 2-3-33 记字 0048 号凭证

（5）单击【下张】,自动生成第二张凭证,单击【保存】,如图 2-3-34 所示。

（6）在 D 盘下设置文件夹【666 账套备份\6.2】,将账套输出至【D:\666 账套备份\6.2】文件夹。

图 2-3-34　记字 0049 号凭证

操作视频

微课

核销及转账业务处理

任务三　核销及转账业务处理

业务一　应付单据核销

〖业务描述〗　2020 年 1 月 31 日,公司对珠海市顺昌有限公司应付单据和付款单进行手工核销。同时,公司对广东金鸿公司应付单据和付款单进行自动核销。

〖操作说明〗　【C203 张华】进行手工核销及自动核销处理。

〖操作指引〗

1. 手工核销处理

(1)【C203 张华】在应付款管理系统中,执行【核销处理】|【手工核销】命令,打开【核销条件】对话框。

(2)在【通用】界面,单击【供应商】选择【2-珠海顺昌公司】,计算日期【2020-01-31】,如图 2-3-35 所示。

(3)单击【确定】,打开【单据核销】窗口。在上半部分单据类型为【付款单】和下半部分单据类型【采购专用发票】列表中,找到对应的核销的付款项目和开票金额,在【本次结算金额】栏分别填入【104 052.00】和【167 040.00】,将两个收款记录和对应发票记录进行手工核销处理,【本次结算】合计栏为【271 092.00】,如图 2-3-36 所示,单击【保存】退出。

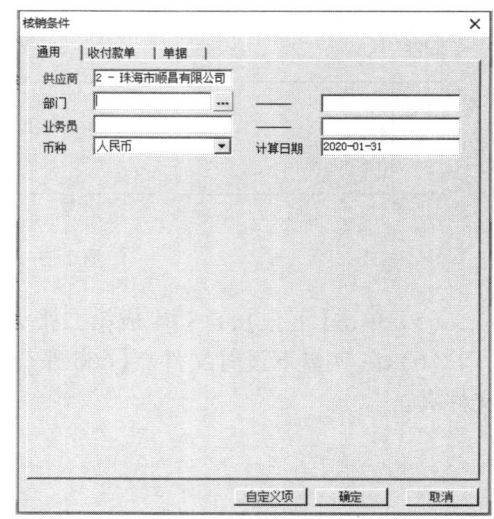

图 2-3-35　核销条件

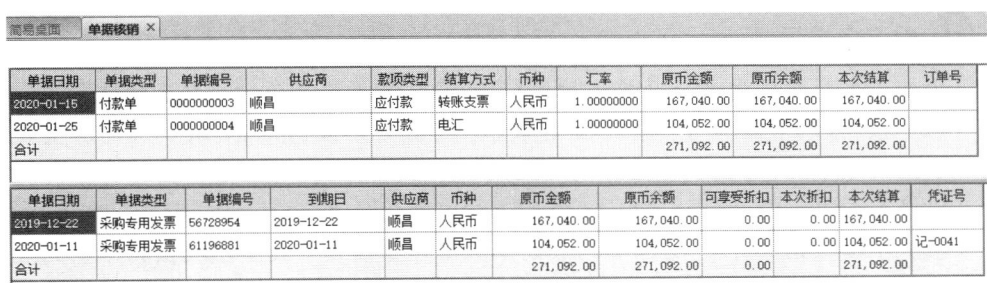

图 2-3-36　单据核销

2. 自动核销处理

（1）【C203 张华】在应付款管理系统中,执行【核销处理】|【自动核销】命令,打开【核销条件】对话框,如图 2-3-37 所示。

（2）单击【供应商】选择【1-广东金鸿有限公司】,计算日期【2020-01-31】。

（3）单击【确定】,弹出【是否自动核销】窗口,单击【是】,完成所有付款单和采购发票的核销处理。

（4）查询【自动核销报告】,单击【明细】,系统会列示所有自动核销明细表,如图 2-3-38 所示,单击【确定】退出。

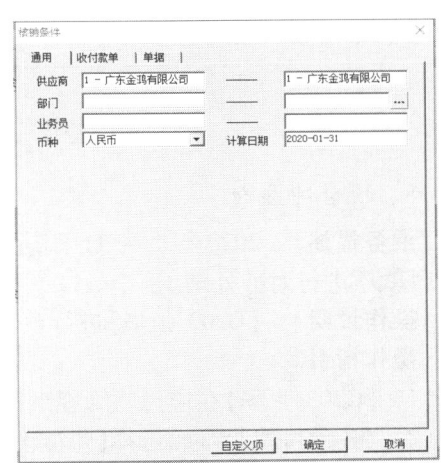

图 2-3-37　核销条件

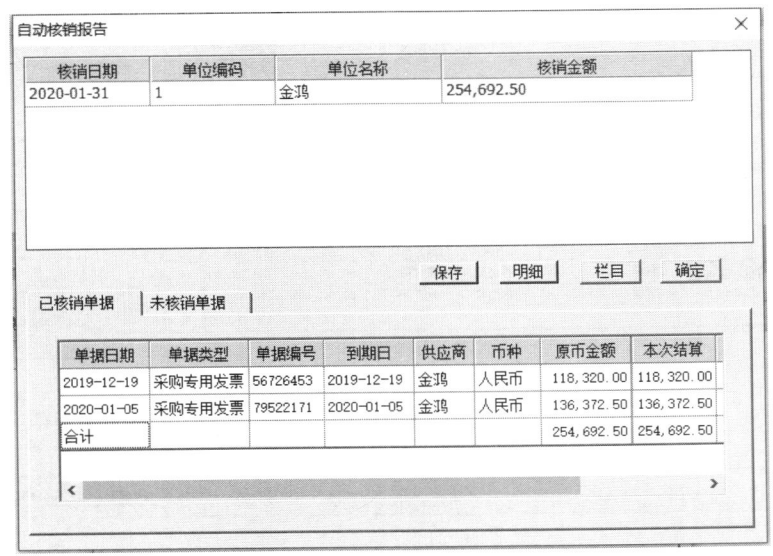

图 2-3-38　自动核销报告

重难点提示

（1）在保存核销内容后，【单据核销】窗口中将不再显示已被核销的内容。

（2）核销时，结算单列表中款项类型为应付款的记录，系统默认本次结算金额为该记录上的原币金额；款项类型为预付款的记录，系统默认本次结算金额为空。核销时可以修改本次的结算金额，但是不能大于该记录的原币金额。

（3）手工核销保存时，若结算列表的本次结算金额大于或小于被核销单据列表的本次结算金额合计，系统将提示结算金额不相等，不能保存。

（4）如果核销后未进行其他处理，在期末处理的【取消操作】功能中取消核销操作。

（5）自动核销可由系统自动冲销，按采购时间先后顺序，从最早时间开始核销。

业务二　单据转账处理

一、预付冲应付

〖业务描述〗　2020 年 1 月 31 日，公司将广州市恒大合金有限公司预付款项 5 9160 元和应付款项进行对冲处理。

〖操作说明〗　【C203 张华】进行预付冲应付的转账操作、制单处理。

〖操作指引〗

（1）【C203 张华】在应付款管理系统中，执行【转账】命令，打开【预付冲应付】对话框。

（2）在【预付款】界面，选择【供应商】为【4-广州市恒大合金有限公司】。

（3）单击【过滤】，在【转账金额】栏录入【59 160.00】，如图 2-3-39 所示。

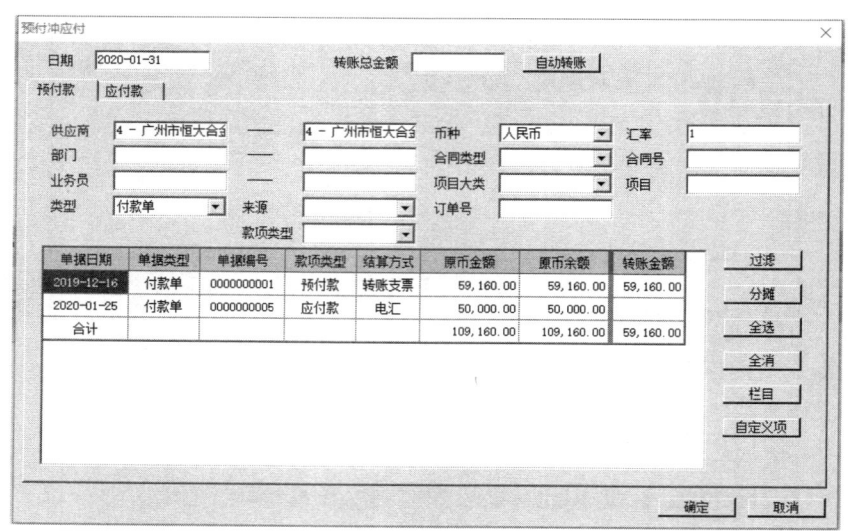

图 2-3-39　预付冲应付——供应商选择

（4）单击【应付款】界面，单击【过滤】，在【转账总金额】栏录入【59 160.00】，如图 2-3-40 所示。

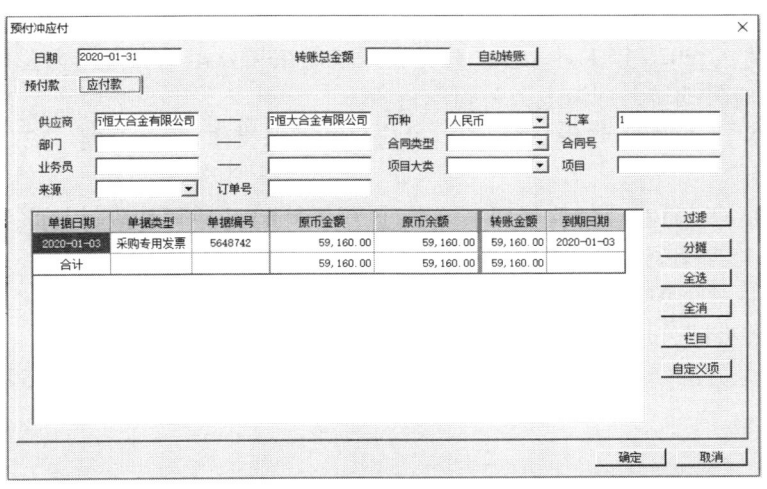

图 2-3-40 预付冲应付——供应商选择

（5）单击【分摊】，自动将金额分摊到转账金额中，再单击【确定】，出现【是否立即制单?】提示，单击【是】，系统弹出【记账凭证】窗口，自动生成红蓝金额对冲凭证，单击【保存】，系统提示【已生成】，结果如图 2-3-41 所示。

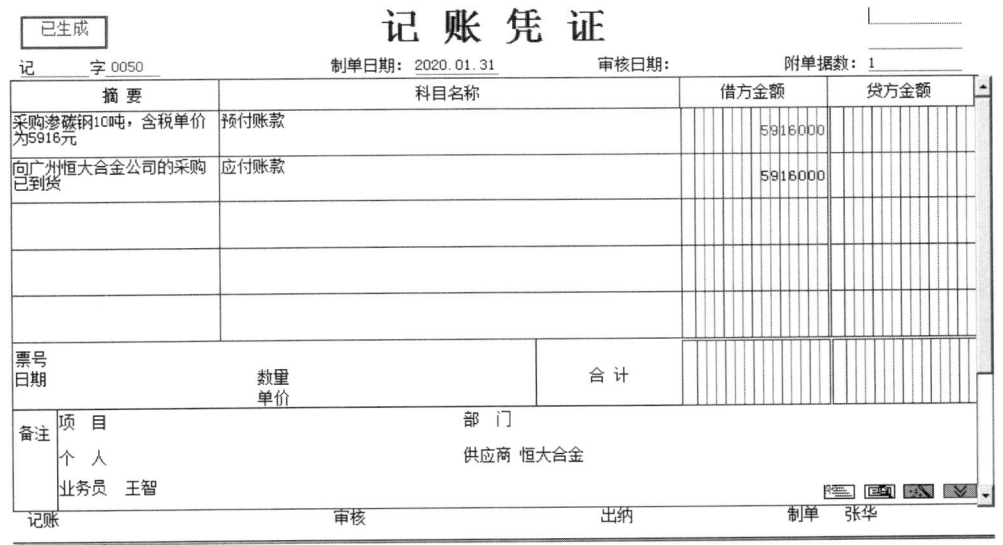

图 2-3-41 记字 0050 号凭证

🎯 **重难点提示**

（1）可以在输入转账总金额后单击【自动转账】，系统将自动根据过滤条件进行成批的预收冲抵应收款工作。

（2）每一笔应收款项的转账总金额不能大于其各笔应收账款汇总金额。应收款的转账金额合计应等于预收款的转账金额合计。

二、应付冲应付

〖业务描述〗 2020 年 1 月 31 日,公司根据东莞东和公司和珠海电力公司协议,将期初东莞东和公司应付款转入珠海电力公司应付款。

〖操作说明〗 【C203 张华】进行应付冲应付的转账操作、制单处理。

〖操作指引〗

(1)【C203 张华】在应付款管理系统中,执行【转账】|【应付冲应付】命令,打开【应付冲应付】对话框,单据类型选择【货款】【应付款】。

(2)在转入界面中选择【供应商】为【3-珠海电力公司】,在转出界面中选择【供应商】为【5-东莞市东和有限公司】。

(3)单击上方菜单栏的【查询】,显示相关单据,在【并账金额】栏录入【59 160.00】,如图2-3-42 所示。

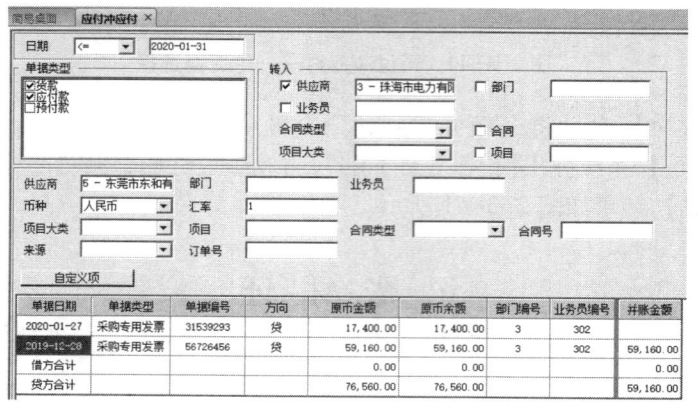

图 2-3-42 应付冲应付——供应商选择

(4)单击【保存】,出现【是否立即制单?】提示,单击【是】,系统弹出【记账凭证】窗口,自动生成红蓝金额对冲凭证,单击【保存】,系统提示【已生成】,如图 2-3-43 所示。

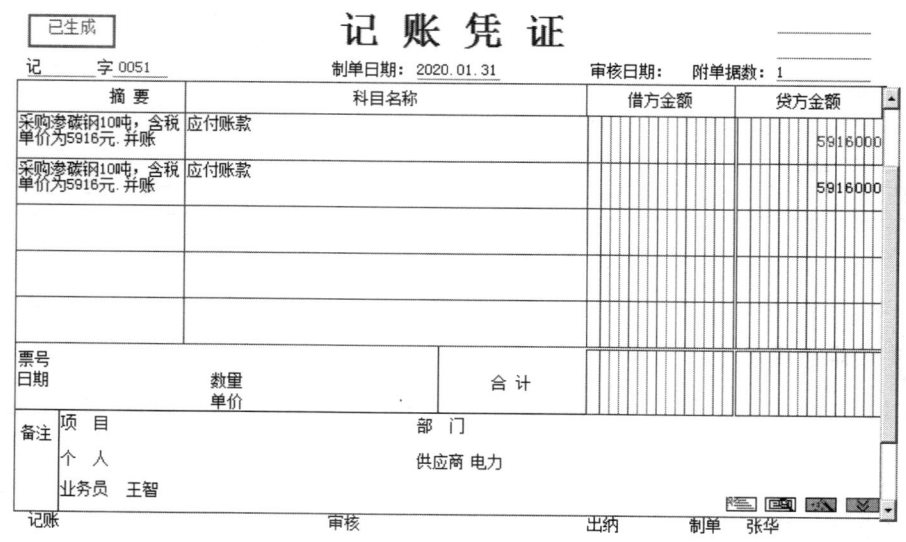

图 2-3-43 记字 0051 号凭证

三、应付冲应收

〖**业务描述**〗　2020 年 1 月 31 日,公司与东莞东和公司协商,将应付东莞东和公司采购货款 17 400 元冲应收销售货款。

〖**操作说明**〗　【C203 张华】进行应付冲应收的转账操作、制单处理。

〖**操作指引**〗

(1)【C203 张华】在应付款管理系统中,执行【转账】|【应付冲应收】命令,打开【应付冲应收】对话框,在应付界面,选择【供应商】为【5-东莞市东和有限公司】,如图 2-3-44 所示。

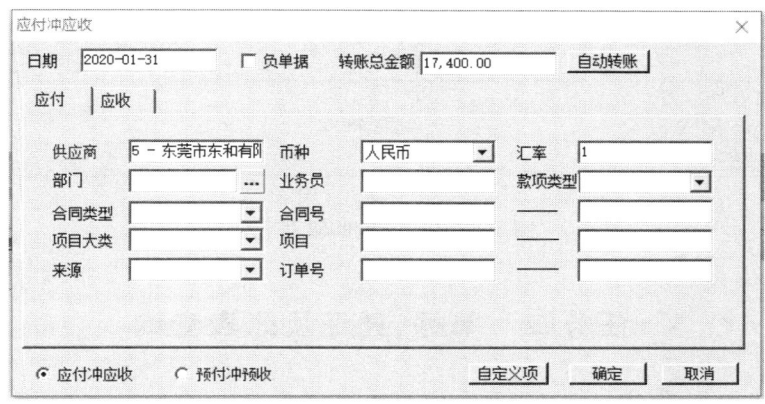

图 2-3-44　应付冲应收

(2)单击【应收】选项卡,在【客户】栏录入【105】,或者单击【客户】栏的参照,选择【东莞东和公司】。

(3)在【转账总金额】录入【17 400.00】,单击【自动转账】,如图 2-3-45 所示。

单据日期	单据类型	单据编号	原币余额	合同号	合同名称	项目编码	项目	转账金额
2020-01-27	采购专用发票	31539293	17,400.00					17,400.00
合计			17,400.00					17,400.00

单据日期	单据类型	单据编号	原币余额	合同号	合同名称	项目编码	项目	转账金额
2020-01-25	销售专用发票	05751676	17,400.00					17,400.00
合计			17,400.00					17,400.00

转账总金额　17400.00

图 2-3-45　应付冲应收——转账金额录入

(4)单击【保存】,系统弹出【是否立即制单?】提示框,单击【是】,系统弹出【记账凭证】窗口,单击【保存】,系统提示【已生成】,如图 2-3-46 所示。

(5)在 D 盘下设置文件夹【666 账套备份\6.3】,将账套输出至【D:\666 账套备份\6.3】文件夹。

图 2-3-46　记字 0052 号凭证

单据、凭证
及账表查询

任务四　单据、凭证及账表查询

〖业务描述〗　查询应付款管理系统相关单据、凭证、科目余额表。

〖操作说明〗　【C201 蓝英】查询应付模块相关单据、凭证、科目余额表。

〖操作指引〗

1. 查询 1 月份填制的所有采购专用发票

（1）在应付款管理系统中,执行【单据查询】|【发票查询】命令,打开【查询条件选择—发票查询】对话框,单击【发票类型】栏,选择【01-采购专用发票】;修改单据日期为从【2019-01-01】到【2020-01-31】,在【包含余额=0】栏选择【是】,如图 2-3-47 所示。

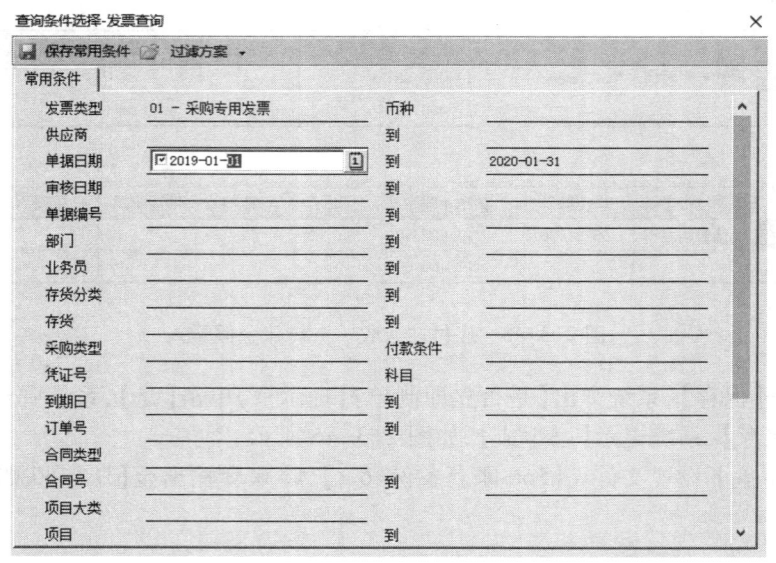

图 2-3-47　查询条件选择-发票查询

（2）单击【确定】，打开【发票查询】窗口，如图2-3-48所示。单击【退出】。

发票查询

记录总数：8

单据日期	单据类型	单据编号	供应商	币种	汇率	原币金额	原币余额	本币金额	本币余额
2019-12-19	采购专用发票	56726453	广东金鸿公司	人民币	1.00...	118,320.00	0.00	118,320.00	0.00
2019-12-22	采购专用发票	56728954	珠海顺昌公司	人民币	1.00...	167,040.00	0.00	167,040.00	0.00
2019-12-26	采购专用发票	56728955	珠海电力公司	人民币	1.00...	10,440.00	10,440.00	10,440.00	10,440.00
2019-12-28	采购专用发票	56726456	东莞东和公司	人民币	1.00...	59,160.00	59,160.00	59,160.00	59,160.00
2020-01-03	采购专用发票	56487842	广州恒大合金公司	人民币	1.00...	59,160.00	0.00	59,160.00	0.00
2020-01-05	采购专用发票	79522171	广东金鸿公司	人民币	1.00000000	36,372.50	0.00	136,372.50	0.00
2020-01-11	采购专用发票	61196881	珠海顺昌公司	人民币	1.00...	104,052.00	0.00	104,052.00	0.00
2020-01-27	采购专用发票	31539293	东莞东和公司	人民币	1.00...	17,400.00	0.00	17,400.00	0.00
合计						671,944.50	69,600.00	671,944.50	600.00

图2-3-48　发票查询

重难点提示

（1）在【发票查询】功能中可以分别查询已审核、未审核、已核销及未核销的发票，还可以按发票号、单据日期、金额范围或余额范围等条件进行查询。

（2）在【发票查询】窗口中，单击【查询】，可以重新输入查询条件；单击【单据】，可以调出原始单据；单击【详细】，可以查看当前单据的详细结算情况；单击【凭证】，可以查询单据所对应的凭证；单击【栏目】，可以设置当前查询列表的显示栏目、栏目顺序、栏目名称、排序方式，可以保存设置内容。

2. 查询1月份所有的付款单

（1）在应付款管理系统中，执行【单据查询】|【收付款单据查询】命令，打开【查询条件选择—收付款单查询】对话框，选择单据类型为【付款单】，修改单据日期为从【2019-01-01】到【2020-01-31】，在【包含余额＝0】栏选择【是】。

（2）单击【确定】，打开【收付款单查询】窗口，如图2-3-49所示。然后，单击【退出】。

信息查询　单据查询结果列表 ×　　　　打印模版 AP49应

收付款单查询

记录总数：6

选择	单据日期	单据类型	单据编号	供应商	币种	汇率	原币金额	原币余额	本币金额	本币余额	打印次数
	2019-12-16	付款单	0000000001	广州恒大合金公司	人民币	1.00000000	59,160.00	0.00	59,160.00	0.00	0
	2020-01-10	付款单	0000000002	广东金鸿公司	人民币	1.00000000	118,320.00	0.00	118,320.00	0.00	0
	2020-01-12	付款单	0000000006	广东金鸿公司	人民币	1.00000000	136,372.50	0.00	136,372.50	0.00	0
	2020-01-15	付款单	0000000003	珠海顺昌公司	人民币	1.00000000	167,040.00	0.00	167,040.00	0.00	0
	2020-01-25	付款单	0000000004	珠海顺昌公司	人民币	1.00000000	104,052.00	0.00	104,052.00	0.00	0
	2020-01-25	付款单	0000000005	广州恒大合金公司	人民币	1.00000000	50,000.00	50,000.00	50,000.00	50,000.00	0
合计							634,944.50	50,000.00	634,944.50	50,000.00	

图2-3-49　收付款单查询

> **重难点提示**
>
> （1）在【收付款单查询】功能中可以分别查询已核销、未核销、应收款、预收款及费用的结算情况,还可以按单据编号、金额范围、余额范围或单据日期等条件进行查询。
>
> （2）在【收付款单查询】窗口中,也可以分别单击【查询】【详细】【单据】及【凭证】等,查询到相应的内容。

3. 查询科目余额表

（1）在应付款管理系统中,执行【账表管理】|【科目账查询】|【科目余额表】命令,打开【供应商往来科目余额表】对话框,如图 2-3-50 所示。

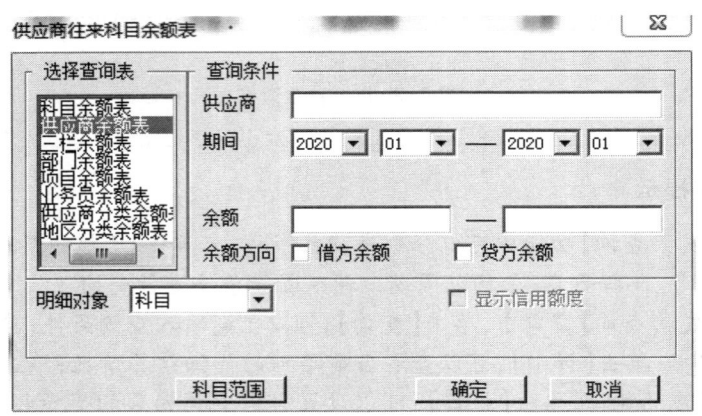

图 2-3-50　供应商往来科目余额表

（2）单击【确定】,打开【单位往来科目余额表】窗口,如图 2-3-51 所示。

供应商余额表

金额式　期间：2020.01-2020.01

供应商：全部

| 供应商 | | 科目 | | 方向 | 期初余额 | 借方 | 贷方 | 方向 | 期末余额 |
编号	名称	编号	名称		本币	本币	本币		本币
1	金鸿	2201	应付票据	平			136,372.50	贷	136,372.50
1	金鸿	2202	应付账款	贷	118,320.00	254,692.50	136,372.50	平	
小计：				贷	118,320.00	254,692.50	272,745.00	贷	136,372.50
2	顺昌	2201	应付票据	贷	55,680.00	57,102.93	1,422.93	平	
2	顺昌	2202	应付账款	贷	167,040.00	271,092.00	104,052.00	平	
小计：				贷	222,720.00	328,194.93	105,474.93	平	
3	电力	2202	应付账款	贷	10,440.00		59,160.00	贷	69,600.00
小计：				贷	10,440.00		59,160.00	贷	69,600.00
4	恒大合金	1123	预付账款	借	59,160.00	-9,160.00		借	50,000.00
4	恒大合金	2202	应付账款	平		59,160.00	59,160.00	平	
小计：				借	59,160.00	50,000.00	59,160.00	借	50,000.00
5	东和	2202	应付账款	贷	59,160.00	17,400.00	-41,760.00	平	
小计：				贷	59,160.00	17,400.00	-41,760.00	平	
合计：				贷	351,480.00	650,287.43	454,779.93	贷	155,972.50

图 2-3-51　单位往来科目余额表

（3）在 D 盘下设置文件夹【666 账套备份\6.4】,将账套输出至【D:\666 账套备份\6.4】文件夹。

项目四 固定资产业务处理

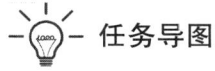 任务导图

```
            固定资产业务处理
                 │
                 ▼
```

任务一
固定资产新增业务处理
· 在建工程转入固定资产处理
· 采购不需要安装生产设备业务处理
· 批量购入固定资产业务处理

任务二
固定资产变动业务处理
· 资产原值增减变动业务处理
· 其他变动业务处理
· 批量变动业务处理
· 计提减值准备业务处理
· 资产评估业务处理

任务三
固定资产期末业务处理
· 计提本月折旧业务处理
· 资产减少业务处理
· 固定资产期末盘点业务处理

任务四
单据、凭证及账表查询
· 查询固定资产原值表
· 查询固定资产明细表

本任务相关链接 用友在线学习网:http://learning.ufida.com.cn/

任务一 固定资产新增业务处理

业务一 在建工程转入固定资产处理

【业务描述】 2020 年 1 月 20 日,公司上月购入需要安装的气泵,在建工程期初余额为 60 000 元(不含税),本月支付安装费 3 027.52 元,增值税额为 272.48 元,气泵已交付使用。取得与该业务相关的凭证如图 2-4-1 至图 2-4-3 所示。

【操作说明】 【C202 李嘉文】在总账系统录入支付固定资产安装费会计凭证,在固定资产系统录入固定资产增加卡片,并生成固定资产增加会计凭证处理。

【操作指引】

(1) 在总账管理系统中,执行【财务会计】|【总账】|【凭证】|【填制凭证】命令,打开【凭证】对话框。单击【增加】。

(2) 修改【制单日期】为【2020.01.20】,录入支付安装费的凭证。

(3) 单击【保存】,凭证保存成功,如图 2-4-1 所示。

操作视频

微课

固定资产新增业务处理

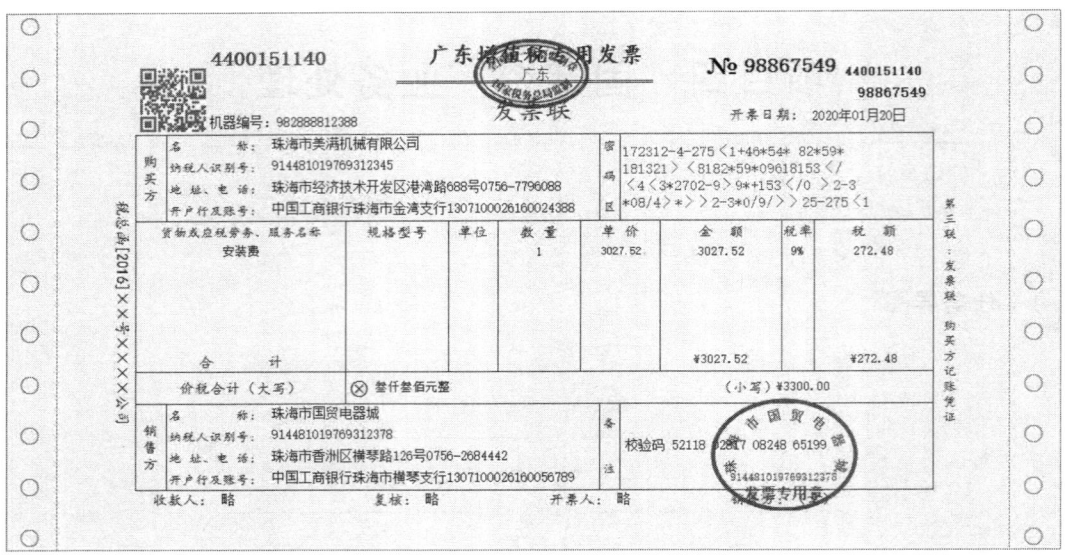

图 2-4-1　安装费增值税专用发票

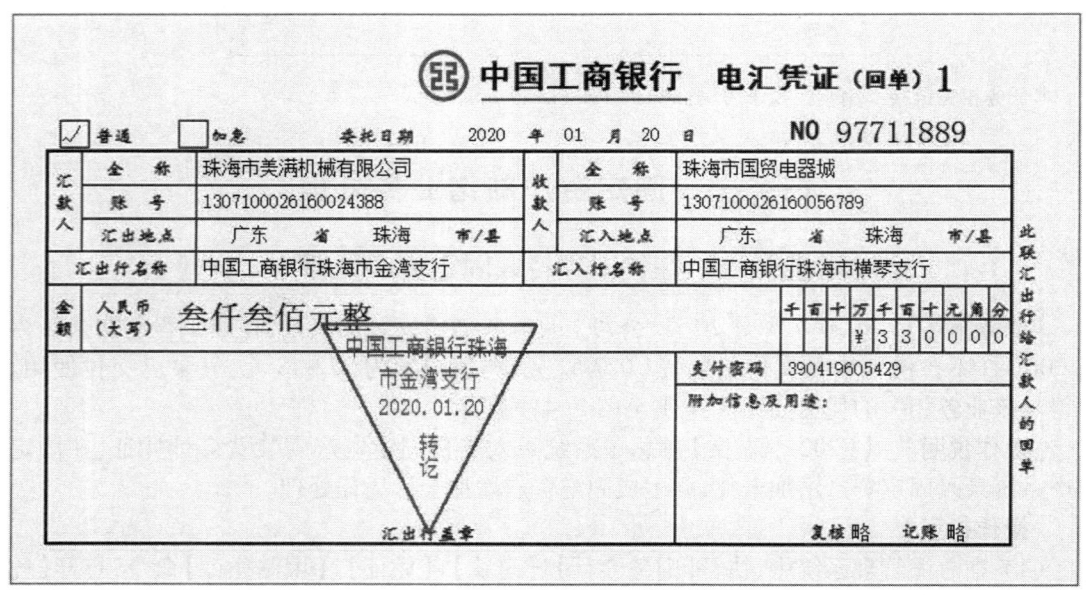

图 2-4-2　银行电汇凭证

记 账 凭 证

记　字 0053　　　　　制单日期：2020.01.20　　审核日期：　　　附单据数：2

摘　要	科目名称	借方金额	贷方金额
支付安装费	在建工程	302752	
支付安装费	应交税费/应交增值税/进项税额	27248	
支付安装费	银行存款/工商银行金湾支行		330000
票号　—　日期	数量　单价	合　计　330000	330000

备注　项　目　　　　　　　部　门
　　　个　人　　　　　　　客　户
　　　业务员

记账　　　　　　　审核　　　　　　　出纳　　　　制单　李嘉文

图 2-4-3　记字 0053 号凭证

（4）在固定资产管理系统,执行【固定资产】|【卡片】|【资产增加】命令,打开【固定资产类别参照档案】对话框。

（5）双击【02 机器设备—021 生产经营用】,进入【固定资产卡片】窗口。

（6）在【固定资产名称】栏录入【气泵】;选择【使用部门】为【一车间】;选择【增加方式】为【在建工程转入】;选择【使用状况】为【在用】;在【原值】栏录入【63 027.52】,其他信息默认,如图 2-4-4 所示。

固定资产卡片

卡片编号	00019		日期	2020-01-20

固定资产编号	021003	固定资产名称	气泵	
类别编号	021	类别名称	生产经营用	资产组名称
规格型号		使用部门	一车间	
增加方式	在建工程转入	存放地点		
使用状况	在用	使用年限（月）	120	折旧方法　平均年限法（一）
开始使用日期	2020-01-20	已计提月份	0	币种　人民币
原值	63027.52	净残值率	5%	净残值　3151.38
累计折旧	0.00	月折旧率	0	本月计提折旧额　0.00
净值	63027.52	对应折旧科目	510101,折旧费	项目
增值税	0.00	价税合计	63027.52	

录入人　　李嘉文　　　　　　　　　　　录入日期　　2020-01-20

图 2-4-4　固定资产卡片

（7）单击【保存】,系统提示【数据保存成功!】,单击【确认】,系统弹出一张会计凭证,修改凭证字为【记账凭证】,单击【保存】,凭证保存成功,结果如图 2-4-5 所示。

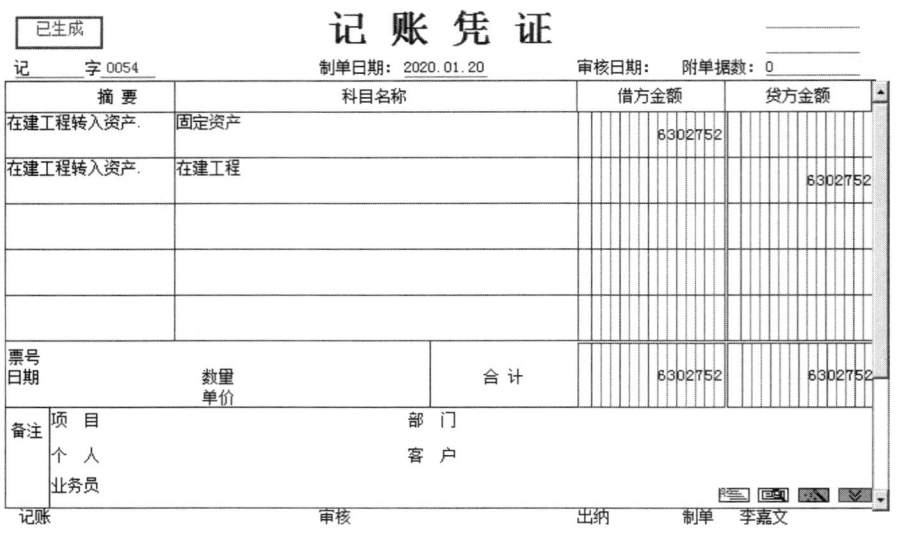

图 2-4-5　记字 0054 号凭证

> **重难点提示**
>
> （1）新卡片录入的第一个月不提折旧,折旧额为空或零。
>
> （2）原值录入的必须是卡片录入月初的价值,否则将会出现计算错误。
>
> （3）如果录入的累计折旧、累计工作量大于零,说明是旧资产,该累计折旧或累计工作量是进入本单位前的累计值。

业务二　采购不需要安装生产设备业务处理

〖业务描述〗　2020 年 1 月 21 日,因大幅提高生产需要,一车间购入一台不需要安装的变速箱锥齿轮生产线,含税单价为 116 000 元,已电汇支付货款。取得与该业务相关的凭证如图 2-4-6 所示。

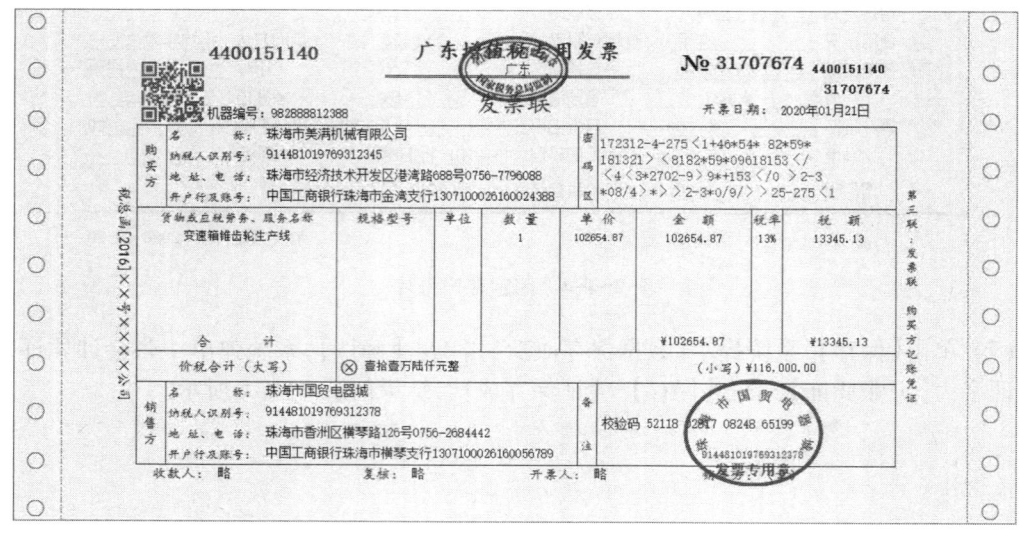

图 2-4-6　增值税专用发票

〖操作说明〗 【C202 李嘉文】在固定资产系统录入固定资产增加卡片,并生成凭证。

〖操作指引〗

(1) 在固定资产管理系统中,执行【固定资产】|【卡片】|【资产增加】命令,打开【固定资产类别参照档案】对话框。

(2) 双击【02 机器设备】|【021 生产经营用】,进入【固定资产卡片】窗口。

(3) 根据【固定资产卡片】录入相应信息,如图 2-4-7 所示。

固定资产卡片

卡片编号	00020			日期	2020-01-21
固定资产编号	021004	固定资产名称			变速箱锥齿轮生产线
类别编号	021	类别名称	生产经营用	资产组名称	
规格型号		使用部门			一车间
增加方式	直接购入	存放地点			
使用状况	在用	使用年限(月)	120	折旧方法	平均年限法(一)
开始使用日期	2020-01-21	已计提月份	0	币种	人民币
原值	102654.87	净残值率	5%	净残值	5132.74
累计折旧	0.00	月折旧率	0	本月计提折旧额	0.00
净值	102654.87	对应折旧科目	510101,折旧费	项目	
增值税	13345.13	价税合计	116000.00		
录入人	李嘉文			录入日期	2020-01-21

图 2-4-7 固定资产卡片

(4) 单击【保存】,系统提示【数据成功保存!】。单击【确定】,系统弹出一张会计凭证,修改凭证字为【记账凭证】,单击【保存】,凭证保存成功,结果如图 2-4-8 所示。

记 账 凭 证

已生成

| 记 字 0055 | 制单日期:2020.01.21 | 审核日期: | 附单据数:0 |

摘 要	科目名称	借方金额	贷方金额
直接购入资产	固定资产	10265487	
直接购入资产	应交税费/应交增值税/进项税额	1334513	
直接购入资产	银行存款/工商银行金湾支行		11600000

| 票号 4 - | | | |
| 日期 2020.01.21 数量 单价 | 合 计 | 11600000 | 11600000 |

备注	项 目	部 门	
	个 人	客 户	
	业务员		

| 记账 | 审核 | 出纳 | 制单 李嘉文 |

图 2-4-8 记 0055 号凭证

业务三 批量购入固定资产业务处理

〖业务描述〗 2020 年 1 月 23 日,因企业信息化平台发展需要,公司销售部门购入 3 台联想电脑(编号分别为 022015、022016、022017),采购部门购入 2 台联想电脑(编号分别为

022018、022019),不含税单价 6 159.29 元,使用年限为 5 年。货款使用支票支付,取得与该业务相关的原始凭证如图 2-4-9 所示。

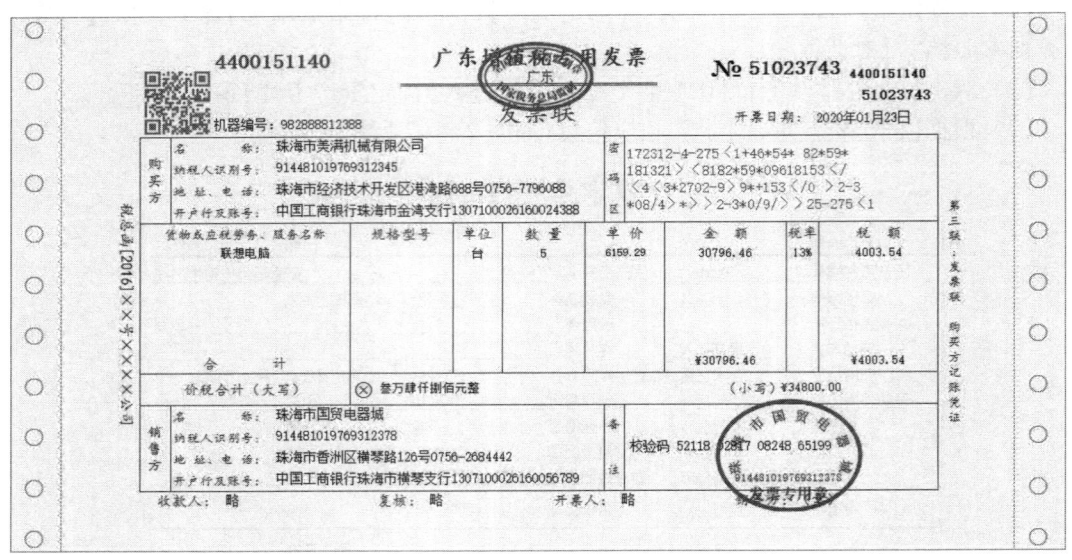

图 2-4-9 支付货款增值税专用发票

〖操作说明〗 【C202 李嘉文】在固定资产系统录入固定资产增加的卡片,复制固定资产卡片,生成固定资产增加的会计凭证处理。

〖操作指引〗

(1)在固定资产管理系统中,执行【固定资产】|【卡片】|【资产增加】命令,打开【固定资产类别参照档案】对话框。

(2)双击【02 机器设备—022 非生产经营用】,进入【固定资产卡片】窗口。

(3)根据【固定资产卡片】录入相应信息,如图 2-4-10 所示。

固定资产卡片

卡片编号	00021		日期	2020-01-23
固定资产编号	022015	固定资产名称		联想电脑
类别编号	022	类别名称	非生产经营用	资产组名称
规格型号		使用部门		销售部
增加方式	直接购入	存放地点		
使用状况	在用	使用年限(月)	120	折旧方法 平均年限法(一)
开始使用日期	2020-01-23	已计提月份	0	币种 人民币
原值	6159.29	净残值率	5%	净残值 307.96
累计折旧	0.00	本月计提折旧额		本月计提折旧额 0.00
净值	6159.29	对应折旧科目	660106,折旧费	项目
增值税	800.71	价税合计	6960.00	
录入人	李嘉文		录入日期	2020-01-23

图 2-4-10 固定资产卡片

(4)单击【保存】,系统提示【数据成功保存!】。

(5)单击【确定】,提示【还有没有保存的凭证,是否退出?】,单击【是】退出。

(6)选中固定资产编号为【022015】的卡片,单击【复制】,打开【固定资产】对话框,在

【起始资产编号】栏录入【022016】,在【终止资产编号】栏录入【022019】,在【卡片复制数量】栏选择【4】,如图 2-4-11 所示。

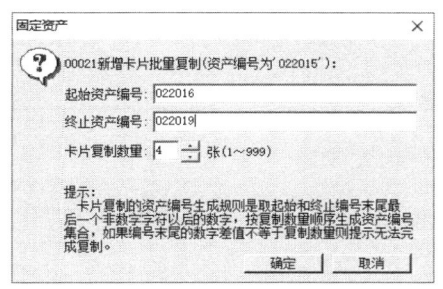 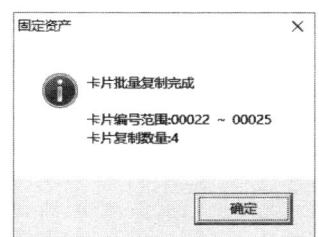

图 2-4-11　固定资产批复复制　　图 2-4-12　【固定资产批量复制完成】提示框

(7)单击【确定】,提示【卡片批量复制完成】,如图 2-4-12 所示

(8)单击【确定】,选择固定资产编号为 022018、022019 的卡片,单击【修改】,修改使用部门为【采购部】,单击【保存】,如图 2-4-13 所示。

固定资产卡片

卡片编号	00024	日期	2020-01-23
固定资产编号	022018	固定资产名称	联想电脑
类别编号	022	类别名称　非生产经营用	资产组名称
规格型号		使用部门	采购部
增加方式	直接购入	存放地点	
使用状况	在用	使用年限(月)　120	折旧方法　平均年限法(一)
开始使用日期	2020-01-23	已计提月份　0	币种　人民币
原值	6159.29	净残值率　5%	净残值　307.96
累计折旧	0.00	月折旧率	本月计提折旧额　0.00
净值	6159.29	对应折旧科目　660206,折旧费	项目
增值税	800.71	价税合计　6960.00	
录入人	李嘉文	录入日期	2020-01-23

图 2-4-13　固定资产卡片

(9)关闭【固定资产卡片】窗口。回到【卡片管理】选择查看所有新增加的固定资产卡片列表,如图 2-4-14 所示。

在役资产						
卡片编号	开始使用日期	使用年限(月)	原值	固定资产编号	净残值率	录入人
00019	2020.01.20	120	63,027.52	021003	0.05	李嘉文
00020	2020.01.21	120	102,654.87	021004	0.05	李嘉文
00021	2020.01.23	120	6,159.29	022015	0.05	李嘉文
00022	2020.01.23	120	6,159.29	022016	0.05	李嘉文
00023	2020.01.23	120	6,159.29	022017	0.05	李嘉文
00024	2020.01.23	120	6,159.29	022018	0.05	李嘉文
00025	2020.01.23	120	6,159.29	022019	0.05	李嘉文
合计:(共计			196,478.84			

图 2-4-14　在役资产

(10)执行【固定资产】|【处理】|【批量制单】命令,打开【查询条件】,选择【批量制单】,【常用条件】全部默认,单击【确认】,打开【批量制单】对话框,双击需要进行凭证制单业务相应的【选择】栏,打上【Y】标记,输入合并号【1】,如图 2-4-15 所示。

序号	业务日期	业务类型	业务描述	业务号	发生额	合并号	选择
1	2020-01-23	卡片	新增资产	00021	6,159.29	1	Y
2	2020-01-23	卡片	新增资产	00022	6,159.29	1	Y
3	2020-01-23	卡片	新增资产	00023	6,159.29	1	Y
4	2020-01-23	卡片	新增资产	00024	6,159.29	1	Y
5	2020-01-23	卡片	新增资产	00025	6,159.29	1	Y

图 2-4-15 批量制单

(11) 单击【制单设置】选项卡,单击【凭证】,弹出会计凭证列表,勾选【方向相同时合并分录】和【方向相反时合并分录】,如图 2-4-16 所示。

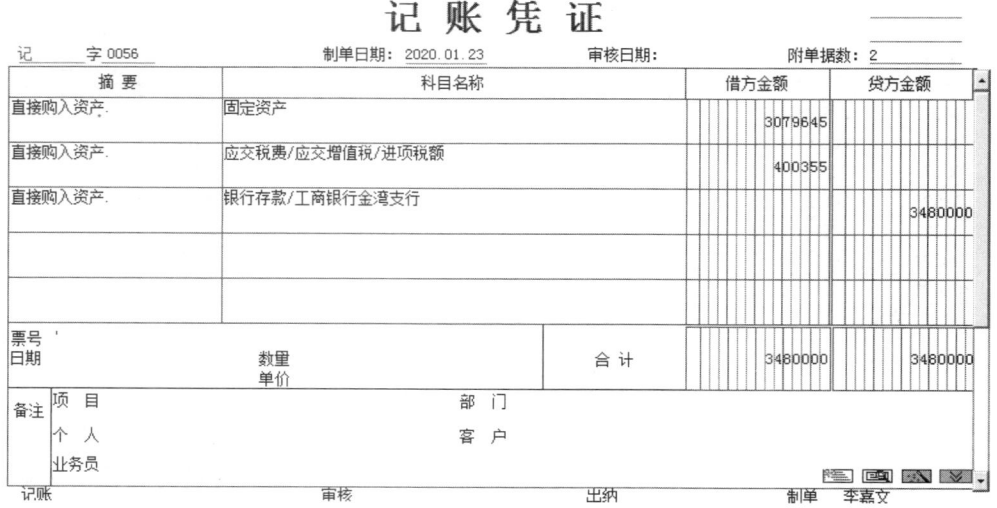

图 2-4-16 制单设置

(12) 单击【凭证】,系统弹出一张会计凭证,根据支票存根,修改【100201 银行存款】的辅助项。单击【保存】,凭证保存成功,如图 2-4-17 所示。

记 账 凭 证

记　字 0056　　　　制单日期:2020.01.23　　　审核日期:　　　　附单据数:2

摘 要	科目名称	借方金额	贷方金额
直接购入资产.	固定资产	3079645	
直接购入资产.	应交税费/应交增值税/进项税额	400355	
直接购入资产.	银行存款/工商银行金湾支行		3480000

票号 日期　　　数量 单价　　　合 计　　　3480000　　　3480000

备注　项　目　　　　　部　门
　　　个　人　　　　　客　户
　　　业务员

记账　　　　　审核　　　　　出纳　　　　　制单 李嘉文

图 2-4-17 记字 0056 号凭证

（13）在 D 盘下设置文件夹【666 账套备份\7.1】，将账套输出至【D:\666 账套备份\7.1】文件夹。

> 🎯 **重难点提示**
>
> （1）【资产增加】操作与【原始卡片录入】操作相对应。资产通过哪种方式录入，取决于固定资产的开始使用日期，只有当开始使用日期的期间等于录入的期间时，才能通过【固定资产】录入。
>
> （2）只有在固定资产系统的【选项】中勾选了【业务发生后立即制单】复选框，系统才能在新增固定资产卡片后，自动弹出【填制凭证】窗口，否则必须在【批量制单】窗口进行凭证处理。
>
> （3）如果发现凭证有错误，可以在固定资产系统凭证查询窗口，找到错误凭证，单击【编辑】，进行修改。
>
> （4）如果是因为卡片的错误而导致凭证错误，则需要删除凭证，修改卡片后，再次生成正确的凭证。

任务二　固定资产变动业务处理

业务一　资产原值增减变动业务处理

一、资产原值增加业务处理

〖业务描述〗　2020 年 1 月 23 日，因销售部门使用的联想电脑（资产编号：022004）需要提高配置，购买价值 400 元的内存条，用现金支付，收到购买收据。

〖操作说明〗　【C202 李嘉文】在固定资产系统录入固定资产原值变动单，并生成资产变动的会计凭证处理。

〖操作指引〗

（1）在固定资产管理系统中，执行【固定资产】|【卡片】|【变动单】|【原值增加】命令，打开【固定资产变动单】对话框。

（2）在【资产编号】栏选择【022004】，在【增加金额】栏录入【400.00】，在【变动原因】栏录入【提高电脑配置】，如图 2-4-18 所示。

固定资产变动单

— 原值增加 —

变动单编号	00001		变动日期	2020-01-23
卡片编号	00008	资产编号　022004	开始使用日期	2017-10-03
资产名称		联想电脑	规格型号	
增加金额	400.00	币种　人民币	汇率	1
变动的净残值率	5%	变动的净残值		20.00
变动前原值	6000.00	变动后原值		6400.00
变动前净残值	300.00	变动后净残值		320.00
变动原因				提高电脑配置
			经手人	李嘉文

图 2-4-18　固定资产变动单

(3) 单击【保存】,系统提示【数据保存成功!】。单击【确定】,系统弹出一张会计凭证,修改凭证字为【记账凭证】,贷方科目选择录入【1001 库存现金】。单击【保存】,凭证保存成功,结果如图 2-4-19 所示。

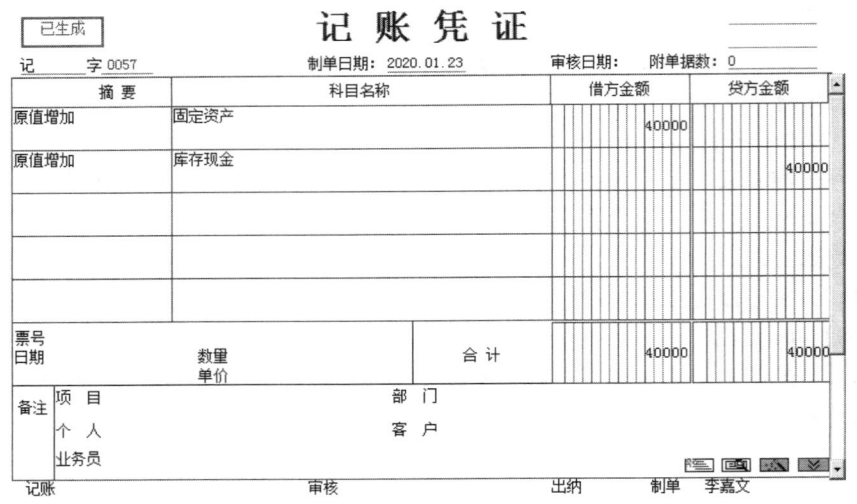

图 2-4-19　记字 0057 号凭证

二、资产原值减少业务处理

〖业务描述〗　2020 年 1 月 23 日,厂房(资产编号:011001)因台风受损,经与保险公司确认原值减少 20 000 元,当月全款收到银行电汇赔偿款入账。

〖操作说明〗　【C202 李嘉文】在固定资产系统录入固定资产原值变动单,并生成资产变动的会计凭证处理。

〖操作指引〗

(1) 在固定资产管理系统中,执行【固定资产】|【卡片】|【变动单】|【原值减少】命令,打开【固定资产变动单】对话框。

(2) 在【资产编号】栏选择【011001】,在【减少金额】栏录入【20 000.00】,在【变动原因】栏录入【台风受损】,如图 2-4-20 所示。

固定资产变动单

－ 原值减少 －

变动单编号	00002		变动日期	2020-01-23
卡片编号	00001	资产编号 011001	开始使用日期	2017-09-30
资产名称		厂房	规格型号	
减少金额	20000.00	币种 人民币	汇率	1
变动的净残值率	4%	变动的净残值		800.00
变动前原值	5400000.00	变动后原值		5380000.00
变动前净残值	216000.00	变动后净残值		215200.00
变动原因				台风受损
			经手人	李嘉文

图 2-4-20　固定资产变动单

(3) 单击【保存】,系统提示【数据保存成功!】。单击【确定】,系统弹出一张会计凭证,修改凭证字为【记账凭证】,贷方科目选择录入【100201 银行存款-工行金湾支行】。单击【保存】,凭证保存成功,结果如图 2-4-21 所示。

图 2-4-21 记字 0058 号凭证

业务二 其他变动业务处理

一、使用部门变动处理

〖业务描述〗 2020 年 1 月 31 日,根据财务部固定资产调拨申请,公司将管理部门闲置的华硕电脑(资产编号:022005)转到财务部使用,相关数据如表 2-4-1 所示。

表 2-4-1 使用部门变动表

资产编号	固定资产名称	使用日期	增加方式	变动原因	原使用部门	新使用部门
022005	华硕电脑	2017-01-20	直接购入	业务需要	行政人事部	财务部门

〖操作说明〗 【C202 李嘉文】在固定资产系统中录入使用部门变动单。

〖操作指引〗

(1)在固定资产管理系统中,执行【固定资产】|【卡片】|【变动单】|【部门转移】命令,打开【固定资产变动单】对话框。

(2)在【资产编号】栏选择【022005】,在【变动后部门】栏选择【财务部】,在【变动原因】栏录入【业务需要】,如图 2-4-22 所示。单击【保存】,系统提示【数据保存成功!】。

图 2-4-22 固定资产变动单

二、使用状况调整处理

〖业务描述〗 2020 年 1 月 31 日,通过固定资产盘点发将行政人事部在存放的华硕电

193

脑闲置,决定转为不需用资产处理。相关数据如表 2-4-2 所示。

表 2-4-2　　　　固定资产使用状况调整表

资产编号	固定资产名称	使用日期	增加方式	使用部门	原使用情况	现使用情况
022008	华硕电脑	2017-01-20	直接购入	行政人事部	在用	不需用

〖**操作说明**〗【C202 李嘉文】在固定资产系统中录入固定资产使用状况变动单。

〖**操作指引**〗

(1) 在固定资产管理系统中,执行【固定资产】|【卡片】|【变动单】|【使用状况调整】命令,打开【固定资产变动单】对话框。

(2) 在【资产编号】栏选择【022008】,在【变动原因】栏录入【日常不需使用】,如图 2-4-23 所示。单击【保存】,系统提示【数据保存成功!】。

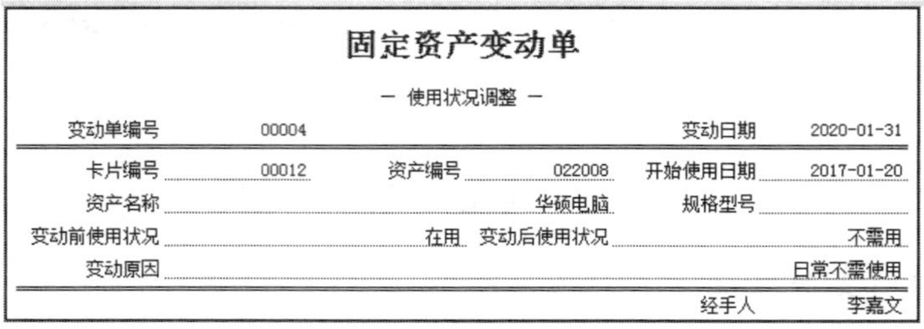
固定资产变动单
— 使用状况调整 —
变动单编号 00004　　变动日期 2020-01-31
卡片编号 00012　　资产编号 022008　　开始使用日期 2017-01-20
资产名称 华硕电脑　　规格型号
变动前使用状况 在用　　变动后使用状况 不需用
变动原因 日常不需使用
经手人 李嘉文

图 2-4-23　固定资产变动单——使用状况调整

三、使用年限调整处理

〖**业务描述**〗 2020 年 1 月 31 日,将资产评估决定,销售部的丰田汽车使用年限调整为 8 年。相关数据如表 2-4-3 所示。

表 2-4-3　　　　使用年限调整表

资产编号	固定资产名称	使用日期	增加方式	使用情况	使用部门	折旧方法	原可使用年限(年)	现可使用年限(年)
022001	丰田汽车	2018-12-02	直接购入	在用	销售部	直线法	10	8

〖**操作说明**〗【C202 李嘉文】在固定资产系统中录入固定资产使用年限变动单。

〖**操作指引**〗

(1) 在固定资产管理系统中,执行【固定资产】|【卡片】|【变动单】|【使用年限调整】命令,打开【固定资产变动单】对话框。

(2) 在【资产编号】栏选择【022001】,在【变动后使用年限】栏录入【96】,在【变动原因】栏录入【使用过度】,如图 2-4-24 所示。单击【保存】,系统提示【数据保存成功!】。

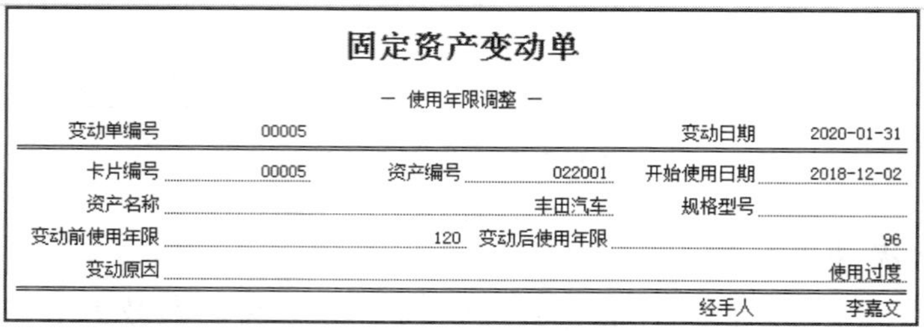
固定资产变动单
— 使用年限调整 —
变动单编号 00005　　变动日期 2020-01-31
卡片编号 00005　　资产编号 022001　　开始使用日期 2018-12-02
资产名称 丰田汽车　　规格型号
变动前使用年限 120　　变动后使用年限 96
变动原因 使用过度
经手人 李嘉文

图 2-4-24　录入变动原因

业务三　批量变动业务处理

〖业务描述〗　2020 年 1 月 31 日,经公司研究决定,将厂房、办公楼的净残值率统一调整为 5%。相关数据如表 2-4-4 所示。

表 2-4-4　　　　　　　　　　　净残值率批量变动表

资产编号	固定资产名称	使用日期	增加方式	使用情况	使用部门	折旧方法	原残值率	现残值率
011001	厂房	2017-09-30	在建工程转入	在用	生产部门	直线法	4%	5%
012001	办公楼	2019-08-05	在建工程转入	在用	管理部门	直线法	4%	5%

〖操作说明〗　【C202 李嘉文】在固定资产系统中批量录入固定资产残值变动单。

〖操作指引〗

(1) 在固定资产管理系统中,执行【固定资产】|【卡片】|【变动单】|【批量变动】命令,打开【批量变动】对话框。

(2) 选择【变动类型】为【净残值率调整】,在【资产编号】栏分别选择【011001】和【012001】,修改【变动后净残值率】为【5%】,在【变动原因】栏录入【残值增加】,如图 2-4-25 所示。单击【保存】,系统提示【数据保存成功!】。

图 2-4-25　批量变动

业务四　计提减值准备业务处理

〖业务描述〗　2020 年 1 月 31 日,对销售部门使用的丰田汽车进行测试并计提减值准备,相关数据如表 2-4-5 所示。

表 2-4-5　　　　　　　　　　　月末计提减值准备表

资产编号	固定资产名称	使用日期	增加方式	使用情况	使用部门	折旧方法	可使用年限(年)	账面净值(元)	预计可收回金额(元)	计提减值准备(元)
022001	丰田汽车	2018-12-02	直接购入	在用	销售部门	直线法	10	217 200	167 200	50 000

〖操作说明〗　【C202 李嘉文】在固定资产系统中录入计提减值准备变动单,并生成计提减值准备的会计凭证。

〖操作指引〗

(1) 在固定资产管理系统中,执行【固定资产】|【卡片】|【变动单】|【计提减值准备】命令,打开【固定资产变动单】对话框。

(2) 在【资产编号】栏选择【022001】,在【减值准备金额】栏录入【50 000.00】,在【变动原因】栏录入【资产减值】。

(3) 单击【保存】,系统提示【数据保存成功!】。

(4) 单击【确定】,系统弹出一张会计凭证,修改凭证字【记账凭证】,录入或选择借方科目【资产减值损失】。单击【保存】,凭证保存成功,结果如图 2-4-26 所示。

图 2-4-26 记字 0059 号凭证

业务五 资产评估业务处理

〖业务描述〗 2020 年 1 月 31 日,经公司决定,将变速箱锥齿轮生产线(资产编号: 021001)向珠海明瑞公司投资,评估价 6 000 000 元。相关数据如表 2-4-6 所示。

表 2-4-6 对外投资固定资产评估表

固定资产名称	使用部门	原使用年限(年)	评估后使用年限(年)	原值(万元)	评估后原值(万元)	累计折旧(万元)	账面净值(万元)	评估后净值(万元)
变速箱锥齿轮生产线	生产部门	10	8	1 200	1 122.5	522.5	677.5	600

〖操作说明〗 【C202 李嘉文】在固定资产系统进行资产评估,生成固定资产评估的会计凭证。

〖操作指引〗

(1) 在固定资产管理系统中,执行【固定资产】|【卡片】|【资产评估】命令,打开【资产评估】对话框。

(2) 单击【增加】,弹出【评估资产选择】对话框,勾选【原值】【净值】【使用年限(月)】复选框,如图 2-4-27 所示。

(3) 单击【确定】打开【评估资产】界面,固定资产编号选择【021001】,在【评估后原值】栏录入【11 225 000】,在【评估后净值】栏录入【6 000 000】,在【评估后使用年限】栏录入【96】,如图 2-4-28 所示。

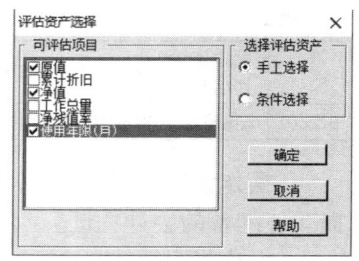

图 2-4-27 评估资产选择

卡片编号	00003 - 变速箱锥齿轮生产	...		计算公式	撤消修改				
资产编号	021001	...							

卡片编号	固定资	固定资	评估状态	评估前原值	评估后原值	评估前累计折旧	评估后累计折旧	评估前净值	评估后净值	评估前	评估后
00003	021001	变速箱	Y	12,000,000.00	11,225,000.00	5,225,000.00	5,225,000.00	6,775,000.00	6,000,000.00	120	96

图 2-4-28 资产评估

（4）单击【保存】，系统提示【是否确认要进行资产评估？】，单击【是】，系统提示【数据保存成功！】，单击【确定】，系统弹出一张凭证。修改凭证类别为【记账凭证】，录入或选择贷方科目【其他资本公积】。单击【保存】，凭证保存成功，结果如图 2-4-29 所示。

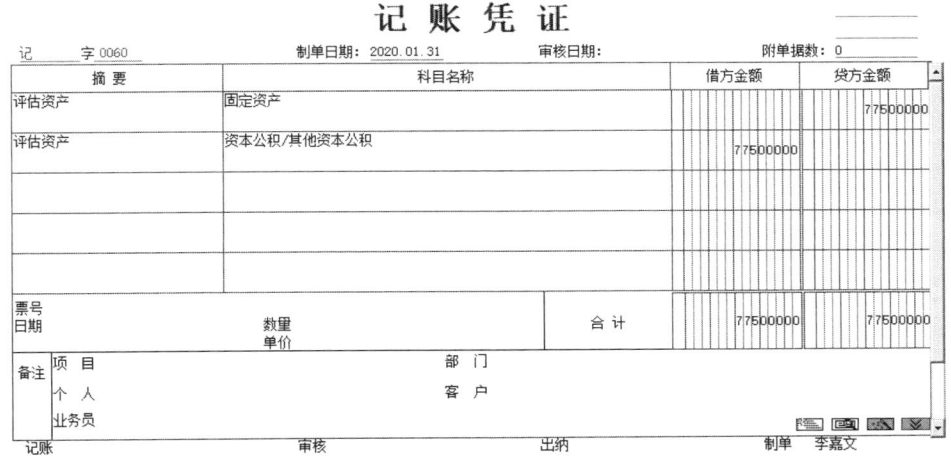

图 2-4-29　记 0060 号凭证

（5）在 D 盘下设置文件夹【666 账套备份\7.2】，将账套输出至【D:\666 账套备份\7.2】文件夹。

🎯 **重难点提示**

（1）固定资产在使用过程中，可能会因为原值变动、部门转移、使用状况变动、使用年限调整、折旧方法调整、净残值（率）调整、工作总量调整、资产类别调整等而需要对固定资产卡片中的一些项目进行调整。这些变动在固定资产系统中通过【固定资产变动单】进行操作。此类操作必须有原始凭证/文件支持，制作的原始凭证称为变动单。

（2）变动单不能修改，只有当月可以删除重做。

（3）当月录入新增卡片在执行变动单操作时部分功能受限，如不能进行原值增加、原值减少、部门转移等操作。

（4）只有固定资产原值增减变动和减值准备才会生成凭证，其他变动都在当月不需生成凭证，而只会在次月计提折旧时产生影响。

任务三　固定资产期末业务处理

业务一　计提本月折旧业务处理

〖业务描述〗　2020 年 1 月 31 日，珠海市美满机械有限公司对公司所有固定资产计提折旧。

〖操作说明〗　【C202 李嘉文】在固定资产系统中计提固定资产折旧，并生成计提固定资产折旧的会计凭证。

〖操作指引〗

（1）在固定资产管理系统，执行【固定资产】|【处理】|【计提本月折旧】命令，打开【固定

操作视频

微课

固定资产期末业务处理

资产】对话框,系统提示【是否要查看折旧清单?】,单击【是】,系统提示【本次操作将计提本月折旧,并花费一定时间,是否继续?】。

（2）单击【是】,打开【折旧清单】窗口,如图 2-4-30 所示。

图 2-4-30　折旧清单

（3）单击【退出】,系统提示【计提折旧完成!】。

（4）单击【确定】,打开【折旧分配表】窗口,如图 2-4-31 所示。

部门编号	部门名称	项目编号	项目名称	科目编号	科目名称	折 旧 额
1	行政人事部			660206	折旧费	14,669.16
2	财务部			660206	折旧费	123.24
4	销售部			660106	折旧费	2,565.60
5	生产部			510101	折旧费	180,240.00
合计						197,598.00

图 2-4-31　折旧分配表

（5）单击【凭证】,生成一张凭证。修改凭证类别为【记账凭证】,单击【保存】,凭证保存成功,如图 2-4-32 所示。

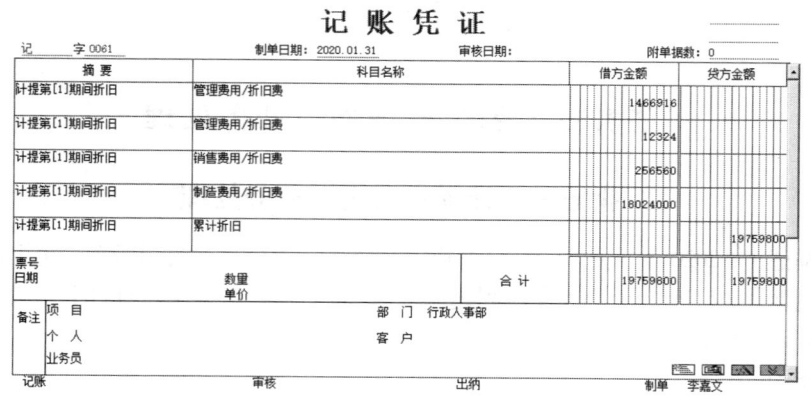

图 2-4-32　记字 0061 号凭证

🎯 重难点提示

（1）如果计提固定资产的折旧方法为工作量法，在计提折旧之前，要录入固定资产本月的工作量，这样，才能正确计提本月的折旧。

（2）计提折旧功能每期对各项资产计提一次折旧，并自动生成折旧分配表，然后生成会计凭证，将本期的折旧费用自动登账；计提折旧的会计凭证可以不立即生成并保存，而在【批量制单】中生成，在【批量制单】中勾选【方向相反时合并分录】，生成的凭证会合并会计科目相同的会计分类。

（3）部门转移和类别调整的资产当月计提折旧会自动分配到变动后的部门和类别。

（4）在一个期间内可以多次计提折旧，每次计提折旧后，只是将计提的折旧累加到月初的累计折旧上，不会重复累计。

（5）若计提折旧已生成凭证传递到总账系统，必须删除该凭证才能重新计提折旧。

（6）如果计提折旧后又对账套进行影响折旧计算或分配操作，必须重新计提折旧。

业务二　资产减少业务处理

一、将评估资产进行对外投资业务处理

〖**业务描述**〗　2020 年 1 月 31 日，经公司决定，将变速箱锥齿轮生产线（资产编号：021001）向珠海明瑞公司投资。

〖**操作说明**〗　【C202 李嘉文】在固定资产系统进行资产评估并将固定资产对外投资，生成固定资产对外投资减少的会计凭证。

〖**操作指引**〗

（1）在固定资产管理系统中，执行【固定资产】|【卡片】|【资产减少】对话框。在【资产编号】栏选择【021001】，单击【增加】，在【减少方式】栏选择【投资转出】，在【清理原因】栏录入【对外投资】，如图 2-4-33 所示。

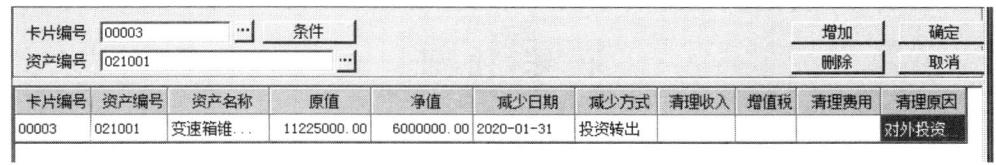

图 2-4-33　资产减少情况录入

（2）单击【确定】，系统提示【所选卡片已经减少成功！】，单击【确定】，系统弹出一张凭证。修改凭证类别为【记账凭证】，修改【固定资产清理】科目为【长期股权投资】，单击【保存】，凭证保存成功，结果如图 2-4-34 所示。

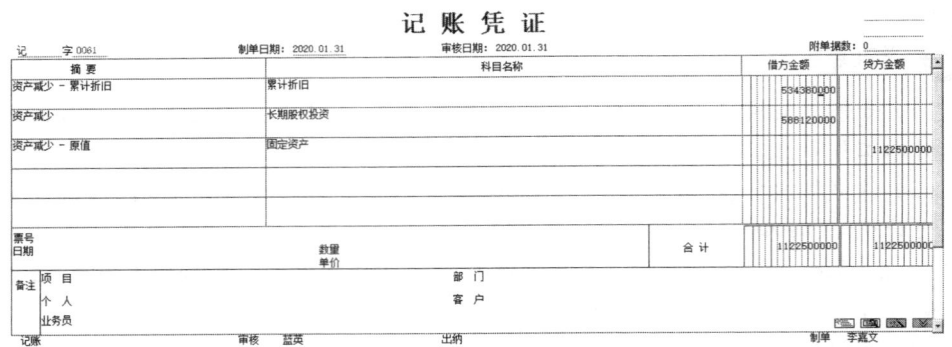

图 2-4-34　记字 0061 号凭证

二、资产正常报废业务处理

〖业务描述〗　2020 年 1 月 31 日,行政人事部使用的华硕电脑(资产编号:022014)损坏,将其报废,现金收讫 500 元。

〖操作说明〗　【C202 李嘉文】在固定资产系统减少固定资产,生成固定资产减少的会计凭证;在总账系统填制结转固定资产清理的会计凭证。

〖操作指引〗

(1) 在固定资产管理系统中,执行【固定资产】|【卡片】|【固定资产减少】命令。

(2) 在【固定资产减少】对话框,在【资产编号】栏选择【022014】,单击【增加】,在【减少方式】栏选择【报废】,在【清理原因】栏录入【资产正常报废】,如图 2-4-35 所示。

图 2-4-35　固定资产减少

(3) 单击【确定】,系统提示【所选卡片已经减少成功!】,单击【确定】,系统弹出一张凭证。修改凭证类别为【记账凭证】,单击【保存】,凭证保存成功,结果如图 2-4-36 所示。

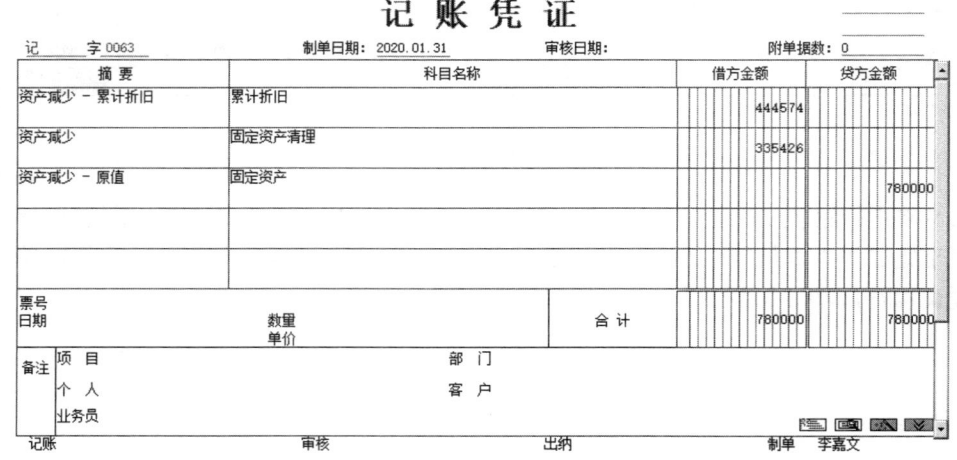

图 2-4-36　记字 0063 号凭证

(4) 在总账管理系统中,执行【总账】|【凭证】|【填制凭证】命令,打开【凭证】对话框,单击【增加】,录入固定资产清理收入的会计凭证,结果如图 2-4-37 所示。

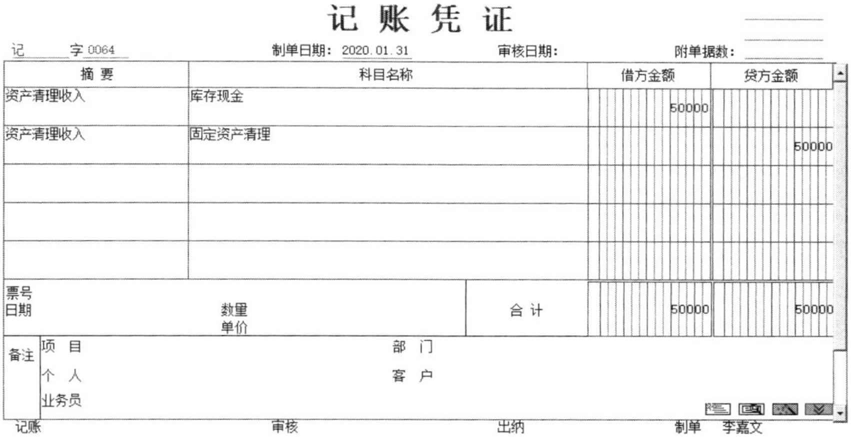

记账凭证

记 字 0064　制单日期:2020.01.31　审核日期:　附单据数:

摘要	科目名称	借方金额	贷方金额
资产清理收入	库存现金	50000	
资产清理收入	固定资产清理		50000
票号 日期	数量 单价 合计	50000	50000

备注　项目　部门　个人　客户　业务员

记账　审核　出纳　制单 李嘉文

图 2-4-37　记字 0064 号凭证

(5) 继续单击【增加】,录入结转固定资产清理的会计凭证,金额填入 2 854.26 元(3 354.26-500),单击【保存】,结果如图 2-4-38 所示。

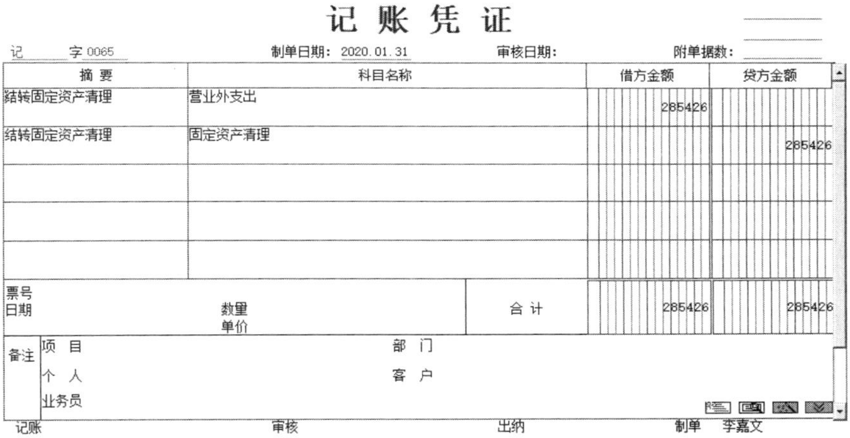

记账凭证

记 字 0065　制单日期:2020.01.31　审核日期:　附单据数:

摘要	科目名称	借方金额	贷方金额
结转固定资产清理	营业外支出	285426	
结转固定资产清理	固定资产清理		285426
票号 日期	数量 单价 合计	285426	285426

备注　项目　部门　个人　客户　业务员

记账　审核　出纳　制单 李嘉文

图 2-4-38　记字 0065 号凭证

重难点提示

(1) 只有当资产在当月计提折旧后,才可以使用资产减少功能,否则,减少资产只能通过删除卡片来完成。

(2) 在固定资产发生减少时,首先要从固定资产卡片中将该资产卡片删除,然后再进行凭证处理。

(3) 由于固定资产的减少当月仍需计提折旧,因此,固定资产减少的核算必须在计提了当月的固定资产折旧后才能进行。

(4) 与资产减少相关的支付清理费用等业务凭证,需要在总账系统中填制。

业务三　固定资产期末盘点业务处理

一、固定资产盘亏

〖业务描述〗　2020 年 1 月 31 日,公司对办公设备进行盘点,发现销售部门一台联想电脑(资产编号:022003)丢失,原值 6 000 元,已计提折旧 2 564.8 元。经查,损失由该部门负责人杨慧赔偿,尚未收到赔偿款。

〖操作说明〗　【C202 李嘉文】在固定资产系统盘点固定资产,处理盘亏的固定资产,并生成固定资产盘亏的会计凭证;在总账系统填制处理固定资产清理的会计凭证。

〖操作指引〗

（1）在固定资产管理系统中,执行【固定资产】|【卡片】|【资产盘点】命令,打开【资产盘点】对话框。

（2）单击【增加】,打开【新增盘点单数据录入】对话框,单击【范围】,打开【盘点范围设置】对话框,选择【按资产类别盘点】,在【资产类别】栏选择【机器设备—非生产经营用设备】,如图 2-4-39 所示。

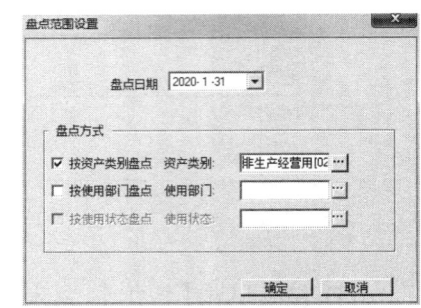

图 2-4-39　盘点范围设置

（3）单击【确定】,系统列示全部办公设备类固定资产,双击【022003】固定资产,单击【删行】,删除【022003】行资产盘点列示固定资产清单,结果如图 2-4-40 所示。

（4）单击【退出】,系统提示【本盘点单数据已变更,是否保存!】,单击【是】,系统提示【盘点单保存成功!】。单击【确定】,盘点完成,操作完成如图 2-4-41 所示。

（5）关闭【资产盘点】对话框,执行【盘点盘亏确认】命令,双击选中【022003】资产,在【审核】栏选中【同意】,在【处理意见】栏录入【由部门负责人照价赔偿】,如图 2-4-42 所示。

资产盘点

类别:I022非生产经营用　|盘点日期:2020-1-31　　定位□　增行　删行　核对

选择	固定资产编号	固定资产名称	部门编号	类别编号	币种	规格型号	存放地点	使用年限(月)	开始使	录入日期
	022001	丰田汽车	4	022	人民币			96	2018-12-2	2020-1-1
	022002	宝马汽车	1	022	人民币			120	2018-12-3	2020-1-1
	022004	联想电脑	4	022	人民币			60	2017-10-3	2020-1-1
	022005	华硕电脑	2	022	人民币			60	2017-1-20	2020-1-1
	022006	华硕电脑	1	022	人民币			60	2017-1-20	2020-1-1
	022007	华硕电脑	1	022	人民币			60	2017-1-20	2020-1-1
	022008	华硕电脑	1	022	人民币			60	2017-1-20	2020-1-1
	022009	华硕电脑	1	022	人民币			60	2017-1-20	2020-1-1
	022010	华硕电脑	1	022	人民币			60	2017-1-20	2020-1-1
	022011	华硕电脑	1	022	人民币			60	2017-1-20	2020-1-1
	022012	华硕电脑	1	022	人民币			60	2017-1-20	2020-1-1
	022013	华硕电脑	1	022	人民币			60	2017-1-20	2020-1-1
	022015	联想电脑	4	022	人民币			120	2020-1-23	2020-1-23
	022016	联想电脑	4	022	人民币			120	2020-1-23	2020-1-23
	022017	联想电脑	1	022	人民币			120	2020-1-23	2020-1-23
	022018	联想电脑	3	022	人民币			120	2020-1-23	2020-1-23

图 2-4-40　资产盘点

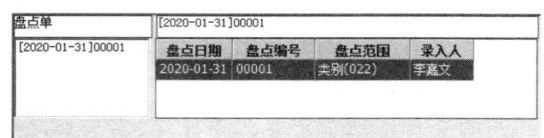

图 2-4-41　资产盘点（操作完成）

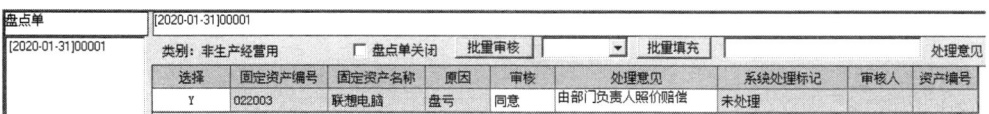

图 2-4-42　盘点盘亏确认

（6）单击【保存】，系统提示【保存成功】。单击【确认】，退出【盘点盘亏确认】对话框。

（7）单击【资产盘亏】命令，双击选中【022003】资产，如图 2-4-43 所示。

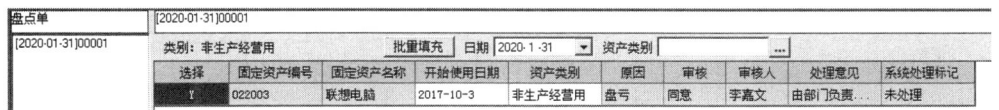

图 2-4-43　资产盘亏

（8）单击菜单栏上的【盘亏处理】命令，打开【资产减少】对话框，在【清理原因】栏录入【资产盘亏】，如图 2-4-44 所示。

图 2-4-44　录入清理原因

（9）单击【确定】，系统提示【所选卡片已经减少成功】。单击【确认】，弹出一张会计凭证，修改凭证类别为【记账凭证】，将【1606 固定资产清理】科目修改为【1901 待处理财产损溢】。单击【保存】，凭证保存成功，结果如图 2-4-45 所示。

记 账 凭 证

记　　　字 0066		制单日期：2020.01.31	审核日期：	附单据数：0	
摘　要	科目名称			借方金额	贷方金额
资产减少-累计折旧	累计折旧				256480
资产减少	待处理财产损溢				343520
资产减少-原值	固定资产				600000
票号 日期	数量 单价		合　计	600000	600000
备注	项　目 个　人 业务员	部　门 客　户			
记账	审核	出纳	制单	李嘉文	

图 2-4-45　记字 0066 号凭证

（10）在总账管理系统中，执行【总账】|【凭证】|【填制凭证】命令，打开【凭证】对话框，单击【增加】。录入处理盘亏固定资产的会计凭证。单击【保存】，凭证保存成功，结果如图 2-4-46 所示。

记 账 凭 证

记 字 0067   ————
                                                                                                                    ————
制单日期:2020.01.31   审核日期: 附单据数:

摘 要	科目名称	借方金额	贷方金额
处理盘亏固定资产	其他应收款/职员	343520	
处理盘亏固定资产	待处理财产损溢		343520

票号
日期   数量   合 计   343520   343520
            单价

备注 项 目   部 门
     个 人   客 户
     业务员

记账   审核   出纳   制单 李嘉文

图 2-4-46 记字 0067 号凭证

重难点提示

　　如果资产减少操作已制作凭证,必须删除凭证后才能进行恢复资产减少的操作。

二、固定资产盘盈

〖业务描述〗 2020 年 1 月 31 日,对二车间进行盘点,盘盈手动叉车一台,同类产品市场原值为 5 000 元,新旧程度为 90%,预计使用年限为 3 年,相关数据如表 2-4-7 所示。

表 2-4-7   固定资产盘盈表

固定资产名称	开始使用日期	增加方式	使用情况	使用部门	折旧方法	预计使用年限(年)	同类市场原值	残值率	新旧程度	累计折旧(元)
手动叉车	2019-01-31	盘盈	在用	二车间	直线法	3	5 000	5%	90%	500

〖操作说明〗 【C202 李嘉文】在固定资产系统盘点固定资产,录入盘盈固定资产,并生成固定资产盘盈的会计凭证;在总账系统填制处理固定资产清理的会计凭证。

〖操作指引〗

(1)在固定资产管理系统中,执行【固定资产】|【卡片】|【资产盘点】命令,打开【资产盘点】对话框。

(2)单击【增加】,打开【新增盘点单数据录入】对话框,单击【范围】,打开【盘点范围设置】对话框,选择【按资产类别盘点】,在【资产类别】栏选择【机器设备—生产经营用设备】,如图 2-4-47 所示。

(3)单击【确定】,系统列示全部机器设备类固定资产,单击【增行】,根据表 2-4-7 内容信息,增加录入编号为【021005】的固定资产,如图 2-4-48 所示。

(4)单击【保存】,系统提示【本盘点单数据已变更,是否保存!】。单击【是】,系统提示【盘点单保存成功!】,

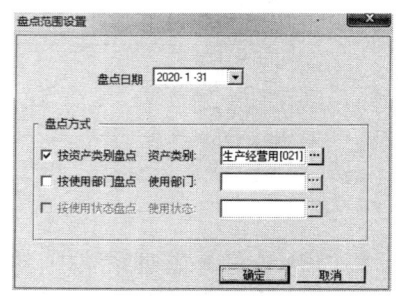

图 2-4-47 盘点范围设置

单击【退出】,资产盘点完成。

资产盘点

类别:[021]生产经营用　[盘点日期:2020-1-31　定位　增行　删行　核对

选择	固定资产编号	固定资产名称	部门编号	类别编号	币种	使用年限(月)	开始使...	录入日期	录入人	原值
	021002	传动齿轮生产线	502	021	人民币	120	2017-11-30	2020-1-1	蓝英	6000000
	021003	气泵	501	021	人民币	120	2020-1-20	2020-1-20	李嘉文	63027.52
	021004	变速箱锥齿轮生产线	501	021	人民币	120	2020-1-21	2020-1-21	李嘉文	102654.87
Y	021005	手动叉车	502	021	人民币	36	2020-01-31	2020-01-31	李嘉文	5000

图 2-4-48　资产盘点

(5) 关闭【资产盘点】对话框,执行【盘点盘盈确认】命令,双击选中【021005】资产,在【审核】栏选中【同意】,在【处理意见】栏录入【转入营业外收入】,如图 2-4-49 所示。

盘点单　[2020-01-31]00002

[2020-01-31]00001
[2020-01-31]00002

类别:生产经营用　☐ 盘点单关闭　批量审核　批量填充

选择	固定资产编号	固定资产名称	原因	审核	处理意见	系统处理标记
Y	021005	手动叉车	盘盈	同意	转入营业外收入	未处理

图 2-4-49　盘点盘盈确认

(6) 单击【保存】,系统提示【保存成功】。单击【确认】,退出【盘点盘盈确认】对话框。单击【资产盘盈】命令,双击选中【021005】资产,如图 2-4-50 所示。

[2020-01-31]00002

类别:生产经营用　批量填充　日期 2020-1-31　资产类别

选择	固定资产名称	开始使用日期	资产类别	原因	审核	审核人	处理意见	系统处理标记
Y	手动叉车	2020-1-31	生产经营用	盘盈	同意	李嘉文	转入营业外收入	未处理

图 2-4-50　资产盘盈

(7) 单击【盘盈处理】命令,打开【固定资产卡片】对话框,如图 2-4-51 所示。

固定资产卡片

卡片编号	00026			日期	2020-01-31
固定资产编号	021005	固定资产名称	手动叉车		
类别编号	021	类别名称	生产经营用	资产组名称	
规格型号		使用部门	二车间		
增加方式	盘盈	存放地点			
使用状况	在用	使用年限(月)	36	折旧方法	平均年限法(一)
开始使用日期	2020-01-31	已计提月份	0	币种	人民币
原值	5000.00	净残值率	5%	净残值	250.00
累计折旧	500.00	月折旧率	0	本月计提折旧额	0.00
净值	4500.00	对应折旧科目		项目	
增值税	0.00	价税合计	5000.00		
录入人	李嘉文			录入日期	2020-01-31

图 2-4-51　固定资产卡片

(8) 单击【保存】,弹出一张会计凭证,将【6901 以前年度损益调整】科目修改为【1901 待处理财产损溢】科目。单击【保存】,凭证保存成功,结果如图 2-4-52 所示。

记 账 凭 证

| 已生成 |

记　字 0068　　　　制单日期: 2020.01.31　　　审核日期:　　　附单据数: 0

摘　要	科目名称	借方金额	贷方金额
盘盈资产.	固定资产	500000	
盘盈资产.	累计折旧		50000
盘盈资产.	待处理财产损溢		450000

| 票号 日期 | 数量 单价 | 合　计 | 500000 | 500000 |

备注　项　目　　　　　　部　门
　　　个　人　　　　　　客　户
　　　业务员

记账　　　　　　审核　　　　　　出纳　　　　　制单　李嘉文

图 2-4-52　记字 0068 号凭证

(9) 在总账管理系统中,执行【总账】|【凭证】|【填制凭证】命令,打开【凭证】对话框,单击【增加】,录入处理盘盈固定资产的会计凭证。单击【保存】,凭证保存成功,如图 2-4-53 所示。

记 账 凭 证

记　字 0069　　　　制单日期: 2020.01.31　　　审核日期:　　　附单据数:

摘　要	科目名称	借方金额	贷方金额
固定资产盘盈处理	待处理财产损溢	450000	
固定资产盘盈处理	营业外收入		450000

| 票号 日期 | 数量 单价 | 合　计 | 450000 | 450000 |

备注　项　目　　　　　　部　门
　　　个　人　　　　　　客　户
　　　业务员

记账　　　　　　审核　　　　　　出纳　　　　　制单　李嘉文

图 2-4-53　记字 0069 号凭证

(10) 在 D 盘下设置文件夹【666 账套备份\7.3】,将账套输出至【D:\666 账套备份\7.3】文件夹。

任务四 单据、凭证及账表查询

业务一 查询固定资产原值表

〖业务描述〗 2020 年 1 月 31 日,查询固定资产原值一览表。

〖操作说明〗 【C202 李嘉文】在固定资产管理系统查询固定资产原值一览表。

〖操作指引〗

(1) 在固定资产管理系统中,执行【固定资产】|【账表】|【我的账表】命令,打开【报表】对话框。

(2) 单击【统计表】,双击打开【(固定资产原值)一览表】对话框,条件选择为默认。

(3) 单击【确认】,打开【(固定资产原值)一览表】对话框,如图 2-4-54 所示。

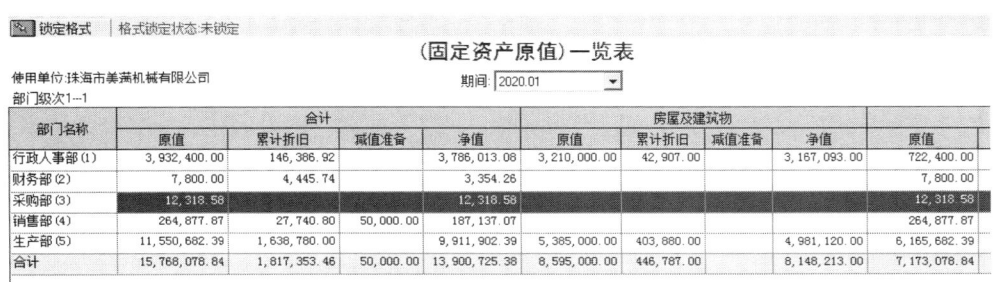

图 2-4-54 (固定资产原值)一览表

业务二 查询固定资产明细账

〖业务描述〗 2020 年 1 月 31 日,查询办公设备固定资产明细账。

〖操作说明〗 【C202 李嘉文】在固定资产系统查询办公设备类固定资产明细账。

〖操作指引〗

(1) 在固定资产管理系统中,执行【固定资产】|【账表】|【我的账表】命令,打开【报表】对话框。

(2) 单击【账簿】,双击【(部门、类别)明细账】,打开【条件-(部门、类别)明细账】对话框,在【类别名称】栏选择【02 机器设备】,【部门名称】选择为默认,勾选【显示使用状况和部门】复选框,如图 2-4-55 所示。

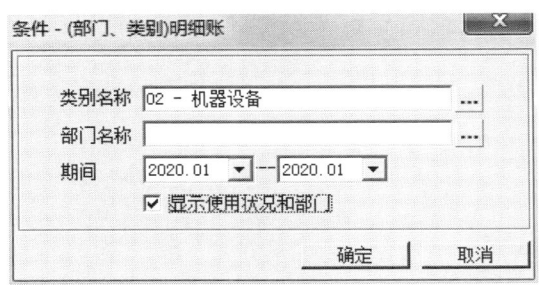

图 2-4-55 条件-(部门、类别)明细账

（3）单击【确定】，打开【（部门、类别）明细账】，结果如图 2-4-56 所示。

							原值			累计折旧	
日期	资产编号	业务单号	凭证号	摘要	资产名称	数量	借方	贷方	余额	借方	贷方	余额
2020-01-01	021001	00003		录入原始卡片	变速箱锥齿轮生产	1.00	12,000,000.00		12,000,000.00		5,225,000.00	5,225,000.00
2020-01-01	021002	00004		录入原始卡片	传动齿轮生产线	1.00	6,000,000.00		18,000,000.00		1,187,500.00	6,412,500.00
2020-01-01	022001	00005		录入原始卡片	丰田汽车	1.00	240,000.00		18,240,000.00		22,800.00	6,435,300.00
2020-01-01	022002	00006		录入原始卡片	宝马汽车	1.00	660,000.00		18,900,000.00		62,700.00	6,498,000.00
2020-01-01	022003	00007		录入原始卡片	联想电脑	1.00	6,000.00		18,906,000.00		2,470.00	6,500,470.00
2020-01-01	022004	00008		录入原始卡片	联想电脑	1.00	6,000.00		18,912,000.00		2,470.00	6,502,940.00
2020-01-01	022005	00009		录入原始卡片	华硕电脑	1.00	7,800.00		18,919,800.00		4,322.50	6,507,262.50
2020-01-01	022006	00010		录入原始卡片	华硕电脑	1.00	7,800.00		18,927,600.00		4,322.50	6,511,585.00
2020-01-01	022007	00011		录入原始卡片	华硕电脑	1.00	7,800.00		18,935,400.00		4,322.50	6,515,907.50
2020-01-01	022008	00012		录入原始卡片	华硕电脑	1.00	7,800.00		18,943,200.00		4,322.50	6,520,230.00
2020-01-01	022009	00013		录入原始卡片	华硕电脑	1.00	7,800.00		18,951,000.00		4,322.50	6,524,552.50
2020-01-01	022010	00014		录入原始卡片	华硕电脑	1.00	7,800.00		18,958,800.00		4,322.50	6,528,875.00
2020-01-01	022011	00015		录入原始卡片	华硕电脑	1.00	7,800.00		18,966,600.00		4,322.50	6,533,197.50
2020-01-01	022012	00016		录入原始卡片	华硕电脑	1.00	7,800.00		18,974,400.00		4,322.50	6,537,520.00
2020-01-01	022013	00017		录入原始卡片	华硕电脑	1.00	7,800.00		18,982,200.00		4,322.50	6,541,842.50
2020-01-01	022014	00018		录入原始卡片	华硕电脑	1.00	7,800.00		18,990,000.00		4,322.50	6,546,165.00
2020-01-20	021003	00019	记--54	新增固定资产	气泵	1.00	63,027.52		19,053,027.52			6,546,165.00
2020-01-21	021004	00020	记--55	新增固定资产	变速箱锥齿轮生产	1.00	102,654.87		19,155,682.39			6,546,165.00
2020-01-23	022015	00021	记--56	新增固定资产	联想电脑	1.00	6,159.29		19,161,841.68			6,546,165.00
2020-01-23	022016	00022	记--56	新增固定资产	联想电脑	1.00	6,159.29		19,168,000.97			6,546,165.00
2020-01-23	022017	00023	记--56	新增固定资产	联想电脑	1.00	6,159.29		19,174,160.26			6,546,165.00
2020-01-23	022018	00024	记--56	新增固定资产	联想电脑	1.00	6,159.29		19,180,319.55			6,546,165.00

图 2-4-56 （部门、类别）明细账

（4）在 D 盘下设置文件夹【666 账套备份\7.4】，将账套输出至【D:\666 账套备份\7.4】文件夹。

项目五　薪资管理业务处理

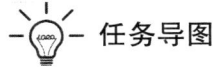 任务导图

```
                        ┌─────────────────────┐
                        │  薪资管理业务处理    │
                        └─────────────────────┘
                                  │
                                  ▼
```

任务一 薪资月变动处理 ·人员增减变动 ·工资数据变动	任务二 薪资费用分摊设置 ·计提应发工资设置 ·计提工会经费设置 ·计提职工教育经费设置 ·计提社会保险费(公司)设置 ·计提住房公积金(公司)设置 ·计提社会保险费(个人)设置 ·计提住房公积金(个人)设置 ·计提代扣个人所得税设置 ·工资发放设置	任务三 薪资费用分摊凭证处理 ·计提应发工资凭证生成 ·计提工会经费凭证生成 ·计提职工教育经费凭证生成 ·计提社会保险费(公司)凭证生成 ·计提住房公积金(公司)凭证生成 ·计提社会保险费(个人)凭证生成 ·计提住房公积金(个人)凭证生成 ·计提代扣个人所得税凭证生成 ·工资发放凭证生成	任务四 单据、账表查询及 工资表打印 ·查询工资凭证及工资表 ·查询个人所得税申报表

本任务相关链接　用友在线学习网:http://learning.ufida.com.cn/

任务一　薪资月变动处理

业务一　人员增减变动

〖**业务描述**〗　企业在日常业务中,常有人员的新增入职和离职减少变动情况,当月人事部将会人员入职和离职情况表交由财务部,将相关信息录入系统并计算人工薪酬。

（1）2020年1月,公司因业务需要招聘入职人员相关信息如表2-5-1所示。

表2-5-1 人员增加信息表

人员编号	入职时间	人员姓名	性别	行政部门	人员类别	银行账号
102	2020-01-15	刘芳芳	女	行政人事部	企业管理人员	6217003090004835017
507	2020-01-22	徐佳丽	女	一车间	车间管理人员	6217003090004835018
509	2020-01-22	肖骁云	男	二车间	生产人员	6217003090004835019

（2）公司1月份员工离职相关信息如表2-5-2所示。

微课

操作视频

薪资月变动处理

表 2-5-2 人员减少信息表

人员编号	离职时间	人员姓名	性别	行政部门	人员类别	是否操作员	基本工资（元）	奖金（元）	岗位工资（元）	交补（元）
501	2020-01-21	秦昊	男	一车间	车间管理人员	是	2 000	600	2 000	800
505	2020-01-22	沈伟	男	二车间	生产人员	是	2 000	600	800	300

〖操作说明〗 【C201 蓝英】在基础设置中增加人员档案,【C202 李嘉文】在薪酬管理增减人员处理。

〖操作指引〗

1. 人员增加处理

（1）【C201 蓝英】登录到【基础设置】选项卡中,执行【基础档案】|【机构人员】|【人员档案】命令,打开【人员列表】窗口。

（2）单击【增加】,按表 2-5-1 资料输入人员编码为【102】,人员姓名为【刘芳芳】的相关信息,如图 2-5-1 所示。

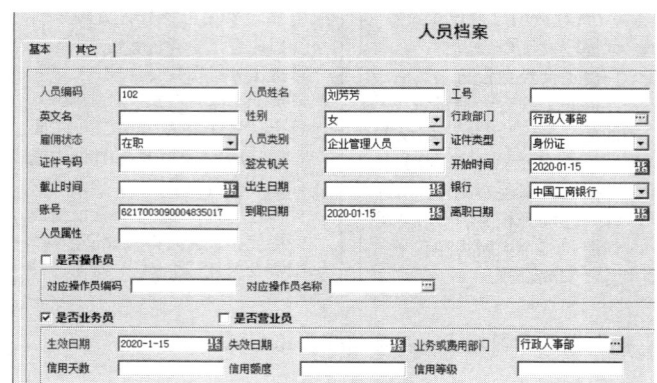

图 2-5-1 人员档案

（3）按照上述操作,增加编号为【507】【509】的人员相关信息。

（4）【C202 李嘉文】登录薪资管理系统,执行【薪资管理】|【设置】|【人员档案】命令,打开【人员档案】窗口。单击【增加】,弹出【人员档案明细】窗口。选择【人员姓名】为【刘芳芳】,单击【确定】,如图 2-5-2 所示。

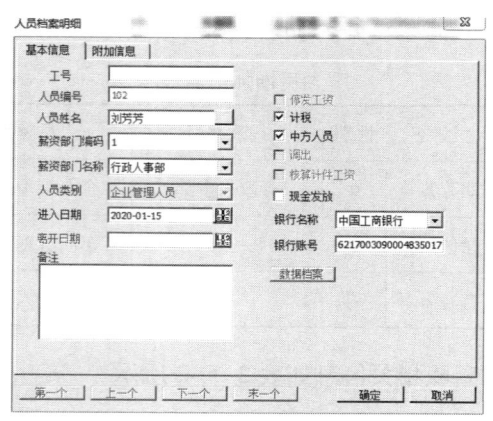

图 2-5-2 人员档案明细

（5）按以上步骤增加其他人员信息,操作结果如图 2-5-3 所示,添加完成后单击【取消】退出。

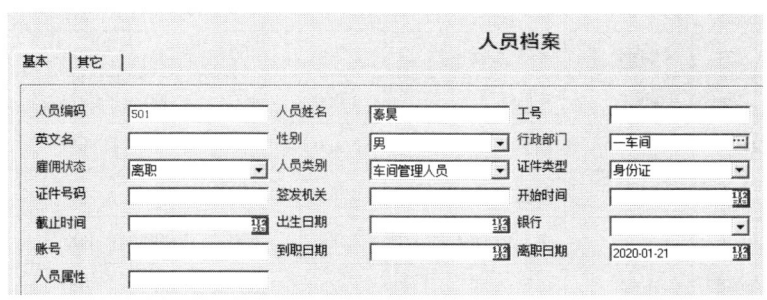

选择	整洞部门名称	人员编号	人员姓名	人员类别	账号	中方人员	是否计税	工资停发	核算计件工资	现金发放	进入日期	离开日期
	行政人事部	101	张建国	企业管理人员	6217003090004835001	是	是	否	否	否		
	行政人事部	102	刘芳芳	企业管理人员	6217003090004835017	是	是	否	否	否	2020-1-15	
	财务部	201	蓝英	企业管理人员	6217003090004835002	是	是	否	否	否		
	财务部	202	李嘉文	企业管理人员	6217003090004835003	是	是	否	否	否		
	财务部	203	张华	企业管理人员	6217003090004835004	是	是	否	否	否		
	财务部	204	韦宝宝	企业管理人员	6217003090004835005	是	是	否	否	否		
	采购部	301	赵文星	采购人员	6217003090004835006	是	是	否	否	否		
	采购部	302	王智	采购人员	6217003090004835007	是	是	否	否	否		
	销售部	401	王迪	销售人员	6217003090004835008	是	是	否	否	否		
	销售部	402	杨慧	销售人员	6217003090004835009	是	是	否	否	否		
	一车间	501	秦昊	车间管理人员	6217003090004835010	是	是	否	否	否		
	一车间	502	何家玮	生产人员	6217003090004835011	是	是	否	否	否		
	一车间	503	许志军	生产人员	6217003090004835012	是	是	否	否	否		
	一车间	507	徐佳丽	车间管理人员	6217003090004835018	是	是	否	否	否	2020-1-22	
	二车间	504	郑彦	车间管理人员	6217003090004835013	是	是	否	否	否		
	二车间	505	沈伟	生产人员	6217003090004835014	是	是	否	否	否		
	二车间	506	吕宏	生产人员	6217003090004835015	是	是	否	否	否		
	二车间	509	肖铁云	生产人员	6217003090004835019	是	是	否	否	否	2020-1-22	
	供应部	601	陈玮	企业管理人员	6217003090004835016	是	是	否	否	否		

图 2-5-3 人员档案明细（操作完成）

2. 人员减少处理

（1）【C201 蓝英】登录到【基础设置】选项卡,执行【基础档案】|【机构人员】|【人员档案】命令,打开【人员列表】窗口。

（2）选择人员编号为【501】,人员姓名为【秦昊】的职员,单击【修改】,选择【雇佣状态】为【离职】,在【离职日期】栏录入【2020-01-21】,单击【保存】,如图 2-5-4 所示。

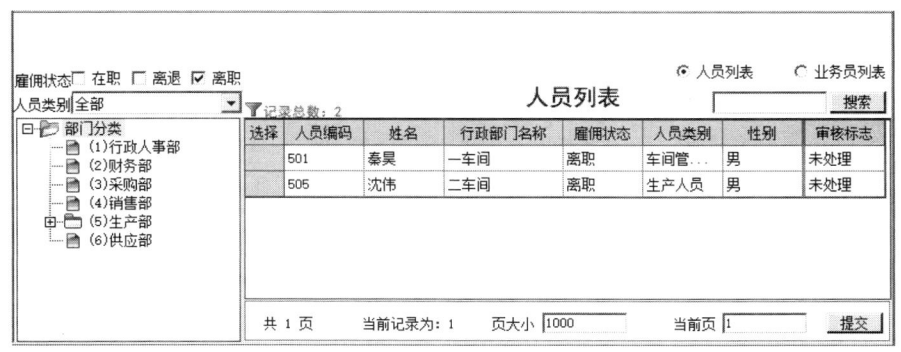

图 2-5-4 人员档案

（3）同上方法选择编号为【505】员工进行离职减少操作,操作完成结果如图 2-5-5所示。

图 2-5-5 人员列表

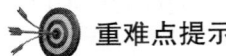
> ### 重难点提示
>
> 　　人员离职后应于下月在薪资管理系统,执行【薪资管理】|【设置】|【人员档案】命令,打开【人员档案】窗口。选中离职人员单击【修改】,弹出【人员档案明细】窗口。将离职人员进行【调出】勾选,并选择【离开时间】,则离职人员在当月在工资表不会再出现。

业务二　工资数据变动

〖业务描述〗　录入公司人员工资数据,并执行计算与汇总,具体数据如表 2-5-3 所示。

表 2-5-3　　　　　　　　　　2020 年 1 月工资人员工资明细表

人员编号	人员姓名	性别	部门	人员类别	基本工资	奖金	岗位工资	交补	缺勤天数	周末加班	请假天数
101	张建国	男	行政人事部	企业管理人员	3 000	1 000	2 000	800			
102	刘芳芳	女	行政人事部	企业管理人员	2 000	600	2 000	800	10		
201	蓝英	女	财务部	企业管理人员	2 500	800	2 000	800			
202	李嘉文	女	财务部	企业管理人员	2 000	600	2 000	800			1
203	张华	女	财务部	企业管理人员	2 000	400	2 000	800			
204	韦宝宝	女	财务部	企业管理人员	2 000	200	2 000	800			
301	赵文星	女	采购部	采购人员	2 200	400	1 000	500			3
302	王智	男	采购部	采购人员	2 000	600	1 000	500			
401	王菡	男	销售部	销售人员	2 400	800	1 200	500			
402	杨慧	女	销售部	销售人员	2 000	600	1 200	500			
501	秦昊	男	一车间	车间管理人员	2 000	600	2 000	800	9		2
502	何家鸿	男	一车间	生产人员	2 000	600	800	300		3	
503	许志军	男	一车间	生产人员	2 000	600	800	300		2	
507	徐佳丽	女	一车间	车间管理人员	2 500	600	2 000	800	14		
504	郑彦	男	二车间	车间管理人员	2 000	600	2 000	800		2	
505	沈伟	男	二车间	生产人员	2 000	600	800	300	8		
506	吕宏	男	二车间	生产人员	2 000	600	800	300		2	
509	肖骁云	男	二车间	生产人员	2 000	600	800	300	14		
601	陈玮	女	仓储部	管理人员	2 000	200	2 000	800			
	合计				40 600	11 000	28 400	11 500	55	9	6

〖操作说明〗　【C202 李嘉文】录入所有人员 2020 年 1 月份工资数据,并进行汇总计算。

〖操作指引〗

(1)登录【C202 李嘉文】在薪资管理系统,执行【薪资管理】|【业务处理】|【工资变动】命令,打开【工资变动】窗口。

（2）在工资变动表中,根据题目分别录入基本工资、奖金、缺勤天数等工资基本项目内容,按期初进行的工资项目的公式设置,相应自动带出岗位工资、交补、加班工资、缺勤扣款、请假扣款等项目。单击【计算】,再单击【汇总】,计算全部工资项目内容。计算结果如图 2-5-6 所示,单击【退出】。

工资变动

选择	人员编号	姓名	部门	人员类别	基本工资	奖金	交补	岗位工资	加班工资	缺勤扣款	请假扣款	周末加班天数	应发合计	扣个人社保费
	101	张建国	行政人事部	企业管理人员	3,000.00	1,000.00	800.00	2,000.00					6,800.00	510.00
	102	刘芳芳	行政人事部	企业管理人员	2,000.00	600.00	800.00	2,000.00		909.09			6,309.09	408.00
	201	蓝英	财务部	企业管理人员	2,500.00	800.00	800.00	2,000.00					6,100.00	459.00
	202	李嘉文	财务部	企业管理人员	2,000.00	600.00	800.00	2,000.00			45.45		5,445.45	408.00
	203	张华	财务部	企业管理人员	2,000.00	400.00	800.00	2,000.00					5,200.00	408.00
	204	韦宝宝	财务部	企业管理人员	2,000.00	200.00	800.00	2,000.00					5,000.00	408.00
	301	赵文星	采购部	采购人员	2,200.00	400.00	500.00	1,000.00			150.00		4,250.00	326.40
	302	王智	采购部	采购人员	2,000.00	400.00	500.00	1,000.00					3,900.00	306.00
	401	王迪	销售部	销售人员	2,400.00	800.00	500.00	1,200.00					4,900.00	367.20
	402	杨慧	销售部	销售人员	2,000.00	600.00	500.00	1,200.00					4,300.00	326.40
	501	秦昊	一车间	车间管理人员	2,000.00	600.00	800.00	2,000.00		818.18	90.91		6,309.09	408.00
	502	何家鸿	一车间	生产人员	2,000.00	600.00	300.00	800.00	545.45			3.00	4,245.45	285.60
	503	许志军	一车间	生产人员	2,000.00	600.00	300.00	800.00	363.64			2.00	4,063.64	285.60
	507	徐佳丽	一车间	车间管理人员	2,500.00	800.00	800.00	2,000.00			1,590.91		7,690.91	459.00
	504	郑彦	二车间	车间管理人员	2,000.00	600.00	800.00	2,000.00	363.64			2.00	5,763.64	408.00
	505	沈伟	二车间	生产人员	2,000.00	600.00	300.00	800.00		727.27			4,427.27	285.60
	506	吕宏	二车间	生产人员	2,000.00	600.00	300.00	800.00	363.64			2.00	4,063.64	285.60
	509	肖骏云	二车间	生产人员	2,000.00	600.00	300.00	800.00		1,272.73			4,972.73	285.60
	601	陈玮	供应部	企业管理人员	2,000.00	200.00	800.00	2,000.00					5,000.00	
合计					40,600.00	11,000.00	11,500.00	28,400.00	1,636.37	5,318.18	286.36	9.00	98,740.91	7,038.00

过滤器 所有项目　　　　□ 定位器
当前月份：1月　　　总人数：19　　　当前人数：19

图 2-5-6 工资变动

（3）在 D 盘下设置文件夹【666 账套备份\8.1】,将账套输出至【D:\666 账套备份\8.1】文件夹。

🎯 **重难点提示**

（1）第一次使用工资系统必须将所有人员的基本工资数据录入系统。工资数据可以在录入人员档案时直接录入,需要计算的内容在此功能中进行计算;也可以在工资变动功能中录入,当工资数据发生变动时应在此录入。

（2）如果工资数据的变化具有规律性,可以使用【替换】功能进行成批数据替换。

（3）在修改了某些数据、重新设置了计算公式、进行了数据替换或在个人所得税中执行了自动扣税等操作后,必须调用【计算】和【汇总】功能对个人工资数据重新计算,以保证数据正确。如果对工资数据只进行了【计算】的操作,则退出时系统提示【数据发生变动后尚未进行汇总,是否进行汇总?】;如果需要汇总则单击【是】,否则,单击【否】即可。

任务二　薪资费用分摊设置

〖**业务描述**〗 珠海市美满机械有限公司各费用计提比率为:工会经费和职工教育经费按【应发工资】计提,单位和个人承担的社保费和公积金均按【五险一金计提基数】计提,职工福利费按实际发生数列支。在薪资管理系统中,以工资模块数据为依据计提并支付的相关费用计提比例,如表 2-5-4 所示。

操作视频

微课

薪资费用分摊设置

表 2-5-4   各费用计提基数及比率表

项目	计提基数	计提比例	其中	
			单位	个人
计提应发工资	应发合计	100%		
计提职工教育经费	应发合计	2.5%		
计提社保费	"五险一金"计提基数	44.6%	32.8%	11.8%
计提住房公积金	"五险一金"计提基数	24%	12%	12%
代扣个人所得税	扣税合计	100%		
工资发放	实发合计	100%		

2020 年 1 月 31 日,公司根据表 2-5-5 至表 2-5-13 设置工资及各项费用分摊表。

表 2-5-5   计提应发工资转账分录一览表(计提比例 100%)

部门名称	人员类别	项目	借方科目	贷方科目
行政人事部、财务部、供应部	企业管理人员	应发合计	660201	221101
采购部	采购人员	应发合计	660201	221101
销售部	销售人员	应发合计	660101	221101
一车间、二车间	车间管理人员	应发合计	510103	221101
一车间	生产人员	应发合计	500102(变速箱)	221101
二车间	生产人员	应发合计	500102(传动齿轮)	221101

表 2-5-6   计提工会经费转账分录一览表(计提比例 2%)

部门名称	人员类别	项目	借方科目	贷方科目
行政人事部、财务部、供应部	企业管理人员	应发合计	660201	221106
采购部	采购人员	应发合计	660201	221106
销售部	销售人员	应发合计	660101	221106
一车间、二车间	车间管理人员	应发合计	510103	221106
一车间	生产人员	应发合计	500102(变速箱)	221106
二车间	生产人员	应发合计	500102(传动齿轮)	221106

表 2-5-7   计提职工教育经费转账分录一览表(计提比例 2.5%)

部门名称	人员类别	项目	借方科目	贷方科目
行政人事部、财务部、供应部	企业管理人员	应发合计	660201	221107
采购部	采购人员	应发合计	660201	221107

部门名称	人员类别	项目	借方科目	贷方科目
销售部	销售人员	应发合计	660101	221107
一车间、二车间	车间管理人员	应发合计	510103	221107
一车间	生产人员	应发合计	500102（变速箱）	221107
二车间	生产人员	应发合计	500102（传动齿轮）	221107

表 2-5-8　　计提社会保险费（公司）转账分录一览表（计提比例 32.8%）

部门名称	人员类别	项目	借方科目	贷方科目
行政人事部、财务部、供应部	企业管理人员	"五险一金"计提基数	660203	221104
采购部	采购人员	"五险一金"计提基数	660203	221104
销售部	销售人员	"五险一金"计提基数	660103	221104
一车间、二车间	车间管理人员	"五险一金"计提基数	510103	221104
一车间	生产人员	"五险一金"计提基数	500102（变速箱）	221104
二车间	生产人员	"五险一金"计提基数	500102（传动齿轮）	221104

表 2-5-9　　计提住房公积金（公司）转账分录一览表（计提比例 12%）

部门名称	人员类别	项目	借方科目	贷方科目
行政人事部、财务部、供应部	企业管理人员	"五险一金"计提基数	660201	221105
采购部	采购人员	"五险一金"计提基数	660201	221105
销售部	销售人员	"五险一金"计提基数	660101	221105
一车间、二车间	车间管理人员	"五险一金"计提基数	510103	221105
一车间	生产人员	"五险一金"计提基数	500102（变速箱）	221105
二车间	生产人员	"五险一金"计提基数	500102（传动齿轮）	221105

表 2-5-10　　计提社会保险费（个人）转账分录一览表（计提比例 11.8%）

部门名称	人员类别	项目	借方科目	贷方科目
行政人事部、财务部、供应部	企业管理人员	"五险一金"计提基数	221101	122103
采购部	采购人员	"五险一金"计提基数	221101	122103
销售部	销售人员	"五险一金"计提基数	221101	122103
一车间、二车间	车间管理人员	"五险一金"计提基数	221101	122103
一车间、二车间	生产人员	"五险一金"计提基数	221101	122103

表 2-5-11   计提住房公积金(个人)转账分录一览表(计提比例 12%)

部门名称	人员类别	项目	借方科目	贷方科目
行政人事部、财务部、供应部	企业管理人员	"五险一金"计提基数	221101	122104
采购部	采购人员	"五险一金"计提基数	221101	122104
销售部	销售人员	"五险一金"计提基数	221101	122104
一车间、二车间	车间管理人员	"五险一金"计提基数	221101	122104
一车间、二车间	生产人员	"五险一金"计提基数	221101	122104

表 2-5-12   计提代扣个人所得税转账分录一览表(计提比例 100%)

部门名称	人员类别	项目	借方科目	贷方科目
行政人事部、财务部、供应部	企业管理人员	扣税合计	221101	222107
采购部	采购人员	扣税合计	221101	222107
销售部	销售人员	扣税合计	221101	222107
一车间、二车间	车间管理人员	扣税合计	221101	222107
一车间、二车间	生产人员	扣税合计	221101	222107

表 2-5-13   工资发放转账分录一览表(计提比例 100%)

部门名称	人员类别	项目	借方科目	贷方科目
行政人事部、财务部、供应部	企业管理人员	实发合计	221101	100201
采购部	采购人员	实发合计	221101	100201
销售部	销售人员	实发合计	221101	100201
一车间、二车间	车间管理人员	实发合计	221101	100201
一车间、二车间	生产人员	实发合计	221101	100201

〖操作说明〗 【C202 李嘉文】进行工资及相关费用分摊设置业务处理。

〖操作指引〗

(1)在薪资管理系统中,执行【薪资管理】|【业务处理】|【工资分摊】命令,打开【工资分摊】对话框。

(2)单击【工资分摊设置…】,打开【分摊类型设置】对话框。单击【增加】,打开【分摊计提比例设置】对话框。在【计提类型名称】栏录入【计提应发工资】,默认【分摊计提比例】为【100%】,如图 2-5-7 所示

(3)单击【下一步】,打开【分摊构成设置】对话框。分别选择【人员类别】和所属【部门名称】,输入或选择不同人员类别工资项目、借方科目代码、贷方科目代码以及借方项目大类及借方项目名称,如图 2-5-8 所示。

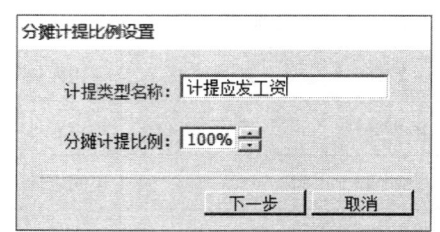

图 2-5-7 分摊计提比例设置

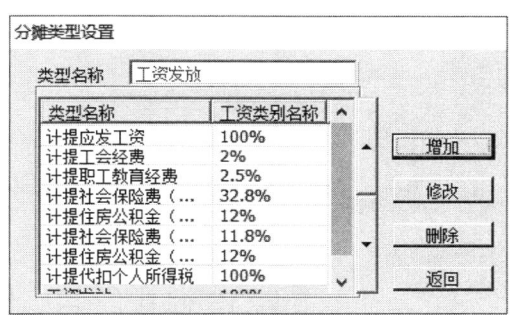

图 2-5-8 分摊构成设置

（4）单击【完成】，返回到【分摊类型设置】对话框。继续增加工会经费、职工教育经费、公司设定提存计划、公司社会保险费、公司住房公积金以及代扣个人所得税转账分录。增加结果如图 2-5-9 所示。

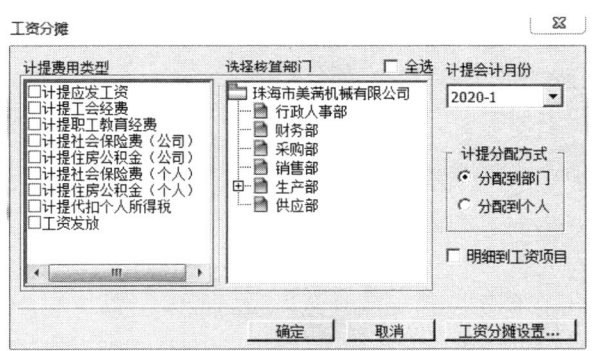

图 2-5-9 分摊类型设置

（5）单击【完成】，返回到【工资分摊】对话框，如图 2-5-10 所示。

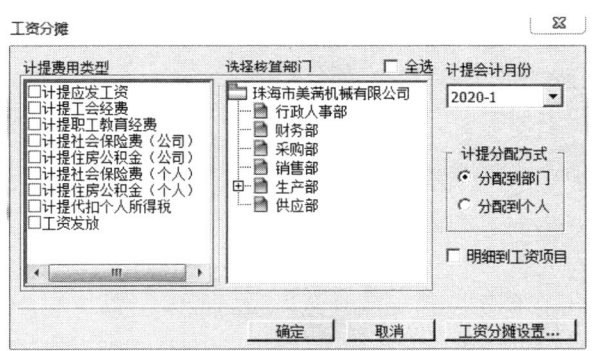

图 2-5-10 工资分摊

（6）单击【取消】，退出【工资分摊】对话框。

（7）在 D 盘下设置文件夹【666 账套备份\8.2】，将账套输出至【D:\666 账套备份\8.2】文件夹。

重难点提示

（1）所有与工资相关的费用及基金均需建立相应的分摊类型名称及分类比例。

（2）相同部门、不同人员类别，可以设置不同的分摊科目。

（3）不同部门、相同人员类别，可以设置相同的分摊科目。

薪资费用分
摊凭证处理

任务三　薪资费用分摊凭证处理

〖业务描述〗　2020 年 1 月 31 日,根据任务二中的工资分摊设置项目生成相应凭证。

〖操作说明〗　【C202 李嘉文】生成 1 月份各项薪资费用及代扣项目凭证。

〖操作指引〗

（1）在薪资管理系统中,执行【薪资管理】|【业务处理】|【工资分摊】命令,打开【工资分摊】对话框,勾选【计提工资】【计提工会经费】【计提职工教育经费】等所有复选框。

（2）选中所有部门,计提分配方式选择【分配到部门】,并勾选【明细到工资项目】和【按项目核算】复选框,如图 2-5-11 所示。

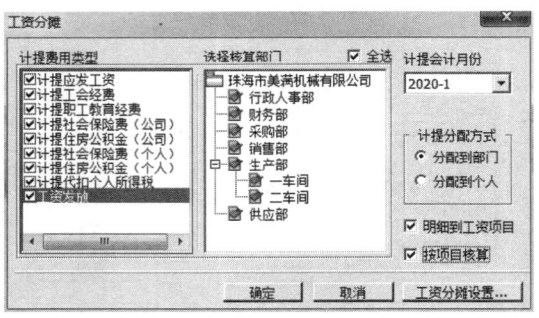

图 2-5-11　工资分摊

（3）单击【确定】,进入【计提应发工资一览表】,类型可以选择下拉条查看所有设计好的费用计提项目,勾选中【合并科目相同、辅助项相同的分录】框,如图 2-5-12 所示。

计提应发工资一览表

部门名称	人员类别	应发合计						
		分配金额	借方科目	借方项目大类	借方项目	贷方科目	贷方项目大类	贷方项目
行政人事部	企业管理人员	13309.09	660201			221101		
财务部	企业管理人员	21745.45	660201			221101		
采购部	采购人员	8150.00	660201			221101		
销售部	销售人员	9200.00	660101			221101		
一车间	车间管理人员	14000.00	510103			221101		
	生产人员	8309.09	500102	01产品项目	变速箱锥维齿轮	221101		
二车间	车间管理人员	5763.64	510103			221101		
	生产人员	13463.64	500102	01产品项目	传动齿轮	221101		
供应部	企业管理人员	5000.00	660201			221101		

记录数:9

已记制单

图 2-5-12　计提应发工资一览表

（4）单击【批制】。生成工资费用分摊凭证,修改凭证字为【记账凭证】。单击【保存】,自动生成记字 0070～0078 共 9 张凭证,如图 2-5-13 到图 2-5-21 所示。

记 账 凭 证

已生成

记　字 0070　- 0001/0002　　制单日期：2020.01.31　　审核日期：　　附单据数：0

摘　要	科目名称	借方金额	贷方金额
计提应发工资	销售费用/工资	920000	
计提应发工资	制造费用/薪酬	1976364	
计提应发工资	应付职工薪酬/工资		9874091
计提应发工资	管理费用/工资	1310909	
计提应发工资	管理费用/工资	2174545	
票号|日期	数量 单价	合　计	9874091	9874091
备注	项　目　　　　　部　门　 个　人　　　　　客　户　 业务员		

记账　　　　　　　审核　　　　　　　出纳　　　　　制单　李嘉文

图 2-5-13　记字 0070 号凭证

记 账 凭 证

已生成

记　字 0071　- 0001/0002　　制单日期：2020.01.31　　审核日期：　　附单据数：0

摘　要	科目名称	借方金额	贷方金额
计提工会经费	销售费用/工资	18400	
计提工会经费	制造费用/薪酬	39527	
计提工会经费	应付职工薪酬/工会经费		197481
计提工会经费	管理费用/工资	26218	
计提工会经费	管理费用/工资	43491	
票号|日期	数量 单价	合　计	197481	197481
备注	项　目　　　　　部　门　 个　人　　　　　客　户　 业务员		

记账　　　　　　　审核　　　　　　　出纳　　　　　制单　李嘉文

图 2-5-14　记字 0071 号凭证

记 账 凭 证

已生成				

记　字 0072　- 0001/0002　　制单日期：2020.01.31　　审核日期：　　附单据数：0

摘　要	科目名称	借方金额	贷方金额
计提职工教育经费	销售费用/工资	23000	
计提职工教育经费	制造费用/薪酬	49409	
计提职工教育经费	应付职工薪酬/职工教育经费		246853
计提职工教育经费	管理费用/工资	32773	
计提职工教育经费	管理费用/工资	54364	
票号\日期　　数量　单价	合　计	246853	246853

备注　项　目　　　　　　　部　门
　　　个　人　　　　　　　客　户
　　　业务员

记账　　　　　　审核　　　　　　出纳　　　　制单 李嘉文

图 2-5-15　记字 0072 号凭证

记 账 凭 证

已生成				

记　字 0073　- 0001/0002　　制单日期：2020.01.31　　审核日期：　　附单据数：0

摘　要	科目名称	借方金额	贷方金额
计提社会保险费（公司）	销售费用/社会保险费	223040	
计提社会保险费（公司）	制造费用/薪酬	410000	
计提社会保险费（公司）	应付职工薪酬/社会保险费		2263200
计提社会保险费（公司）	管理费用/社会保险费	295200	
计提社会保险费（公司）	管理费用/社会保险费	541200	
票号\日期　　数量　单价	合　计	2263200	2263200

备注　项　目　　　　　　　部　门
　　　个　人　　　　　　　客　户
　　　业务员

记账　　　　　　审核　　　　　　出纳　　　　制单 李嘉文

图 2-5-16　记字 0073 号凭证

记 账 凭 证

已生成

记　字 0074　－ 0001/0002　　制单日期：2020.01.31　　审核日期：　　附单据数：0

摘　要	科目名称	借方金额	贷方金额
计提住房公积金（公司）	销售费用/工资	81600	
计提住房公积金（公司）	制造费用/薪酬	150000	
计提住房公积金（公司）	应付职工薪酬/住房公积金		828000
计提住房公积金（公司）	管理费用/工资	108000	
计提住房公积金（公司）	管理费用/工资	198000	
票号\日期	数量\单价　　　　合　计	828000	828000

备注　项　目　　　　　　　　部　门
　　　个　人　　　　　　　　客　户
　　　业务员

记账　　　　审核　　　　出纳　　　制单　李嘉文

图 2-5-17　记字 0074 号凭证

记 账 凭 证

已生成

记　字 0075　　　　　　制单日期：2020.01.31　　审核日期：　　附单据数：0

摘　要	科目名称	借方金额	贷方金额
计提社会保险费（个人）	应付职工薪酬/工资	814200	
计提社会保险费（个人）	其他应收款/保险（个人）		814200
票号\日期	数量\单价　　　　合　计	814200	814200

备注　项　目　　　　　　　　部　门
　　　个　人　　　　　　　　客　户
　　　业务员

记账　　　　审核　　　　出纳　　　制单　李嘉文

图 2-5-18　记字 0075 号凭证

记 账 凭 证

已生成					
记　字 0076		制单日期：2020.01.31	审核日期：	附单据数：0	

摘　要	科目名称	借方金额	贷方金额
计提住房公积金（个人）	应付职工薪酬/工资	828000	
计提住房公积金（个人）	其他应收款/住房公积金（个人）		828000
票号 日期	数量 单价	合　计　828000	828000
备注　项　目 　　　个　人 　　　业务员	部　门 客　户		

记账　　　　　　　审核　　　　　　　出纳　　　　制单　李嘉文

图 2-5-19　记字 0076 号凭证

记 账 凭 证

已生成					
记　字 0077		制单日期：2020.01.31	审核日期：	附单据数：0	

摘　要	科目名称	借方金额	贷方金额
计提代扣个人所得税	应付职工薪酬/工资	9975	
计提代扣个人所得税	应交税费/应交个人所得税		9975
票号 日期	数量 单价	合　计　9975	9975
备注　项　目 　　　个　人 　　　业务员	部　门 客　户		

记账　　　　　　　审核　　　　　　　出纳　　　　制单　李嘉文

图 2-5-20　记字 0077 号凭证

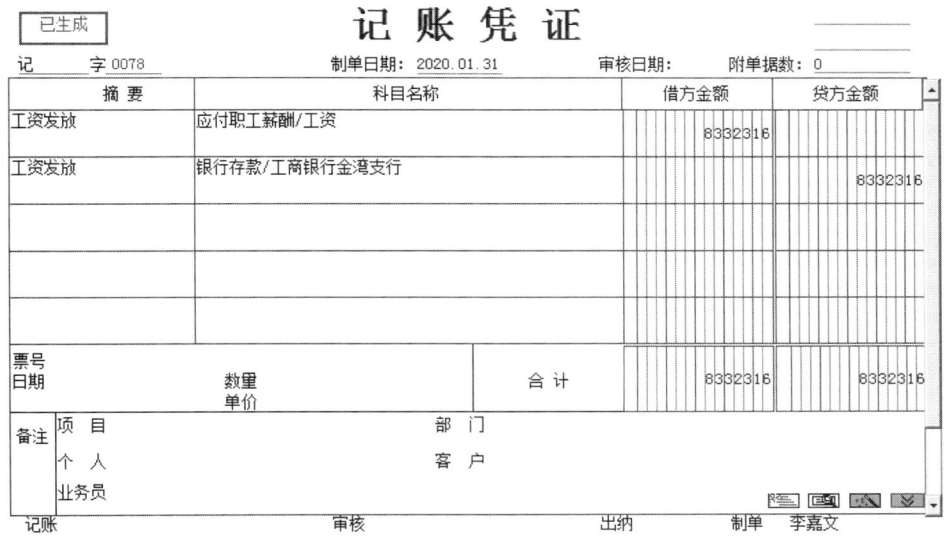

图 2-5-21 记字 0078 号凭证

（5）在 D 盘下设置文件夹【666 账套备份\8.3】，将账套输出至【D:\666 账套备份\8.3】文件夹。

任务四 单据、账表查询及工资表打印

业务一 查询工资凭证及工资表

〖业务描述〗 2020 年 1 月 31 日，查询本月生成工资凭证、工资发放签名表、工资发放条及部门工资汇总表。

〖操作说明〗 【C202 李嘉文】查询薪资管理系统生产凭证及账表。

〖操作指引〗

1. 查询工资凭证

（1）在薪资管理系统，执行【统计分析】|【凭证查询】命令，打开【凭证查询】对话框，如图 2-5-22 所示。

单据、账表查询及工资表打印

图 2-5-22 凭证查询

223

（2）选择【记字 0071】号凭证，单击【凭证】，打开【联查凭证】窗口，如图 2-5-23 所示。

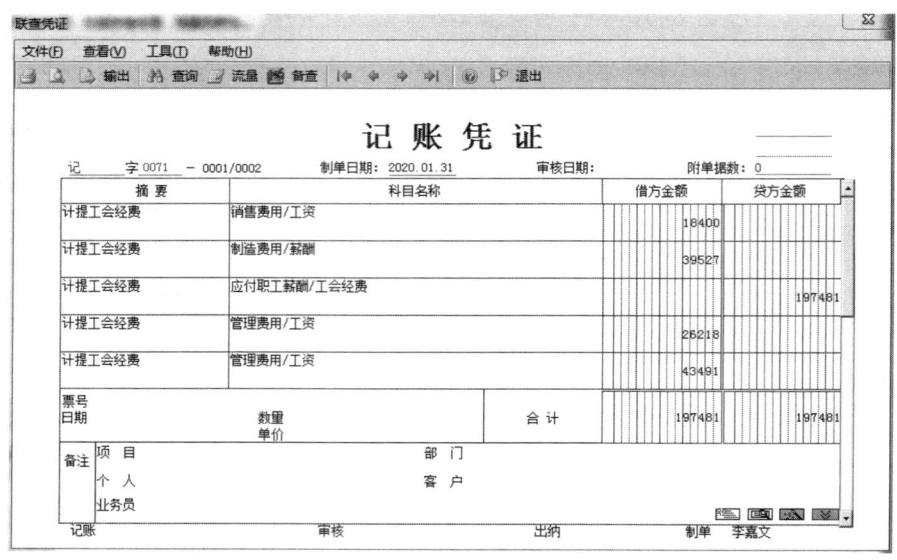

图 2-5-23　联查凭证

 重难点提示

在薪酬管理模块生成的凭证，只能在薪资管理模块中修改、删除或冲销。

2. 查询工资账表

（1）在薪资管理系统，执行【统计分析】|【账表】|【工资表】命令，打开【工资表】对话框，选中【工资发放签名表】，如图 2-5-24 所示。

（2）单击【查看】，打开【工资发放签名表】对话框。单击选中所有部门，并勾选【选定下级部门】前的复选框。单击【确定】，进入【工资发放签名表】窗口，如图 2-5-25 所示，单击【退出】。

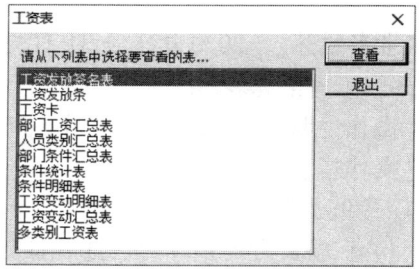

图 2-5-24　工资表

工资发放签名表
2020 年 01 月

人员编号	姓名	基本工资	奖金	交补	岗位工资	加班工资	缺勤扣款	请假扣款	周末加班天数	应发合计	扣个人社保费	扣个人水电费	扣个人住房公积金	缺勤天数
101	张建国	3,000.00	1,000.00	800.00	2,000.00					6,800.00	510.00		600.00	
102	刘丙芳	2,000.00	600.00	800.00	2,000.00		909.09			6,309.09	408.00		480.00	10.00
201	蓝英	2,500.00	800.00	800.00	2,000.00					6,100.00	459.00		540.00	
202	李嘉文	2,000.00	600.00	800.00	2,000.00			45.45		5,445.45	408.00		480.00	
203	张华	2,000.00	400.00	800.00	2,000.00					5,200.00	408.00		480.00	
204	韦宝宝	2,000.00	200.00	800.00	2,000.00					5,000.00	408.00		480.00	
301	赵文星	2,200.00	400.00	500.00	1,000.00			150.00		4,250.00	326.40		384.00	
302	王智	2,000.00	400.00	500.00	1,000.00					3,900.00	306.00		360.00	
401	王迪	2,400.00	800.00	500.00	1,200.00					4,900.00	367.20		432.00	
402	杨慧	2,000.00	600.00	500.00	1,200.00					4,300.00	324.00		384.00	
501	秦英	2,000.00	600.00	800.00	2,000.00	818.18	90.91			6,309.09	408.00		480.00	9.00
502	何家珠	2,000.00	600.00	300.00	800.00	545.45		3.00		4,245.45	285.60		336.00	
503	许志军	2,000.00	600.00	300.00	800.00	363.64		2.00		4,063.64	285.60		336.00	
507	徐佳丽	2,500.00	800.00	800.00	2,000.00	1,590.91				7,690.91	459.00		540.00	14.00
504	郑彦	2,000.00	600.00	800.00	2,000.00	363.64		2.00		5,763.64	408.00		480.00	
505	沈伟	2,000.00	600.00	300.00	800.00	727.27				4,427.27	285.60		336.00	8.00
506	吕宏	2,000.00	600.00	300.00	800.00	363.64		2.00		4,063.64	285.60		336.00	
509	肖袋云	2,000.00	600.00	300.00	800.00	1,272.73				4,972.73	285.60		336.00	14.00
601	陈玮	2,000.00	200.00	800.00	2,000.00					5,000.00	408.00		480.00	
合计		40,600.00	11,000.00	11,500.00	28,400.00	1,636.37	5,318.18	286.36	9.00	98,740.91	7,038.00	0.00	8,280.00	55.00

图 2-5-25　工资发放签名表

（3）根据上述步骤查询本月工资发放条及部门工资汇总表，查询结果如图 2-5-26、图 2-5-27 所示。

工资发放条
2020 年 01 月

部门 [全部 ▼]　会计月份 [一月 ▼]

人员编号	姓名	交补	岗位工资	加班工资	缺勤扣款	请假扣款	周末加班天数	应发合计	扣个人社保费	扣个人住房公积金	缺勤天数	请假天数	计税工资基数	五险一金计提基数	扣款合计	实发合计
101	张建国	800.00	2,000.00					6,800.00	510.00	600.00			5,690.00	5,000.00	1,130.70	5,669.30
102	刘芳芳	800.00	2,000.00		909.09			6,309.09	408.00	480.00	10.00		5,421.09	4,000.00	900.63	5,408.46
201	蓝英	800.00	2,000.00					6,100.00	459.00	540.00			5,101.00	4,500.00	1,002.03	5,097.97
202	李嘉文	800.00	2,000.00			45.45		5,445.45	408.00	480.00		1.00	4,557.45	4,000.00	888.00	4,557.45
203	张沙	800.00	2,000.00					5,200.00	408.00	480.00			4,312.00	4,000.00	888.00	4,312.00
204	韦宝宝	800.00	1,000.00					5,000.00	408.00	480.00			4,112.00	4,000.00	888.00	4,112.00
301	赵文星	500.00	1,000.00			150.00		4,250.00	326.40	384.00		3.00	3,539.60	3,200.00	710.40	3,539.60
302	王智	500.00	1,000.00					3,900.00	306.00	360.00			3,234.00	3,000.00	666.00	3,234.00
401	王田	500.00	1,200.00					4,900.00	367.20	432.00			4,100.80	3,600.00	799.20	4,100.80
402	杨慧	500.00	1,200.00					4,300.00	326.40	384.00			3,589.60	3,200.00	710.40	3,589.60
501	春昊	800.00	2,000.00		818.18	90.91		6,309.09	408.00	480.00	9.00	2.00	5,421.09	4,000.00	900.63	5,408.46
502	何家鸿	300.00	800.00	545.45			3.00	4,245.45	285.60	336.00			3,623.85	2,800.00	621.60	3,623.85
503	许志军	300.00	800.00	363.64			2.00	4,063.64	285.60	336.00			3,442.04	2,800.00	621.60	3,442.04
507	徐佳丽	800.00	2,000.00		1,590.91			7,690.91	459.00	540.00	14.00		6,691.91	4,500.00	1,049.76	6,641.15
504	郑彦	800.00	2,000.00	363.64			2.00	5,763.64	408.00	480.00			4,875.64	4,000.00	888.00	4,875.64
505	沈伟	300.00	800.00		727.27			4,427.27	285.60	336.00	8.00		3,805.67	2,800.00	621.60	3,805.67
506	吕宏	300.00	800.00	363.64			2.00	4,063.64	285.60	336.00			3,442.04	2,800.00	621.60	3,442.04
509	肖锦云	300.00	800.00		1,272.73			4,972.73	285.60	336.00	14.00		4,351.13	2,800.00	621.60	4,351.13
601	陈玮	800.00	2,000.00					5,000.00	408.00	480.00			4,112.00	4,000.00	888.00	4,112.00
合计		11,500.00	28,400.00	1,636.37	5,318.18	286.36	9.00	98,740.91	7,038.00	8,280.00	55.00	6.00	83,422.91	69,000.00	15,417.75	83,323.16

图 2-5-26　工资发放条

部门工资汇总表
2020 年 1 月

会计月份 [一月 ▼]

部门	人数	基本工资	奖金	交补	岗位工资	加班工资	缺勤扣款	请假扣款	周末加班天数	应发合计	扣个人社保费	扣个人住房公积金	缺勤天数	请假天数	计税工资基数	五险一金计提基数	扣款合计	实发合计	代扣税
行政人事部	2	5,000.00	1,600.00	1,600.00	4,000.00			909.09		13,109.09	918.00	1,080.00	10.00		11,111.09	9,000.00	2,031.33	11,077.76	33.33
财务部	4	8,500.00	2,000.00	3,200.00	8,000.00				45.45		21,745.45	1,683.00	1,980.00		1.00	18,082.45	16,500.00	3,666.03	18,079.42	3.03
采购部	2	4,200.00	800.00	1,000.00	2,000.00			150.00			8,150.00	632.40	744.00		3.00	6,773.60	6,200.00	1,376.40	6,773.60	
销售部	2	4,400.00	1,400.00	1,000.00	2,400.00						9,200.00	693.60	816.00			7,690.40	6,800.00	1,509.60	7,690.40	
生产部	8	16,500.00	5,000.00	3,900.00	10,000.00	1,636.37	4,409.09	90.91		2.00	41,536.37	3,180.00	2,703.00	45.00	2.00	35,653.37	26,500.00	5,946.39	35,589.98	63.39
一车间	4	8,500.00	2,600.00	2,200.00	5,600.00	909.09	2,409.09	90.91		5.00	22,309.09	1,438.20	1,692.00	23.00	2.00	19,178.89	14,100.00	3,193.59	19,115.50	63.39
二车间	4	8,000.00	2,400.00	1,700.00	4,400.00	727.28	2,000.00			4.00	19,227.28	1,741.80	1,264.80	22.00		16,474.48	12,400.00	2,752.80	16,474.48	
供应部	1	2,000.00	200.00	800.00	2,000.00						5,000.00	408.00	480.00			4,112.00	4,000.00	888.00	4,112.00	
合计	19	40,600.00	11,000.00	11,500.00	28,400.00	1,636.37	5,318.18	286.36		9.00	98,740.91	7,038.00	8,280.00	55.00	6.00	83,422.91	69,000.00	15,417.75	83,323.16	99.75

制表：　　　审核：　　　置核：

图 2-5-27　部门工资汇总表

🎯 重难点提示

（1）工资业务处理完成后，相关工资报表数据同时生成，系统提供了多种形式的报表反映工资核算的结果。如果对报表的格式不满意，还可以进行修改。

（2）系统提供的工资报表主要包括工资发放签名表、工资发放条、部门工资汇总表、人员类别汇总表、部门条件汇总表、条件统计表、条件明细表及工资变动明细表等，其查询方法参照上述业务一中的操作步骤即可。

（3）工资发放条是发放工资时交给职工的工资项目清单。系统提供了自定义工资发放打印信息和工资项目打印位置格式的功能，提供固化表头和打印区域范围的【工资套打】格式。

业务二　查询个人所得税申报表

〖业务描述〗　2020 年 1 月 31 日，查询个人所得税月申报表。

〖操作说明〗　【C202 李嘉文】查询 2020 年 1 月份个人所得税申报情况表。

〖操作指引〗

（1）在薪资管理系统，执行【业务处理】|【扣缴所得税】命令，打开【个人所得税申报模板】对话框。

（2）选择【个人所得税年度申报表】，打开【所得税申报】对话框，所有条件为默认。

（3）单击【确定】，进入【系统扣缴个人所得税年度申报表】窗口，如图 2-5-28 所示。

系统扣缴个人所得税年度申报表

2020年1月 – 2020年1月

总人数：19

姓名	证件号码	所得项目	所属期间...	所属期间...	收入额	减费用额	应纳税所...	税率	速算扣除数	应纳税额	已扣缴税款
张建国		工资	20200101	20201231			690.00	3	0.00	20.70	20.70
刘芳芳		工资	20200101	20201231			421.09	3	0.00	12.63	12.63
蓝英		工资	20200101	20201231			101.00	3	0.00	3.03	3.03
李嘉文		工资	20200101	20201231			0.00	0	0.00	0.00	0.00
张华		工资	20200101	20201231			0.00	0	0.00	0.00	0.00
韦宝宝		工资	20200101	20201231			0.00	0	0.00	0.00	0.00
赵文星		工资	20200101	20201231			0.00	0	0.00	0.00	0.00
王智		工资	20200101	20201231			0.00	0	0.00	0.00	0.00
王迵		工资	20200101	20201231			0.00	0	0.00	0.00	0.00
杨慧		工资	20200101	20201231			0.00	0	0.00	0.00	0.00
秦昊		工资	20200101	20201231			421.09	3	0.00	12.63	12.63
何家鸿		工资	20200101	20201231			0.00	0	0.00	0.00	0.00
许志军		工资	20200101	20201231			0.00	0	0.00	0.00	0.00
郑彦		工资	20200101	20201231			0.00	0	0.00	0.00	0.00
沈伟		工资	20200101	20201231			0.00	0	0.00	0.00	0.00
吕宏		工资	20200101	20201231			0.00	0	0.00	0.00	0.00
徐佳丽		工资	20200101	20201231			1691.91	3	0.00	50.76	50.76
肖骁云		工资	20200101	20201231			0.00	0	0.00	0.00	0.00
陈玮		工资	20200101	20201231			0.00	0	0.00	0.00	0.00
合计							3325.09		0.00	99.75	99.75

图 2-5-28　系统扣缴个人所得税年度申报表

（4）在 D 盘下设置文件夹【666 账套备份\8.4】，将账套输出至【D:\666 账套备份\8.4】文件夹。

模块三
企业期末业务处理

项目一　总账管理系统期末业务处理

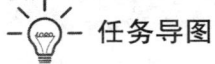 任务导图

总账管理系统期末业务处理

任务一	任务二
凭证的审核、记账及已审核凭证的修改	总账期末业务自定义转账业务处理
· 审核凭证处理	· 制造费用归集和分配的结转处理
· 凭证出纳签字	· 结转完工产品成本
· 修改已审核已出纳签字的凭证	· 设置增值税结转、附加税和无形资产
· 凭证记账	计提及摊销
· 对已记账凭证进行冲销并填制正确	· 结转销售产品成本设置和生成凭证处
凭证	理
	· 期间损益结转并生成凭证处理
	· 利润分配转账定义

本任务相关链接　用友在线学习网:http://learning.ufida.com.cn/

任务一　凭证的审核、记账及已审核凭证的修改

业务一　审核凭证处理

〖**业务描述**〗　2020 年 1 月 31 日,珠海市美满机械有限公司对 2020 年 1 月的所有日常业务生成凭证进行审核处理。

〖**操作说明**〗　【C201 蓝英】审核记账凭证。

〖**操作指引**〗

(1) 以【C201 蓝英】身份登录企业应用平台,执行【总账】|【凭证】|【审核凭证】命令,打开【凭证审核】对话框,如图 3-1-1 所示。

凭证的审核、记账及已审核凭证的修改

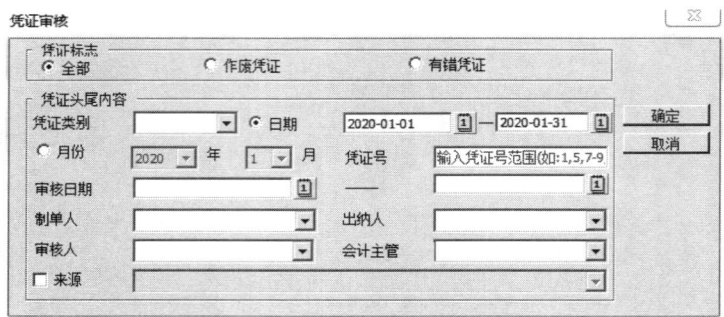

图 3-1-1　凭证审核

（2）单击【确定】，进入【凭证审核列表】窗口，如图 3-1-2 所示。

图 3-1-2　凭证审核列表

（3）双击打开待审核的【记字 0001】号记账凭证，如图 3-1-3 所示。

记　账　凭　证

记　　字 0001　　　　制单日期：2020.01.01　　　审核日期：　　　附单据数：1

摘　要	科目名称	借方金额	贷方金额
提现备用	库存现金	500000	
提现备用	银行存款/工商银行金湾支行		500000
票号 日期	数量 单价	合计　　500000	500000
备注　项目 　　　个人 　　　业务员	部　门 客　户		

记账　　　　　　　　审核　　　　　　　　出纳　　　　　　制单　李嘉文

图 3-1-3　记字 0001 号凭证（待审核）

（4）单击【审核】（第一张凭证审核完成后，系统自动翻页到第二张待审核的凭证），再单击【审核】，或执行【批处理】|【成批审核凭证】命令，对已经填制的所有凭证全部进行审核签字，批审成功对话框如图 3-1-4 所示。

（5）单击【确定】，系统弹出【是否重新刷新凭证列表数据】提示框，单击【是（Y）】，审核后的凭证列表如图 3-1-5 所示。

图 3-1-4　批审成功

凭证共 78张　已审核 78 张　未审核 0 张　◉ 凭证号排序　○ 制单日期排

制单日期	凭证编号	摘要	借方金额合计	贷方金额合计	制单人	审核人	系统名	备注
2020-1-1	记 - 0001	提现备用	5,000.00	5,000.00	李嘉文	蓝英		
2020-1-5	记 - 0002	支付业务招待费	800.00	800.00	李嘉文	蓝英		
2020-1-8	记 - 0003	畅通运输公司原因，购	27,274.50	27,274.50	李嘉文	蓝英		
2020-1-8	记 - 0004	接受无形资产投资	3,800,000.00	3,800,000.00	李嘉文	蓝英		
2020-1-13	记 - 0005	缴纳上月增值税及附加税	209,440.00	209,440.00	李嘉文	蓝英		
2020-1-13	记 - 0006	缴纳上月工会经费	3,248.00	3,248.00	李嘉文	蓝英		
2020-1-15	记 - 0007	缴纳上月个人所得税	40.60	40.60	李嘉文	蓝英		
2020-1-15	记 - 0008	代发工资	144,513.00	144,513.00	李嘉文	蓝英		
2020-1-16	记 - 0009	缴纳社保	66,518.40	66,518.40	李嘉文	蓝英		
2020-1-20	记 - 0010	支付培训费	2,500.00	2,500.00	李嘉文	蓝英		
2020-1-22	记 - 0011	员工借款	5,000.00	5,000.00	李嘉文	蓝英		
2020-1-25	记 - 0012	支付利息	75,000.00	75,000.00	李嘉文	蓝英		
2020-1-25	记 - 0013	支付销售运费	2,000.00	2,000.00	李嘉文	蓝英		
2020-1-25	记 - 0014	收到赔款	27,274.50	27,274.50	李嘉文	蓝英		
2020-1-30	记 - 0015	分配并支付电费	16,240.00	16,240.00	李嘉文	蓝英		
2020-1-30	记 - 0016	生产领用材料	343,050.00	343,050.00	李嘉文	蓝英		
2020-1-18	记 - 0017	向恒兴公司销售传动齿轮	408,320.00	408,320.00	张华	蓝英	应收系统	
2020-1-25	记 - 0018	向明瑞公司销售变速箱销	1,044,000.00	1,044,000.00	张华	蓝英	应收系统	
2020-1-25	记 - 0019	代垫运费2000元	2,000.00	2,000.00	张华	蓝英	应收系统	
2020-1-25	记 - 0020	向东和公司销售变速箱销	17,400.00	17,400.00	张华	蓝英	应收系统	
2020-1-4	记 - 0021	收到明瑞有限公司所欠	734,000.00	734,000.00	张华	蓝英	应收系统	

图 3-1-5　已审核的凭证列表

重难点提示

(1) 系统要求制单和审核不能是同一人,因此在审核凭证前一定要检查当前用户是否就是制单人,如果是,则应更换用户。

(2) 凭证审核的操作权限应首先在【系统管理】的权限中进行赋权,其次还要注意总账系统的选项中是否设置了【凭证审核控制到用户】的选项,如果设置了该选项,则应继续设置审核的明确权限,即【数据权限】中的【用户】权限,只有在【数据权限】中设置了某用户有权审核其他用户所填制凭证的权限,该用户才真正拥有了审核凭证的权限。

(3) 在凭证审核的功能中除了可以分别对单张凭证进行审核外,还可以执行【批处理】的功能,对符合条件的待审核凭证进行成批审核。

(4) 在审核凭证的功能中还可以对有错误的凭证进行【标错】处理,还可以【取消】审核。已审核的凭证将不能直接进行修改,只能取消审核后在填制凭证的功能中进行修改。

业务二　凭证出纳签字

〖业务描述〗　2020 年 1 月 31 日,珠海市美满机械有限公司对 2020 年 1 月的所有资金业务进行出纳签字处理。

〖操作说明〗　【C204 韦宝宝】对 2020 年 1 月份的所有奖金业务进行出纳签字。

〖操作指引〗

(1) 重新注册,更新用户为【C204 韦宝宝】。

(2) 执行【总账】|【凭证】|【出纳签字】,打开【出纳签字】,如图 3-1-6 所示。

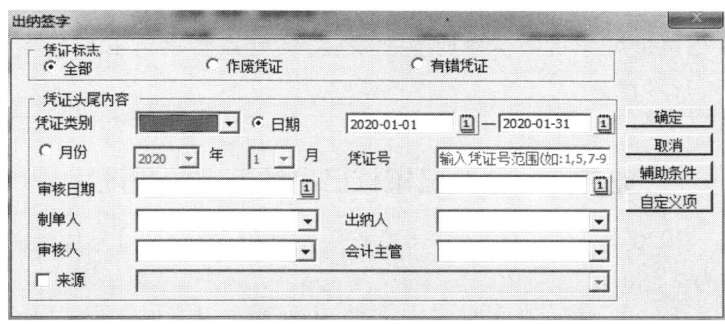

图 3-1-6 出纳签字

（3）单击【确定】，进入【出纳签字列表】窗口。双击打开待出纳签字的【记字 0001】号记账凭证，如图 3-1-7 所示。

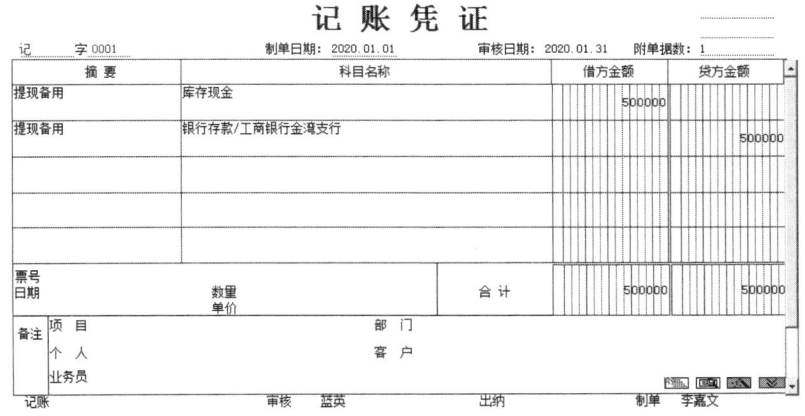

图 3-1-7 记字 0001 号凭证（待出纳签字）

（4）在左上角单击执行【批处理】|【成批出纳签字】命令，对所有填制记录的资金凭证进行出纳签字，操作结果如图 3-1-8 所示。

图 3-1-8 批审成功

🎯 重难点提示

（1）出纳签字操作既可以在【凭证审核】后进行，也可以在【凭证审核】前进行。

（2）进行出纳签字的用户需已在【系统管理】中赋予了【出纳签字】的权限。

（3）要进行出纳签字的操作应满足三个条件：首先，在总账系统的选项中已经设置了【出纳凭证必须经由出纳签字】；其次，已经在会计科目中进行了【指定科目】的操作；最后，凭证中所使用的会计科目是已经在总账体系中设置为【日记账】辅助核算内容的会计科目。

> (4) 如果已经进行了出纳签字的凭证有错误,则应在取消出纳签字后再在【填制凭证】功能中进行修改。

业务三　修改已审核已出纳签字的凭证

〖**业务描述**〗　2020 年 1 月 31 日,公司检查后发现【记字 0013】号凭证的金额错误,要求将正确金额修改为 2 500 元。

〖**操作说明**〗　【C204 韦宝宝】取消凭证的出纳签字,【C201 蓝英】取消凭证的审核,【C202 李嘉文】修改凭证,再由【C204 韦宝宝】对凭证进行出纳签字,【C201 蓝英】再审核凭证。

〖**操作指引**〗

(1) 由用户【C204 韦宝宝】执行【凭证】|【出纳签字】命令,打开【出纳签字】对话框,如图 3-1-9 所示。

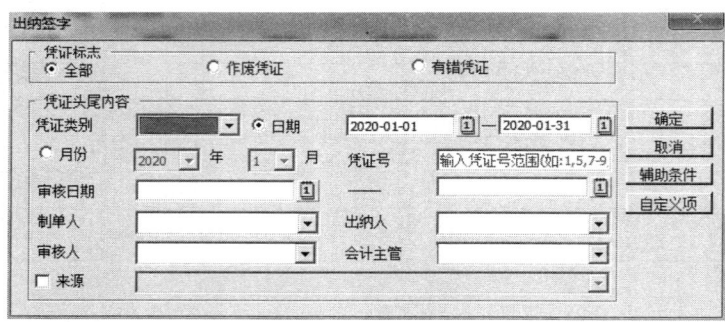

图 3-1-9　出纳签字

(2) 单击【月份】选项,在【凭证号】栏输入【0013】。单击【确认】,进入【出纳签字列表】窗口。双击进入记字 0013 号记账凭证页面,单击【取消】,取消出纳签字,如图 3-1-10 所示,再单击【退出】完成操作。

记 账 凭 证

记　字 0013		制单日期: 2020.01.25	审核日期: 2020.01.31	附单据数: 2	
摘　要	科目名称			借方金额	贷方金额
支付销售运费	销售费用/其他			200000	
支付销售运费	银行存款/工商银行金湾支行				200000
票号日期	数量单价		合　计	200000	200000
备注　项　目　　　　　　　　部　门　　　　　　个　人　　　　　　客　户　　　　　　业务员					
记账	审核　蓝英		出纳	制单　李嘉文	

图 3-1-10　记字 0013 号凭证(取消出纳签字)

（3）重新注册,更换用户为【C201 蓝英】。执行【凭证】|【凭证审核】命令,打开【凭证审核】对话框,以上述方式操作,找到并打开记字 0013 号记账凭证,单击【取消】,取消审核签字,如图 3-1-11 所示,然后单击【退出】。

记 账 凭 证

| 记　字 0013 | 制单日期：2020.01.25 | 审核日期： | 附单据数：2 |

摘 要	科目名称	借方金额	贷方金额
支付销售运费	销售费用/其他	200000	
支付销售运费	银行存款/工商银行金湾支行		200000

| 票号 日期 | 数量 单价 | 合 计 | 200000 | 200000 |

备注　项 目　　　　　部 门
　　　个 人　　　　　客 户
　　　业务员

记账　　　　审核　　　　出纳　　　　制单　李嘉文

图 3-1-11　记字 0013 号凭证（取消审核）

（4）重新注册,更换用户为【C202 李嘉文】。执行【凭证】|【填制凭证】命令,打开【填制凭证】对话框。单击【上张凭证】【下张凭证】,找到记字 0013 号凭证。将借贷方金额分别修改为【2 500】,单击【保存】,如图 3-1-12 所示。

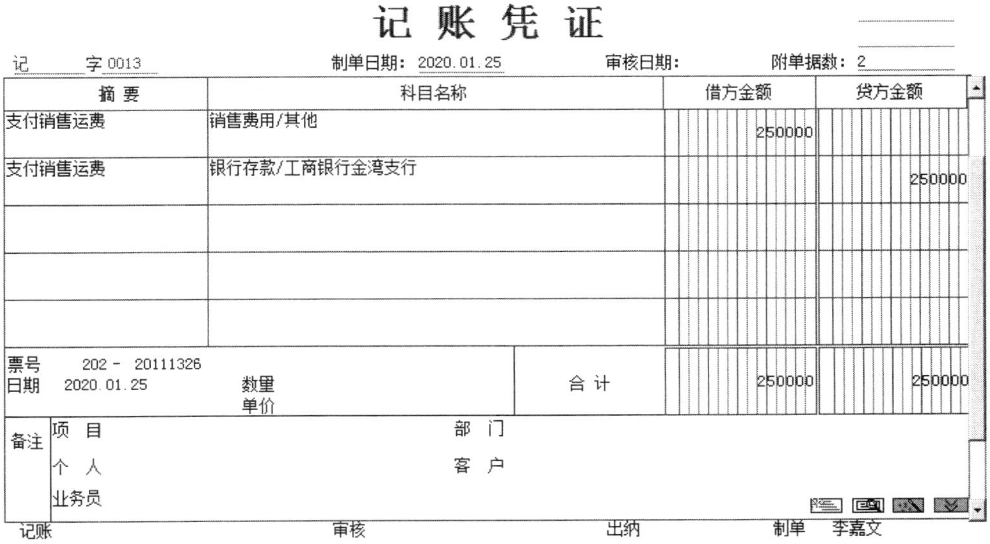

记 账 凭 证

| 记　字 0013 | 制单日期：2020.01.25 | 审核日期： | 附单据数：2 |

摘 要	科目名称	借方金额	贷方金额
支付销售运费	销售费用/其他	250000	
支付销售运费	银行存款/工商银行金湾支行		250000

| 票号 202 - 20111326 日期 2020.01.25 | 数量 单价 | 合 计 | 250000 | 250000 |

备注　项 目　　　　　部 门
　　　个 人　　　　　客 户
　　　业务员

记账　　　　审核　　　　出纳　　　　制单　李嘉文

图 3-1-12　记字 0013 号凭证（修改后）

（5）再更换用户,以【C201 蓝英】身份对记字 0013 号记账凭证进行审核,以【C204 韦宝宝】身份对记字 0013 号记账凭证进行出纳签字,操作如前所述。

重难点提示

（1）未审核的凭证可以直接修改，但凭证类别不能修改。

（2）已进行出纳签字而未审核的凭证如果发现有错误，可以由原签字的出纳在【出纳签字】功能中取消出纳签字后，再由原制单人在【填制凭证】功能中修改备注。

（3）如果在总账系统的选项中选中【允许修改，作废他人填制的凭证】，则在填制凭证功能中可以由非原制单人修改或作废他人填制的凭证，被修改凭证的制单人将被修改为现在修改凭证的人。

（4）如果在总账系统的选项中没有选中【允许修改，作废他人填制的凭证】，则只能由原制单人在填制凭证的功能中修改或作废凭证。

（5）已审核的凭证如果发现有错误，应由原审核人在【审核凭证】功能中取消审核签字后，再由原制单人在填制凭证功能中修改凭证。

（6）凭证的辅助项内容如果有错误，可以在单击含有错误项的会计科目后，将光标移到错误的辅助项所在位置，当出现【笔头状光标】时双击此处，弹出辅窗口，直接修改辅助项的内容，或者按【Ctrl+S】组合键调出辅助项录入窗口后修改。

业务四　凭证记账

〖业务描述〗　2020 年 1 月 31 日，珠海市美满机械有限公司对 2020 年 1 月日常业务发生的所有凭证进行记账处理。

〖操作说明〗　【C201 蓝英】对 2020 年 1 月份已审核的凭证进行记账处理。

〖操作指引〗

（1）由用户【C201 蓝英】执行【凭证】|【记账】命令，打开【记账】对话框，选择【2020.01 月份凭证】，选择【记账范围】为【全选】，单击【记账】，弹出【期初试算平衡表】对话框，如图 3-1-13 所示。

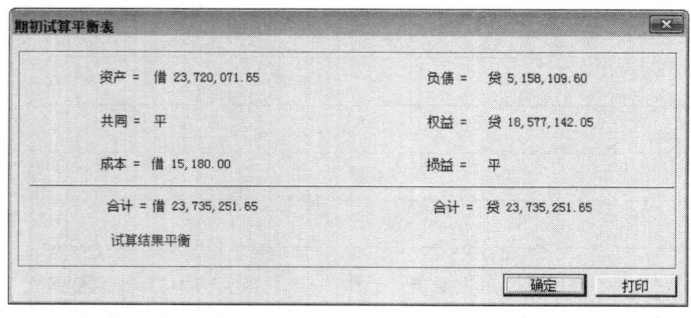
图 3-1-13　期初试算平衡表

图 3-1-14　【记账完毕】提示框

（2）单击【确定】，系统自动进行记账，记账完成后，系统弹出【记账完毕！】信息提示框，如表 3-1-14 所示。最后，单击【确定】退出。

重难点提示

（1）如果期初余额试算不平衡，不允许记账；如果有未审核的凭证，不允许记账；如果上月未结账，则本月不能记账。

（2）如果不输入记账范围，系统默认为所有凭证。记账后不能整理凭证断号。已记账的凭证不能在【填制凭证】窗口中查询。

业务五　对已记账凭证进行冲销并填制正确凭证

〖业务描述〗　2020年1月31日，公司经审核后发现【记字0002】号凭证的业务招待费是销售部招待客人费用，要求将已审核记账的【记字0002】号凭证进行冲销操作，并填制借方科目为【销售费用业务招待费（660105）】的正确凭证。

〖操作说明〗　【C202 李嘉文】填制冲销凭证并按实际情况将正确凭证进行填制，【C204 韦宝宝】进行出纳签字，【C201 蓝英】对凭证进行审核、记账处理。

〖操作指引〗

（1）以【C202 李嘉文】身份执行【凭证】|【填制凭证】，打开【填制凭证】窗口。

（2）执行【冲销凭证】命令，打开【冲销凭证】对话框。在【凭证号】栏录入【02】，如图3-1-15所示。

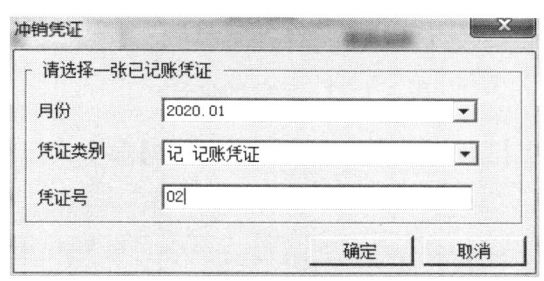

图3-1-15　【冲销凭证】对话框

（3）单击【确定】，单击【保存】生成一张金额为负数的红字凭证，如图3-1-16所示。

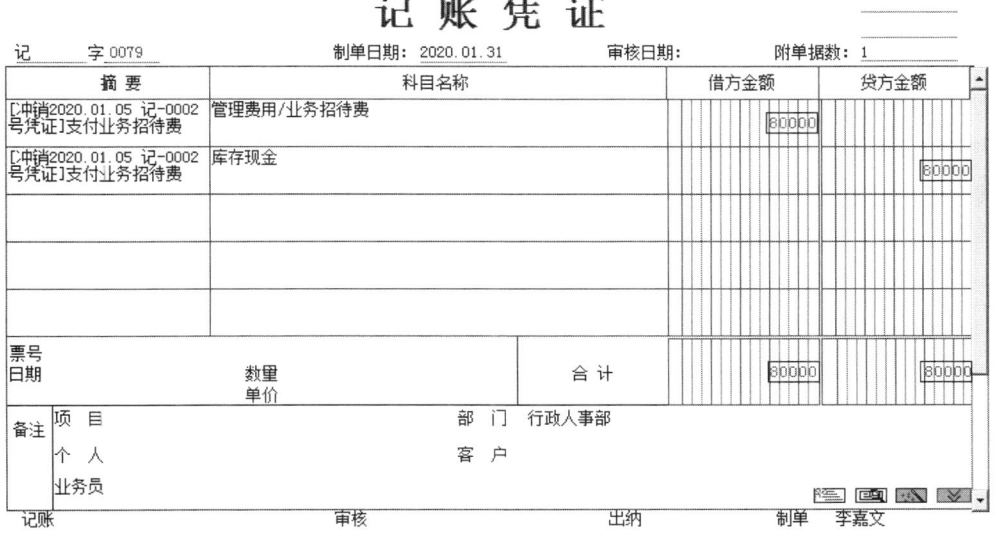

图3-1-16　记字0079号凭证

235

（4）单击【增加】,填制一张借方科目为销售费用的正确凭证,单击【保存】,如图 3-1-17 所示。

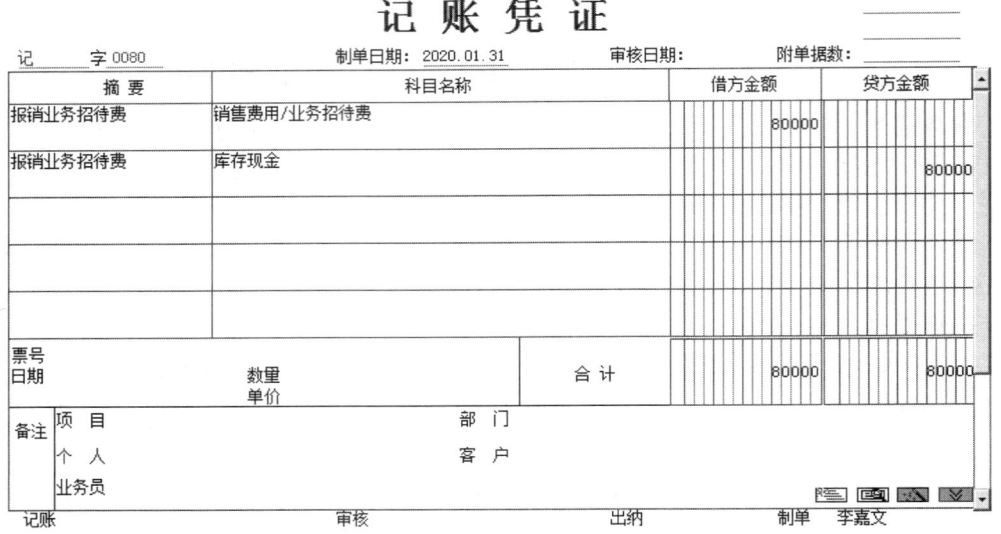

图 3-1-17　记字 0080 号凭证

（5）以【C204 韦宝宝】身份执行【凭证】|【出纳签字】命令,打开【出纳签字】对话框,单击【确定】,打开【出纳签字列表】窗口,如图 3-1-18 所示。

图 3-1-18　【出纳签字列表】对话框

（6）双击打开记字 0079 号凭证,执行【批处理】|【成批出纳签字】命令,系统弹出【成批出纳签字成功】提示,单击【确认】。

（7）以【C201 蓝英】身份执行【凭证】|【审核凭证】命令,打开【凭证审核】对话框。单击【确认】,打开【凭证审核列表】窗口,双击打开记字 0079 号凭证,执行【批处理】|【成批审核凭证】命令,系统弹出成批凭证审核成功提示框,单击【确认】,如图 3-1-19 所示。

图 3-1-19　成批凭证审核成功提示框

（8）以【C201 蓝英】身份执行【凭证】|【记账】命令,打开【记账】对话框,单击【全选】,再单击【记账】,系统弹出【记账完毕!】提示框,然后单击【确定】,完成记账命令。

（9）在 D 盘下设置文件夹【666 账套备份\9.1】,将账套输出至【D:\666 账套备份\9.1】文件夹。

任务二 总账期末业务自定义转账业务处理

期末业务包括成本归集和分配、产品完工入库、折旧费的计提和无形资产的摊销、成本费用结转和未分配利润的计提和分配，相关自定义项目具体如表 3-1-1 所示。

表 3-1-1　　　　　　　　　　　期末自定义结转业务处理列表及说明

期末业务类别	转账定义项目	转账公式定义界面	转账生成自定义模板凭证界面
生产成本归集和分配	制造费用归集和分配 产品成本计算及完工结转	自定义转账	选中对应转账项目，可重新编辑定义，并在总账日常业务处理凭证审核记账完毕，选择生成期末各计提和分配凭证
税费计提和摊销	增值税明细项目对应结转	对应结转	
	城建税的计提 教育费附加计提 地方教育费附加计提	自定义转账	
	无形资产摊销 开办费用摊销（暂无） 研发费用摊销（暂无）	费用摊销和预提	
成本费用期末结转	销售成本结转 汇总损益结转 期间损益结转	销售成本结转 汇总损益 期间损益	
利润分配计提	计提并结转所得税费用 计提并结转法定、任意盈余公积	自定义转账	

业务一　制造费用归集和分配的结转处理

〖业务描述〗　2020 年 1 月 31 日，公司采用自定义转账方式结转本月发生的制造费用，制造费用按两种产品各 50% 的比例分摊，具体如表 3-1-2 所示。

表 3-1-2　　　　　　　　　　　　制造费用结转

转账序号	摘要	会计科目编码	项目	部门	方向	金额公式
0001	结转制造费用	500103	变速箱锥齿轮	一车间	借	取 5101 期末余额 * 50%
		500103	传动齿轮	二车间	借	取 5101 期末余额 * 50%
		510101			贷	取 510101 期末余额
		510102			贷	取 510102 期末余额
		510103			贷	取 510103 期末余额
		510104			贷	取 510104 期末余额

〖操作说明〗　【C202 李嘉文】设置制造费用自定义转账并生成凭证处理，【C201 蓝英】完成凭证的审核、记账。

〖操作指引〗

（1）【C202 李嘉文】在总账管理系统中，执行【总账】|【期末】|【转账定义】|【自定义转账】命令，打开【自定义转账】对话框。

（2）单击【增加】，打开【转账目录】对话框，输入转账序号【0001】，输入转账说明【结转制造费用】，将凭证类别默认为【记 记账凭证】，如图 3-1-20 所示。

（3）单击【确定】,返回【自定义转账设置】对话框。

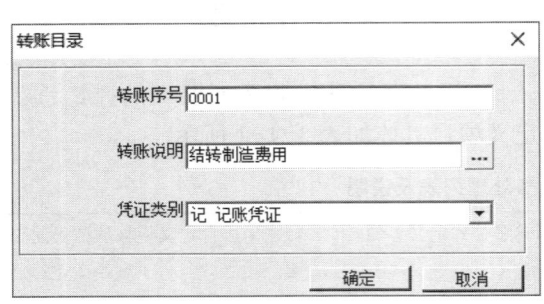

图 3-1-20　转账目录　　　　　　　　　图 3-1-21　公式向导

（4）选择转账序号【0001】,单击【增行】,输入第一条会计科目编码【500103】,在【部门】栏录入【501】,或单击参照选择【一车间】,在【项目】栏选择【变速箱锥齿轮】,在【方向】栏选择【借】。单击【金额公式】,弹出【公式向导】对话框,选择公式名称为【期末余额】,选择函数名为【QM()】,如图 3-1-21 所示。

（5）单击【下一步】,选择科目为【5101】,选择期间为【月】,如图 3-1-22 所示。

（6）单击【完成】,双击公式,修改金额公式为【QM(5101,,月)*0.5】。

（7）继续单击【增行】,输入第二条会计科目编码【500103】,在【部门】栏录入【502】或选择【二车间】,在【项目】栏选择【传动齿轮】,复制金额公式【QM(5101,,月)*0.5】。

（8）继续单击【增行】,输入第三至第六条分录,选择方向为【贷】,金额公式如上述表格,全部设置完毕,单击【保存】后退出,设置结果如图 3-1-23 所示。

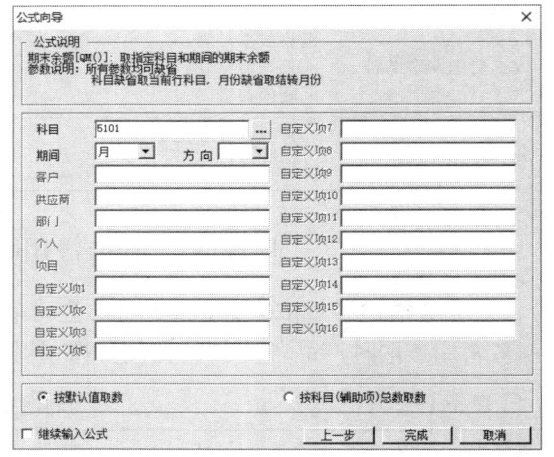

图 3-1-22　公式向导

转账序号 0001		转账说明 结转制造费用				凭证类别 记账凭证		
摘要	科目编码	部门	个人	客户	供应商	项目	方向	金额公式
结转制造费用	500103	一车间				变速箱	借	QM(5101,月)*0.5
结转制造费用	500103	二车间				传动齿轮	借	QM(5101,月)*0.5
结转制造费用	510101						贷	QM(510101,月)
结转制造费用	510102						贷	QM(510102,月)
结转制造费用	510103						贷	QM(510103,月)
结转制造费用	510104						贷	QM(510104,月)

图 3-1-23　0001 号自定义转账

（9）【C202 李嘉文】执行【财务会计】|【总账】|【期末】|【转账生成】命令,打开【转账生成】对话框,选择【自定义转账】单选框。单击【制造费用结转】,在【制造费用结转】对应的【是否结转】栏中,双击【Y】标记,如图 3-1-24 所示。

（10）单击【确定】,自动生成【制造费用结转】的记账凭证,单击【保存】,凭证保存成功,结果如图 3-1-25 所示。

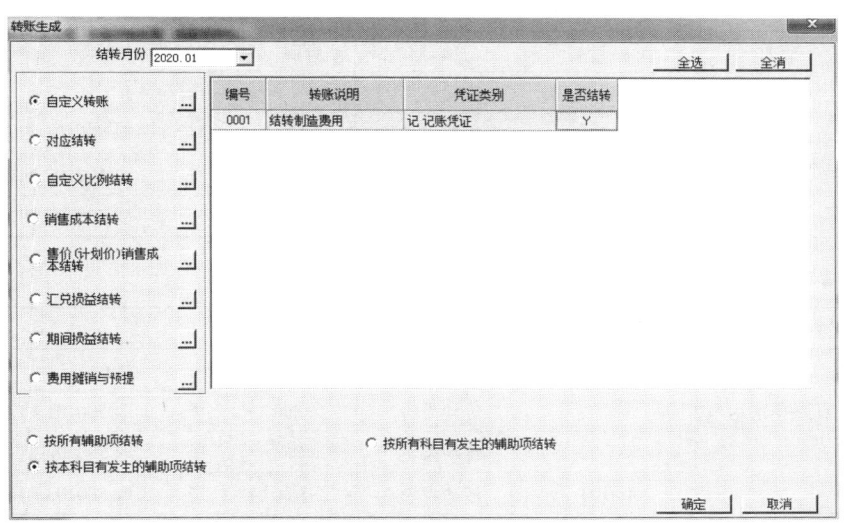

图 3-1-24 转账生成

图 3-1-25 记字 0081 号凭证

（11）切换到用户【C201 蓝英】对结转制造费用凭证进行审核并记账处理。

业务二 结转完工产品成本

〖业务描述〗 2020 年 1 月 31 日,公司采用自定义转账结转完工产品成本并生成凭证;完成凭证审核、记账。根据生产部的报表,本月投产的变速箱锥齿轮完工 80% 和传动齿轮完工 90%,变速箱锥齿轮完工数量为 3 109 件,传动齿轮完工数量为 6 088 件,具体要素如表 3-1-3、表 3-1-4 所示。

表 3-1-3 变速箱锥齿轮完工成本结转

转账序号	摘要	会计科目编码	项目	部门	方向	金额公式
0002	结转变速箱锥齿轮完工成本	1405	变速箱锥齿轮		借	JG( )
		500101	变速箱锥齿轮	一车间	贷	取 500101 期末余额 * 80%
		500102	变速箱锥齿轮	一车间	贷	取 500102 期末余额 * 80%
		500103	变速箱锥齿轮	一车间	贷	取 500103 期末余额 * 80%

表 3-1-4 传动齿轮完工成本结转

转账序号	摘要	会计科目编码	项目	部门	方向	金额公式
0003	结转传动齿轮完工成本	1405	传动齿轮		借	JG( )
		500101	传动齿轮	二车间	贷	取 500101 期末余额 * 90%
		500102	传动齿轮	二车间	贷	取 500102 期末余额 * 90%
		500103	传动齿轮	二车间	贷	取 500103 期末余额 * 90%

〖**操作说明**〗 【C202 李嘉文】设置自定义转账凭证并生成凭证,【C201 蓝英】完成凭证审核、记账。

〖**操作指引**〗

(1) 在总账管理系统中,执行【总账】|【期末】|【转账定义】|【自定义转账】命令,打开【自定义转账】对话框。

(2) 单击【增加】,打开【转账目录】对话框,输入转账序号【0002】,输入转账说明【结转变速箱锥齿轮完工成本】,将凭证类别默认为【记 记账凭证】,如图 3-1-26 所示。

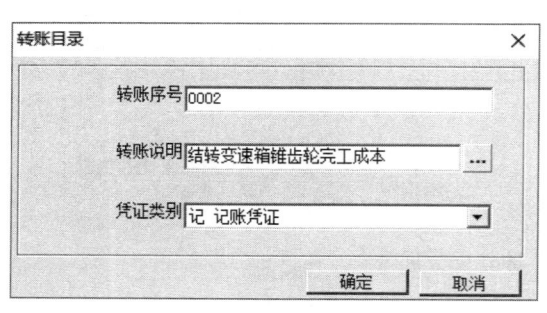

图 3-1-26 转账目录

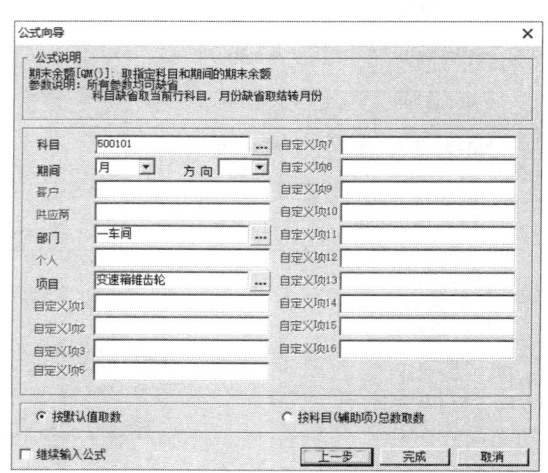

图 3-1-27 公式向导

(3) 单击【确定】,返回【自定义转账设置】对话框。单击【增行】,输入第一条会计科目编码【1405】,在【项目】栏选择【变速箱锥齿轮】,在【金额公式】栏选择【JG( )】。

(4) 继续单击【增行】,输入第二条分录的会计科目编码【500101】,在【部门】栏录入【501】或选择【一车间】,在【项目】栏中选择【变速箱锥齿轮】,双击方向为【贷】,双击【金额公式】栏,单击参照,选择【期末余额】,单击【下一步】,打开【公式向导】对话框。

(5) 系统默认【科目】为【500101】,选择期间为【月】,单击【项目】,选择【变速箱锥齿轮】项目,如图 3-1-27 所示。

（6）单击【完成】,返回【自定义转账设置】对话框,双击金额公式栏增加【 ＊80%】。

（7）继续单击【增行】,完成第三条分录和第四条分录的定义。全部设置完毕后,单击【保存】后退出,设置结果如图 3-1-28 所示。

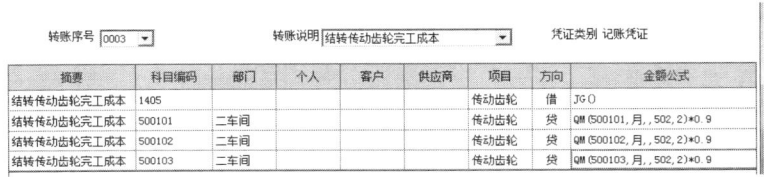

图 3-1-28　自定义转账(变速箱锥齿轮)

（8）重复上述步骤,完成转账序号为【0003】、【转账说明】为【结转传动齿轮完工成本】的自定义转账分录,设置结果如图 3-1-29 所示。

图 3-1-29　自定义转账(传动齿轮)

（9）【C202 李嘉文】执行【财务会计】|【总账】|【期末】|【转账生成】命令,打开【转账生成】对话框,选择【自定义转账】单选框。单击【全选】,在【结转变速箱锥齿轮完工成本】和【结转传动齿轮完工成本】对应的【是否结转】栏,双击【Y】标记,如图 3-1-30 所示。

（10）单击【确定】,生成【结转变速箱锥齿轮完工成本】和【结转传动齿轮完工成本】的转账凭证,并将【结转变速箱锥齿轮完工成本】会计凭证中【1405 库存商品】的辅助核算数量修改为【3 109.00】;将【结转传动齿轮完工成本】会计凭证中【1405 库存商品】的辅助核算数量修改为【6 088.00】,单击【保存】,凭证保存成功,结果如图 3-1-31、图 3-1-32 所示。

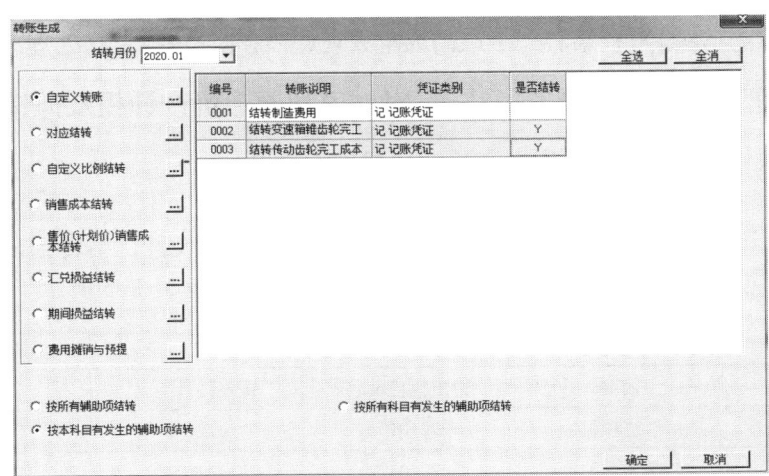

图 3-1-30　转账生成

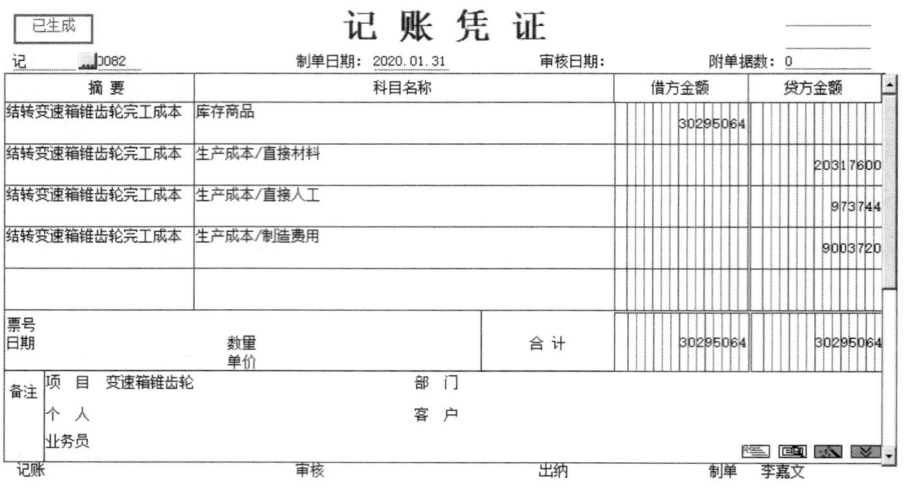

图 3-1-31　记字 0082 号凭证

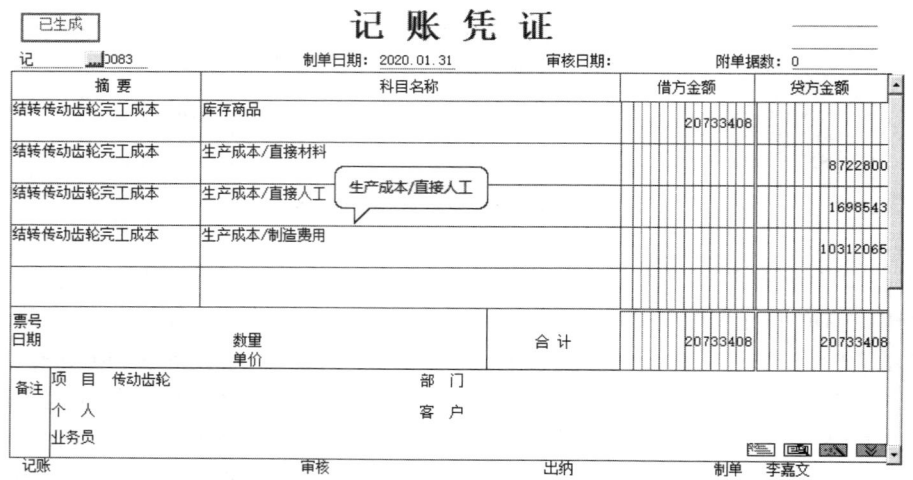

图 3-1-32　记字 0083 号号凭证

(11)【C201 蓝英】审核结转完工产品成本凭证,并对凭证进行记账处理。

业务三　设置增值税结转、附加税和无形资产计提及摊销

〖业务描述〗　请登录企业应用平台,并完成以下设置。

1. 增值税各明细科目对应结转设置

2020 年 1 月 31 日,公司采用对应结转方式将增值税各末级科目结转到未交税金科目,并自动生成相应凭证;进行凭证审核、记账处理。具体设置如表 3-1-5 所示。

表 3-1-5　　　　　　　　　　　增值税各明细科目对应结转设置

转账序号	摘要	转出科目编码	转入科目编码	系数
0001	结转进项税额	22210101	222102	1.00
0002	结转销项税额	22210102	222102	1.00
0003	结转进项税转出	22210103	222102	1.00

2. 城市维护建设税、教育费附加及地方教育费附加计提设置

2020年1月31日,公司采用自定义转账计提城市维护建设税、教育费附加及地方教育费附加并生成凭证。具体要素如表3-1-6所示。

表3-1-6 城市维护建设税、教育费附加及地方教育费附加计提设置

转账序号	摘要	方向	会计科目编码	金额公式
0004	计提城市维护建设税	借	6403	取222102期末余额＊7%
		贷	222103	JG( )
0005	计提教育费附加	借	6403	222102期末余额＊3%
		贷	222104	JG( )
0006	计提地方教育费附加	借	6403	取222102期末余额＊2%
		贷	222105	JG( )

3. 无形资产摊销设置

2020年1月31日,公司采用自定义摊销方式对无形资产进行摊销并生成凭证,具体摊销设置如表3-1-7所示。

表3-1-7 无形资产摊销设置

转账序号	摘要	生成计划	待摊销凭证	待摊销科目	待摊销总额	结转基数	结转金额/摊销金额	转入费用科目	结转比率
0001	无形资产摊销	月	2019.01记-0004	1701无形资产	3 800 000	120	31 666.67	660209管理费用——其他(行政人事部)	100%

〔操作说明〕 【C202 李嘉文】设置结转和计提定义凭证并生成对应凭证,【C201 蓝英】完成凭证的审核、记账处理。

〔操作指引〕

1. 对应结转增值税各明细科目设置及生成凭证处理

(1)在总账管理系统中,执行【总账】|【期末】|【转账定义】|【对应结转】命令,打开【对应结转设置】对话框。

(2)单击【增加】,输入转账编号【0001】,输入转账说明【结转进项税额】,输入转出科目【22210101】。

(3)单击【增行】,录入转入科目编码【222102】,单击【保存】,如图3-1-33所示。

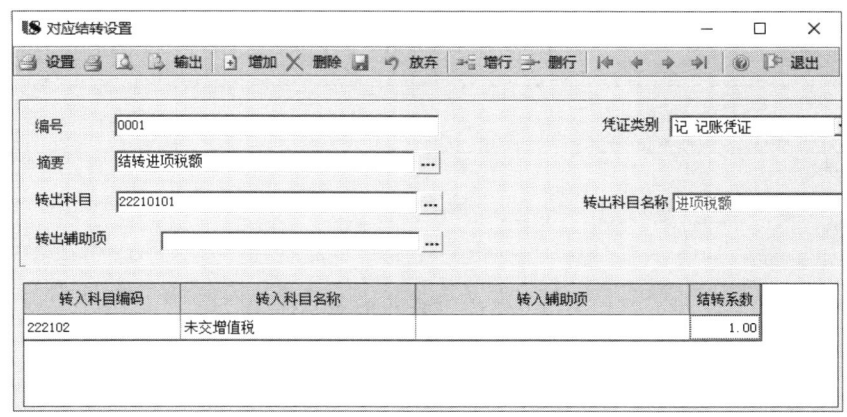

图3-1-33 对应结转设置

（4）重复第（1）步、第（2）步的操作步骤,完成编号【0002】、【0003】的对应结转设置。

（5）【C202 李嘉文】执行【财务会计】|【总账】|【期末】|【转账生成】命令,打开【转账生成】对话框,选择【对应结转】单选框。单击【全选】,在【结转进项税额】、【结转销项税额】和【结转进项税转出】对应的【是否结转】栏中,双击【Y】标记,如图 3-1-34 所示。

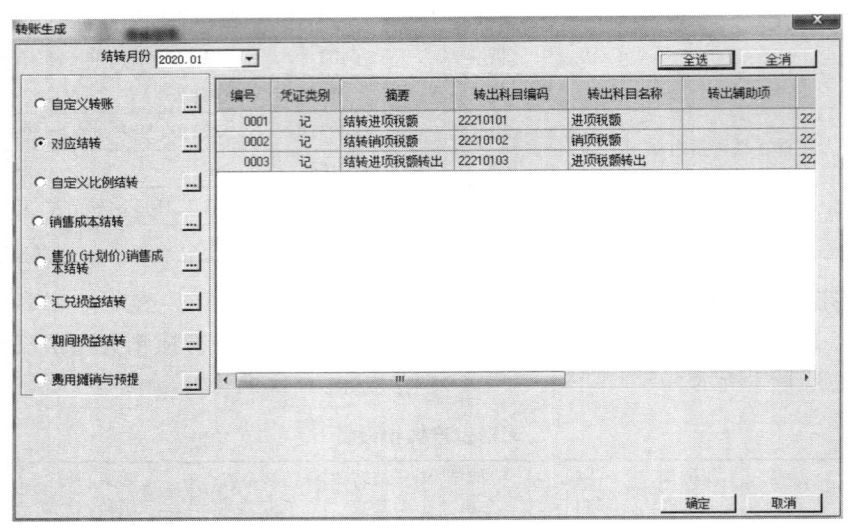

图 3-1-34　转账生成

（6）单击【确定】,生成三张会计凭证,单击【保存】,凭证保存成功,结果如图 3-1-35、图 3-1-36、图 3-1-37 所示。

（7）切换到用户【C201 蓝英】对以上凭证进行审核并记账处理。

图 3-1-35　记字 0084 号凭证

记 账 凭 证

已生成

记 字 0085   制单日期：2020.01.31   审核日期：   附单据数：0

摘 要	科目名称	借方金额	贷方金额
结转销项税额	应交税费/应交增值税/销项税额	19310407	
结转销项税额	应交税费/未交增值税		19310407

票号
日期   数量
　　　　　　　单价   合 计   19310407   19310407

备注　项　目　　　　　　　　　　部　门
　　　个　人　　　　　　　　　　客　户
　　　业务员

记账　　　　　　审核　　　　　　出纳　　　　　　制单 李嘉文

图 3-1-36 记字 0085 号凭证

记 账 凭 证

已生成

记 字 0086   制单日期：2020.01.31   审核日期：   附单据数：0

摘 要	科目名称	借方金额	贷方金额
结转进项税额转出	应交税费/应交增值税/进项税额转出	376200	
结转进项税额转出	应交税费/未交增值税		376200

票号
日期   数量
　　　　　　　单价   合 计   376200   376200

备注　项　目　　　　　　　　　　部　门
　　　个　人　　　　　　　　　　客　户
　　　业务员

记账　　　　　　审核　　　　　　出纳　　　　　　制单 李嘉文

图 3-1-37 记字 0086 号凭证

2. 计提城市维护建设税、教育费附加、地方教育费附加设置及生成凭证处理

（1）在总账管理系统中，执行【总账】|
【期末】|【转账定义】|【自定义转账】命令，打
开【自定义转账】对话框。

（2）单击【增加】，打开【转账目录】对话
框，输入转账序号【0004】，输入转账说明【计
提城市维护建设税】，凭证类别默认【记 记账
凭证】，如图 3-1-38 所示。

（3）单击【确定】，返回【自定义转账设
置】对话框。

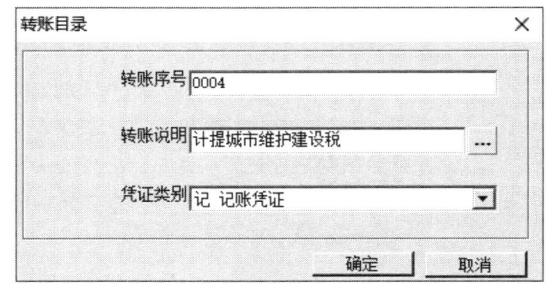

转账目录　　　　　　　　　　　　　　×

　　转账序号 0004

　　转账说明 计提城市维护建设税　　　…

　　凭证类别 记 记账凭证　　　　　▼

　　　　　　　　　　确定　　取消

图 3-1-38 转账目录

（4）单击【增行】，输入第一条分录的会计科目编码【6403】，双击【金额公式】，单击参照，选择【期末余额】，单击【下一步】，打开【公式向导】对话框。修改系统默认的【会计】科目为【222102】，选择【期间】为【月】，如图 3-1-39 所示。

（5）单击【完成】，返回【自定义转账设置】对话框，双击【金额公式】增加【＊7%】。继续单击【增行】，输入第二条分录的会计科目编码【222103】，双击【方向】为【贷】，在【金额公式】栏输入【JG( )】，如图 3-1-40 所示。

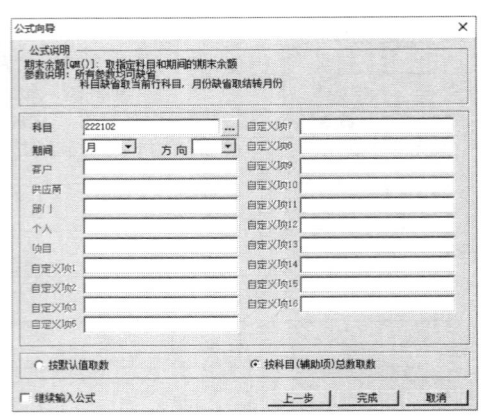

图 3-1-39　公式向导

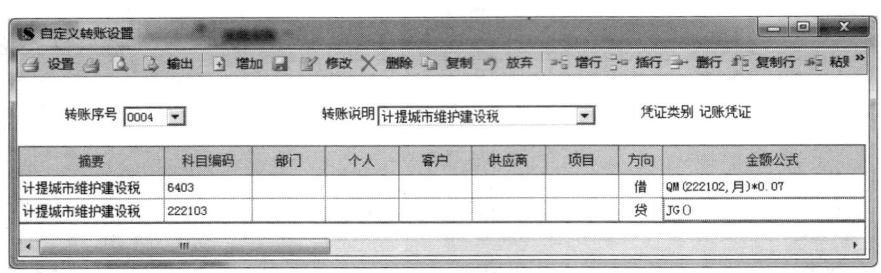

图 3-1-40　自定义转账设置（序号 0004）

（6）重复上述步骤，完成转账序号【0005】【0006】的自定义转账分录，结果如图 3-1-41、图 3-1-42 所示。

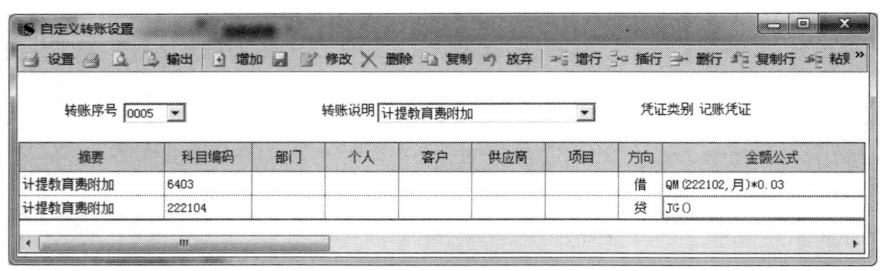

图 3-1-41　自定义转账设置（序号 0005）

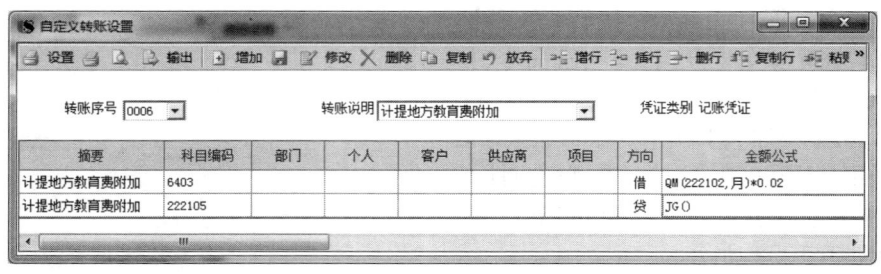

图 3-1-42　自定义转账设置（序号 0006）

（7）【C202 李嘉文】执行【财务会计】|【总账】|【期末】|【转账生成】命令,打开【转账生成】对话框,选择【自定义转账】单选框。单击【全选】,在【计提城市维护建设税】【计提教育费附加】【计提地方教育费附加】对应的【是否结转】栏中,双击【Y】标记,如图 3-1-43 所示。

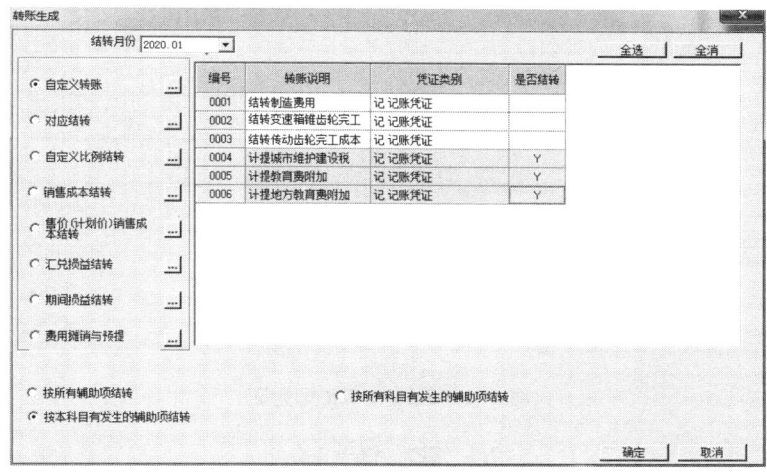

图 3-1-43　转账生成

（8）单击【确定】,生成三张记账凭证,单击【保存】,凭证保存成功,结果如图 3-1-44、图 3-1-45、图 3-1-46 所示。

（9）切换到用户【C201 蓝英】对以上凭证进行审核并记账处理。

图 3-1-44　记字 0087 号凭证

图 3-1-45　记 0088 号凭证

图 3-1-46　记字 0089 号凭证

3. 无形资产摊销设置及生成凭证处理

（1）【C202 李嘉文】在总账管理系统中,执行【总账】|【期末】|【转账定义】|【费用摊销和预提】命令,打开【费用摊销和预提设置】对话框,选择【费用摊销】。

（2）单击【增加】,输入转账编号【0001】,输入摘要【无形资产摊销】,输入生成计划【月】,在【待摊销凭证】栏选择【2020.01-记 0004】,在【待摊科目】栏选择【1701 无形资产】,在【待摊销总额】栏录入【3 800 000.00】,在【结转期数】栏录入【120】,【结转金额】栏将自动弹出【31 666.67】。

（3）单击【增行】,录入【转入费用科目】为【660209 其他】,录入【转入辅助项】为【行政人事部】,录入【摊销金额】为【31 666.67】,【结转比率%】栏将自动弹出【100.00】,单击【保存】,如图 3-1-47 所示。

（4）执行【财务会计】|【总账】|【期末】|【转账生成】命令,打开【转账生成】对话框,选中【费用摊销和预提】单选框。在【无形资产摊销】对应的【是否结转】栏中,双击【Y】标记,如图 3-1-48 所示。

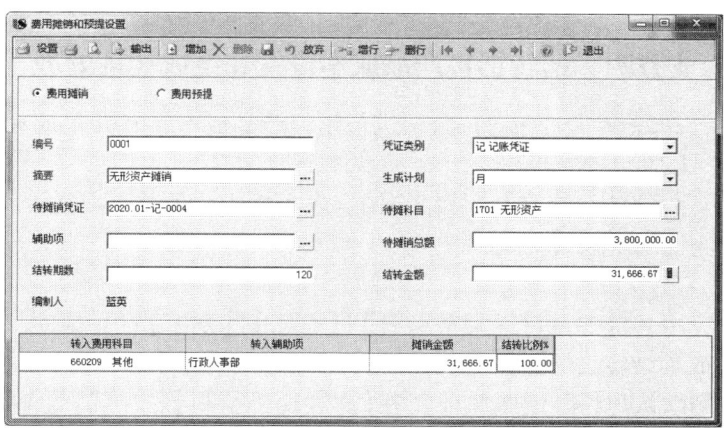

图 3-1-47 费用摊销和预提设置

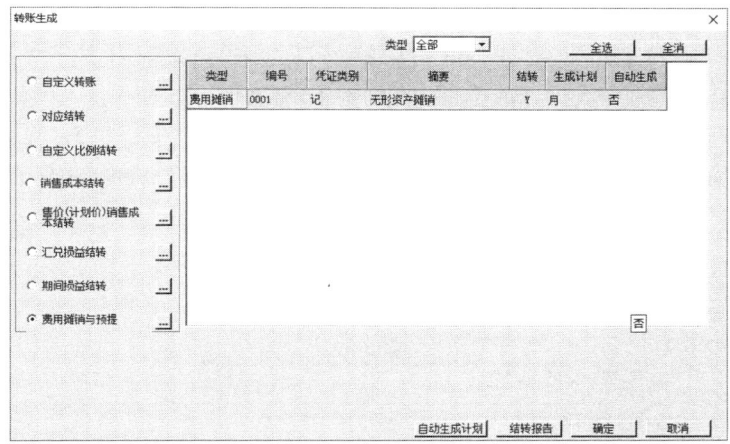

图 3-1-48 转账生成

（5）单击【确定】，自动生成会计凭证，单击【保存】，结果如图 3-1-49 所示。

图 3-1-49 记字 0090 号凭证

(6) 切换到用户【C201 蓝英】对以上凭证进行审核并记账处理。

业务四　结转销售产品成本设置和生成凭证处理

〖**业务描述**〗　2020 年 1 月 31 日,公司进行销售产品成本结转并生成相应会计凭证;完成凭证审核、记账处理。

〖**操作说明**〗　【C202 李嘉文】设置结转销售成本转账凭证并生成凭证,【C201 蓝英】完成结转销售成本凭证的审核、记账。

〖**操作指引**〗

(1) 在企业应用平台中,执行【财务会计】|【总账】|【期末】|【转账定义】|【销售成本】命令,打开【销售成本结转设置】对话框。

(2) 凭证类别默认为【记 记账凭证】,在【库存商品科目】栏中输入【1405】,在【商品销售输入科目】栏中输入【6001】,在【商品销售成本科目】栏中输入【6401】,其他信息默认,如图 3-1-50 所示。

(3) 单击【确定】,完成【销售成本结转设置】凭证。

(4)【C202 李嘉文】执行【财务会计】|【总账】|【期末】|【转账生成】命令,打开【转账生成】对话框,选中【销售成本结转】单选框,如图 3-1-51 所示。

(5) 单击【确定】,弹出【销售成本结转一览表】对话框,如图 3-1-52 所示。

(6) 单击【确定】,生成【结转销售成本】的会计凭证。然后,单击【保存】,凭证保存成功,结果如图 3-1-53 所示。

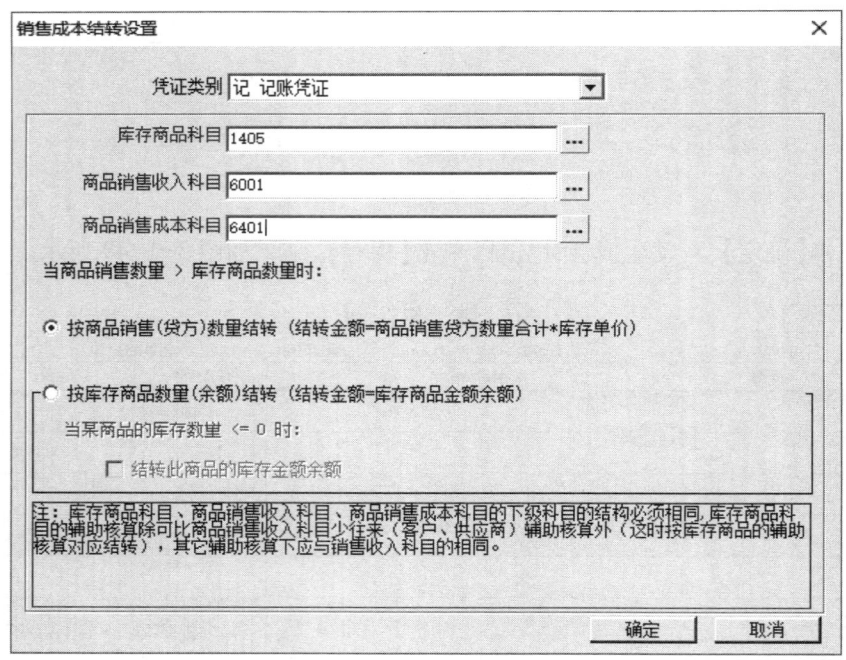

图 3-1-50　销售成本结转设置

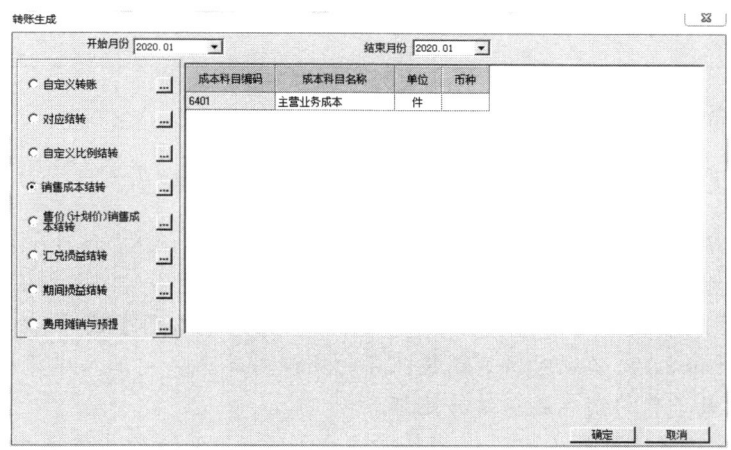

图 3-1-51 销售成本结转

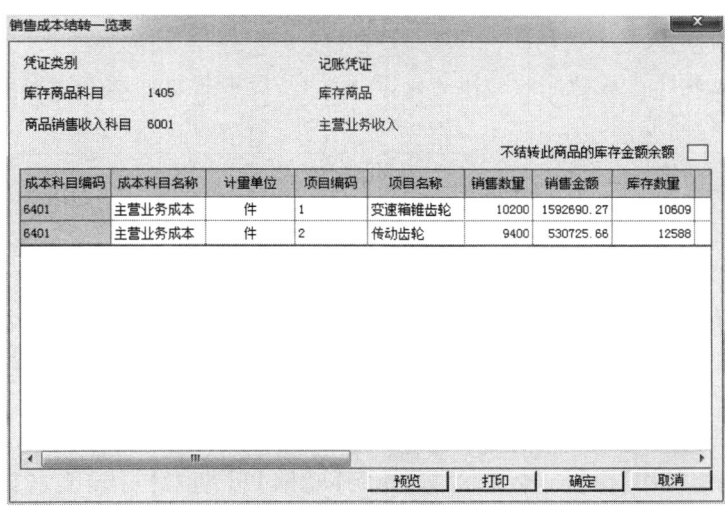

图 3-1-52 销售成本结转一览表

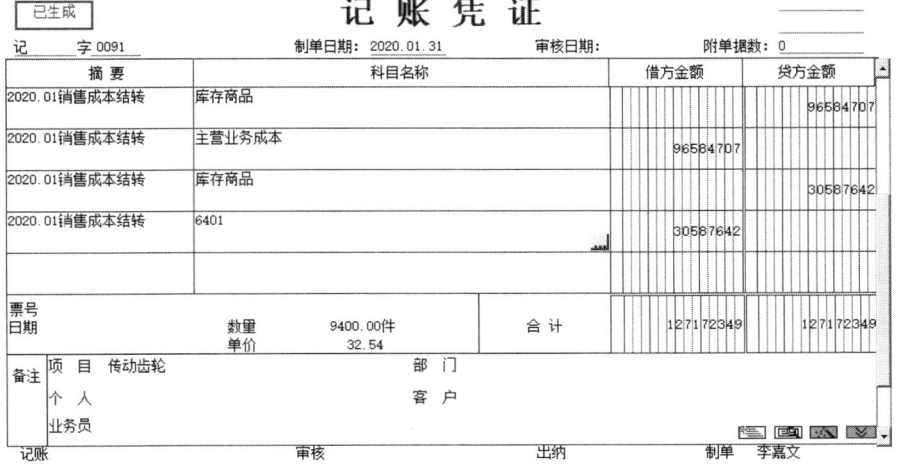

图 3-1-53 记字 0091 号凭证

（7）切换到角色【C201 蓝英】对以上凭证进行审核并记账处理。

> 🎯 **重难点提示**
>
> （1）"库存商品"科目、"商品销售收入"科目、"商品销售成本"科目下级科目的结构必须相同。
>
> （2）"库存商品"科目的辅助核算除可以比"商品销售收入"科目少往来辅助核算外，其他辅助核算与"商品销售收入"科目相同。
>
> （3）由于销售成本的计算取决于销售数量和生产成本两个因素，因此，在生成销售成本结转凭证之前，必须对所有销售业务的凭证以及产品完工入库凭证全部审核记账后，才能生成正确的销售成本结转凭证。
>
> （4）生成转账凭证后退出时返回转账生成界面，若不进行其他类型的转账生成，应单击【取消】退出，如果单击【确定】，系统会重复生成凭证。
>
> （5）转账凭证每月只生成一次，不要重复生成。如果已生成的转账凭证有误，必须删除后重新生成。
>
> （6）通过转账生成功能的转账凭证必须保存，否则将视同放弃。自动转账生成的凭证仍需审核、记账。

业务五　期间损益结转并生成凭证处理

〖**业务描述**〗　2020 年 1 月 31 日,公司进行期间损益结转设置并生成会计凭证(按收入类、成本类、费用类和支出类分别结转);完成凭证审核、记账处理。

〖**操作说明**〗　【C202 李嘉文】设置结转并生成期间损益会计凭证,【C201 蓝英】完成结转期间损益会计凭证审核、记账。

〖**操作指引**〗

（1）在总账系统中,由【C202 李嘉文】执行【总账】|【期末】|【转账定义】|【期间损益】命令,打开【期间损益结转设置】对话框。

（2）将【凭证类别】默认为【记账凭证】,在【本年利润科目编码】栏输入【4103】,如图 3-1-54 所示。

图 3-1-54　期间损益结转设置

（3）单击【确定】,完成【期间损益结转设置】。

（4）执行【财务会计】|【总账】|【期末】|【转账生成】命令,打开【转账生成】对话框,选中【期间损益结转】单选框,在【类型】栏选择【收入】,单击【全选】,如图 3-1-55 所示。

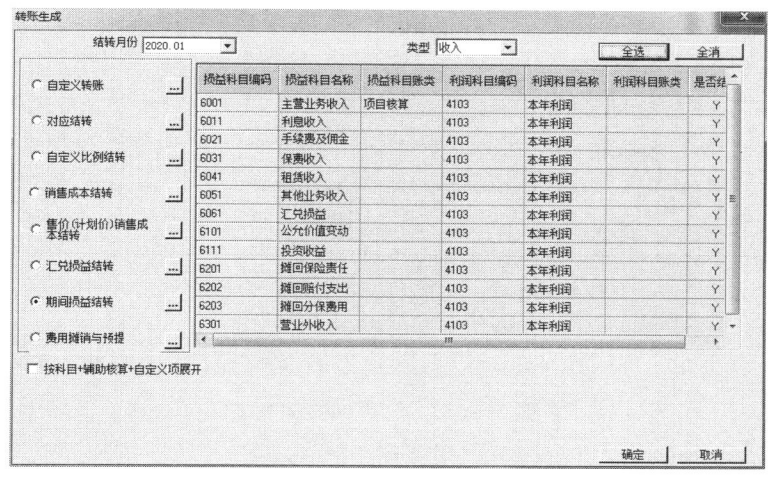

图 3-1-55 转账生成——期间损益结转

（5）单击【确定】,生成收入类科目的结转凭证,如图 3-1-56 所示。

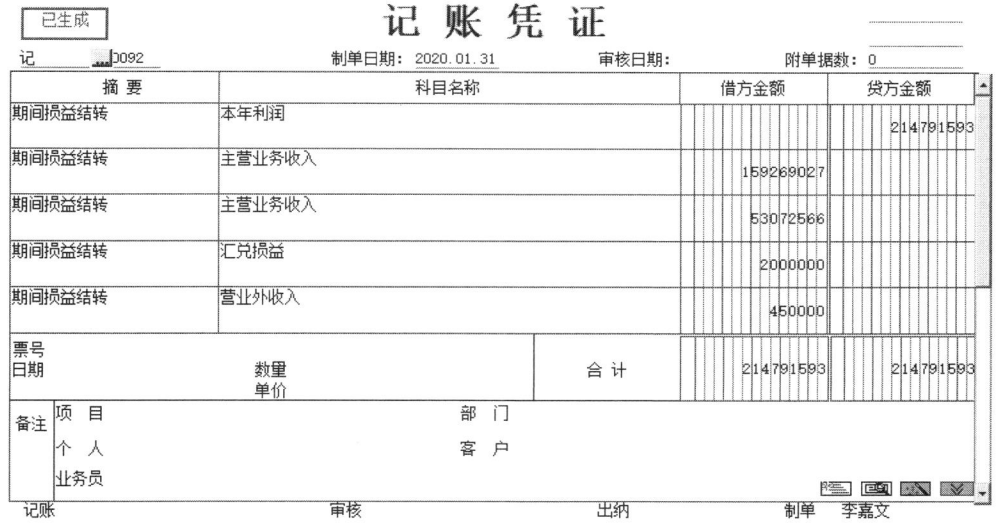

图 3-1-56 记字 0092 号凭证

（6）回到转账生成界面,在【期间损益结转】界面的【类型】栏选择【支出】,单击【全选】,系统提示【2020.01 月或之前有未记账的凭证,是否继续结转?】,单击【是】,生成结转支出类的凭证,如图 3-1-57 所示。

（7）【C201 蓝英】对以上凭证进行审核并记账处理。

（8）在 D 盘下设置文件夹【666 账套备份\9.2】,将账套输出至【D:\666 账套备份\9.2】文件夹。

图 3-1-57　记字 0093 号凭证

业务六　利润分配转账定义

〖业务描述〗　2020 年 1 月 31 日,根据《中华人民共和国会计法》和公司相关规定,公司企业所得税费按 25%计提,法定盈余公积和任意盈余公积分别按 10%和 20%计提。公司采用自定义转账设置,对企业利润进行分配并生成凭证;完成凭证审核、记账处理。具体定义项目如表 3-1-7 所示。

表 3-1-7　　　　　　　　　　　　企业利润分配转账定义设置

转账序号	摘要	方向	会计科目编码	金额公式
0007	计提所得税	借	6801	取 4103 期末贷方余额 * 25%
		贷	222106	JG( )
0008	结转所得税费用	借	4103	取 6801 期末借方余额
		贷	6801	JG( )
0009	本年利润二次结转到未分配利润	借	4103	取 4103 期末余额
		贷	410405	JG( )
0010	计提法定、任意盈余公积	借	410401	取 410405 本期贷方发生额 * 10%
		借	410402	取 410405 本期贷方发生额 * 20%
		贷	410101	取 410405 本期贷方发生额 * 10%
		贷	410102	取 410405 本期贷方发生额 * 20%
0011	结转法定、任意盈余公积到未分配利润	借	410405	JG( )
		贷	410401	取 410405 本期贷方发生额 * 10%
		贷	410402	取 410405 本期贷方发生额 * 20%

〖操作说明〗　【C202 李嘉文】设置以上自定义转账凭证并生成凭证,【C201 蓝英】完成凭证审核、记账处理。

〖操作指引〗

(1)在总账管理系统中,【202 李嘉文】执行【总账】|【期末】|【转账定义】|【自定义转账】

命令,打开【自定义转账】对话框。

（2）单击【增加】,打开【转账目录】对话框,输入转账序号【0007】,输入转账说明【计提所得税】,默认【凭证类别】为【记 记账凭证】,如图3-1-58所示。

（3）单击【确定】,返回【自定义转账设置】对话框。

（4）单击【增行】,输入第一条分录的会计科目编码【6801】,双击【金额公式】栏,单击参照,选择【期末余额】,单击【下一步】,打开【公式向导】对话框。修改系统默认的【科目】为【4103】,选择【期间】为【月】,选择【方向】为【贷】,如图3-1-59所示。

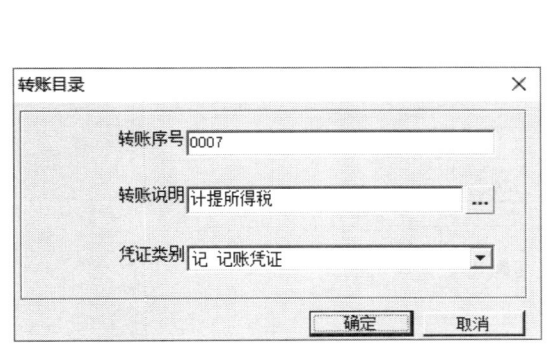

图 3-1-58 转账目录

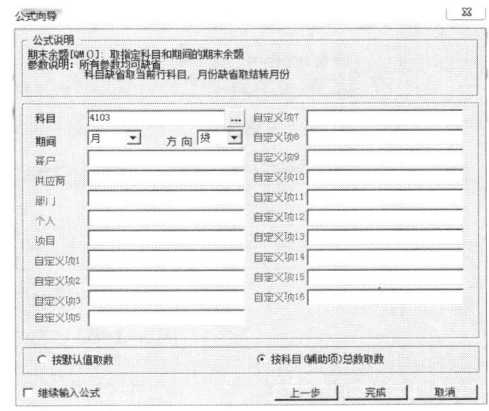

图 3-1-59 公式向导

（5）单击【完成】,返回【自定义转账设置】框,双击【金额公式】栏增加【＊25%】。

（6）继续单击【增行】,输入第二条分录的会计科目编码【222106】,录入【方向】为【贷】,录入【金额公式】为【JG( )】,设置结果如图3-1-60所示。

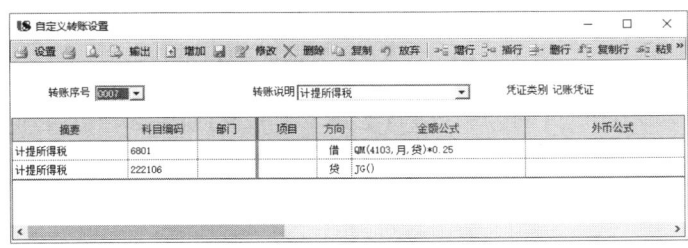

图 3-1-60 自定义转账设置完成(一)

（7）重复上述步骤,完成转账序号【0008】【0009】【0010】【0011】自定义转账分录设置,如图3-1-61、图3-1-62、图3-1-63、图3-1-64所示。

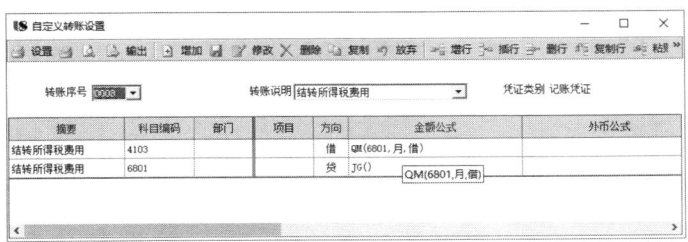

图 3-1-61 自定义转账设置完成(二)

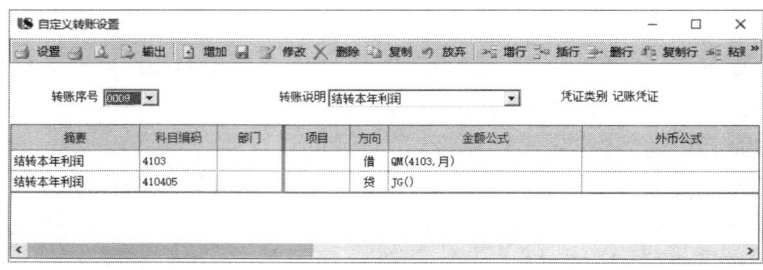

图 3-1-62 自定义转账设置完成(三)

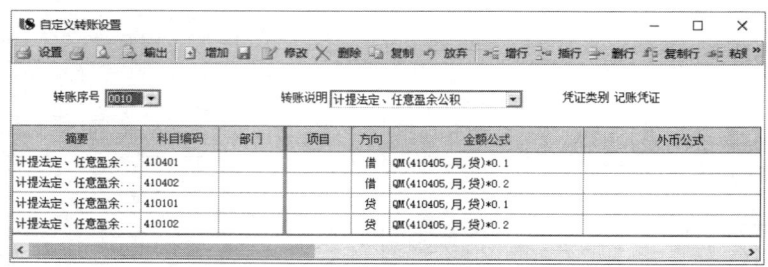

图 3-1-63 自定义转账设置完成(四)

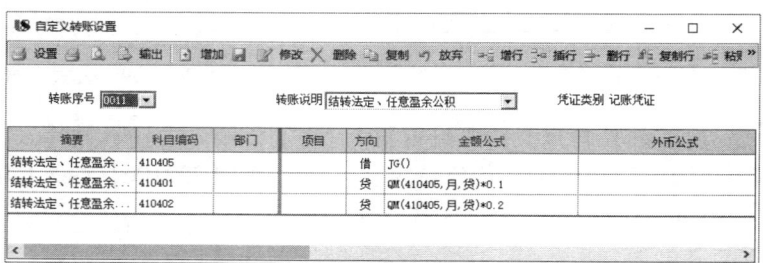

图 3-1-64 自定义转账设置完成(五)

(8)【C202 李嘉文】执行【财务会计】|【总账】|【期末】|【转账生成】命令,打开【转账生成】对话框,选择【自定义转账】单选框。选择编号【0007】,在【0007】栏对应的【是否结转】栏中,双击【Y】标记,如图 3-1-65 所示。

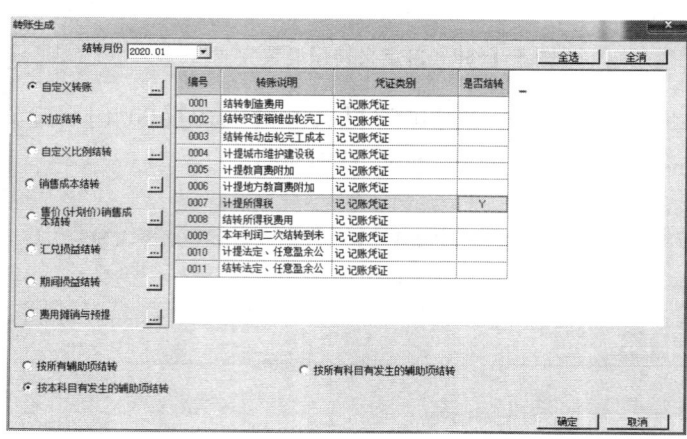

图 3-1-65 转账生成

（9）单击【确定】，自动生成记账凭证，单击【保存】，如图3-1-66所示。

（10）以【C201蓝英】身份对以上凭证进行审核、记账处理。

（11）第【0008-0011】凭证如上述第（8）步和第（9）步完成凭证的生成，但注意，由于这几张凭证的取数依据为前面凭证的数据，所以上一张凭证审核、记账后，才能让下一张凭证取到相应的计算数据，自动生成下一张凭证，凭证生成如图3-1-67、图3-1-68、图3-1-69、图3-1-70所示。

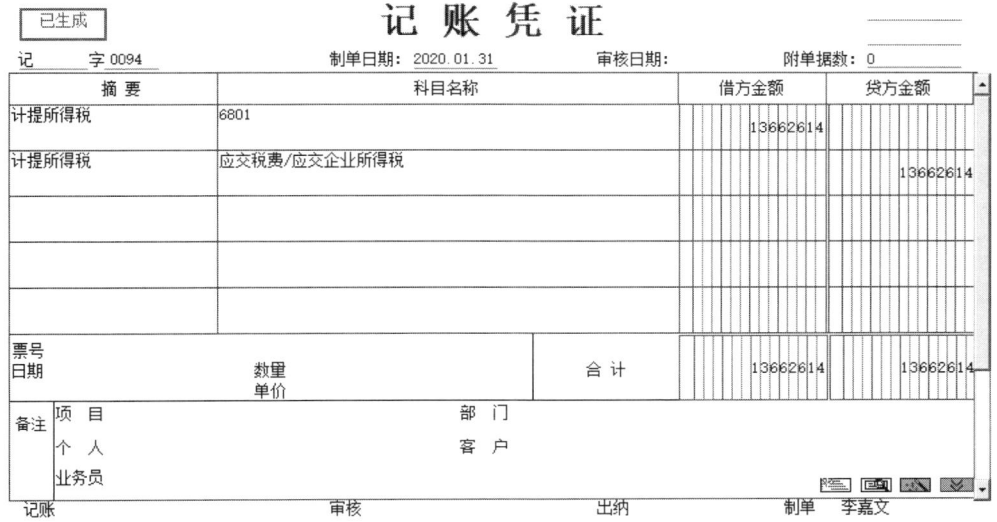

图 3-1-66　记字 0094 号凭证

图 3-1-67　记字 0095 号凭证

记 账 凭 证

已生成				

记　　字 0096　　　　　制单日期：2020.01.31　　　审核日期：　　　　附单据数：0

摘 要	科目名称	借方金额	贷方金额
结转本年利润	4103	40987842	
结转本年利润	利润分配/未分配利润		40987842

票号 日期	数量 单价	合 计	40987842	40987842

备注　项　目　　　　　　　　部　门
　　　个　人　　　　　　　　客　户
　　　业务员

记账　　　　　审核　　　　　出纳　　　　　制单　李嘉文

图 3-1-68　记字 0096 号凭证

记 账 凭 证

已生成				

记　　字 0097　　　　　制单日期：2020.01.31　　　审核日期：　　　　附单据数：0

摘 要	科目名称	借方金额	贷方金额
计提法定和任意盈余公积	410401	18170205	
计提法定和任意盈余公积	利润分配/提取任意盈余公积	36340409	
计提法定和任意盈余公积	盈余公积/法定盈余公积　　盈余公积/任意盈余公积		18170205
计提法定和任意盈余公积	盈余公积/任意盈余公积		36340409

票号 日期	数量 单价	合 计	54510614	54510614

备注　项　目　　　　　　　　部　门
　　　个　人　　　　　　　　客　户
　　　业务员

记账　　　　　审核　　　　　出纳　　　　　制单　李嘉文

图 3-1-69　记字 0097 号凭证

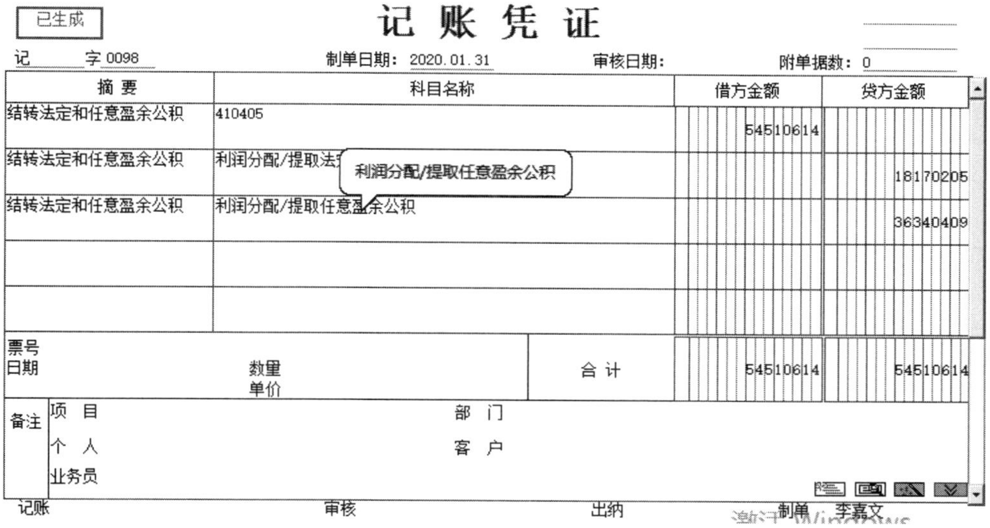

记 账 凭 证

已生成				

记　　字 0098　　　　　制单日期：2020.01.31　　　　审核日期：　　　　　附单据数：0

摘　要	科目名称	借方金额	贷方金额
结转法定和任意盈余公积	410405	545106 14	
结转法定和任意盈余公积	利润分配/提取法		18170205
结转法定和任意盈余公积	利润分配/提取盈余公积		36340409

利润分配/提取任意盈余公积

票号 日期	数量 单价	合　计	545106 14	545106 14

备注　项　目　　　　　　　　　部　门
　　　个　人　　　　　　　　　客　户
　　　业务员

记账　　　　　　审核　　　　　　　出纳　　　　　　　制单　李嘉文

图 3-1-70　记字 0098 号凭证

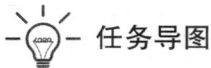

项目二　各模块期末业务处理

任务导图

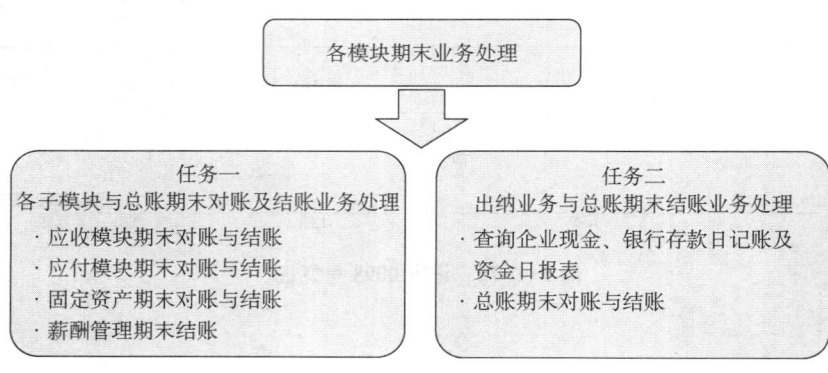

本任务相关链接　用友在线学习网：http://learning.ufida.com.cn/

任务一　各子模块与总账期末对账及结账业务处理

业务一　应收模块期末对账与结账

〖业务描述〗　2020 年 1 月 31 日,应收款管理系统中引出对账单与客户对账。完成应收款管理系统与总账对账和结账处理。

〖操作说明〗　【C203 张华】查询并引出对账单与客户进行对账,与总账对账并完成结账工作。

〖操作指引〗

1. 月末与客户对账

(1) 在应收款管理系统,执行【应收款管理】|【账表管理】|【业务账表】|【对账单】命令,打开【查询条件选择】对话框,在【明细对象】栏选择【客户】,在【客户】栏选择【101 深圳恒兴公司】到【101 深圳恒兴公司】,单击【确定】,弹出【应收对账单】对话框,如图 3-2-1 所示。

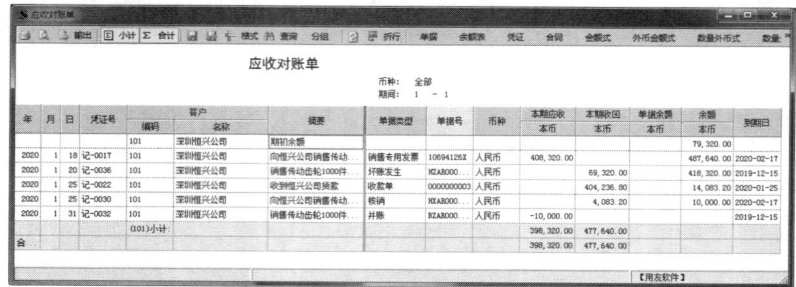

图 3-2-1　应收对账单

（2）单击【打印预览】，如图 3-2-2 所示，打印后盖章，再传给客户对账。

应收对账单

币种：全部
期间：　1　－　1

客户名称：深圳恒兴公司　　　　　　　　　　地址：　深圳市镜湖区中山路308号

邮政编码：　　　　　　Email地址：

联系人：　　　　　　联系电话：　0755-352216 传真：

贵公司与本公司在　1　－　1　期间的详细交易信息如下列表，请贵公司详细核对，核对无误后请回复，谢谢！

年	月	日	凭证号	客户		订单号	单据类型	单号	币种	本期应收	本期收回	单据余额	余额
				编码						本币	本币	本币	本币
				101	深圳恒兴公司							79,320.00	
2020	1	18	记-0017	101	深圳恒兴公司		销售专用发票	1069 4126X	人民币	408,320.00		487,640.00	2020-02-17
2020	1	20	记-0036	101	深圳恒兴公司		坏账发生	HZAR 00000 00000002	人民币		69,320.00	418,320.00	2019-12-15
2020	1	25	记-0022	101	深圳恒兴公司		收款单	0000 00000 3	人民币		404,236.80	14,083.20	2020-01-25
2020	1	25	记-0030	101	深圳恒兴公司		核销	HXAR 00000 0000001	人民币		4,083.20	10,000.00	2020-02-17
2020	1	31	记-0032	101	深圳恒兴公司		并账	BZAR 00000 0000001	人民币	-10,000.00			2019-12-15
				(101)小计：						398,320.00	477,640.00		
合计										398,320.00	477,640.00		

单位：珠海市美莆机械有限公司　　　　制表：蓝英$　　　　　　打印日期：2020-01-31

【用友软件】 第　1　页，共　1　页

图 3-2-2　应收对账单

（3）或引出对账单并发出对账单给客户核对，做到每月对账，达到账账相符。

（4）其他客户对账依照以上步骤，完成每月末与所有客户的对账工作。

2. 应收款管理与总账期末进行对账并结账

（1）在应收款管理系统，执行【应收款管理】|【账表管理】|【业务账表】|【与总账对账】命令，打开【对账条件】对话框，所有条件默认，如图 3-2-3 所示。

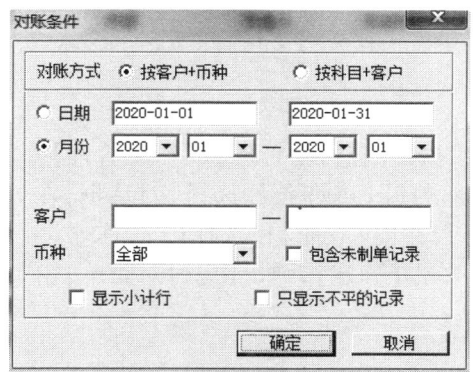

图 3-2-3　对账条件

（2）单击【确定】，打开【与总账对账结果】页面，结果显示与总账对账结果平衡，如图 3-2-4 所示。

与总账对账结果

日期：2020-01-0

客户		应收系统				总账系统				差额(应收-总账)			
编号	名称	期初本币	借方本币	贷方本币	期末本币	期初本币	借方本币	贷方本币	期末本币	期初本币	借方本币	贷方本币	期末本币
101	深圳恒兴公司	79,320.00	428,320.00	507,640.00		79,320.00	428,320.00	507,640.00					
102	珠海明瑞公司	317,260.00	1,056,000.00	734,000.00	639,260.00	317,260.00	1,056,000.00	734,000.00	639,260.00				
103	美国ESENW公司		658,000.00		658,000.00		658,000.00		658,000.00				
104	中山阳光公司	118,980.00	403,240.60	504,820.60	17,400.00	118,980.00	403,240.60	504,820.60	17,400.00				
105	东莞东和公司	-158,630.00	17,400.00	17,400.00	-158,630.00	-158,630.00	17,400.00	17,400.00	-158,630.00				
	合计	356,930.00	2,562,960.60	1,763,860.60	1,156,030.00	356,930.00	2,562,960.60	1,763,860.60	1,156,030.00				

图 3-2-4　与总账对账结果

（3）在应收款账单管理系统中,执行【期末处理】|【月末结账】命令,打开【月末处理】对话框。

（4）双击【一月】栏所在行对应的【结账标志】,出现选中标记【Y】,如图 3-2-5 所示。

（5）单击【下一步】,弹出【月末处理】对话框,如图 3-2-6 所示。

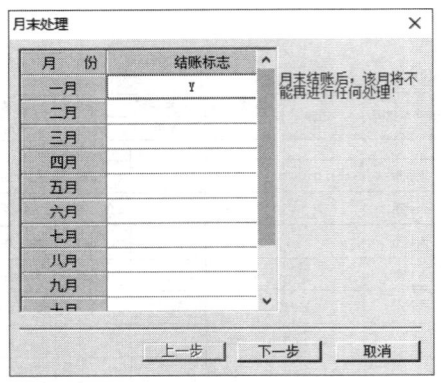
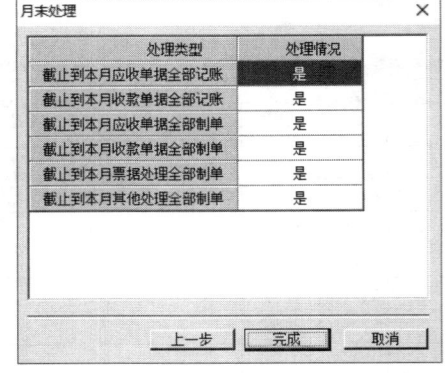

图 3-2-5　月末处理结账标志　　　　　　图 3-2-6　月末处理处理情况表

（6）单击【完成】,系统弹出【1 月份结账成功】信息提示框,如图 3-2-7 所示,单击【确定】退出,完成应付款管理结账处理。

业务二　应付模块期末对账与结账

〖业务描述〗　2020 年 1 月 31 日,公司将应付款管理系统与供应商对账,并完成与总账对账、结账工作。

〖操作说明〗　【C203 张华】完成应付款管理系统与客户对账,并操作完成与总账对账、结账工作。

〖操作指引〗

1. 月末与供应商对账

（1）在应付款管理系统,执行【应付款管理】|【账表管理】|【业务账表】|【对账单】命令,打开【查询条件选择】对话框,在【明细对象】栏选择【供应商】,在【供应商】栏选择【1 广东金鸿公司】到【1 广东金鸿公司】,单击【确定】,弹出【应付对账单】窗口,如图 3-2-8 所示。

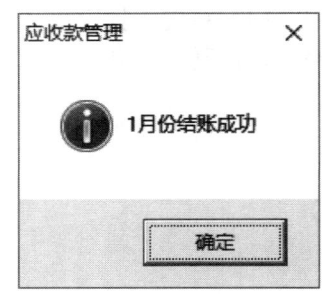

图 3-2-7　【1 月份结账成功】提示框

应付对账单

币种：全部
期间：1 - 1

年	月	日	凭证号	供应商		摘要	单据类型	单据号	币种	本期应付	本期付款	单据余额	余额	到期日
				编码	名称					本币	本币	本币	本币	
				1	广东金鸿公司	期初余额							118,320.00	
2020	1	5	记-0040	1	广东金鸿公司	向广东金鸿公司购	采购专用发票	79522171	人民币	136,372.50			254,692.50	2020-01-05
2020	1	10	记-0043	1	广东金鸿公司	支付金鸿公司货款	付款单	0000000002	人民币		118,320.00		136,372.50	2020-01-10
2020	1	12	记-0047	1	广东金鸿公司	付款单	付款单	0000000006	人民币		136,372.50			2020-01-12
				(1)小计						136,372.50	254,692.50			
合…										136,372.50	254,692.50			

图 3-2-8　应付对账单

（2）单击【打印预览】,如图 3-2-9 所示,打印后盖章,再传给供应商对账。

（3）或引出对账单并发出对账单给供应商核对,做到每月对账,达到账账相符。

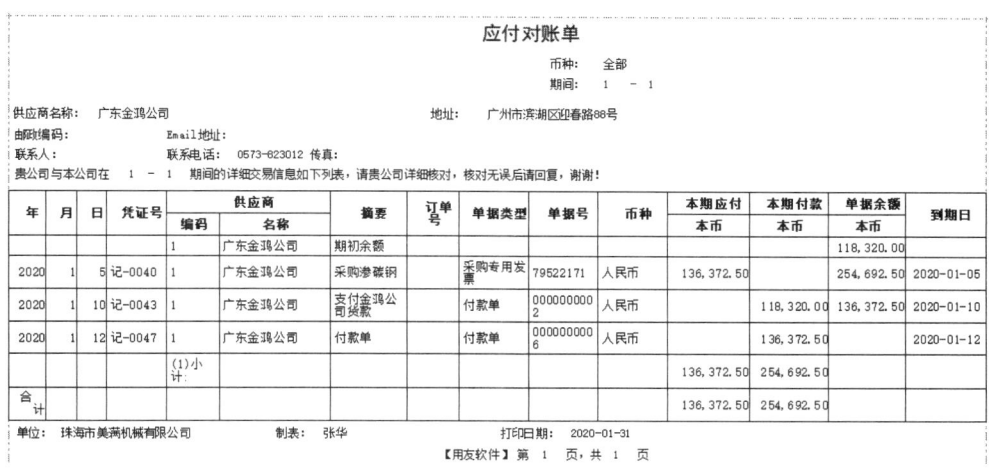

图 3-2-9 应付对账单打印预览

（4）其他供应商对账依照以上步骤,完成每月末与所有供应商的对账工作。

2. 应付款管理与总账期末进行对账并结账

（1）在应付款管理系统中,执行【应付款管理】|【账表管理】|【业务账表】|【与总账对账】命令,打开【对账条件】对话框,所有条件默认。

（2）单击【确定】,出现【与总账对账结果】页面,结果显示与总账对账结果平衡,如图3-2-10 所示。

与总账对账结果

日期: 2020-01-01至2020-01-31

	供应商	币种	应付系统				总账系统				差额(应付-总账)			
编号	名称		期初本币	借方本币	贷方本币	期末本币	期初本币	借方本币	贷方本币	期末本币	期初本币	借方本币	贷方本币	期末本币
1	广东金鸿公司	人民币	118,320.00	254,692.50	272,745.00	136,372.50	118,320.00	254,692.50	272,745.00	136,372.50				
2	珠海顺晶公司	人民币	222,720.00	328,194.93	105,474.93		222,720.00	328,194.93	105,474.93					
3	珠海电力公司	人民币	10,440.00		59,160.00	69,600.00	10,440.00		59,160.00	69,600.00				
4	广州恒大合金公司	人民币	-59,160.00	50,000.00	59,160.00	-50,000.00	-59,160.00	50,000.00	59,160.00	-50,000.00				
5	东莞东和公司	人民币	59,160.00	17,400.00	-41,760.00		59,160.00	17,400.00	-41,760.00					
	合计		351,480.00	650,287.43	454,779.93	155,972.50	351,480.00	650,287.43	454,779.93	155,972.50				

图 3-2-10 与总账对账结果

（3）在应付款账单系统,执行【期末处理】|【月末结账】,打开【月末处理】对话框。

（4）双击【一月】栏所在行对应的【结账标志】栏,出现选中标记【Y】,如图3-2-11 所示。

（5）单击【下一步】,弹出【月末处理】对话框,如图3-2-12 所示。

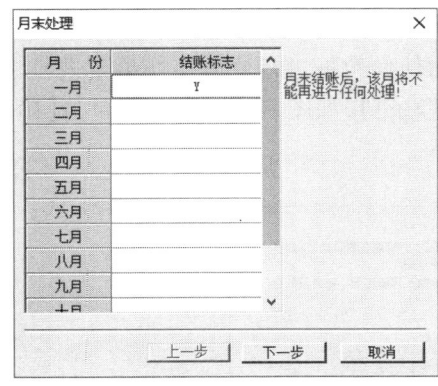

图 3-2-11 月末处理结账标志

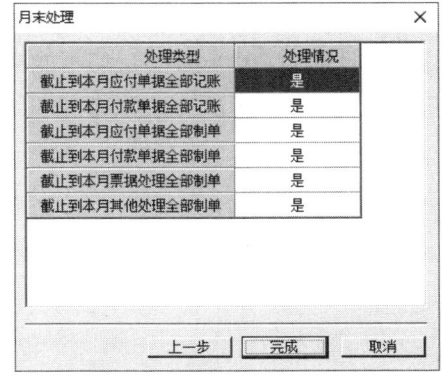

图 3-2-12 月末处理处理情况表

（6）单击【完成】,系统弹出【1月份结账成功】信息提示框,如图3-2-13所示,单击【确定】退出,完成应付款管理结账处理。

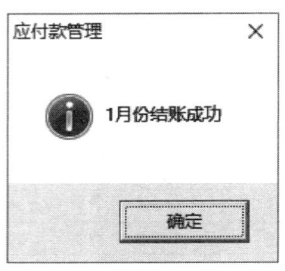

图 3-2-13 【1 月份结账成功】提示框

业务三 固定资产期末对账与结账

〖业务描述〗 2020 年 1 月 31 日,固定资产系统与总账对账、结账。

〖操作说明〗 【C202 李嘉文】对固定资产系统对账、结账。

〖操作指引〗

（1）【C202 李嘉文】执行【固定资产】|【处理】|【对账】命令,打开【与账务对账结果】对话框。系统提示【结果:平衡】,如图3-2-14所示。

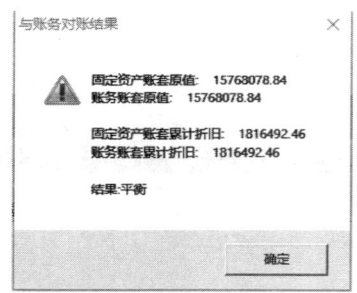

图 3-2-14 与账务对账结果   图 3-2-15 【月末结账成功完成!】提示框

（2）执行【固定资产】|【处理】|【月末结账】命令,打开【月末结账】对话框。单击【开始结账】,打开【与账务对账结果】对话框。单击【确定】命令,系统提示【月末结账成功完成!】,如图3-2-15所示。

（3）单击【确定】命令,系统提示【本账套最新可修改日期已经更新为2020-02-01,而您现在的登录日期为2020-01-31,您不能对此账套的任何数据进行修改！ 如果要进行下一会计期间的业务,请使用'系统->重新注册'菜单重新登录!】,如图3-2-16所示,单击【确定】退出,完成固定资产期末结账处理。

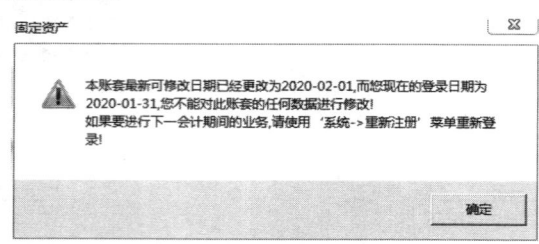

图 3-2-16 【固定资产结账处理结果】提示框

🎯 **重难点提示**

（1）固定资产系统与总账对账之前，要保证固定资产系统传递到总账系统中凭证已经审核、记账；否则对账不成功。

（2）如果对账不平，需要根据初始化是否选中【在对账不平的情况下允许固定资产月末结账】来判断是否可以进行结账处理。

（3）月末结账工作每月进行一次，如果结账后发现结账前的操作有误，则可以使用系统提供的一个纠错功能，即【恢复月末结账前状态】进行【反结账】。

（4）如果总账系统已经结账，则固定资产系统不可以再执行取消结账功能。

业务四　薪资管理期末结账

〖**业务描述**〗　2020 年 1 月 31 日，公司分别对在职人员工资类别和离职人员工资类别办理薪资管理系统月末结账，将缺勤天数、周末加班天数、加班工资、请假天数、请假扣款、缺勤扣款、代扣税等信息清零。

〖**操作说明**〗　【C202 李嘉文】完成薪资管理系统结账。

〖**操作指引**〗

（1）【C202 李嘉文】在薪资管理系统中，执行【工资类别】命令，单击【打开工资类别】，选择【在职人员工资】。

（2）执行【业务处理】|【月末处理】命令，打开【月末处理】对话框，如图 3-2-17 所示。

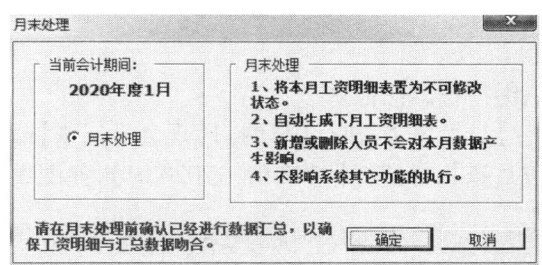

图 3-2-17　月末处理

（3）单击【确定】，系统提示【月末处理之后，本月工资将不许变动！继续月末处理吗？】，单击【是】，系统继续提示【是否选择清零？】，单击【是】，打开【选择清零项目】对话框。选择需要清理的项目【缺勤天数】【周末加班天数】【加班工资】【请假天数】【请假扣款】【缺勤扣款】和【代扣税】，如图 3-2-18 所示。

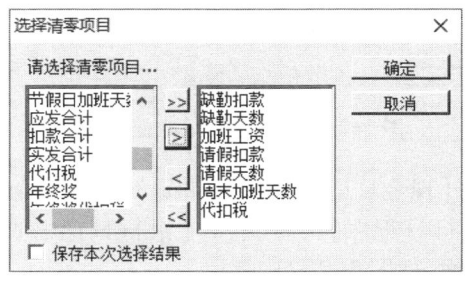

图 3-2-18　选择清零项目

（4）单击【确定】，系统提示【月末处理完毕！】。

（5）对离职人员工资类别的月末结账参照上述步骤进行期末结账处理。

（6）在 D 盘下设置文件夹【666 账套备份\10.1】，将账套输出至【D:\666 账套备份\10.1】文件夹。

🎯 重难点提示

（1）薪资系统月末结账时，若设置多个工资类别，则应打开工资类别，对其分别进行月末结账处理。如果在初始设置中选择了单个工资类别，在薪资系统中进行一次月末结账即可。

（2）期末对工资中每月无规律变动的项目进行清零，是为了让清零项目在下月工资变动表中不再显示上月数据，否则下月核算工资变动表前应对变动项目进行手工清零处理。

操作视频

微课

出纳业务与
总账期末结
账业务处理

任务二　出纳业务与总账期末结账业务处理

业务一　查询企业现金、银行存款日记账及资金日报表

〖业务描述〗　2020 年 1 月 31 日，公司查询 2020 年 1 月份的现金日记账、银行日记账和资金日报表。

〖操作说明〗　【C204 韦宝宝】查询 2020 年 1 月份的现金日记账、银行日记账和资金日报表。

〖操作指引〗

1. 查询现金日记账、银行存款日记账

（1）以【C204 韦宝宝】身份登录，执行【出纳】|【现金日记账】命令，打开【现金日记账查询条件】对话框，点击【按月查】，并选择【2020.01—2020.01】，如图 3-2-19 所示。

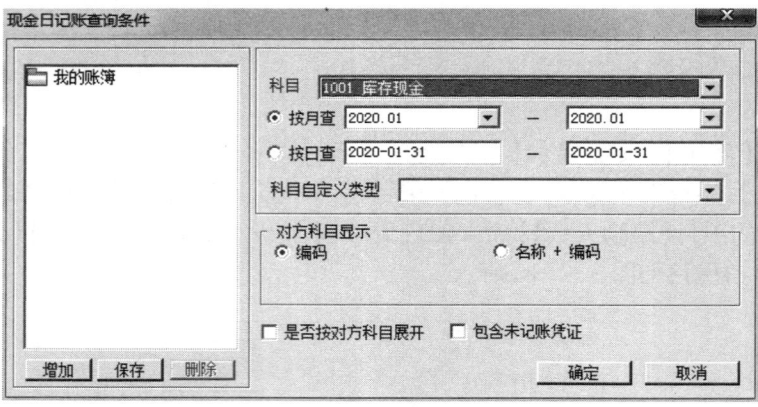

图 3-2-19　现金日记账查询条件

（2）单击【确定】，打开【现金日记账】页面，如图 3-2-20 所示。

（3）执行【出纳】|【银行日记账】命令，打开【银行日记账查询条件】对话框，单击【确定】，打开【银行日记账】页面，如图 3-2-21 所示。

现金日记账

科目	1001 库存现金							月份：2020.01-2020.01	金额式

2020年 月	日	凭证号数	摘要	对方科目	借方	贷方	方向	余额
			上年结转				借	8,000.00
01	01	记-0001	提现备用	100201	5,000.00		借	13,000.00
01	01		本日合计		5,000.00		借	13,000.00
01	05	记-0002	支付业务招待费	660205		800.00	借	12,200.00
01	05		本日合计			800.00	借	12,200.00
01	20	记-0010	支付培训费	221107		2,500.00	借	9,700.00
01	20		本日合计			2,500.00	借	9,700.00
01	22	记-0011	员工借款	122101		5,000.00	借	4,700.00
01	22		本日合计			5,000.00	借	4,700.00
01	23	记-0057	原值增加	1601		400.00	借	4,300.00
01	23		本日合计			400.00	借	4,300.00
01	25	记-0019	代垫运费2000元	1122		2,000.00	借	2,300.00
01	25		本日合计			2,000.00	借	2,300.00
01	31	记-0062	固定资产清理收入	1606	500.00		借	2,800.00
01	31	记-0079	[冲销2020.01.05 记-0002号凭证]支付业务招	660205		-800.00	借	3,600.00
01	31	记-0080	报销业务招待费	660105		800.00	借	2,800.00
01	31		本日合计		500.00		借	2,800.00
01			当前合计		5,500.00	10,700.00	借	2,800.00
01			当前累计		5,500.00	10,700.00	借	2,800.00
			结转下年				借	2,800.00

图 3-2-20 现金日记账

银行日记账

科目	1002 银行存款								月份：2020.01-2020.01	金额式

2020年 月	日	凭证号数	摘要	结算号	对方科目	借方	贷方	方向	余额
			上年结转					借	1,329,700.05
01	01	记-0001	提现备用_201_20111235_2020.01.01	现金支票-201112	1001		5,000.00	借	1,324,700.05
01	01		本日合计				5,000.00	借	1,324,700.05
01	04	记-0021	收到明瑞有限公司所欠货款及订货款_202_85	转账支票-855465	1122, 2203	734,000.00		借	2,058,700.05
01	04		本日合计			734,000.00		借	2,058,700.05
01	10	记-0043	支付金鸿公司货款_202_56726453_2020.01.1	转账支票-567264	2202		118,320.00	借	1,940,380.05
01	10	记-0049	票据结算_56728956_2020.01.10		2201		57,102.93	借	1,883,277.12
01	10		本日合计				175,422.93	借	1,883,277.12
01	13	记-0005	缴纳上月增值税及附加税_4_000324459_2020	电汇-000324459	222102, 222103, 2		209,440.00	借	1,673,837.12
01	13	记-0006	缴纳上月工会经费_4_000324460_2020.01.13	电汇-000324460	221106		3,248.00	借	1,670,589.12
01	13		本日合计				212,688.00	借	1,670,589.12
01	15	记-0007	缴纳上月个人所得税_4_000324461_2020.01.	电汇-000324461	222107		40.60	借	1,670,548.52
01	15	记-0008	代发工资_9_2020.01.15	其他	221101		144,513.00	借	1,526,035.52
01	15	记-0044	支付顺昌公司货款_202_56728954_2020.01.1	转账支票-567289	2202		167,040.00	借	1,358,995.52
01	15		本日合计				311,593.60	借	1,358,995.52
01	16	记-0009	缴纳社保_4_000324455_2020.01.16	电汇-000324455	122103, 221104		66,518.40	借	1,292,477.12
01	16		本日合计				66,518.40	借	1,292,477.12
01	18	记-0026	票据结算_64378968_2020.01.18		1121	122,020.60		借	1,414,497.72
01	18	记-0027	票据贴现_58345611_2020.01.18		1121	185,721.80		借	1,600,219.52
01	18		本日合计			307,742.40		借	1,600,219.52
01	20	记-0053	支付安装费_4_20183218_2020.01.20	电汇-20183218	1604, 22210101		3,300.00	借	1,596,919.52
01	20		本日合计				3,300.00	借	1,596,919.52
01	21	记-0055	直接购入资产_4_2020.01.21	电汇	1601, 22210101		116,000.00	借	1,480,919.52
01	21		本日合计				116,000.00	借	1,480,919.52
01	23	记-0056	直接购入资产_202_10201120_2020.01.23	转账支票-102011	1601, 22210101		34,800.00	借	1,446,119.52
01	23	记-0058	原值减少_4_2020.01.23	电汇	1601	20,000.00		借	1,466,119.52
01	23		本日合计			20,000.00	34,800.00	借	1,466,119.52
01	25	记-0012	支付利息_9_2020.01.25	其他	6603		75,000.00	借	1,391,119.52
01	25	记-0013	支付销售运费_202_20111326_2020.01.25	转账支票-201113	660109		2,500.00	借	1,388,619.52

图 3-2-21 银行日记账

重难点提示

（1）只有在【会计科目】功能中使用【指定科目】功能,将【现金总账科目】指定为现金,将【银行总账科目】指定为银行存款,才能查询【现金日记账】及【银行日记账】。

（2）现金及银行存款日记账既可以按日查询,也可以按月查询。

（3）查询日记账时还可以查询包含未记账凭证的日记账。

（4）在已打开的日记账页面还可以通过单击【过滤】,输入过滤条件快速查询日记账的具体内容。

（5）在已打开的日记账页面还可以通过单击凭证,查询该条记录所对应的记账凭证。

2. 查询资金日报表

（1）执行【出纳】|【资金日报】命令,打开【资金日报表查询条件】对话框。

（2）选择日期【2020.01.01】,单击【确定】,进入【资金日报表】页面,如图 3-2-22 所示。

资金日报表

日期:2020.01.01

科目编码	科目名称	币种	今日共借	今日共贷	方向	今日余额	借方笔数	贷方笔数
1001	库存现金		5,000.00		借	13,000.00	1	
1002	银行存款			5,000.00	借	1,324,700.05		1
合计			5,000.00	5,000.00	借	1,337,700.05	1	1

图 3-2-22 资金日报表

重难点提示

（1）使用【资金日报】功能可以查询"库存现金""银行存款"科目某日的发生额及余额情况。

（2）查询资金日报表时可以查询包含未记账凭证的资金日报表。

（3）如果在【资金日报表查询条件】对话框中选中【有余额无发生额也显示】,则即使"库存现金"或"银行存款"科目在查询中没有发生业务,只要有余额也会显示。

业务二　总账期末对账与结账

〖业务描述〗　2020 年 1 月 31 日,公司完成各业务模块期末处理后,对总账进行对账与结账处理。

〖操作说明〗　【C201 蓝英】完成总账期末对账与结账处理。

〖操作指引〗

1. 总账期末对账处理

（1）在总账管理系统,执行【总账】|【期末】|【对账】命令,打开【对账】对话框。单击【试算】,系统显示【试算结果平衡】,如图 3-2-23 所示。

（2）单击【确定】,退出【2020.01 试算平衡表】对话框。再单击【检查】,系统提示【总账、辅助账、多辅助账、凭证数据正确!】,如图 3-2-24 所示。

（3）单击【确定】,勾选【检查科目档案辅助项与账务数据的一致性】【总账与明细】【总

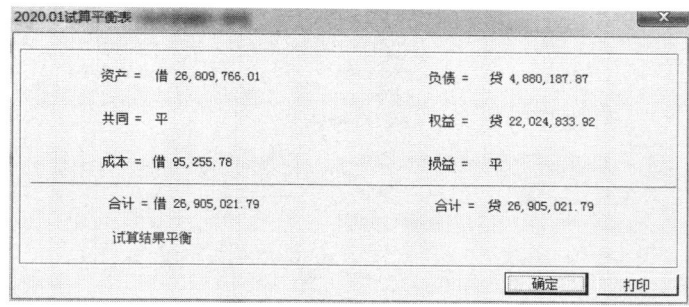

图 3-2-23　2020.01 试算平衡表

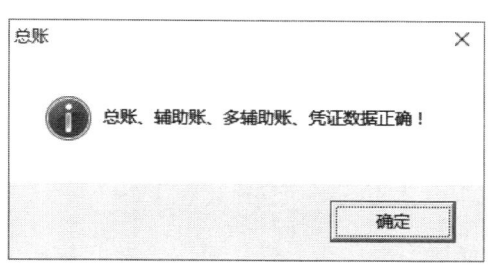

图 3-2-24　总账检查结果提示框

账与辅助账】和【辅助账与明细账】复选框,然后单击【选择】,激活【对账】菜单。再单击【对账】,系统完成对账,对账结果如图 3-2-25 所示。最后,单击【退出】完成期末对账处理。

图 3-2-25　对账结果

2. 总账期末结账处理

（1）在总账管理系统,执行【总账】|【期末】|【结账】命令,打开【结账】对话框,系统默认【月份】为【2020.01】,如图 3-2-26 所示。

（2）单击【下一步】,打开【结账——核对账簿】对话框,单击【对账】,系统【核对 2020 年 01 月账簿】,如图 3-2-27 所示。

（3）单击【下一步】,打开【结账——月度工作报告】对话框,显示【2020 年 01 月工

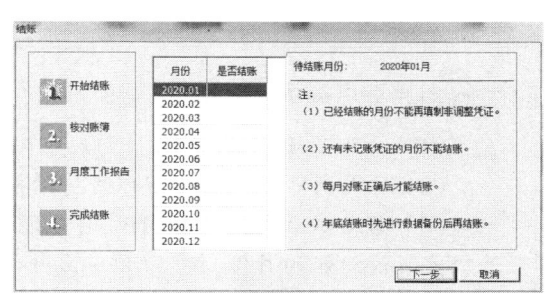

图 3-2-26　结账——开始结账

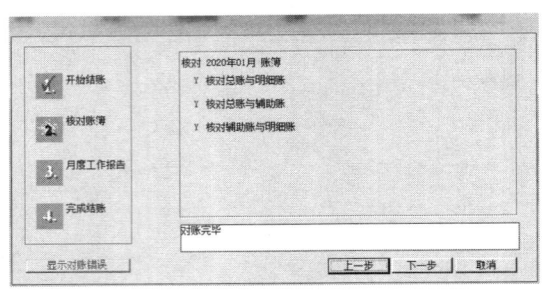

图 3-2-27　结账——核对账簿

作报告】,如图 3-2-28 所示,下拉右侧滚动条,查看结账各项工作的检查报告情况。

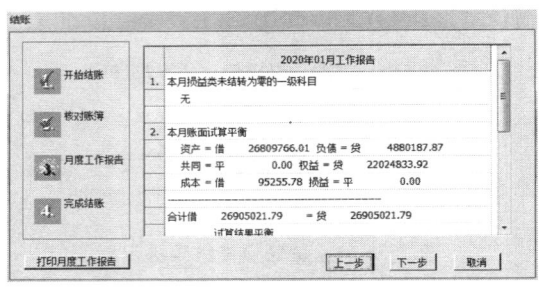

图 3-2-28　结账——月度工作报告

(4)单击【下一步】,打开【结账——月度工作报告】对话框,系统提示【2020 年 1 月工作检查完成,可以结账】。如图 3-2-29 所示。单击【结账】,总账结账完成。

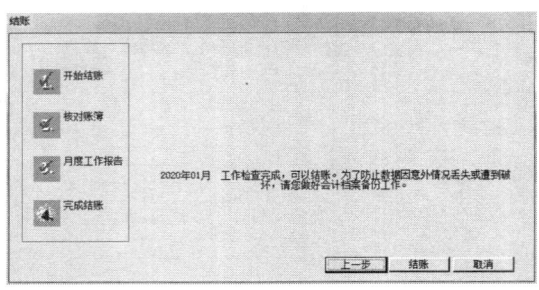

图 3-2-29　结账——完成结账

(5)在 D 盘下设置文件夹【666 账套备份\10.3】,将账套输出至【D:\666 账套备份\10.3】文件夹。

🎯 **重难点提示**

(1)结账必须按月连续进行,上月未结账,则本月不能结账。

(2)每月对账正确后才可以进行结账。

(3)若结账后发现结账错误,可以取消结账,其操作方法为:进入【结账】对话框,选择要取消结账的月份,按"Ctrl+Shift+F6"组合键即可。

(4)取消结账前,要进行数据备份。

项目三 企业账置查询及运用

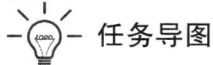任务导图

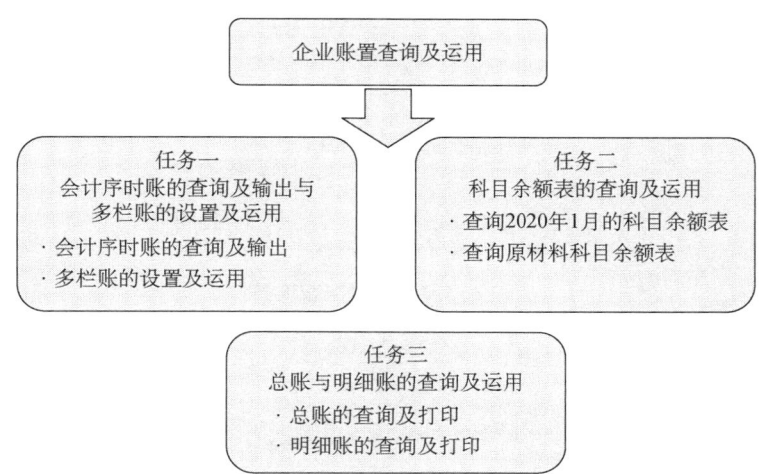

本任务相关链接 用友在线学习网:http://learning.ufida.com.cn/

任务一 会计序时账的查询及输出与 多栏账的设置及运用

〖业务描述〗 2020 年 1 月 31 日,公司查询 2020 年 1 月的会计序时账并输出;对应交税费、销售费用和管理费用科目进行多栏账设置。

〖操作说明〗 【C201 蓝英】查询会计序时簿、输出并设置多栏账。

〖操作指引〗

1. 会计序时账的查询及输出

(1)【C201 蓝英】执行【总账】|【账表】|【科目账】|【序时账】命令,打开【序时账查询条件】对话框,选择相应的日期并勾选【包含未记账凭证】,如图 3-3-1 所示。

(2)单击【确定】,系统出现 2020 年 1 月所有业务的序时排列,如图 3-3-2 所示。

(3)单击【输出】,选择【桌面】,单击【保存】,将文件名录入为【2020 年 1 月序时账】,单击【保存】,系统提示【字段(摘要)超宽,是否要继续处理?】,单击【是】,将表名录入为【2020 年 1 月序时账】,单击【确认】,将序时账输出到 Excel 表格中。

会计序时账的查询及输出

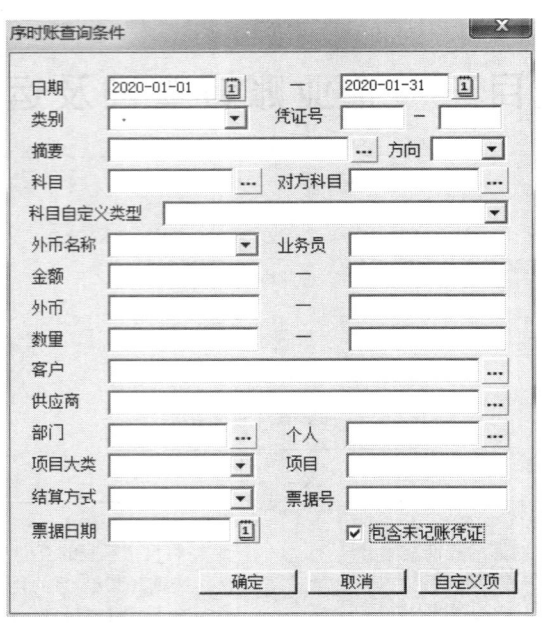

图 3-3-1　序时账查询条件

序 时 账

日期：2020.01.01-2020.01.31

日期	凭证号数	科目编码	科目名称	摘要	方向	数量	金额
2020.01.01	记-0001	1001	库存现金	提现备用	借		5,000.00
2020.01.01	记-0001	100201	工商银行金湾支行	提现备用_201_20111235_2020.01.01	贷		5,000.00
2020.01.03	记-0039	140302	渗碳钢	向广州恒大合金公司的采购已到货	借	10.00	52,353.98
2020.01.03	记-0039	22210101	进项税额	向广州恒大合金公司的采购已到货	借		6,806.02
2020.01.03	记-0039	2202	应付账款	向广州恒大合金公司的采购已到货_恒大合金	贷		59,160.00
2020.01.04	记-0021	100201	工商银行金湾支行	收到明瑞公司所欠货款及订货款	借		734,000.00
2020.01.04	记-0021	1122	应收账款	收到明瑞公司所欠货款及订货款_明瑞公	贷		317,260.00
2020.01.04	记-0021	2203	预收账款	收到明瑞公司所欠货款及订货款_明瑞公	贷		416,740.00
2020.01.05	记-0002	660205	业务招待费	支付业务招待费_行政人事部	借		800.00
2020.01.05	记-0002	1001	库存现金	支付业务招待费	贷		800.00
2020.01.05	记-0040	140302	渗碳钢	向广东金鸿公司购买渗碳钢材料到货	借	25.00	120,683.63
2020.01.05	记-0040	22210101	进项税额	向广东金鸿公司购买渗碳钢材料到货	借		15,688.87
2020.01.05	记-0040	2202	应付账款	向广东金鸿公司购买渗碳钢材料到货_金鸿_	贷		136,372.50
2020.01.07	记-0033	1122	应收账款	向中山阳光公司销售变速箱锥齿轮200件_阳	借		34,800.00
2020.01.07	记-0033	6001	主营业务收入	向中山阳光公司销售变速箱锥齿轮200件_变	贷	200.00	30,796.46
2020.01.07	记-0033	22210102	销项税额	向中山阳光公司销售变速箱锥齿轮200件	贷		4,003.54
2020.01.08	记-0003	122105	畅通有限责任公司	畅通运输公司原因，购入材料损耗5吨	贷		27,274.50
2020.01.08	记-0003	140302	渗碳钢	畅通运输公司原因，购入材料损耗5吨	贷	5.00	23,512.50
2020.01.08	记-0003	22210103	进项税额转出	畅通运输公司原因，购入材料损耗5吨	贷		3,762.00
2020.01.08	记-0004	1701	无形资产	接受无形资产投资	借		3,800,000.00
2020.01.08	记-0004	400102	广州天宇股份有限责任	接受无形资产投资	贷		3,800,000.00
2020.01.10	记-0043	2202	应付账款	支付金鸿公司货款_金鸿_赵文星	借		118,320.00

图 3-3-2　序时账

2. 多栏账的设置及运用

(1)【C201 蓝英】执行【总账】|【账表】|【科目账】|【多栏账】命令,打开【多栏账】对话框,单击【增加】,弹出【多栏账定义】对话框。在【核算科目】复选框中选择【2221 应交税费】,单击【自动编制】,如图 3-3-3 所示,然后,单击【确定】退出。

(2)重复上述步骤依次继续添加【6601 销售费用】和【6602 管理费用】多栏账,操作完成结果如图 3-3-4 所示。

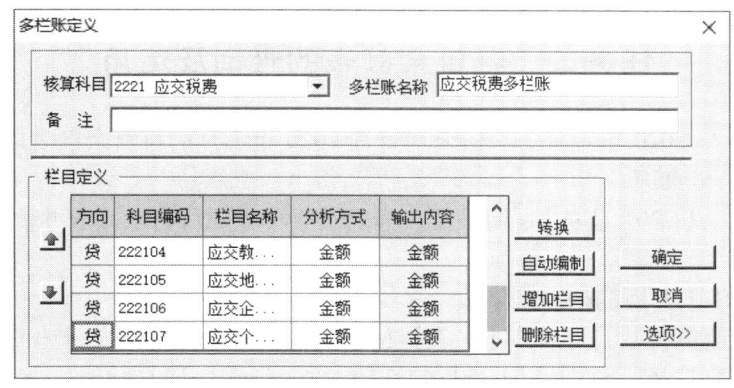

图 3-3-3 多栏账定义

图 3-3-4 多栏账（操作完成）

（3）双击打开【应交税费多栏账】，弹出【多栏账查询】对话框，单击【确定】，打开多栏账窗口即可查阅，如图 3-3-5 所示。

图 3-3-5 应交税费多栏账

任务二　科目余额表的查询及运用

〖业务描述〗　2020 年 1 月 31 日,公司查询 2020 年 1 月的科目余额表以及原材料的科目余额表,并输出至桌面。

〖操作说明〗　【C201 蓝英】查询科目余额表及原材料的科目余额表并输出。

〖操作指引〗

1. 查询 2020 年 1 月的科目余额表

(1)【C201 蓝英】执行【总账】|【账表】|【科目账】|【余额表】命令,打开【发生额及余额查询条件】对话框,选择【级次】为【1-5】,勾选【包含未记账凭证】复选框,其他条件默认,如图 3-3-6 所示。

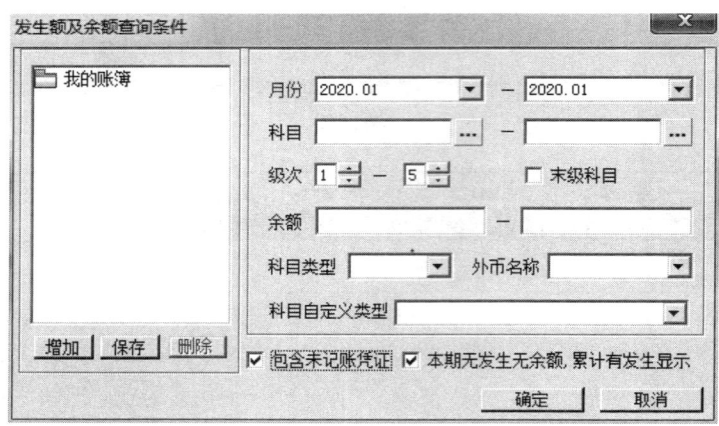

图 3-3-6　发生额及余额查询条件

(2)单击【确定】,系统显示该月“发生额及余额表”,如图 3-3-7 所示。

科目编码	科目名称	期初余额		本期发生		期末余额	
		借方	贷方	借方	贷方	借方	贷方
1001	库存现金	8,000.00		5,500.00	10,700.00	2,800.00	
1002	银行存款	1,329,700.05		1,523,253.70	1,255,938.09	1,597,015.66	
100201	工商银行金湾支行	1,265,900.05		1,523,253.70	1,255,938.09	1,533,215.66	
100202	中国银行金湾支行	63,800.00				63,800.00	
1012	其他货币资金	20,000.00				20,000.00	
101201	信用卡存款	20,000.00				20,000.00	
1121	应收票据	118,980.00		194,440.60	313,420.60		
1122	应收账款	396,580.00		2,368,520.00	1,450,440.00	1,314,660.00	
1123	预付账款	59,160.00		-9,160.00		50,000.00	
1221	其他应收款		17,846.40	53,556.10	43,696.50		7,9
122101	职员			8,435.20		8,435.20	
122103	保险（个人）		17,846.40	17,846.40	8,142.00		8,1
122104	住房公积金（个人）				8,280.00		8,2
122105	畅通有限责任公司			27,274.50	27,274.50		
1231	坏账准备		702.00	69,320.00	74,485.15		5,8
1403	原材料	211,500.00		265,119.03	366,562.50	110,056.53	
140302	渗碳钢	153,000.00		173,037.61	270,562.50	55,475.11	
140303	调质钢	48,000.00		92,081.42	91,800.00	48,281.42	
140304	耐磨润滑油	10,500.00			4,200.00	6,300.00	
1405	库存商品	903,905.00		490,343.72	1,254,817.89	139,430.83	

发生额及余额表

金额式

月份: 2020.01-2020.01

图 3-3-7　发生额及余额表(金额式)

（3）选中【1122 应收账款】科目，双击出现应收账款明细账，如图 3-3-8 所示，选中【101 恒兴公司】客户。

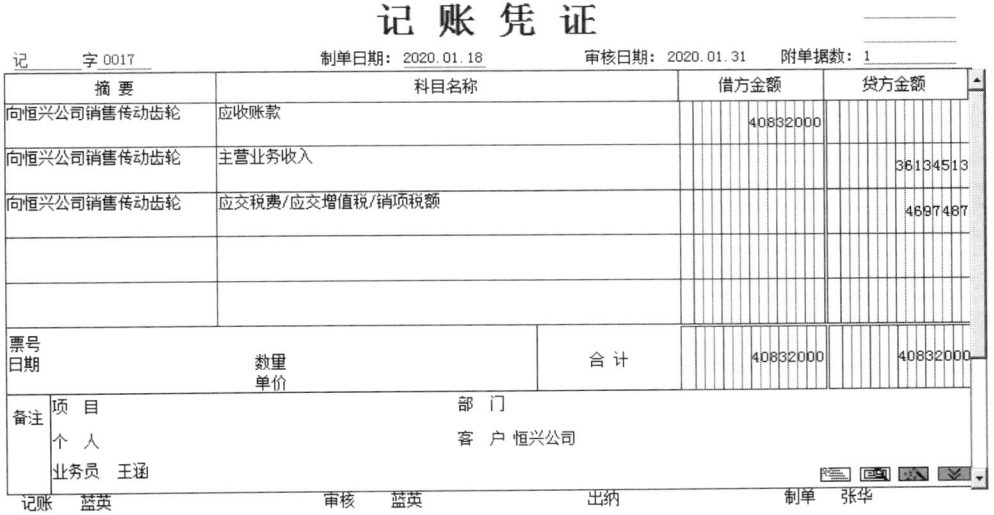

图 3-3-8 科目余额表——应收账款

（4）再选中第一笔业务，双击出现凭证显示界面，可查询该凭证的相关信息，如图 3-3-9 所示。

图 3-3-9 记字 0017 号凭证

（5）回到科目余额表界面，单击【输出】，选择【桌面】，单击【保存】，将文件名录入为【2020 年 1 月科目余额表】，单击【保存】，将表名录入为【2020 年 1 月科目余额表】，单击【确认】，系统显示输出文件顺利完成，将科目余额表输出到 Excel 表格中。

2. 查询原材料科目余额表

（1）【C201 蓝英】执行【总账】|【账表】|【科目账】|【余额表】命令，打开【发生额及余额查询条件】对话框，在【科目】栏选择【1403】，勾选【末级科目】【包含未记账凭证】复选框，如图 3-3-10 所示。

（2）单击【确定】，系统显示该月原材料的发生额及余额表界面。

（3）单击右上角下拉选项，选择【数量金额式】，可查询原材料等目采用数量金额式的显示的数量、金额格式的发生额及余额表，如图 3-3-11 所示。

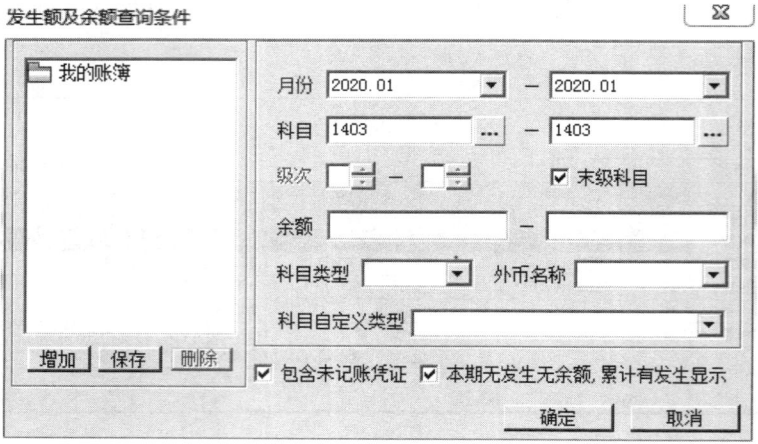

图 3-3-10　发生额及余额查询条件

发生额及余额表

数量金额式 ▼

月份: 2020.01-2020.01

科目编码	科目名称	方向	期初余额		本期借方发生		本期贷方发生		方向	期末余额	
			数量	金额	数量	金额	数量	金额		数量	金额
140302	渗碳钢	借	30.00	153,000.00	35.00	173,037.61	55.00	270,562.50	借	10.00	55,475.11
140303	调质钢	借	10.00	48,000.00	20.00	92,081.42	20.00	91,800.00	借	10.00	48,281.42
140304	耐磨润骨油	借	800.00	10,500.00			280.00	4,200.00	借	520.00	6,300.00
资产小计		借		211,500.00		265,119.03		366,562.50	借		110,056.53
合计		借		211,500.00		265,119.03		366,562.50	借		110,056.53

图 3-3-11　原材料发生额及余额表(数量金额式)

(4)按上述操作方法可查询库存商品等数量金额核算的科目发生额及余额表。

(5)按上述操作方法将原材料余额表输出到 Excel 表中。

总账与明细
账的查询及
运用

任务三　总账与明细账的查询及运用

业务一　总账的查询及打印

〖业务描述〗　2020 年 1 月 31 日,公司查询 2020 年 1 月的总账并打印。每年报表完成后,企业都需要将总账和明细账打印留档。

〖操作说明〗　【C201 蓝英】查询总账并打印。

〖操作指引〗

(1)【C201 蓝英】执行【总账】|【账表】|【科目账】|【总账】命令,打开【总账查询条件】对话框,勾选【末级科目】【包含未记账凭证】复选框,其他条件默认,单击【确认】,如图 3-3-12 所示。(单击【科目】栏内下拉键可选择查看不同的科目总账)

(2)单击【打印预览】,如图 3-3-13 所示,浏览之后可打印。

(3)根据以上操作步骤,查询并打印其他科目总账。

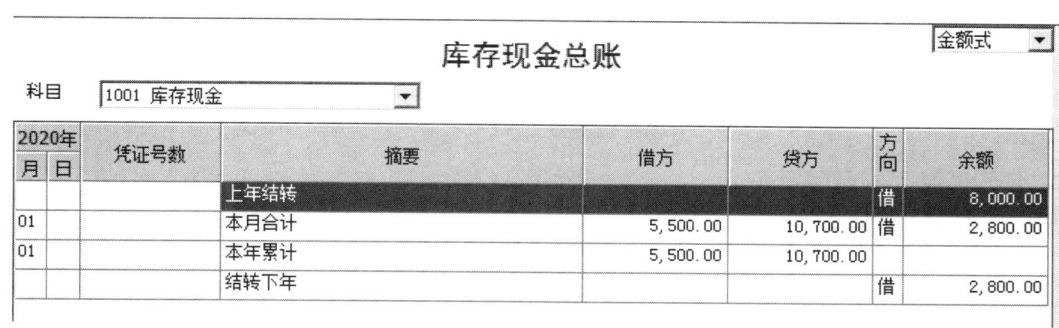

图 3-3-12　库存现金总账

库存现金总账

页号：　　1-1
本币名称：人民币

科目：库存现金(1001)						
2020年		凭证号数	摘要	借方	贷方	方向	余额
月	日						
			上年结转			借	8,000.00
01			本月合计	5,500.00	10,700.00	借	2,800.00
01			本年累计	5,500.00	10,700.00		
			结转下年			借	2,800.00

核算单位：珠海市美满机械有限公司　　　　　制表：蓝英　　　　　打印日期：2020.01.31
[用友软件]

图 3-3-13　打印预览

业务二　明细账的查询及打印

〖业务描述〗　2020 年 1 月 31 日,公司查询 2020 年 1 月的库存现金明细账并打印。

〖操作说明〗　【C201 蓝英】查询库存现金明细账等各科目明细账并打印。

〖操作指引〗

(1)【C201 蓝英】执行【总账】|【账表】|【科目账】|【明细账】命令,打开【明细账查询条件】对话框,选择【按科目范围查询】,在【科目】栏输入【1001-6901】,勾选【包含未记账凭证】【显示期初累计】复选框,其他条件默认,如图 3-3-14 所示。

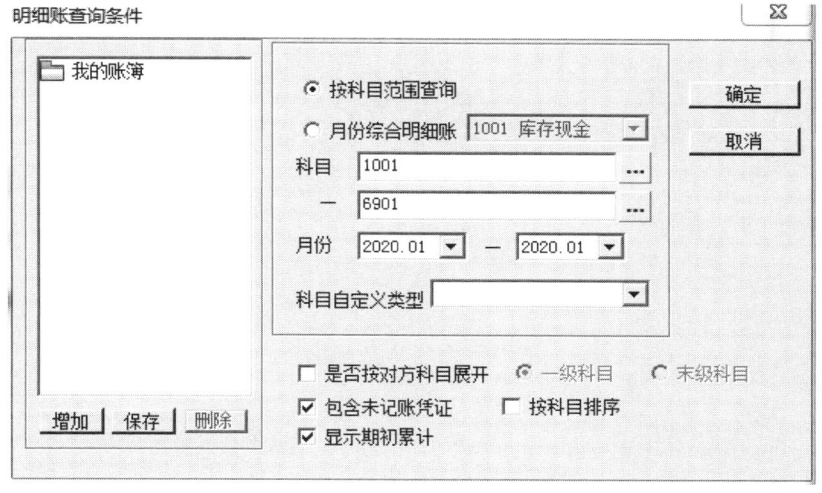

图 3-3-14　明细账查询条件

（2）单击【确定】，系统显示库存现金明细账，如图 3-3-15 所示。

库存现金明细账

金额式 ▼

科目 1001 库存现金 ▼　　　　　　　　　　　　月份：2020.01-2020.01

2020年 月	2020年 日	凭证号数	科目编码	科目名称	摘要	借方	贷方	方向	余额
01			1001	库存现金	上年结转			借	8,000.00
01	01	记-0001	1001	库存现金	提现备用	5,000.00		借	13,000.00
01	05	记-0002	1001	库存现金	支付业务招待费		800.00	借	12,200.00
01	20	记-0010	1001	库存现金	支付培训费		2,500.00	借	9,700.00
01	22	记-0011	1001	库存现金	员工借款		5,000.00	借	4,700.00
01	23	记-0057	1001	库存现金	原值增加		400.00	借	4,300.00
01	25	记-0019	1001	库存现金	代垫运费2000元		2,000.00	借	2,300.00
01	31	记-0062	1001	库存现金	固定资产清理收入	500.00		借	2,800.00
01	31	记-0079	1001	库存现金	[冲销2020.01.05 记-0002号凭证]支付业务招		-800.00	借	3,600.00
01	31	记-0080	1001	库存现金	报销业务招待费		800.00	借	2,800.00
01			1001	库存现金	本月合计(月净额：-5,200.00)	5,500.00	10,700.00	借	2,800.00
01			1001	库存现金	本年累计	5,500.00	10,700.00	借	2,800.00

图 3-3-15　库存现金明细账

（3）单击【打印】，库存现金明细账可连接打印机直接打印输出。

（4）根据以上操作步骤，查询并打印其他明细账科目。

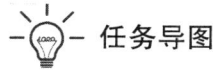

项目四　财务会计报表管理

任务导图

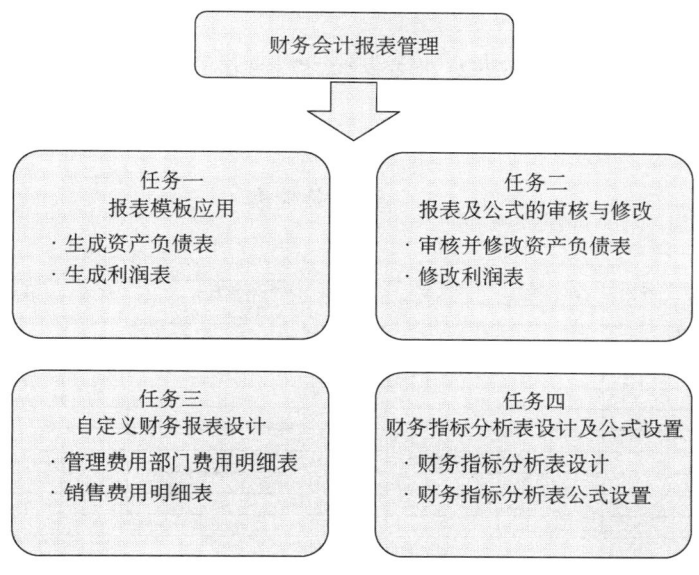

本任务相关链接　用友在线学习网:http://learning.ufida.com.cn/

任务一　报表模板应用

业务一　生成资产负债表

报表模板应用

〖业务描述〗　2020 年 1 月 31 日,请以【C201 蓝英】身份登录平台,利用报表模板生成本月资产负债表并设置关键字。

〖操作说明〗　【C201 蓝英】生成资产负债表并设置关键字。

〖操作指引〗

1. 系统生成资产负债表

（1）在企业应用平台,【201 蓝英】执行【财务会计】|【UFO 报表】命令,打开【UFO 报表】,系统提示【日积月累】,单击【关闭】。

（2）单击【新建】,打开一张空白表页。

（3）执行【格式】|【报表模板（M）】命令,打开【报表模板】对话框,在【您所在的行业:】栏选择【2007 年新会计制度科目】,在【财务报表】栏选择【资产负债表】,如图 3-4-1 所示。

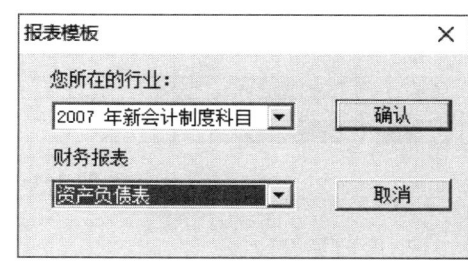

图 3-4-1　报表模版

（4）单击【确认】，系统提示【模板格式将覆盖本表格式！是否继续？】，如图 3-4-2
所示。

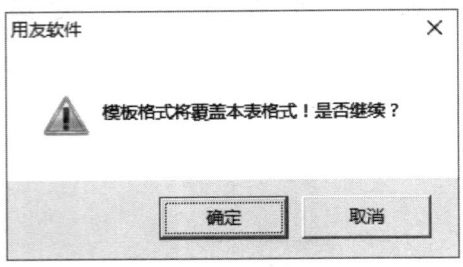

图 3-4-2　用友软件模板格式提示框

（5）单击【确定】，生成资产负债表模板，此时报表为【格式】状态，如图 3-4-3 所示。

资产负债表

会企01表

编制单位：　　　　　　　　　　　xxxx 年　　　　xx 月　　　　　　　xx 日　　　　　　　　　　　　　　　　单位:元

资　　产	行次	年初数	期末数	负债和所有者权益 （或股东权益）	行次	年初数	期末数
流动资产：				流动负债：			
货币资金	1	公式单元	公式单元	短期借款	68	公式单元	公式单元
短期投资	2	公式单元	公式单元	应付票据	69	公式单元	公式单元
应收票据	3	公式单元	公式单元	应付账款	70	公式单元	公式单元
应收股利	4	公式单元	公式单元	预收账款	71	公式单元	公式单元
应收利息	5	公式单元	公式单元	应付工资	72	公式单元	公式单元
应收账款	6	公式单元	公式单元	应付福利费	73	公式单元	公式单元
其它应收款	7	公式单元	公式单元	应付股利	74	公式单元	公式单元
预付账款	8	公式单元	公式单元	应交税金	75	公式单元	公式单元
应收补贴款	9	公式单元	公式单元	其它应交款	80	公式单元	公式单元
存货	10	公式单元	公式单元	其它应付款	81	公式单元	公式单元
待摊费用	11	公式单元	公式单元	预提费用	82	公式单元	公式单元
一年内到期的长期债权投资	21			预计负债	83	公式单元	公式单元
其它流动资产	24			一年内到期的长期负债	86	公式单元	公式单元
流动资产合计	31	公式单元	公式单元	其它流动负债	90		
长期投资：							
长期股权投资	32	公式单元	公式单元	流动负债合计	100	公式单元	公式单元
长期债权投资	34	公式单元	公式单元	长期负债：			
长期投资合计	38	公式单元	公式单元	长期借款	101	公式单元	公式单元
固定资产：				应付债券	102	公式单元	公式单元
固定资产原价	39	公式单元	公式单元	长期应付款	103	公式单元	公式单元
减：累计折价	40	公式单元	公式单元	专项应付款	106	公式单元	公式单元
固定资产净值	41	公式单元	公式单元	其他长期负债	108		
减：固定资产减值准备	42	公式单元	公式单元	长期负债合计	110	公式单元	公式单元
固定资产净额	43	公式单元	公式单元	递延税项：			
工程物资	44	公式单元	公式单元	递延税款贷项	111	公式单元	公式单元
在建工程	45	公式单元	公式单元	负债合计	114	公式单元	公式单元
固定资产清理	46	公式单元	公式单元				
固定资产合计	50	公式单元	公式单元	所有者权益（或股东权益）：			
无形资产及其他资产：				实收资本（或股本）	115	公式单元	公式单元
无形资产	51	公式单元	公式单元	减：已归还投资	116	公式单元	公式单元
长期待摊费用	52	公式单元	公式单元	实收资本（或股本）净额	117	公式单元	公式单元
其它长期资产	53	公式单元	公式单元	资本公积	118	公式单元	公式单元
无形资产及其他资产合计	60	公式单元	公式单元	盈余公积	119	公式单元	公式单元
				其中：法定公益金	120		
				未分配利润	121	公式单元	公式单元
递延税项：				所有者权益（或股东权益）合计	122	公式单元	公式单元
递延税款借项	61	公式单元	公式单元				
资产总计	67	公式单元	公式单元	负债和所有者权益(或股东权益)总计	135	公式单元	公式单元

图 3-4-3　资产负债表（未完成）

2. 设置关键字

（1）在格式状态下双击 A3 单元格，删除原手工录入的【编制单位】。组合 A3：B3 单元

格。选中组合后的单元格,执行【数据】|【关键字】|【设置】命令,打开【设置关键字】对话框,选中【单位名称】,单击【确定】,让报表编制单位自动生成,如图 3-4-4 所示。

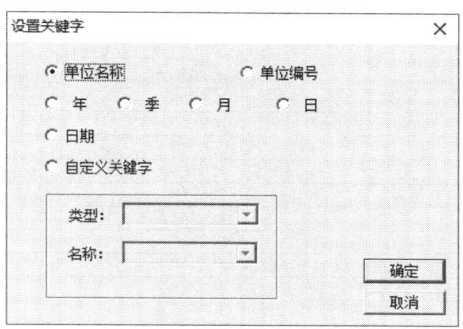

图 3-4-4 设置关键字

（2）在格式状态下,协调报表年月日的间距,执行【数据】|【关键字】|【偏移】命令,打开【定义关键字偏移】对话框,在【年】栏输入偏移量【25】,在【月】栏输入偏移量【0】,在【日】栏输入偏移量【−75】,如图 3-4-5 所示,单击【确定】。

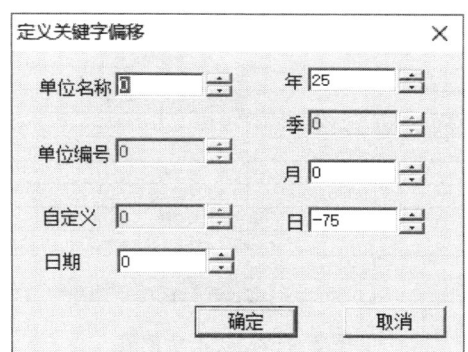

图 3-4-5 定义关键字偏移

（3）单击【格式】转为【数据】状态,执行【数据】|【关键字】|【录入关键字】命令,打开【录入关键字】对话框,在【单位名称】栏录入【珠海市美满机械有限公司】,在【年】【月】【日】栏分别录入【2020】【1】【31】,如图 3-4-6 所示。

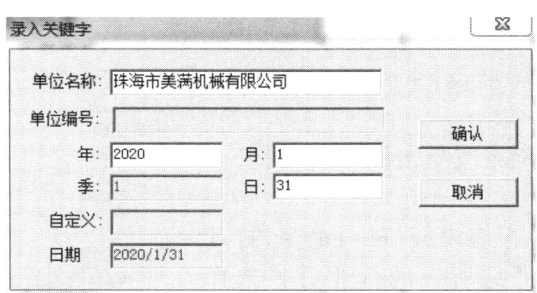

图 3-4-6 录入关键字

（4）单击【确认】,系统弹出【是否重算第 1 页】提示框,单击【是】,在数据状态下生成报表，如图 3-4-7 所示。

资产负债表

单位名称：珠海市美满机械有限公司　　　　　　　　2020 年　1 月　31 日　　　　　　　　　　单位：元

资　　产	行次			负债和所有者权益 （或股东权益）	行次		
流动资产：				流动负债：			
货币资金	1	1,619,977.82	1,357,700.05	短期借款	32		
交易性金融资产	2			交易性金融负债	33		
应收票据	3		118,980.00	应付票据	34	136,372.50	55,680.00
应收账款	4	1,308,792.85	395,878.00	应付账款	35	69,600.00	354,960.00
预付款项	5	50,000.00	59,160.00	预收款项	36	158,630.00	158,630.00
应收利息	6			应付职工薪酬	37	73,815.35	238,487.00
应收股利	7			应交税费	38	392,307.18	300,352.60
其他应收款	8	-7,986.80	-17,846.40	应付利息	39	50,000.00	50,000.00
存货	9	344,743.14	1,130,585.00	应付股利	40		
一年内到期的非流动资产	10			其他应付款	41		
其他流动资产	11			一年内到期的非流动负债	42		
流动资产合计	12	3,315,527.01	3,044,456.65	其他流动负债	43		
非流动资产：				流动负债合计	44	880,725.03	1,158,109.60
可供出售金融资产	13			非流动负债：			
持有至到期投资	14			长期借款	45	4,000,000.00	4,000,000.00
长期应收款	15			应付债券	46		
长期股权投资	16	6,000,000.00		长期应付款	47		
投资性房地产	17			专项应付款	48		
固定资产	18	13,805,925.38	20,630,795.00	预计负债	49		
在建工程	19		60,000.00	递延所得税负债	50		
工程物资	20			其他非流动负债	51		
固定资产清理	21			非流动负债合计	52	4,000,000.00	4,000,000.00
生产性生物资产	22			负债合计	53	4,880,725.03	5,158,109.60
油气资产	23			所有者权益（或股东权益）：			
无形资产	24	3,768,333.33		实收资本（或股本）	54	20,400,000.00	16,600,000.00
开发支出	25			资本公积	55	-445,000.00	330,000.00
商誉	26			减：库存股	56		
长期待摊费用	27			盈余公积	57	788,837.67	240,000.00
递延所得税资产	28			未分配利润	58	1,407,142.05	1,407,142.05
其他非流动资产	29			所有者权益（或股东权益）合计	59	22,150,979.72	18,577,142.05
非流动资产合计	30	23,574,258.71	20,690,795.00				
资产总计	31	26,889,785.72	23,735,251.65	负债和所有者权益（或股东权益）总计	60	27,031,704.75	23,735,251.65

图 3-4-7　资产负债表

（5）单击【保存】，将资产负债表以【美满资产负债表.rep】命名，保存到【D:\666 账套备份\11.1】文件夹。

业务二　生成利润表

〖业务描述〗　2020 年 1 月 31 日，请以【C201 蓝英】身份登录平台，利用报表模板生成本月利润表。

〖操作说明〗　【C201 蓝英】生成利润表。

〖操作指引〗

（1）在报表生成界面继续单击【新建】，打开一张空白表页。

（2）执行【格式】|【报表模板（M）】命令，打开【报表模板】对话框，在【您所在的行业：】栏选择【2007 年新会计制度科目】，在【财务报表】栏选择【利润表】，如图 3-4-8 所示。

（3）重复前面业务一中的步骤，在数据状态下

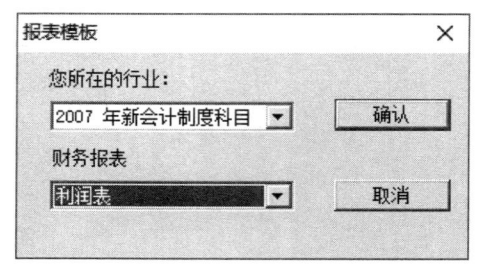

图 3-4-8　报表模板

生成本月【利润表】，如图 3-4-9 所示。

利润表

单位名称：珠海市美满机械有限公司　　2020 年　　1 月　　　　　　单位:元

项　　目	行数	本期金额	上期金额
一、营业收入	1	2,123,415.93	
减：营业成本	2	1,254,817.89	
营业税金及附加	3	17,133.32	
销售费用	4	18,711.60	
管理费用	5	113,680.82	
财务费用	6	86,184.33	
资产减值损失	7	94,485.15	
加：公允价值变动收益（损失以"-"号填列）	8		
投资收益（损失以"-"号填列）	9		
其中：对联营企业和合营企业的投资收益	10		
二、营业利润（亏损以"-"号填列）	11	538,402.82	
加：营业外收入	12	4,500.00	
减：营业外支出	13	2,854.26	
其中：非流动资产处置损失	14		
三、利润总额（亏损总额以"-"号填列）	15	540,048.56	
减：所得税费用	16	140,772.29	
四、净利润（净亏损以"-"号填列）	17	399,276.27	
五、每股收益：	18		
（一）基本每股收益	19		
（二）稀释每股收益	20		

图 3-4-9　【利润表】窗口

（4）单击【保存】，将利润表以【美满利润表.rep】命名，保存到【D:\666 账套备份\11.2】文件夹。

重难点提示

（1）在实际工作中，用户也可执行【格式】|【报表模板】命令，从系统提供的 21 个行业的会计报表中查找适合本企业的报表模板。报表模板是预先设立了标准格式的会计报表，模板中各单元的计算公式已设立，可大大减少报表格式设计和公式定义的工作量。

（2）UFO 报表系统有两种工作状态，一种是格式状态，一种是数据状态。两种状态的切换只需要单击窗口左下角以红色字体显示的【格式】或【数据】即可实现。

（3）在数据状态下，执行【数据】|【整表重算】命令，弹出【整表重算】对提示框，单击【是】，系统自动利用设计的报表公式从相关系统或表页中取数，完成整表重算，获得报表数据。也可以执行【数据】|【表页重算】命令，生成当前表页的报表项目数据。

（4）资产负债表中的相关项目数据提取的是资产、负债、所有者权益各项目不同时点的数据，它主要提取两个时点的数据，即期初数与期末数，各自对应的函数名为【QC】和【QM】。而利润表各项目对应的账户为损益类账户，在提取项目金额时，应提取发生额，对应的函数名为【FS】。

任务二　报表及公式的审核与修改

业务一　审核并修改资产负债表

〖业务描述〗　2020 年 1 月 31 日,【C201 蓝英】账套主管审核并修改资产负债表。

〖操作说明〗　【C201 蓝英】审核并修改资产负债表。

〖操作指引〗

1. 审核公式

(1) 打开【美满资产负债表.rep】文件,在格式状态下,单击【数据】|【编辑公式】|【审核公式】,打开【审核公式】对话框,如图 3-4-10 所示。

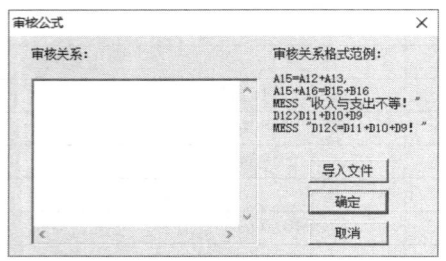

图 3-4-10　审核公式

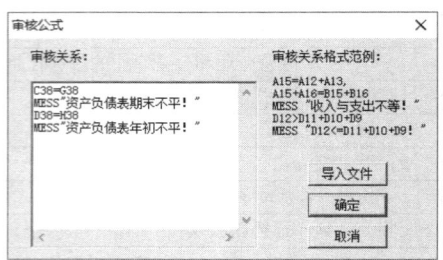

图 3-4-11　审核公式(操作完成)

(2) 在【审核公式】对话框中,输入【C38＝G38】,按【回车键】录入【MESS" 资产负债表期末不平!"】,再按【回车键】录入【D38＝H38】,最后按【回车键】继续录入【MESS" 资产负债表年初不平!"】,录入完成结果如图 3-4-11 所示。

(3) 单击【确定】返回,返回后单击【格式】,切换到报表的【数据】状态,单击【数据】|【审核】,系统弹出【资产负债表期末不平!】的提示框,如图 3-4-12 所示。

2. 修改公式

(1) 经过审核后发现【资产总计】和【负债和所有者权益】的期末余额不等,差额为【141 919.03】,如图 3-4-13 所示。

图 3-4-12　【资产负债表期末不平!】提示框

递延所得税资产	28			未分配利润	58	1,407,142.05	1,407,142.05
其他非流动资产	29			所有者权益(或股东权益)合计	59	22,150,979.72	18,577,142.05
非流动资产合计	30	23,574,258.71	20,690,795.00				
资产总计	31	26,889,785.72	23,735,251.65	负债和所有者权益(或股东权益)总计	60	27,031,704.75	23,735,251.65

图 3-4-13　资产负债表(部分)

(2) 经过检查后发现【未分配利润】的期末余额与年初余额一致,其原因是【未分配利润】的期末余额公式设置错误。单击资产负债表的【数据】状态改成【格式】状态,双击 G35 单元格,显示原公式如图 3-4-14 所示。

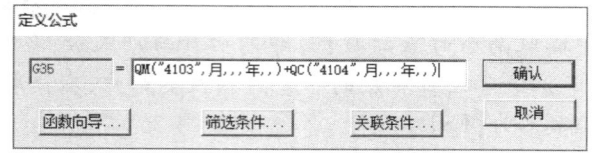

图 3-4-14　定义公式

（3）将公式中后半部分的【QC("4104",月,,,年,,)】改成【QM("4104",月,,,年,,)】，如图3-4-15所示。然后,单击【确认】。

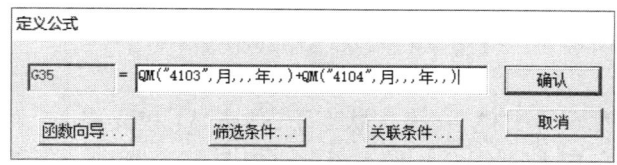

图3-4-15 修改定义公式

（4）确认后切换到报表的【数据】状态,单击【数据】|【审核】,系统再次弹出【资产负债表期末不平!】的提示框,差额为【15 398.23】,检查科目余额表后发现新增科目【1412 包装箱】没有在资产负债表的存货中体现。

（5）返回到资产负债表,在存货的定义公式后添加一个公式【+QM("1412",月,,,年,,)】,如图3-4-16所示。

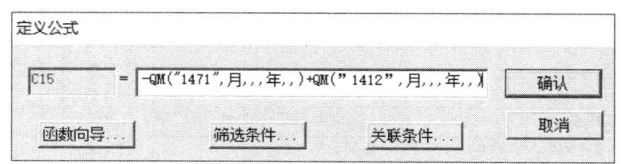

图3-4-16 添加定义公式

（6）确认后切换到报表的【数据】状态,单击【数据】|【审核】,系统无弹出任何内容,表示报表公式正确,金额平衡的资产负债表如图3-4-17所示。

存货	9	360,141.37	1,130,585.00	应付股利	40		
一年内到期的非流动资产	10			其他应付款	41		
其他流动资产	11			一年内到期的非流动负债	42		
流动资产合计	12	3,330,925.24	3,044,456.65	其他流动负债	43		
非流动资产:				流动负债合计	44	880,725.03	1,158,109.60
可供出售金融资产	13			非流动负债:			
持有至到期投资	14			长期借款	45	4,000,000.00	4,000,000.00
长期应收款	15			应付债券	46		
长期股权投资	16	6,000,000.00		长期应付款	47		
投资性房地产	17			专项应付款	48		
固定资产	18	13,805,925.38	20,630,795.00	预计负债	49		
在建工程	19		60,000.00	递延所得税负债	50		
工程物资	20			其他非流动负债	51		
固定资产清理	21			非流动负债合计	52	4,000,000.00	4,000,000.00
生产性生物资产	22			负债合计	53	4,880,725.03	5,158,109.60
油气资产	23			所有者权益（或股东权益）:			
无形资产	24	3,768,333.33		实收资本（或股本）	54	20,400,000.00	16,600,000.00
开发支出	25			资本公积	55	-445,000.00	330,000.00
商誉	26			减: 库存股	56		
长期待摊费用	27			盈余公积	57	788,837.67	240,000.00
递延所得税资产	28			未分配利润	58	1,280,621.25	1,407,142.05
其他非流动资产	29			所有者权益（或股东权益）合计	59	22,024,458.92	18,577,142.05
非流动资产合计	30	23,574,258.71	20,690,795.00				
资产总计	31	26,905,183.95	23,735,251.65	负债和所有者权益（或股东权益）总计	60	26,905,183.95	23,735,251.65

图3-4-17 资产负债表金额平衡

（7）单击【保存】,保存到【D:\666 账套备份\11.1】文件中,并命名为【资产负债表】。

业务二 修改利润表

〖**业务描述**〗 2020 年 1 月 31 日,修改利润表。

〖**操作说明**〗 【C201 蓝英】修改利润表,增加【本年累计】栏。

〖**操作指引**〗

(1) 打开【利润表.rep】文件,在格式状态下,单击 A1 单元格,在菜单栏【格式】中找到【组合单元格(C)】,单击【取消组合】,取消组合后如图 3-4-18 所示。

	A	B	C	D
1	利润表			
2				会企02表
3	单位名称: xxxxxxxxxxxxxxxxxxxxxxxxxxxxxxxx		xxxx 年 xx 月	单位:元
4	项 目	行数	本期金额	上期金额
5	一、营业收入	1	公式单元	公式单元
6	减：营业成本	2	公式单元	公式单元
7	营业税金及附加	3	公式单元	公式单元
8	销售费用	4	公式单元	公式单元
9	管理费用	5	公式单元	公式单元
10	财务费用	6	公式单元	公式单元
11	资产减值损失	7	公式单元	公式单元
12	加：公允价值变动收益（损失以“-”号填列）	8	公式单元	公式单元
13	投资收益（损失以“-”号填列）	9	公式单元	公式单元
14	其中：对联营企业和合营企业的投资收益	10		

图 3-4-18 利润表(取消组合)

(2) 单击报表的 D 列,在【编辑】菜单栏下找到【插入(I)】,选择【列】并单击,录入数量【1】,单击【确认】,新增 D 列,如图 3-4-19 所示。

	A	B	C	D	E
1	利润表				
2					会企02表
3	单位名称: xxxxxxxxxxxxxxxxxxxxxxxxxxxxxxxx		xxxx 年 xx 月		单位:元
4	项 目	行数	本期金额		上期金额
5	一、营业收入	1	公式单元		公式单元
6	减：营业成本	2	公式单元		公式单元
7	营业税金及附加	3	公式单元		公式单元
8	销售费用	4	公式单元		公式单元
9	管理费用	5	公式单元		公式单元
10	财务费用	6	公式单元		公式单元
11	资产减值损失	7	公式单元		公式单元
12	加：公允价值变动收益（损失以“-”号填列）	8	公式单元		公式单元
13	投资收益（损失以“-”号填列）	9	公式单元		公式单元
14	其中：对联营企业和合营企业的投资收益	10			
15	二、营业利润（亏损以“-”号填列）	11	公式单元		公式单元
16	加：营业外收入	12	公式单元		公式单元
17	减：营业外支出	13	公式单元		公式单元
18	其中：非流动资产处置损失	14			

图 3-4-19 利润表增加列

(3) 单击 D4 单元格,在单元格输入【本年累计】。

(4) 选中 C5:C24 单元格的编辑公式,将公式复制粘贴。再选中 D5:D24 单元格的公式,单击菜单栏【编辑】,点击【替换(R)】。

(5) 在【替换】界面中,在【查找:】栏中录入【fs】,在【替换:】栏中录入【lfs】,并勾选【包含表样单元】【包含公式单元】复选框,以及【范围】栏中的【选中部分单元】,如图3-4-20所示。

图 3-4-20 替换(操作完成)

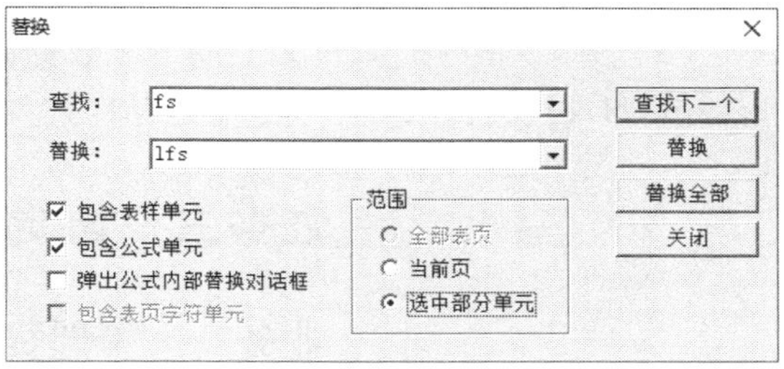

(6) 单击【替换全部】,系统弹出【替换完毕】提示框,单击【确定】,结果如图3-4-21所示。

(7) 编辑表头单元,合并 A1:E1单元格。

(8) 将报表改成数据状态,并重算报表,结果如图3-4-22所示。

	A	B	C	D	E
1	利润表				
2					会企02表
3	单位名称:xxxxxxxxxxxxxxxxxxxxxxxxxxxxxxxx	xxxx 年	xx 月		单位:元
4	项　目	行数	本期金额	本年累计	上期金额
5	一、营业收入	1	公式单元	公式单元	公式单元
6	减:营业成本	2	公式单元	公式单元	公式单元
7	营业税金及附加	3	公式单元	公式单元	公式单元
8	销售费用	4	公式单元	公式单元	公式单元
9	管理费用	5	公式单元	公式单元	公式单元
10	财务费用	6	公式单元	公式单元	公式单元
11	资产减值损失	7	公式单元	公式单元	公式单元
12	加:公允价值变动收益(损失以"-"号填列)	8	公式单元	公式单元	公式单元
13	投资收益(损失以"-"号填列)	9	公式单元	公式单元	公式单元
14	其中:对联营企业和合营企业的投资收益	10			
15	二、营业利润(亏损以"-"号填列)	11	公式单元	公式单元	公式单元
16	加:营业外收入	12	公式单元	公式单元	公式单元
17	减:营业外支出	13	公式单元	公式单元	公式单元
18	其中:非流动资产处置损失	14			
19	三、利润总额(亏损总额以"-"号填列)	15	公式单元	公式单元	公式单元
20	减:所得税费用	16	公式单元	公式单元	公式单元
21	四、净利润(净亏损以"-"号填列)	17	公式单元	公式单元	公式单元
22	五、每股收益:	18			
23	(一)基本每股收益	19			
24	(二)稀释每股收益	20			

图 3-4-21 利润表(替换成功)

利润表

单位名称:珠海市美满机械有限公司　　2020 年　1 月　　单位:元

项　目	行数	本期金额	本年累计金额	上期金额
一、营业收入	1	2,123,415.93	2,123,415.93	
减:营业成本	2	1,254,817.89	1,254,817.89	
营业税金及附加	3	17,133.32	17,133.32	
销售费用	4	18,711.60	18,711.60	
管理费用	5	113,680.82	113,680.82	
财务费用	6	86,184.33	86,184.33	
资产减值损失	7	94,485.15	94,485.15	
加:公允价值变动收益(损失以"-"号填列)	8			
投资收益(损失以"-"号填列)	9			
其中:对联营企业和合营企业的投资收益	10			
二、营业利润(亏损以"-"号填列)	11	538,402.82	538,402.82	
加:营业外收入	12	4,500.00	4,500.00	
减:营业外支出	13	2,854.26	2,854.26	
其中:非流动资产处置损失	14			
三、利润总额(亏损总额以"-"号填列)	15	540,048.56	540,048.56	
减:所得税费用	16	140,772.29	140,772.29	
四、净利润(净亏损以"-"号填列)	17	399,276.27	399,276.27	
五、每股收益:	18			
(一)基本每股收益	19			
(二)稀释每股收益	20			

图 3-4-22 利润表(操作完成)

（9）由于新开账套,暂无上期金额数据显示。单击【保存】,将利润表保存到【D:\666 账套备份\11.2】文件,并命名为【利润表】。

任务三　自定义财务报表设计

业务一　管理费用部门费用明细表

〖业务描述〗　2020 年 1 月 31 日,公司根据管理费用项目部门明细表（见表 3-4-1）,在 UFO 报表中设计该管理费用部门费用明细表。

表 3-4-1　　　　　　　　　管理费用部门费用明细表

编制单位:珠海市美满机械有限公司			2020 年 01 月				单位:元	
项目	行政人事部	财务部	采购部	销售部	一车间	二车间	供应部	合计
工资								
福利费								
社会保险费								
办公费								
业务招待费								
折旧费								
差旅费								
其他								
合计								

〖操作说明〗　【C201 蓝英】设计管理费用部门费用明细表。

〖操作指引〗

1. 创建新表

（1）2020 年 1 月 31 日,操作员【C201 蓝英】在企业应用平台中执行【财务会计】|【UFO 报表】命令,打开【UFO 报表】。

（2）单击【新建】,生成一张空白表页,在空白表页中进行自定义报表的相关操作。

2. 设置表尺寸

（1）执行【格式】|【表尺寸】命令,打开【表尺寸】对话框。

（2）按照自定义表格的需要,输入报表的行数为【12】、列数为【9】,如图 3-4-23 所示。单击【确认】,系统自动将报表显示区域的空白表根据所设置的行、列进行显示,而不再显示整张空白表页。

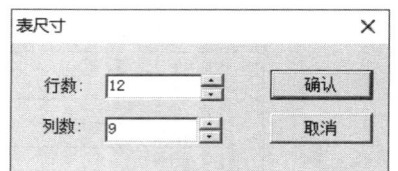

图 3-4-23　表尺寸

　重难点提示

（1）所谓表尺寸,是指报表的行数和列数。

（2）在设置表的行数时,要特别注意加上表头和表尾部分所占的行数。

3. 设置行高、列宽

（1）选定整张表,执行【格式】|【行高】命令,打开【行高】对话框,输入报表的行高为【8】,单击【确认】,如图 3-4-24 所示。

（2）执行【格式】|【列宽】命令,打开【列宽】对话框,输入报表的列宽为【20】,单击【确认】,如图 3-4-25 所示。

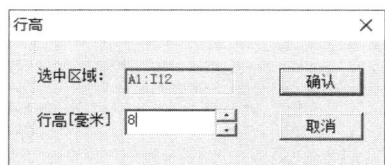

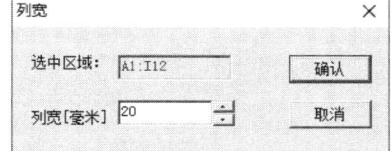

图 3-4-24　行高　　　　　　　　　　图 3-4-25　列宽

🎯 **重难点提示**

在定义报表行高或列宽时,必须首先选择需要被定义的行或列,否则系统只对光标停留处的行或列进行定义。操作时,可单击行号或列号快速选择行或列,若要选择整张表格,可以使用【Ctrl+A】快捷键。

---

4. 画表格线

（1）选中 A3:H12 区域,执行【格式】|【区域画线】命令,打开【区域画线】对话框。

（2）选中画线类型中【网线】前的单选框,如图 3-4-26 所示。样式粗细选择后,单击【确认】,表格画线成功。

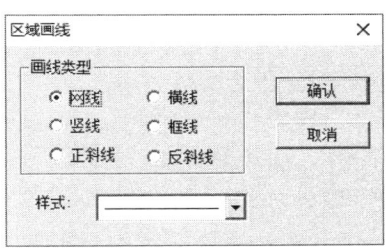

图 3-4-26　区域画线

🎯 **重难点提示**

增加的空白表页是没有表格线的,选择拟画线区域,即可进入【区域画线】对话框,对话框中提供了网线、横线、竖线、框线、正斜线、反斜线六种线型的选择。

---

5. 定义组合单元

（1）选中第一行 A1:H1 单元,执行【格式】|【组合单元】命令,打开【组合单元】对话框,如图 3-4-27 所示。

（2）单击【整体组合】,该行的所有单元将被合并为一个组合单元。

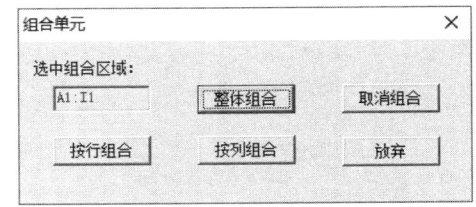

图 3-4-27　组合单元

🎯 **重难点提示**

【组合单元】对话框提供整体组合、按行组合、按列组合、取消组合、放弃等选项,用户根据实际情况进行选择,单击某一选项即可完成操作。

6. 设置单元属性

（1）选中整张表,执行【格式】|【单元属性】命令,打开【单元格属性】对话框。

（2）系统默认单元类型为【数值】,选中【逗号】前的单选框,如图 3-4-28 所示,单击【确定】。

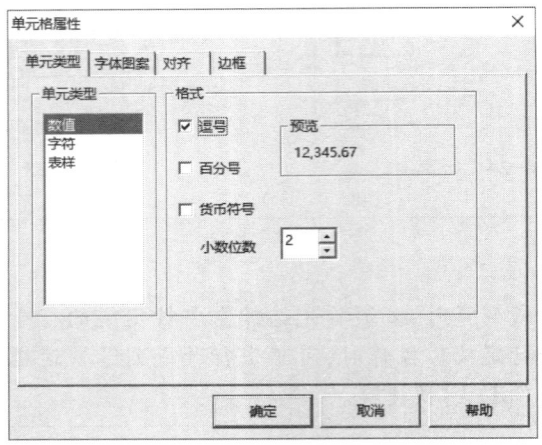

图 3-4-28　单元格属性

重难点提示

　　UFO 报表系统提供了较为全面的单元属性定义功能。其功能主要是对单元类型、字体图案、对齐方式、边框等内容进行调整,字体图案、对齐方式、边框等的设置与 Excel 表的相关设置类似。

---

7. 设置关键字

（1）根据上述步骤,组合 A2:C2 单元格。

（2）选中组合后的单元格,执行【数据】|【关键字】|【设置】命令,打开【设置关键字】对话框,选中【单位名称】前的单选框,如图 3-4-29 所示。然后,单击【确定】。

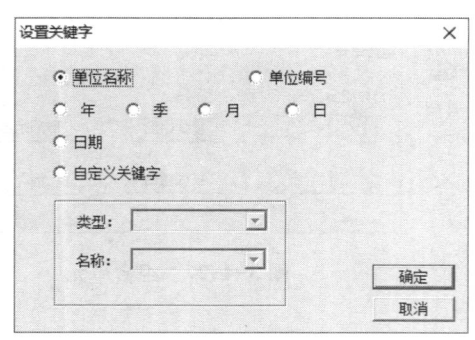

图 3-4-29　设置关键字

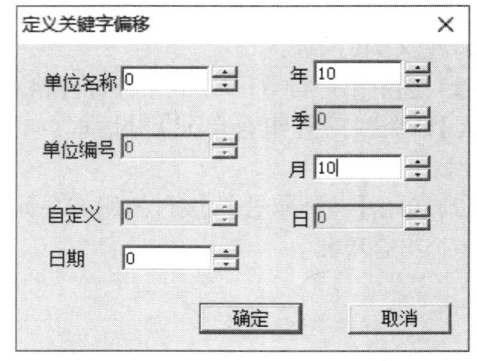

图 3-4-30　定义关键字偏移

（3）选择 D2、E2 两个单元格,按照第（2）步,设置关键字【年】和【月】。

（4）执行【数据】|【关键字】|【偏移】命令,打开【定义关键字偏移】对话框,在【年】栏输入偏移量【10】,在【月】栏输入偏移量【10】,如图 3-4-30 所示。然后,单击【确定】。

 **重难点提示**

（1）单元格其他内容未修改字体颜色前，均以黑色显示；关键字却是以红色字体显示，且在关键字名称前或后都有一串或长或短的红色小叉，这些红色小叉在切换到数据状态下没有显示，它们代表了关键字内容的长度限制及关键字内容的显示位置。

（2）关键字的位置一般是由关键字的偏移量大小决定的。单元偏移量的范围是（-300,300），负数表示向左偏移，正数表示向右偏移。需要说明的是，关键字的偏移量设置不仅可以在格式状态下完成，也可以在数据状态下完成。

（3）关键字设置错误或不合理，可以执行【数据】|【关键字】|【取消】命令，选择需要取消关键字前的单选项，单击【确定】即可取消对应的关键字。

8. 录入报表文字内容

双击选定单元格，将光标定位在单元格中，直接在单元格中输入内容；也可选定单元格后，将光标定位在窗口上方中的编辑栏中进行输入，操作结果如图 3-4-31 所示。

	A	B	C	D	E	F	G	H	I
1	管理费用部门费用明细表								
2	单位名称：xxxxxxxxxxxxxxxxxxxxxxxx年				xx 月			单位：元	
3	项目	行政人事部	财务部	采购部	销售部	一车间	二车间	供应部	合计
4	工资								
5	福利费								
6	社会保险费								
7	办公费								
8	业务招待费								
9	折旧费								
10	差旅费								
11	其他								
12	合计								

图 3-4-31 管理费用部门费用明细表

9. 设置管理费用部门明细表公式

（1）打开【管理费用部门费用明细表】，在格式状态下，选择 B4 单元，执行【数据】|【编辑公式】|【单元公式】命令，打开【定义公式】对话框。

（2）单击【函数向导】，打开【函数向导】对话框，选择【函数分类】为【用友账务函数】，选择【函数名】为【发生（FS）】函数，如图 3-4-32 所示。

（3）单击【下一步】，打开【用友账务函数】编辑窗口。

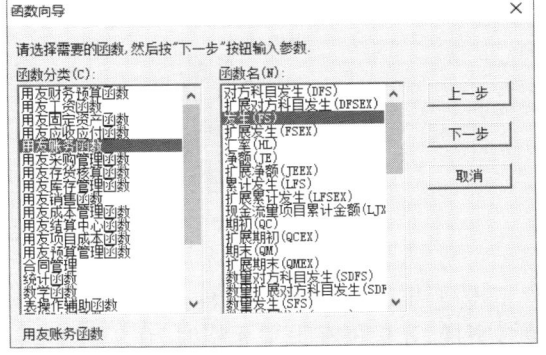

图 3-4-32 函数向导

（4）单击【参数】,打开【账务函数】对话框,系统显示:【账套号】为【默认】,【会计年度】为【默认】,【期间】默认为【月】,【方向】默认【借】,将【科目】修改或选择录入为【660201】,在【辅助核算】的【部门编码】栏选择【1】,勾选【包含未记账凭证】和【包含调整期凭证】复选框,如图 3-4-33 所示。

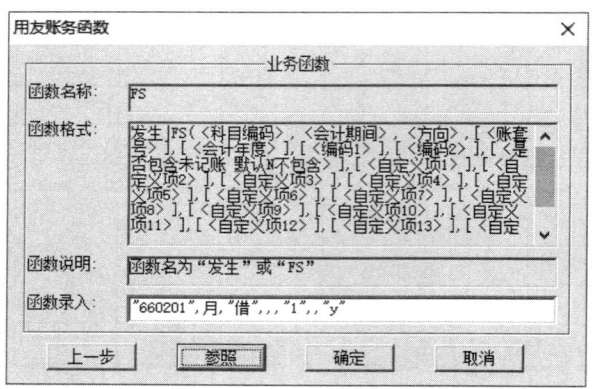

图 3-4-33 账务函数

（5）单击【确定】,返回【用友账务函数】对话框,如图 3-4-34 所示。

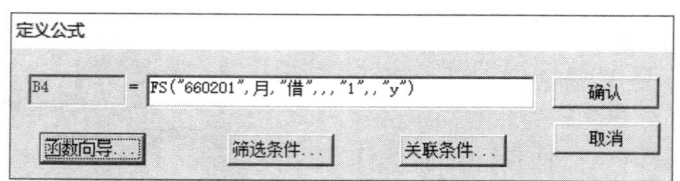

图 3-4-34 用友账务函数

（6）单击【确定】,返回【定义公式】对话框,如图 3-4-35 所示。

图 3-4-35 定义公式

（7）单击【确定】,B4 单元格公式定义完成。系统会自动在 B4 单元格中显示【公式单元】字样,光标停在该单元格时,在工具栏显示该单元计算公式,如图 3-4-36 所示。

（8）重复上述第（1）步至第（7）步,完成 B5:H11 单元格公式设置。

	A	B	C	D	E	F	G	H	I
1	管理费用部门费用明细表								
2	单位名称：xxxxxxxxxxxxxxxxxxxxxxxxxxxxxx年					xx 月			单位：元
3	项目	行政人事部	财务部	采购部	销售部	一车间	二车间	供应部	合计
4	工资	公式单元							
5	福利费								
6	社会保险费								
7	办公费								
8	业务招待费								
9	折旧费								
10	差旅费								
11	其他								
12	合计								

图 3-4-36　管理费用部门费用明细表（计算公式设置未完成）

（9）或将 B4 公式下拉复制到 B11，再将项目代码 660201 分别修改成【660202－660209】。

（10）再将 B4-B11 公式右拉复制到 H4-H11，分别将部门修改成【2、3、4、501、502、6】，或用查找替换方式，在每个部门设置中快速完成公式设置。

（11）选择 B12 单元，执行【数据】|【编辑公式】|【单元公式】命令，在打开的【定义公式】对话框中输入数据公式【B4+B5+B6+B7+B8+B9+B10+B11】，C12 至 I12 由 B12 公式右拉填充复制完成。

（12）选中 I4 单元格录入公式【B4+C4+D4+E4+F4+G4+H4】，将 I4 公式下拉填充至 I11。管理费用部门费用明细表公式设置完成，操作结果如图 3-4-37 所示。

	A	B	C	D	E	F	G	H	I
1	管理费用部门费用明细表								
2	单位名称：xxxxxxxxxxxxxxxxxxxxxxxxxxxxxx年					xx 月			单位：元
3	项目	行政人事部	财务部	采购部	销售部	一车间	二车间	供应部	合计
4	工资	公式单元	公式单元	公式单元	公式单元	公式单元	公式单元	公式单元	公式单元
5	福利费	公式单元	公式单元	公式单元	公式单元	公式单元	公式单元	公式单元	公式单元
6	社会保险费	公式单元	公式单元	公式单元	公式单元	公式单元	公式单元	公式单元	公式单元
7	办公费	公式单元	公式单元	公式单元	公式单元	公式单元	公式单元	公式单元	公式单元
8	业务招待费	公式单元	公式单元	公式单元	公式单元	公式单元	公式单元	公式单元	公式单元
9	折旧费	公式单元	公式单元	公式单元	公式单元	公式单元	公式单元	公式单元	公式单元
10	差旅费	公式单元	公式单元	公式单元	公式单元	公式单元	公式单元	公式单元	公式单元
11	其他	公式单元	公式单元	公式单元	公式单元	公式单元	公式单元	公式单元	公式单元
12	合计	公式单元	公式单元	公式单元	公式单元	公式单元	公式单元	公式单元	公式单元

图 3-4-37　管理费用部门费用明细表（计算公式设置完成）

> **重难点提示**
>
> 上述管理费用部门费用明细表,B5:J11 单元格的公式通过复制 B4 单元格公式,然后根据单元格对应部门和项目修改。例如,设置 B5 单元格的公式,先复制 B4 单元格的公式,然后双击 B5 单元格,打开【定义公式】对话框,将公式中的科目编码【660201 管理费用工资】修改为【660202 管理费用福利费】,B5 单元格公式设置完成;C4 单元格的公式,可以把复制后公式中的部门编码【1】修改为【2】即可。其他单元格同理。

10. 生成管理费用部门费用明细表数据

(1)打开【管理费用部门费用明细表】,单击【数据/格式】切换,进入数据状态,执行【数据】|【关键字】|【录入】命令,打开【录入关键字】对话框。

(2)在【单位名称】栏录入【珠海市美满机械有限公司】,在【年】和【月】栏分别录入【2020】和【1】,如图 3-4-38 所示。

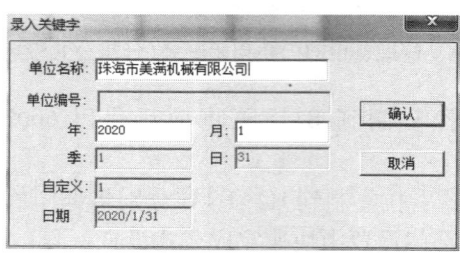

图 3-4-38　录入关键字

(3)单击【确定】,系统提示【是否重算第一页?】,单击【是】,系统会生成 2020 年 1 月管理费用部门费用明细表,如图 3-4-39 所示。

	A	B	C	D	E	F	G	H	I
1	管理费用部门费用明细表								
2	单位名称: 珠海市美满机械有限公司　 2020 年　 1 月							单位:元	
3	项目	行政人事部	财务部	采购部	销售部	一车间	二车间	供应部	合计
4	工资	14,779.00	24,704.00	9,260.75				5,705.00	54,448.75
5	福利费								
6	社会保险费	2,952.00	5,412.00	2,033.60				1,312.00	11,709.60
7	办公费								
8	业务招待费								
9	折旧费	14,990.16	123.24						15,113.40
10	差旅费								
11	其他	32,409.07							32,409.07
12	合计	65,130.23	30,239.24	11,294.35				7,017.00	113,680.82

图 3-4-39　管理费用部门费用明细表

11. 保存报表

(1)执行【文件】|【保存】命令,打开【另存为】对话框。

（2）选择保存路径为【D:\666 账套备份\11.3】,输入文件名【管理费用部门费用明细表】,单击【另存为】,报表保存成功。

业务二　销售费用明细表

〖**业务描述**〗　2020 年 1 月 31 日,公司根据销售费用科目明细表(见表 3-4-2),在 UFO 报表中设计该销售费用明细表。

表 3-4-2　　　　　　　　　　　　**销售费用明细表**

销售费用明细表

单位名称:珠海市美满机械有限公司		2020 年 1 月	单位:元
项目	本期金额	上期金额	上期金额	累计金额
工资				
福利费				
社会保险费				
办公费				
业务招待费				
折旧费				
差旅费				
其他				
合计				

〖**操作说明**〗　【C201 蓝英】参照自定义设置的管理费用部门费用明细表,设计销售费用明细表。

〖**操作指引**〗

1. 创建新表

（1）2020 年 1 月 31 日,操作员【C201 蓝英】在企业应用平台中执行【财务会计】|【UFO 报表】命令,打开【UFO 报表】。

（2）单击【新建】,生成一张空白表页。

2. 设置表尺寸

（1）执行【格式】|【表尺寸】命令,打开【表尺寸】对话框。

（2）输入报表的行数为【12】、列数为【5】,单击【确认】,系统自动将报表显示区域的空白表根据所设置的行、列进行显示。

3. 设置行高、列宽

（1）选定整张表,执行【格式】|【行高】命令,打开【行高】对话框,输入报表的行高为【8】,单击【确认】。

（2）执行【格式】|【列宽】命令,打开【列宽】对话框,输入报表的列宽为【40】,单击【确认】。

4. 画表格线

（1）选中 A3:E12 区域,执行【格式】|【区域画线】命令,打开【区域画线】框。

（2）选中画线类型【网线】前的单选框,单击【确认】,表格画线成功。

5. 定义组合单元

（1）选中第一行 A1:E1 单元,执行【格式】|【组合单元】命令,打开【组合单元】对话框。

（2）单击【整体组合】,该行的所有单元将被合并为一个组合单元。

6. 设置单元属性

（1）选中整张表，执行【格式】|【单元属性】命令，打开【单元格属性】对话框。

（2）系统默认单元类型为【数值】，选中【逗号】前的单选框，单击【确定】。

7. 设置关键字

（1）选中 A2:B2 单元格并合并，执行【数据】|【关键字】|【设置】命令，打开【设置关键字】对话框，选中【单位名称】前的单选框，单击【确定】。

（2）选择 C2 单元，设置关键字【年】，选择 D2 单元，设置关键字【月】。

（3）执行【数据】|【关键字】|【偏移】命令，打开【定义关键字偏移】对话框，在【月】栏输入偏移量【-60】，单击【确定】。

8. 录入报表文字内容

双击选定单元，将光标定位在单元格中，根据表 3-4-2 内容，直接在单元格中输入内容；也可选定单元格后，将光标定位在窗口上方中的编辑栏中进行输入，操作结果如图 3-4-40 所示。

	A	B	C	D	E
1	销售费用明细表				
2	单位名称：xxxxxxxxxxxxxxxx		xxxx 年	xx 月	单位：元
3	项目	本期金额	上期金额	上上期金额	累计金额
4	工资				
5	福利费				
6	社会保险费				
7	办公费				
8	业务招待费				
9	折旧费				
10	差旅费				
11	其他				
12	合计				

图 3-4-40　销售费用明细表

9. 设置销售费用部门明细表公式

（1）打开【销售费用明细表】，在格式状态下，选择 B4 单元，执行【数据】|【编辑公式】|【单元公式】命令，打开【定义公式】对话框。

（2）单击【函数向导】，打开【函数向导】对话框，选择【函数分类】为【用友账务函数】，选择【函数名】为【发生(FS)】函数，如图 3-4-41 所示。

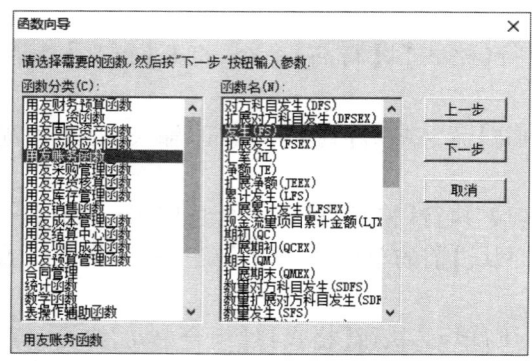

图 3-4-41　函数向导

（3）单击【下一步】,打开【用友账务函数】编辑窗口。

（4）单击【参数】,打开【账务函数】对话框,系统显示:【账套号】为【默认】,【会计年度】为【默认】,【期间】默认为【月】,【方向】默认为【借】,将【科目】修改或选择录入为【660101】,勾选【包含未记账凭证】和【包含调整期凭证】复选框,如图 3-4-42 所示。

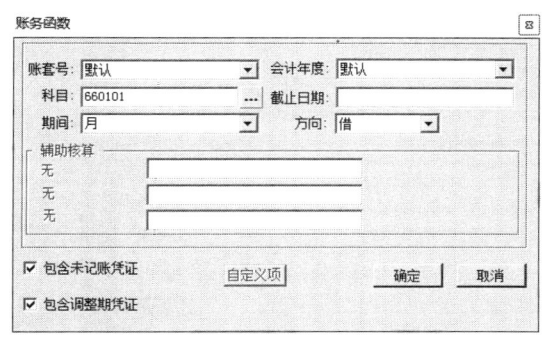

图 3-4-42 账务函数

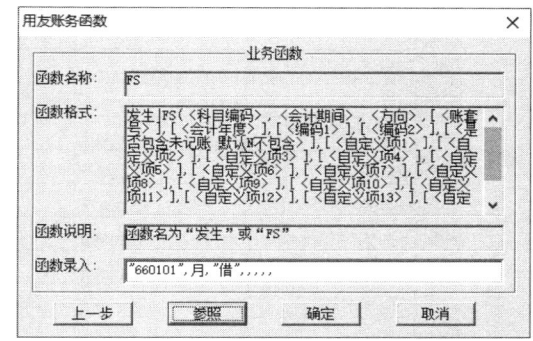

图 3-4-43 用友账务函数

（5）单击【确定】,返回【用友账务函数】对话框,如图 3-4-43 所示。

（6）单击【确定】,返回【定义公式】对话框,如图 3-4-44 所示。

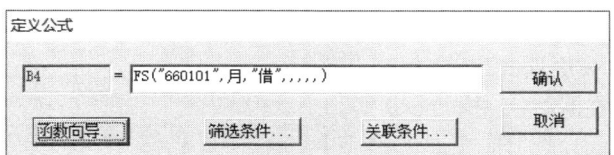

图 3-4-44 定义公式

（7）单击【确定】,B4 单元格公式定义完成。系统会自动在 B4 单元格中显示【公式单元】字样,当光标停在该单元格时,在工具栏显示该单元计算公式,如图 3-4-45 所示。

	A	B	C	D	E
1	销售费用明细表				
2	单位名称:××××××××××××××××××××××××××		×××× 年	×× 月	单位:元
3	项目	本期金额	上期金额	上上期金额	累计金额
4	工资	公式单元			
5	福利费				
6	社会保险费				
7	办公费				
8	业务招待费				
9	折旧费				
10	差旅费				
11	其他				
12	合计				

图 3-4-45 销售费用明细表(单元格计算公式设置完成)

（8）重复上述第(1)步至第(7)步,完成 B5:E11 单元格公式设置。

（9）选择 B12 单元,执行【数据】|【编辑公式】|【单元公式】命令,在打开的【定义公式】

对话框中输入数据公式【B4+B5+B6+B7+B8+B9+B10+B11】。

（10）重复第(9)步,设置 C12:H12 单元格公式,完成销售费用明细表公式设置,结果如图 3-4-46 所示。

	A	B	C	D	E
1			销售费用明细表		
2	单位名称：xxxxxxxxxxxxxxxxxxxxxxxxxx		xxxx 年	xx 月	单位：元
3	项目	本期金额	上期金额	上上期金额	累计金额
4	工资	公式单元			公式单元
5	福利费	公式单元			公式单元
6	社会保险费	公式单元			公式单元
7	办公费	公式单元			公式单元
8	业务招待费	公式单元			公式单元
9	折旧费	公式单元			公式单元
10	差旅费	公式单元			公式单元
11	其他	公式单元			公式单元
12	合计	公式单元	公式单元	公式单元	公式单元

图 3-4-46　销售费用明细表(明细表计算公式设置完成)

10. 生成销售费用明细表数据

（1）打开【销售费用明细表】,单击【数据/格式】切换,进入数据状态,执行【数据】|【关键字】|【录入】命令,打开【录入关键字】对话框。

（2）在【单位名称】栏录入【珠海市美满机械有限公司】,在【年】|【月】栏分别录入【2020】和【1】,如图 3-4-47 所示。

（3）单击【确定】,系统提示【是否重算第一页?】,单击【是】,系统会生成 2020 年 1 月销售费用明细表,如图 3-4-48 所示。

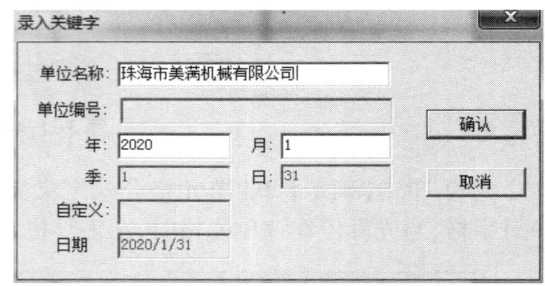

图 3-4-47　录入关键字

	A	B	C	D	E
1			销售费用明细表		
2	单位名称：珠海市美满机械有限公司		2020 年	1 月	单位：元
3	项目	本期金额	上期金额	上上期金额	累计金额
4	工资	10,430.00			10,430.00
5	福利费				
6	社会保险费	2,230.40			2,230.40
7	办公费				
8	业务招待费	800.00			800.00
9	折旧费	2,565.60			2,565.60
10	差旅费				
11	其他	2,185.60			2,185.60
12	合计	18,211.60			18,211.60

图 3-4-48　销售费用明细表

11. 保存报表

（1）执行【文件】|【保存】命令,打开【另存为】对话框。

（2）选择保存路径【D:\666 账套备份\11.4】,输入文件名【销售费用明细表】,单击【另存为】,报表保存成功。

任务四　财务指标分析表设计及公式设置

财务指标分析表设计及公式设置

〖业务描述〗　2020 年 1 月 31 日,公司根据表 3-4-3,在 UFO 报表中设计企业主要财务指标分析表,并生成相关指标数据。

表 3-4-3　　　　　　　　　　企业主要财务指标分析表

编制单位:珠海市美满机械有限公司　　　　　　　　　　　　　　　　　　2020 年 01 月

评价指标	指标公式	评价结果
资产负债率	负债总额/资产总额	
应收账款周转次数	销售收入/平均存货	
净资产收益率	净利润/平均所有者权益	

〖操作说明〗　【C201 蓝英】设计企业主要财务指标分析表,并生成相关指标数据。

〖操作指引〗

（1）制作【企业主要财务指标分析表】。参照模块三中项目四的任务二、任务三的操作指引,制作【企业主要财务指标分析表】,结果如图 3-4-49 所示。

	A	B	C
1	企业主要财务指标分析表		
2	单位名称: xxxxxxxxxxxxxxxxxxxxxxxxxxx		xxxx 年　　xx 月
3	评价指标	指标公式	评价结果
4	资产负债表	负债总额/资产总额	
5	存货周转次数	销售收入/存货	
6	净资产收益率	净利润/所有者权益	

图 3-4-49　企业主要财务指标分析表

（2）查询并记录资产负债表中的负债总额和资产总额分别在 G29 和 C38 单元格。选择 C4 单元格,执行【数据】|【编辑公式】|【单元公式】命令,打开【定义公式】对话框。在单元格中输入【"D:\666 账套备份\美满资产负债表.rep"->G29/"D:\666 账套备份\美满资产负债表.rep"->C38 Relation 月 with 月】,如图 3-4-50 所示。

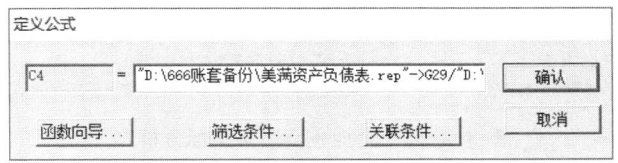

图 3-4-50　定义公式

（3）单击【确认】,资产负债率公式设置成功。

（4）选择 C5 单元,执行【数据】|【编辑公式】|【单元公式】命令,打开【定义公式】对话框。

（5）打开【关联条件】对话框,在【当前关键值】栏选择【月】,在【关联表名】栏选择【D:\666 账套备份\美满利润表.rep】,在【关联关键值】栏选择【月】,如图 3-4-51 所示。

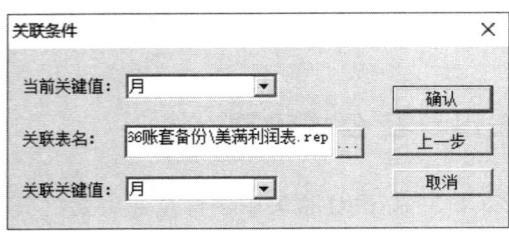
图 3-4-51　关联条件

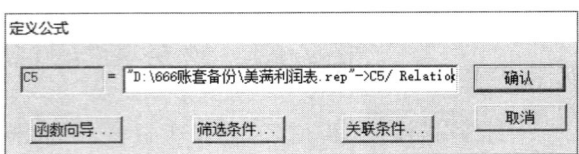
图 3-4-52　定义公式

（6）单击【确认】,剪切【" D: \666 账套备份\美满利润表.rep" ->】内容,把它粘贴到【Relation…】之前,粘贴后继续录入【C5/】,如图 3-4-52 所示。

（7）查询并记录资产负债表中的存货期末余额和期初余额分别在 C15 和 D15 单元格。再回到【定义公式】界面,单击【关联条件】,在【当前关键值】栏选择【月】,在【关联表名】栏选择【D:\666 账套备份\美满资产负债表.rep】,在【关联关键值】栏选择【月】,然后,单击【确认】。

（8）复制【" D: \666 账套备份\美满资产负债表.rep" ->】内容,把它粘贴到【Relation…】之前,公式录入结果如图 3-4-53 所示。

="D:\666账套备份\美满利润表.rep"->C5/(("D:\666账套备份\美满资产负债表.rep"->C15+"D:\666账套备份\美满资产负债表.rep"->D15)/2) Relation 月 with 月

图 3-4-53　【定义公式】对话框

（9）以此类推 C6 单元格的公式设置按照第（1）步至第（8）步的步骤进行操作,公式录入结果如图 3-4-54 所示。

="D:\666账套备份\美满利润表.rep"->C21/"D:\666账套备份\美满资产负债表.rep"->G36 Relation 月 with 月

图 3-4-54　录入公式

（10）把报表转换成格式状态,输入关键字,单击【确认】后,系统提示【是否重算第一页?】,单击【是】,系统会生成【企业主要财务分析表】,如图 3-4-55 所示。

	A	B	C
1	企业主要财务指标分析表		
2	单位名称: 珠海市美满机械有限公司		2020 年　　1 月
3	评价指标	指标公式	评价结果
4	资产负债率	负债总额/资产总额	0.18
5	应收账款周转次数	销售收入/平均存货	2.85
6	净资产收益率	净利润/平均所有者权益	0.02

图 3-4-55　企业主要财务指标分析表

（11）执行【文件】|【保存】命令,打开【另存为】对话框。

（12）选择保存路径【D:\666 账套备份\11.5】,输入文件名【企业主要财务指标分析表】,单击【另存为】,报表保存成功。